# IMPÉRIO, MITO E MIOPIA
## Moçambique como invenção literária

CIÊNCIAS & ARTES

Francisco Noa

# IMPÉRIO, MITO E MIOPIA
Moçambique como invenção literária

kapulana

São Paulo
2015

Copyright © 2002 Editorial Caminho, Portugal.
Copyright © 2015 Francisco Noa
Copyright © 2015 Editora Kapulana Ltda.

A editora optou por manter a ortografia da língua portuguesa de Moçambique somente nas citações feitas pelo autor. Os textos do próprio autor foram adaptados para a nova ortografia da língua portuguesa de expressão brasileira. (Acordo Ortográfico da Língua Portuguesa – decreto nº 6.583, de 29 de setembro de 2008).

Coordenação editorial: Rosana Morais Weg
Projeto gráfico e capa: Amanda de Azevedo
Diagramação: Carolina da Silva Menezes

Dados Internacionais de Catalogação na Publicação (CIP)
(Câmara Brasileira do Livro, SP, Brasil)

Noa, Francisco
   Império, mito e miopia: Moçambique como invenção literária / Francisco Noa. -- São Paulo : Editora Kapulana, 2015. -- (Série Ciências e Artes)

   ISBN 978-8568846-09-4

   1. Imperalismo na literatura 2. Literatura moçambicana (Português) 3. Literatura moçambicana (Português) - História e crítica I. Título. II. Série.

15-10259 CDD-869.09

Índices para catálogo sistemático:
1. Literatura moçambicana em português :
   História e crítica    869.09

2015

Reprodução proibida (Lei 9.610/98).
Todos os direitos desta edição reservados à Editora Kapulana Ltda.
Rua Henrique Schaumann, 414, 3º andar, CEP 05413-010, São Paulo, SP, Brasil.
editora@kapulana.com.br – www.kapulana.com.br

Aos meus pais, Pedro e Mariamo

# Agradecimentos

Originalmente produzido como dissertação de doutoramento, este é um trabalho que só se tornou possível devido a contribuições várias, umas mais visíveis que outras, mas que no conjunto foram decisivas para dar forma (e conteúdo) a este volume.

Naturalmente que este é sempre um espaço limitado para nomear todas as pessoas e instituições que directa ou indirectamente me ajudaram.

Mesmo assim quero, em primeiro lugar, destacar o Prof. Doutor Fernando Cabral Martins, orientador da tese, que, de modo diligente e rigoroso, mas sempre afável e receptivo, permitiu que fosse até ao fim com este projecto.

Ao Prof. Doutor Lourenço do Rosário que também me acompanhou neste percurso, estendo os meus agradecimentos.

À Professora Fátima Mendonça, pelas informações preciosas que me forneceu, e ao Doutor António Sopa, pela forma incansável como enriqueceu a minha pesquisa bibliográfica, manifesto a ambos a minha imensa dívida de gratidão. Aos Professores Rita Chaves e José Luís Cabaço, que participaram em algumas discussões cruciais do trabalho. Ao Instituto Camões, o meu reconhecimento pela bolsa concedida.

Não posso deixar de mencionar o Prof. Vasu Reddy da Universidade de Natal, cujas sugestões no início da pesquisa, enriqueceram sobremaneira o meu trabalho.

Finalmente, agradecer, muito especialmente, à minha família e a todos os meus amigos pelo apoio e pelos estímulos constantes.

Francisco Noa - 2015

# Apresentação

FRANCISCO NOA, pesquisador, professor e ensaísta moçambicano, é intelectual já conhecido no meio científico do Brasil, país com quem mantém intercâmbio constante.

*Império, mito e miopia: Moçambique como invenção literária* é a segunda obra de Francisco Noa que a Editora Kapulana oferece à comunidade acadêmica brasileira. A primeira foi *Perto do fragmento, a totalidade: olhares sobre a literatura e o mundo* (2015).

*Império, mito e miopia: Moçambique como invenção literária*, tese de doutoramento publicada anteriormente em 2002, continua como obra de referência para estudiosos de cultura africana, em especial da produção literária do período colonial em Moçambique, por sua atualidade temática.

Impressiona, nesta vasta e profunda pesquisa, a maneira pela qual Francisco Noa mergulha, com firmeza e coragem, na história da literatura colonial moçambicana. Traz à tona preciosidades, observadas e analisadas com rigor, com condução ao mesmo tempo sensível e científica. Por mais paradoxal que essa postura possa parecer, é notável como o autor exerce a função de pesquisador cuidadoso, combinando o domínio das suas ferramentas de trabalho com a vivência pessoal de um moçambicano.

São Paulo, 13 de novembro de 2015.

# Sumário

- **INTRODUÇÃO** — 13
    - 1. Problemática — 15
    - 2. Motivações — 21
        - a) de ordem histórico-literária — 24
        - b) de ordem ético-pedagógica — 28
- **I. LITERATURA COLONIAL: ENQUADRAMENTO TEÓRICO E PERIODOLÓGICO** — 35
    - 1. O conceito: uma dimensão problematológica — 37
    - 2. O contexto: a alavanca histórica — 45
    - 3. O *corpus*: um roteiro reconfigurativo — 49
        - 3.1. A fase exótica — 50
        - 3.2. A fase doutrinária — 54
        - 3.3. A fase cosmopolita — 59
    - 4. *Epos* e a totalidade: o apelo do romance — 68
    - 5. A arquitetura do romance colonial — 72
- **II. LITERATURA E REPRESENTAÇÃO: FUNDAMENTOS E APORIAS** — 75
    - 1. Da irrepresentabilidade ou a resistência à representação — 80
    - 2. O efeito do verossímil — 83
    - 3. O múltiplo e o diverso — 88
- **III. A REPRESENTAÇÃO DO ESPAÇO** — 97
    - 1. Limites conceituais do espaço — 103
    - 2. O espaço como lugar — 105
        - 2.1 O espaço como lugar performativo — 105
        - 2.2 O espaço como lugar geográfico — 109
        - 2.3 De lugar idealizado a lugar *real* de chegada — 115
    - 3. O espaço como efeito da experiência sensorial — 123
    - 4. O espaço como lugar socioeconômico — 132

    5. O espaço como lugar sociocultural — 146
        5.1 O campo: entre o realismo e a mística ruralista — 152
        5.2 A cidade colonial: labirinto de máscaras — 162
        5.3 O subúrbio: a encruzilhada de imaginários — 175
    6. O espaço-nação — 187
    7. O lugar por vir: a dimensão utópica — 201

- **IV. A REPRESENTAÇÃO DO TEMPO** — 209
  - 1. A articulação *fabula*/enredo e a temporalidade — 213
  - 2. Tempo e exotismo — 215
  - 3. Tempo e doutrina — 222
  - 4. O tempo cosmopolita — 226
  - 5. Para um modelo estrutural do romance colonial — 243
  - Quadro I: Modelo estrutural do romance colonial — 251

- **V. AS FIGURAS, OS PAPÉIS E AS VOZES** — 255
  - 1. A figuração dos seres e os papéis — 259
    - 1.1 O preconceito: contornos e (in)fundamentos — 263
    - 1.2 O ser do estereótipo: o negro, o mulato e o indiano — 267
    - 1.3 As figuras femininas: os itinerários do desejo — 279
    - 1.4 As imagens do colono: o convencional e o transgressivo — 288
  - 2. As vozes — 299

- **VI. A LEGITIMAÇÃO: ESTRATÉGIAS E PERSPECTIVAS** — 313
  - 1. O romance colonial e as estratégias de (des)(re)legitimação — 322
  - 2. Autolegitimação: texto e paratexto — 325
    - 2.1 Os títulos e os subtítulos — 327
    - 2.2 Os prefácios, os glossários e as ilustrações — 329
  - 3. A legitimação exógena: estratégias metaextratextuais — 333
    - 3.1 A crítica: dos limites da criação à crise do comentário — 334
    - 3.2 Os concursos e os prêmios: a legitimação político-institucional — 340
  - Quadro II – Concursos e premiados da literatura colonial — 344

- **CONCLUSÃO** — 353
- **BIBLIOGRAFIA** — 357

# INTRODUÇÃO

# 1. Problemática

Que motivações poderão estar por detrás de um estudo cujas temática e recepção se assumem como potencialmente problemáticas e incômodas? Com esta questão preliminar e cautelar se inicia este trabalho, fato que, por si só, é revelador da carga de suscetibilidade que o envolve.

Na verdade, a referência à literatura colonial, pelo peso semântico e histórico do termo "colonial" – o distanciamento temporal não é, ainda, suficiente para assegurar em muitos espíritos a indispensável serenidade para analisar um fenômeno do qual ou fizeram parte, direta ou indiretamente, ou são dele produto – remexe, de imediato, com sensibilidades, desperta crispações, dúvidas, fantasmas, sinais de desconforto e de inquietação.

Se, nalguns casos, essas reações podem ser acompanhadas por alguma expectativa, mesmo que extremamente prudente, noutros acaba por se sobrepor uma atitude de rejeição e de resistência. Portanto, falar hoje em literatura colonial constituirá, com certeza, um empreendimento de certo modo espinhoso, com algo de temerário à mistura, mas que se impõe como exercício necessário e inadiável.

Sintomático de que a questão colonial de modo algum está ultrapassada é o fato de se observarem, na atualidade, por um lado, manifestações discursivas e comportamentais visceralmente identificadas com esse ideário e, por outro, tentativas de esbatimento ou de camuflagem dos fatos relacionados com o fenômeno colonial.

Sobressai, neste último caso, alguma rebuscada filantropia arrumada em valores determinados. Trata-se, no essencial, de um dispositivo autoprojetor em relação às sombras ameaçadoras de um passado recente, cujas representações devido a uma proximidade acutilante, se tornam absolutamente insuportáveis.

Como é natural, não deixamos de considerar a existência de muitas consciências para quem a palavra "colonial" é apenas uma vaga evocação de algo que tem um significado difuso, ou mesmo, nenhum significado. No que concerne a esta última situação, pensamos, em particular, nas

INTRODUÇÃO

gerações pós-25 de Abril, em Portugal, e pós-independências nacionais, nos ex-domínios coloniais, em África.

Pode, também, falar-se de uma crescente, perturbadora e generalizada demissão da memória. Este é, aliás, um dos malefícios mais acentuados do nosso tempo. Como diria o filósofo alemão, Karl Jaspers (1964: 57), protagonizamos, na atualidade, uma existência dissolvente e que traduz a impotência do homem perante as suas próprias criações e o fluxo do tempo.

Se a memória funciona como o grande organizador das consciências (Langer 1953: 263), o tempo, com o qual ela mantém uma ligação indissolúvel, adquire nos sistemas culturais uma importância fulcral por se instituir, na percepção sistematizadora de Edward Hall (1983: 11), como uma linguagem, um princípio organizador, um fator de síntese e de integração, um meio de estabelecer prioridades, um mecanismo de controle de acontecimentos, um padrão que permite avaliar competências e um sistema de mensagens particulares.

Refletindo, igualmente, sobre a evanescência do tempo e da memória, o historiador Fernando Rosas (1999: IV) observa que "O problema [da perda] da memória é uma questão central do nosso tempo" (entrevista in "Espectador", *Expresso*, 30/09/99, p. IV). Por ocasião da apresentação do programa "A Crónica do Século", produzido pela RTP, o mesmo historiador diria, ainda, que esta era uma forma de ajudar a "salvar a memória da tentação do presente contínuo e da desidentificação", tão evidentes são os sinais de um apagamento gradual, mas rápido, da memória histórica. O que, como sabemos, é mais de meio caminho andado para que se repitam, ou se perpetuem, as aberrações do passado.

Além do mais, discutir o passado não é só para saber o que aí aconteceu nem simplesmente para saber como ele influencia o presente, mas sobretudo o que ele é, na verdade, se está concluído, ou continua sob diferentes formas. Como ensina Cícero, não conhecer o passado é permanecer sempre criança.

E a questão do alheamento generalizado, ou da tentativa de esquecimento do fenômeno colonial e das criações de espírito a ele vinculadas, parece decorrer, no tocante a segmentos assinaláveis da sociedade portuguesa, de um certo sentimento de frustração que foi acompanhando a perda da sua hegemonia na saga expansionista iniciada no século XV.

Esse fato é, aliás, reportado e analisado por Hernâni Cidade, na sua obra *A Expansão marítima e a literatura portuguesa* (1944). Aí, o autor chama-nos a atenção para a enorme curiosidade que acompanhou o apogeu do movimento expansionista que colocava as pessoas, na Europa, e em particular em Portugal, a viver numa verdadeira ansiedade no sentido de conhecer como é que eram, como viviam os outros povos, enfim, tudo que tivesse a ver com os seus aspectos geográficos, sociais, culturais, biológicos, etc.

Será, aliás, por essa altura, no século XVI, que a literatura portuguesa conhecerá um dos momentos mais pujantes da sua história com João de Barros, Luís de Camões, Damião de Góis, Fernão Mendes Pinto, que tinham como tema de eleição precisamente os contatos que se iam estabelecendo com outros povos e outras civilizações. Segundo Hernâni Cidade (1944: 29), não há páginas mais cheias de frescura e vida do que as inspiradas pela vida ultramarina.

Toda esta atividade irá, entretanto, diminuir quando esta saga expansionista esmorece no século XVII, com o assumir de protagonismo por parte de ingleses, franceses e holandeses. Daí o sentimento de desencanto que se irá verificar, agravado com a perda do Brasil no século XIX. Sentimento notório, aliás, em Antero de Quental no seu opúsculo *Causas da decadência dos povos peninsulares*, onde uma das causas apontadas é exatamente a aventura ultramarina que, segundo ele, tinha esgotado as forças do país e provocado costumes perniciosos.

Esta opinião, mais ou menos generalizada, prolongar-se-á pelo século XX acrescida, entretanto, de um gradual e manifesto desconhecimento da realidade africana, em especial, dando cada vez mais lugar à criação e consolidação de mitos e imagens preconceituosas.

São conhecidas, por exemplo, as ideias que tinham sobre África e sobre os negros figuras tão representativas da intelectualidade portuguesa do século XIX como Oliveira Martins, Ramalho Ortigão ou Teófilo Braga. Quer pelo discurso apiedado, quer pela sua impenitência acerca da condição "primitiva" dos negros e dos africanos, é manifesta a crença destes intelectuais na superioridade racial, cultural e civilizacional do europeu.

Trata-se, aqui, de uma ramificação das correntes intelectuais do Ocidente que, desde o movimento iluminista, procuravam traduzir, segundo parâmetros pretensamente científicos, as diferenças raciais e culturais entre brancos e negros. Daí que, por exemplo, para Oliveira Martins (1880: 254), existem, "decerto [motivos sobre o limite da capacidade intelectual dos negros], e abundam os documentos que nos mostram no Negro um tipo antropologicamente inferior, não raro próximo do antropoide e bem pouco digno do nome de homem".

Por sua vez, Ramalho Ortigão (1883: 135), em paralelo com a sua visão cáustica e sarcástica da ação colonial portuguesa que fazia do catecismo o principal instrumento para "civilizar" os negros, tinha acerca destes uma opinião empedernida:

INTRODUÇÃO

> Debalde está dito e redito que, pelo estado rudimentar da sua evolução cerebral, o selvagem carece absolutamente do poder de abstracção indispensável para fazer a menor ideia do que nós entendemos pelos dogmas e pelos mistérios do cristianismo. A sua própria língua, destinada unicamente a servir relações baseadas nas necessidades mais grosseiras da vida, se recusa a traduzir as fórmulas abstractas do que há de mais requintado no nosso espiritualismo. Qual é o idioma selvagem que possa exprimir a noção de *consciência*, de *sanção moral*, de *causalidade*, de *finalidade*, etc.?

Entretanto, a problemática colonial vai-se tornando cada vez mais uma questão de Estado, a partir desse mesmo século XIX, altura do relançamento da colonização europeia, e que vai tomar contornos mais decisivos e sistemáticos com a emergência do Estado Novo, em 1926. E se a colonização é uma preocupação em crescendo para os políticos portugueses, é-o também para a sua *intelligentzia*.

É, pois, neste contexto, que José Osório de Oliveira, num texto escrito em 1926, intitulado "Literatura Colonial" (1931: 89), faz um apelo reivindicando a emergência desta vertente literária. Para este autor, era absolutamente inaceitável que tal ainda não tivesse ocorrido tendo em atenção o que faziam franceses e ingleses nesse capítulo:

> As nossas colónias sofrem, sobretudo, da indiferença da opinião pública da metrópole. É absolutamente necessário criar entre nós uma mentalidade colonial. Essa mentalidade, só a literatura a pode criar. É por isso que eu insisto sôbre a necessidade de romances...

Por sua vez, exprimindo uma diferente percepção, mas uma inquietação comum, o já citado Hernâni Cidade (1944: 22), tendo como horizonte referencial a literatura quinhentista, irá manifestar um profundo e nostálgico desapontamento por a temática ultramarina ter sido abandonada na literatura portuguesa:

> É preciso dizer que se não propagaram muito estas tímidas insinuações do Ultramar nas páginas da literatura de imaginação. E nem da natureza a atenção do escritor se estendeu à vida, mesmo quando o romantismo [tal como o realismo] alargou os horizontes das preocupações literárias, e, suscitando novos e múltiplos interêsses mentais, largamente enriqueceu o pecúlio dos temas.

Confrontamo-nos num e noutro caso com preocupações explícitas no sentido de ligar a produção estética à colonização e que encontrarão no movimento de 28 de Maio de 1926 a resposta devida. Como iremos verificar, do ponto de vista estético, uma das criações mais representativas da colonização moderna é exatamente a literatura colonial.

O que é, o que virá a ser, afinal, a literatura colonial? Qual a sua relevância, qual o seu enquadramento no contexto histórico e cultural em que ela surge e se desenvolve? Que significado e que relação tem esta literatura, atendendo à sua condição de pária, quer com a literatura portuguesa produzida na antiga metrópole quer com a literatura assumidamente moçambicana, que subsequente e paralelamente irá emergindo, na então colônia?

Um dos fatos mais notórios em relação a esta literatura é que ela irá conhecer uma trajetória muito particular tanto em Moçambique como em Portugal. Por outro lado, e como consequência dessa mesma singularidade grassa, hoje, um quase generalizado desconhecimento quer sobre os autores, quer sobre as obras que compõem este subsistema literário. E mesmo em relação aos que aparentemente manifestam algum conhecimento sobre a literatura colonial, de imediato se verifica que é um conhecimento assente em bases precárias e que os levam erradamente a identificar essa literatura com toda a literatura que, por exemplo, se fazia nas antigas colônias.

Se, em relação aos moçambicanos, o desconhecimento pode ser explicado pelo fato de, no período em que mais se produziu e mais circulou esta literatura (1930-1974), a maior parte da população ser analfabeta[1], no que concerne aos portugueses, fossem eles ou não metropolitanos, afinal, o leitor pretendido[2], principal destinatário desta literatura, escrita por portugueses *para* portugueses, torna-se revelador tanto o desconhecimento como o processo de rejeição que persistem.

O número de edições e de reedições de obras de um autor como Eduardo Paixão, por exemplo, prova que, em particular na ex-colônia, nessa franja dos muito menos de 10% de alfabetizados que incluía portugueses radicados e moçambicanos (poucos) assimilados e escolarizados, a literatura colonial, em especial o romance colonial, tinha enorme circulação.

---

1   Segundo dados publicados, por exemplo, no *Anuário estatístico do Ultramar*, de 1958, dos 5.738.911 habitantes existentes na colônia de Moçambique, 5.615.053 eram analfabetos, isto é, 97,86%.
2   Segundo Wolfgang ISER (1830: 34), o leitor pretendido é uma identidade projetada que apresenta as disposições históricas do público leitor visado pelo autor.

## INTRODUÇÃO

Julgamos que essa é uma literatura que se enquadra no conceito de "contraliteratura", e que, pelo relativo alheamento da instituição literária metropolitana, acaba por ter que ver com as chamadas literaturas marginais. Partimos, pois, do princípio exposto por Bernard Mouralis (1975: 37) de que é "susceptível de entrar no campo das contraliteraturas todo o texto que não é percebido nem transmitido – num dado momento da história – como sendo "literatura", isto é, grande literatura. No último capítulo deste trabalho, fazemos uma análise mais circunstanciada de alguns aspectos referentes à recepção da literatura colonial.

Poder-se-á, por outro lado, questionar até que ponto a literatura colonial se arraigou ao espaço onde ela mais se manifestou e desenvolveu. Provavelmente não o será tanto no sentido de ter tido aí uma vasta e assumida mancha de epígonos ou de se ter perpetuado. Porém, trata-se de uma literatura que recria um determinado imaginário e todo um discurso que acaba por traduzir, no essencial, a forma como o Ocidente (*West*) tem processado a sua relação cultural e civilizacional[3] com o Outro (*Rest*), neste caso, o Africano.

Teríamos, assim, como definição preliminar e, de certo modo, operatória, a literatura colonial como sendo toda a escrita que, produzida em situação de colonização, traduz a sobreposição de uma cultura e de uma civilização manifesta no relevo dado à representação das vozes, das visões e das personagens identificadas com um imaginário determinado. Isto é, trata-se de um sistema representacional hierarquizador caracterizado, de modo mais ou menos explícito, pelo predomínio, num espaço alienígena, de uma ordem ética, estética, ideológica e civilizacional, neste caso, vincadamente eurocêntrica.

Por outro lado, o que é veiculado por esta literatura acaba, também, por ter um certo enraizamento tanto pelos resquícios mentais e com-

---

[3] Dada a recorrência destes dois termos ao longo do nosso trabalho, e dadas também a complexidade e ambiguidade conceitual que os caracteriza, iremos desde já avançar uma definição operatória de cada um deles, de modo a clarificar a utilização que fazemos desses vocábulos. Por conseguinte, aplicamos a palavra *cultura* enquanto conjunto de manifestações intelectuais, espirituais e artísticas, com um valor essencialmente simbólico e que traduzem uma determinada visão do mundo.

O conceito de *civilização*, por sua vez, tem a ver com o sistema de vida material de um povo, sociedade ou época e que exprime a condição alcançada em termos de organização. Em relação a este último termo, tanto em Émile BENVENISTE (1966: 336-345), como em Raymond WILLIAMS (1983: 57-60), que seguem o curso da palavra desde o seu surgimento no século XVIII, é notória, em ambos, a dificuldade de a descolarem do significado dominante que a tem perseguido, nomeadamente no Ocidente, enquanto expressão de um refinamento da forma de vida e de elevação social, moral e cultural em oposição à "barbárie". Daí o sentido maniqueísta e ideológico de que o termo civilização quase sempre enferma.

portamentais que caracterizam os antigos colonizadores e colonizados, como por ter provocado, em determinado momento, uma escrita reativa que se reconhece nas literaturas nacionais que surgiram nos países africanos. Literaturas que, no caso particular de Moçambique, se projetaram erigindo, até certo ponto, um discurso de insurgência contra uma portugalidade de matriz hegemônica. A propósito, Pires Laranjeira (1999: 236) defende que a literatura colonial ligada à África sob administração portuguesa tem um sentido mais restritivo, mais ideológico, sendo a ideia de portugalidade subjacente a esta literatura.

Daí que este trabalho, ao debruçar-se, quase que de forma arqueológica, mas problematizadora, sobre uma escrita que está confinada aos recessos da memória (alguma), ou se encontra disseminada e abandonada nas prateleiras de algumas bibliotecas e arquivos públicos ou privados, ou ainda nos prolongamentos discursivos e comportamentais do presente, mais não faz do que cumprir uma predestinação epistemológica[4], numa hermenêutica aberta, de contornos e alcance que o evoluir do próprio trabalho irá definir. Como, de forma lúcida, reconhece Jenny Sharpe (1993: 19), *none of us* [nós que fatalmente somos produto da situação colonial e que participamos da esfera de reflexão nomológica[5]] *escapes the legacy of a colonial past and its traces in our academic practice.*

Entretanto, para que o nosso trabalho tenha a consistência teórica que ele exige – já que será ponto de partida para generalizações inevitáveis – utilizamos um *corpus* com relativa extensão (18 romances, ao todo), através do qual procuramos conseguir a devida ilustração para as hipóteses e conclusões que formos avançando. Mais adiante, daremos conta da seleção por nós realizada.

## 2. Motivações

Como sabemos, qualquer tipologia implica uma determinada visão do mundo ancorada num aglomerado de experiências, crenças ou convicções. Assim, ao adjetivar uma literatura, por exemplo, há, quase sempre, uma delimitação conceitual intrínseca que, neste caso, tem implicações que transcendem, ou mesmo põem em causa a própria noção de

---

4   Trata-se, simplesmente, da interpretação calibanesca do espólio deixado por Próspero. De forma desapaixonada e *escalpelizadora*. Salve-se a ironia.
5   Do grego *nomos* (em oposição a *physis*), e que tem a ver com as ciências sociais e humanas.

literatura enquanto sistema semiótico particular. Aliás, na sua caracterização daquilo que designa por contraliteraturas, onde incluímos a literatura colonial, Mouralis (1975: 11) defende que se trata des modalités multiples de la subversion du champ littéraire.

Em relação a esta literatura, portanto, trata-se de defini-la tendo em conta um processo histórico (a colonização) e um sistema (o colonialismo), ambos, no centro de uma contestação nem sempre inequívoca. Há quem defenda, a propósito, que os processos de colonização estão, até certo ponto, por detrás do saldo qualitativo, cultural e civilizacional que a humanidade apresenta devido não só aos sincretismos que se produziram como também pelos avanços estruturais que se obtiveram.

Tal é o caso, por exemplo, de António Ferronha, historiador angolano, num depoimento no programa "Da África Colonial à África Contemporânea: Momentos e Figuras do Continente" da RDP-África, em 8/11/99, que considera que a colonização não foi completamente nefasta para África. Contudo, não deixa de reconhecer que a Europa não conseguiu trazer a África para a modernidade. Isto é, houve uma abertura em termos gerais, mas, em contrapartida, deu-se, segundo ele, uma desestruturação cultural, social, econômica, afetiva, etc., nas sociedades africanas, de tal modo que, com o fim da colonização, a África caiu numa verdadeira armadilha dada a quase absoluta dependência em relação ao Ocidente.

Por seu lado, e à luz do movimento expansionista iniciado pelos europeus no século XV, Amin Maalouf (1998: 91-92), intelectual libanês radicado em França, reconhece uma profunda duplicidade nessa ação, pois, segundo ele:

> O Ocidente lançou-se à conquista do mundo em todas as direcções e em todos os domínios, espalhando os benefícios da medicina, das novas técnicas e os ideais da liberdade, mas praticando ao mesmo tempo massacres, pilhagens e escravidões. E suscitando por todo o lado tanto rancor como fascínio.

Por outro lado, a festiva comemoração dos 500 anos dos Descobrimentos, em Portugal, é, apenas, mais uma expressão apologética, direta ou indireta, da colonização. Há, no antigo colonizador, o apelo de um passado que, de forma indisfarçável, o engrandece e dignifica. A este propósito, a estudiosa brasileira, Eneida Leal Cunha (2000: 173-4), observa que as comemorações portuguesas dos descobrimentos se alimentam – resta avaliar em que medida de forma crítica ou apenas reiterativamente – do velho baú do imaginário da metrópole imperial. Isto é, essas comemorações poder-se-iam constituir como possibilidade de um resgate, atualizador e corretivo, da história portuguesa pretérita.

Em todo o caso, dificilmente se pode recusar a legitimidade dessas comemorações – quer dizer, do ponto de vista do antigo colonizador – apesar de serem visíveis os sinais, nem sempre conscientes, do culto do império, fato que, embora com laivos de algum anacronismo, representa a marca indelével de um imaginário determinado.

Num claro distanciamento em relação a estas efusões comemorativas, e mesmo profundamente crítico, Alfredo Margarido (2000: 5), referindo-se à criação da Comissão Nacional dos Descobrimentos, reconhece que "subtil mas constantemente, sente-se perpassar na atmosfera política nacional um sopro gélido, muito necrófilo, que à força de exaltar o passado compromete o presente, e mais ainda o futuro". Trata-se, aqui, de acautelar a gestão de sensibilidades e suspeições que regem, ainda, grande parte das relações entre o ex-colonizador e as novas nações africanas.

Entretanto, como exemplo de absoluta rejeição a qualquer contemporização com a colonização, destacamos o tunisino Albert Memmi, autor de obras teóricas importantes sobre o fenômeno colonial, como *Retrato do colonizado* (1966) ou *Racismo* (1982), que questiona (1966: 161):

> Como se pode ousar comparar as vantagens e os inconvenientes da colonização? Que vantagens, ainda que fossem mil vezes mais importantes, poderiam fazer aceitar tantas catástrofes, interiores e exteriores?

Mário Pinto de Andrade é outro exemplo de quem recusa qualquer espécie de transigência e para quem a colonização é um "odioso empreendimento etnocidário" (Andrade 1978: 5) e que não passa de "testa de ponte numa civilização da barbárie donde pode, em qualquer momento, desembocar a negação pura e simples da civilização" (p. 21).

Além dos discursos relativamente contemporizadores e aquém dos contestatários, mais ou menos irredutíveis, a literatura colonial, como iremos verificar ao longo da nossa análise, acaba por ser ou coatuante ou simples consequência deste duplo fenômeno (colonização e colonialismo). Fenômenos que têm subjacente, por sua vez, motivações de ordem psicológica, social, cultural, ideológica, estética, ética, econômica, religiosa e política.

Reside precisamente aí, nesta incontornável contaminação extraliterária, uma das grandes fontes de constrangimento, de desprazer e de retraimento que a alusão à literatura colonial provoca. Em especial, numa altura em que os ventos da história[6] parecem querer apagar alguns aspectos de um passado do qual nem os sujeitados nem os que os sujeitaram têm motivo para se vangloriar ou esquecer.

Nesta conformidade, e mesmo no sentido de melhor ordenarmos o nosso raciocínio, impõe-se fundamentar as motivações que estão por detrás deste trabalho. Já dissemos que se trata de um exercício interpretativo com o fim de melhor entender e explicar, problematizando, um fenômeno devidamente localizado no tempo e no espaço. Cremos, no entanto, que se trata de um trabalho, cujo processo evolutivo se irá instituir como uma sequência permanente de questionação e de redefinição não só do objeto em causa, mas também dos métodos e das estratégias da própria análise. Apresentam-se, de seguida, as principais motivações do nosso trabalho.

## a) motivações de ordem histórico-literária

Julgamos que, por si, estas seriam razões bastantes para justificar uma investigação sobre a literatura colonial. Acontece que tanto a interação desta literatura com os correlativos extraliterários atrás referidos, como o fato de se alinharem vários posicionamentos de modo algum concordantes com o estatuto literário desta literatura – sobre isso debruçamo-nos no capítulo 2 –, obrigam-nos a que fundamentemos a nossa opção por este tema que, como já se notou, tem a ver, no fundo, com um reavivar crítico e atualizador da memória e do tempo.

Partindo do pressuposto de que a emergência da literatura colonial acontece na esteira da literatura de viagens e de exploração[7], não há dú-

---

6  Temos a consciência de que do ponto de vista de muitos espíritos, corre-se o perigo, com esta pesquisa, de desenterrar questões que não são muito bem vindas pela incomodidade que provocam na atual conjuntura em que os discursos, oficiais ou não, são dominados pelo império terminológico da globalização, cooperação, solidariedade, parceria, intercâmbio, encontro de culturas, etc., que valem, na maior parte das vezes, mais pelo seu efeito demagógico do que como materialização de ações concretas.
7  Sobre esta questão, consultar Manuel FERREIRA (1985); Salvato TRIGO (1987); Ana Mafalda LEITE (1992); Pires LARANJEIRA (1999).

vida de que se trata de um fenômeno cuja efetiva e sistemática expressão se verifica, em especial no caso português, apenas a partir da segunda década do século XX.

Se é certo que desde finais do séc. XIX se pode falar da existência de uma literatura colonial, embora descontínua e atomizada, será com o advento do Estado Novo, em 1926, e com o apoio de instituições como a *Agência-Geral das Colónias*, primeiro, *do Ultramar*, depois, que essa mesma literatura conhece uma vitalidade assinalável. Este fato é corroborado por Ana Mafalda Leite (1992: 83) que explica que

> as primeiras obras de literatura colonial surgem no fim do século XIX e inícios do século XX, tendo sido criada a Agência-Geral do Ultramar [das Colónias] em Setembro de 1924, e os primeiros concursos de "literatura ultramarina" promovidos em 1926.

Pires Laranjeira (1999: 241) é outro autor que subscreve esta ideia ao defender que não existe todavia um sistema literário colonial antes do advento do Estado Novo. Este é um aspecto que, acreditamos, contaminou à partida e sobremaneira quer a produção, quer a recepção desta literatura. Portanto, independentemente da multiplicidade, diversidade e da qualidade estética de algumas das obras escritas adentro da lógica colonial, elas acabaram por transportar os sedimentos estigmatizantes desta alavanca institucional.

Para todos os efeitos, em conformidade com a própria evolução desta literatura e em consonância com as posições acima apontadas, marcamos, como limites temporais sobre os quais incide o nosso trabalho, os anos de 1926-30 e 1974. Trata-se, respectivamente, do termo *a quo* (1926, primeiro concurso da literatura colonial: 1930, definição através de uma legislação e de uma ação próprias com que o Estado Novo marca a colonização efetiva e sistemática de África, tornando-se, por isso mesmo, no grande movimento dinamizador da literatura colonial) e do termo *ad quem* (1974, fim da presença colonial portuguesa em África). Em todo o caso, falar da literatura colonial, na generalidade, significa ter em atenção a forma como é feita a salvaguarda de um ideário, explícito ou implícito, identificado com um universo civilizacional e cultural específico que, sobrepondo-se a outros ideários (africano, americano e asiático), se institui como dominante.

Apesar deste pressuposto, de que iremos falar com mais pormenor na abordagem dos diferentes textos, há um aspecto que deverá ser sublinhado no sentido de serem ultrapassadas, de uma vez por todas, leituras niveladoras e simplistas. Referimo-nos ao fato de a literatura colonial, apesar do já referido impulso institucional, apesar do lastro ideológico que lhe está subjacente, apesar da *imoralidade* e da inautenticidade que lhe são imputadas (como veremos no Capítulo I), apesar das incontornáveis fragilidades estéticas de muitas das suas obras, ser um inestimável registro mundividencial, um documento de cultura, como diria Walter Benjamin, e, como tal, apresentar um curso evolutivo determinado. Estamos, portanto, perante representações que têm a ver com uma forma de estar no mundo. De modo mais preciso, *no mundo dos outros*.

Esta é, pois, uma literatura onde se encontram presentes os diferentes códigos (compositivo, semântico-pragmático, estilístico) que condicionam a sua *literariedade* e a sua *polifuncionalidade*, agregando um conjunto de estratégias textuais que permitem que recebamos e tratemos os textos como literários e concomitantemente, ou não, exploremos outras funções que se apresentam, além da função estética. Isto é, estabelece-se na relação com estes textos, a cooperação textual (Eco 1979: 66) que implica a suspensão dos protocolos que regem a nossa relação com o mundo empírico assegurando, por conseguinte, a instituição da comunicação literária.

Por outro lado, atendendo à sua evolução, iremos verificar que a literatura colonial parte de um momento inicial, fase *exótica*, passando por uma fase intermédia, de cariz marcadamente *doutrinário*, até alcançar um estágio mais elaborado, que é a sua fase *cosmopolita*. Desenvolvemos, também no Capítulo I, uma análise desenvolvida destes aspectos.

Do ponto de vista da história literária, aprofundar o conhecimento desta literatura pode ajudar-nos a melhor ajuizar a delimitação estética e temática da literatura moçambicana, em relação à qual persiste, com legitimidade, a discussão sobre a sua especificidade[8]. A nossa orientação nesta reflexão assenta legitimamente em princípios teóricos e operativos que, acima de tudo, privilegiam o texto como literário. E faremos todo o possível para evitar cair no erro vulgar de nos servirmos desses fatos *comme des documents défectueux, de deuxième ordre* (Eikhenbaum 1925: 37-38).

Por estar ligada a um contexto histórico determinado, a literatura colonial interage com a história que a enquadra, fazendo-a ressoar, com maior ou menor impacto, em cada um dos seus textos. Sem perse-

---

8  Sobre a questão, consultar Carlos Alberto LANÇA (1962), Alfredo MARGARIDO (1962), Joaquim SABINO (1964), Rui KNOPFLI (1974), Manuel FERREIRA (1984, 1989), Russel HAMILTON (1984), Fátima MENDONÇA (1984), Ana Mafalda LEITE (1985), Lourenço do ROSÁRIO (1990), Francisco NOA (1997), Gilberto MATUSSE (1998).

guir uma linha historicista, o presente trabalho acaba por realizar uma releitura do passado através do espaço literário. Mesmo instituindo-se como um *não dito*, a História que aí se insinua não só alimenta os sentidos do romance colonial, o gênero privilegiado na nossa análise, como também nos ajuda a orientar grande parte das nossas percepções do presente, no que toca, em particular, à verbalização do mundo, seja ela ou não literária.

Não se trata, portanto, aqui, de aplicar o método crítico do Novo Historicismo, uma expressão cunhada em 1982 por Stephen Greenblatt, da Universidade da Califórnia, em Berkeley, e que situa a obra de arte em seu contexto histórico, derrubando, ao mesmo tempo, as fronteiras entre produção artística e outros tipos de produção social. Esta será, afinal, uma das tendências dominantes nos chamados estudos pós-coloniais de inspiração anglo-saxônica, bem como dos estudos culturais, em geral. Como explica Louis A. Montrose citado por Adam Begley (1993: 62), o novo historicismo é uma preocupação recíproca com a historicidade dos textos e com a *textualidade da história*. No nosso caso, interagirão, as duas textualidades: a dos romances e a da História.

Também não se trata, neste trabalho, dado o caráter interdisciplinar e eclético que o caracteriza, de agir, como refere Boris Eikhenbaum (1925: 37), à maneira do polícia que, incumbido de prender um criminoso, teria detido ao acaso todos aqueles que ele ia encontrando num compartimento determinado e mesmo os que passavam pela rua. Este arbitrário e aleatório procedimento equivale às práticas dispersas que caracterizam muitos trabalhos de interpretação e de análise em que a tolerância metodológica acaba por transformá-los numa "hermenêutica estéril" (Iser 1985: 218).

Evitaremos, por conseguinte, recorrer à coleção de assunções e pressuposições mascaradas num instante como teoria e noutro como método, o que nos pode conduzir a um generalizado e insustentável estado de confusão. E o ecletismo interdisciplinar que, em diferentes momentos, se fará presente significará menos uma implícita confissão de indecisão face à multiplicidade de teorias e métodos e à necessidade de relacioná-los uns com os outros, do que a preocupação em explorar, o máximo possível, as potencialidades estruturais, semânticas, comunicativas e teóricas que os textos que iremos analisar nos oferecem.

Tal como explica Lubomir Dolezel (1988: 85), enquanto ficção, isto é, enquanto mundo possível, o romance é um conjunto completo de domínios diversificados para poder acomodar o maior número possível de indivíduos, assim como estados de coisas, eventos, ações, etc. Este fato já antevisto por Tynianov (Eikhenbaum 1925: 65) significa que cada obra de arte representa uma interação complexa de inúmeros fatores. Daí que, em consequência, o objetivo de estudo é de definir o caráter específico de tal interação.

Assim, para salvaguardar a autonomia das próprias obras, e a especificidade do nosso trabalho, evitaremos cair na tentação fácil de cotejar as referências literárias com os fatos que a própria História nos fornece. A exceção será feita em relação aos casos extremos em que os aspectos contextuais se tornam imprescindíveis para a sistematização da nossa leitura. E, aí, não se trata de perseguir o determinismo histórico sobre a literatura, mas de analisar o diálogo fundamental que o texto literário estabelece com o contexto histórico.

## b) motivações de ordem ético-pedagógica

Identificada, à partida, com um sistema que se caracterizou pela usurpação material, humana e espiritual de diferentes sociedades, a literatura colonial, no geral, surge-nos, se vista numa perspectiva onde o respeito pelo *Outro* é um valor dominante, como uma estética do *imoral*. Aqui, levanta-se de imediato a questão de saber até que ponto uma criação artística pode, ou não, ser imoral. Trata-se, na verdade, de planos distintos, mas que resolvemos aqui conjugar, pois, no fundo é em nome da sua imoralidade, identificada que está com os valores hegemônicos na sociedade colonial que, muitas vezes, esta literatura é definida e avaliada.

Esta é uma dualidade que, de certa forma, é recorrente ao longo da história da arte, em geral, e da literatura, em particular. Lembremo-nos, por exemplo, da atitude de suspeição manifestada por Platão[9] em relação à poesia (literatura) que, por esta basear-se na imitação, podia, do seu ponto de vista, exercer um efeito maléfico sobre a cidade. Ou do comprometimento de parte da arte barroca com o dogmatismo religioso e regenerador da Contrarreforma. Ou, então, o século XIX francês, onde temos um Baudelaire "satânico" ou a plêiade de escritores como Flaubert, Gautier, Renard ou Maupassant que, defendendo a ideia de que *c'est avec les bons sentiments qu'on fait la mauvaise littérature* (Sartre 1948: 135), acabam por ser apodados de "malditos", colocados, por isso, à margem pelo moralismo policiador da

---

9    Cf. *A República* (377a, 378a, 380a) ou *Íon* (1533d, 1534a, 1534b, 1534c, 1534d, 1534e). Nesta última obra sobreleva, entretanto, a ideia de que a poesia não era nenhuma arte, mas sim um produto de inspiração divina de que o poeta se tornava simplesmente possesso.

sua própria sociedade. Fato que, aliás, se repetirá em relação à irreverência iconoclasta das manifestações modernistas nos inícios do século XX.

Neste século, o período entre as duas grandes guerras e o subsequente irão apresentar quadros exponenciais do sofrimento humano, tanto individual como coletivo, o que obrigará os fazedores da arte a confrontarem-se, de diferentes formas, com esses momentos marcantes da história contemporânea. A *estética* neorrealista, por exemplo, apresenta-se como uma literatura onde a dimensão *ética* acaba por ser marcada devido à motivação humanística e interventiva aí assumida.

Sensivelmente por essa altura, é publicada a obra *Qu'est-ce que la littérature?*, de Jean-Paul Sartre (1948: 69), onde, entre outras coisas, o autor discute as relações entre a ética e a literatura, afirmando, a dado passo, que, apesar de a literatura ser uma coisa e a moral outra, no fundo do imperativo estético, nós discernimos o imperativo moral. Tal é a sua convicção que chega a lançar o seguinte desafio: "Eu peço que alguém me cite um bom romance, por único que seja, em que o propósito expresso foi o de servir a opressão, ou de escrever contra os Judeus, os Negros, os operários ou os povos colonizados" (p. 73).

Pelos vistos, de um ponto de vista sartriano, não serão muitas as vezes em que encontraremos um *bom* romance colonial.

Uma percepção análoga atravessa a reflexão do nigeriano Chinua Achebe que interpreta a literatura colonial enquanto espaço onde reina o preconceito e a maldade, como uma escrita "duplamente ofensiva" (2000: 41):

> Mas subjugada ou meramente enfraquecida, a literatura é sempre mal servida quando o ponto de vista artístico dá lugar ao estereótipo e à malícia. E isto torna-se duplamente ofensivo quando tal obra é arrogantemente apresentada como a tua história.

Em que medida é, pois, *moralmente* legítimo não só desenterrar esta literatura através de um investimento descritivo e analítico desta natureza, como também propor uma hipotética integração num plano de estudos, seja na antiga metrópole, seja nas próprias ex-colônias, ou, então, apostar na sua circulação por esses mesmos espaços em nome da "liberdade intelectual"? Alguém que responde "sim" é Salvato Trigo (1987: 147) que, com algum desassombro, postula:

INTRODUÇÃO

Há, pois, que ler essa literatura não com um sentido permanente de destruição, de terrorismo leitural, que só denotam insegurança e intolerância do leitor/crítico, tão contrárias ao espírito científico, mas com um sentido de pesquisa e de aprendizagem, buscando nela elementos e factores causativos e germinativos para a consciência literária nacional, para a independência intelectual, que, nas colónias, surge sempre muito antes da independência política.

Queremos aqui sublinhar que, longe de se remeter ao levantamento e escalonamento bipartido e maniqueísta das diferentes representações na literatura em causa, esgotando-se em considerações moralizantes, este trabalho procura acima de tudo analisar *como* essas representações são construídas e como interagem com um determinado contexto espacial e temporal, ao mesmo tempo que traduzem uma visão do mundo específica que vai evoluindo através de novas formas e novas imagens. Daí que, nesse sentido, nos pareça pertinente a posição de Salvato Trigo.

A propósito do aspecto polimorfo da sobreposição cultural e civilizacional, numa leitura do colonialismo moderno e dos diferentes aspectos que vai tomando ao longo do tempo, L. S. Stravrianos (1981: 41-43) divide-o em quatro fases: a primeira, de 1400 a 1770, dominada pelo capitalismo mercantilista e pela exploração das Américas; a segunda, de 1770 a 1870, caracterizada pelo surgimento do capitalismo industrial e procura de mercados ultramarinos; a terceira, de 1870 a 1914, identificada com o monopólio capitalista e conquista global; e a quarta e última, a partir de 1914, em que se verifica a mudança do monopólio capitalista e da colonização para o sistema das corporações multinacionais e para o neocolonialismo.

Dada a complexidade e o polimorfismo do conceito de "colonial", decorrente da sua não dependência exclusiva a uma determinada baliza cronológica, importa colocar redobradas atenções em relação ao que ele possa de imediato significar. É, pois, face a essa complexidade que Manuel Ferreira (1989: 237), de modo penetrante, preconiza:

> Note-se que o romance (ou outra forma artística) não é colonial pela simples razão de ter sido produzido por um europeu, com mais ou menos experiência africana, durante o período colonial. Inclusive o seu autor *pode ser um africano. Nos nossos dias* poderá ser escrito um romance colonial. (Itálicos nossos.)

Tanto na leitura de Stravrianos como na de Manuel Ferreira desenha-se uma noção de colonialidade que vai além das balizas históricas do colonialismo e que irá, de certo modo, atravessar parte da nossa reflexão. Mesmo tendo em conta a rigidez dos valores morais que norteiam a conduta individual e coletiva das sociedades em geral, julgamos que, no seu conjunto, esses valores traduzem possibilidades infinitas da condição humana, o que acaba por dotar, de forma paradoxal ou não, cada gesto, cada ação, de uma variedade múltipla de comportamentos alternativos que põe em causa a cristalização de um determinado código de valores.

Assim, em função do relativismo histórico, o sentido ético dominante acaba por alargar-se, flexibilizar-se e enriquecer- se ao considerar outras possibilidades de consciência e de conduta, em que, por exemplo, a dicotomia do bem e do mal ganha novos particularismos. E, é assim que, cada uma dessas sociedades, dada a abertura que, de modo virtual ou efetivo, aí se desenvolve, consegue viver e enfrentar os processos traumáticos e moralmente condenáveis que ela própria desencadeou, protagonizou ou sofreu.

Por conseguinte, quer para os que colonizaram quer para os que foram colonizados, revisitar as criações de espírito que têm a ver não só com um determinado segmento da história que os ligou, como também com todo um imaginário que subsiste sob formas mais ou menos elaboradas, mais ou menos dissimuladas, torna-se um imperativo que tem tanto de moral como de pedagógico.

Há quem considere que incursões desta natureza, ou evocações afins, relativas a um passado construído sob o signo da sujeição são uma ameaça para o presente. Outros defendem exatamente o contrário. Registramos aqui duas opiniões, retiradas do semanário português *Expresso* de 29/04/2000, por si só reveladoras do que a questão encerra de problemático. Assim, enquanto Henrique Monteiro, na sequência das crispações verbais entre portugueses e angolanos, num artigo intitulado "A lógica da humilhação" (p. 13), postula:

> É triste, demasiadamente triste, para ser verdade, que o nosso país [Portugal] se vergue e se humilhe perante gente que passa a vida a cobrar-nos e a chantagear-nos com um passado já distante. Não foi esta a geração portuguesa responsável pelo colonialismo [...]. Esta é uma geração de liberdade num país livre.

INTRODUÇÃO

no Editorial, da mesma edição, com o título "Parentes pobres e ricos" (p. 24), lê-se:

> Curiosamente, a questão do Império interessa hoje, na mesma medida, à direita e à esquerda. [...] É preciso que todos percebam que a *identidade* de Portugal, aquilo que faz a sua diferença, o que lhe pode dar uma vantagem relativa no confronto com outras nações, é o facto de ter sido o *centro de um grande império colonial*. Portugal não é grande pelo território. Nem pela agricultura. Nem pela indústria. (Itálicos nossos.)

O sentido pedagógico que procuramos realçar impõe-se, portanto, como um exercício intermutável de conhecimento desapaixonado de si próprio e do *Outro*, através de signos que, apesar de imputáveis ao passado, têm ganho um significado e uma importância particulares no presente. Pedagogia da alteridade precisamente por aquilo que essa alteridade *não* foi e que permitirá, hoje, retraçar redes desambiguizadas e fecundas de comunicação cultural e civilizacional. Em múltiplos sentidos.

De modo mais particular, a literatura colonial acaba por preencher um vazio real e sintomático no conjunto da criação literária do antigo colonizador e que tem a ver com a representação do negro e de África. Num interessante estudo subordinado a esta questão, intitulado *A Imagem da África Negra nas literaturas portuguesa e francesa da segunda metade do século XIX* da autoria de Maria Vitória Figueiredo, esta conclui, a determinado passo, que, contrariamente à França, "não são muitos textos [de autores portugueses] onde a África surge ou como *tema* ou como motivo" (1992: 103). E, quando o contrário acontece, é sempre um espaço por "civilizar" e o negro não escapa nem ao olhar apiedado do europeu, nem ultrapassa a sua condição de "objecto sexual, de lucro e de luxo" (p. 120). Isto deve-se, segundo a autora, à "cegueira estrutural do olhar ocidental" (p. 144).

Encontraremos, entretanto, a figuração do negro em obras como o *Cancioneiro Geral*, de Garcia de Resende, *Os Lusíadas*, de Luís de Camões, e parte da obra dramática de Gil Vicente no século XVI, ou das já referidas visões quer apiedada, quer evocativa da inferioridade moral e intelectual dos negros em Eça de Queirós, Ramalho Ortigão e Fialho de Almeida no século XIX. Trata-se, no essencial, de uma representação do negro assente numa "perspectiva redutora e humilhante: ladrão, madraço, astuto, atrevido, imaturo, ambicioso, libidinoso" (Ferreira 1989: 305).

Na literatura e na cultura portuguesas, a África e os negros são um verdadeiro tabu. Segundo Garcia Polido (1934: 108), escritor e publicista, num artigo intitulado "Literatura Colonial" e publicado no *Boletim Geral das Colónias*:

> Nesta larga quadra de trabalho artístico, a vida das colónias não constitui sequer um episódio. Na verdade, na obra de Camilo, de Júlio Deniz [sic], de Eça de Queiroz e de Fialho de Almeida, como já acontecera com Herculano, Castilho e Garrett, o vasto património ultramarino não tem história.

O mesmo autor observa, ainda, que:

> Nas melhores páginas da literatura contemporânea o grande esfôrço de Portugal em favor da civilização e da revelação dos novos mundos é totalmente ignorada. Dir-se-ia que o País se limita, geográfica e historicamente, à estreiteza da faixa europeia.

E o ostracismo a que a literatura colonial está votada terá, entre outras razões, a ver com o fato de ter sido remetida à condição daquilo que ela ousou quebrar: a condição do que é interdito ou proscrito. Existe, porém, outra grande exceção que é a literatura evocativa da guerra colonial onde a tematização de África e do negro (pelo menos da relação dos portugueses com ele) tem um espaço preponderante. Segundo Rui de Azevedo Teixeira (1998: 110), na obra *A guerra colonial e o romance português*, esta literatura "produz um dialogismo textual que dá origem a um corpo literário – marcado por África como *continente mental* – que é profundamente distinto na literatura portuguesa contemporânea".

E o sentido ético reside, também, aí: com a exumação desta literatura estimula-se, alarga-se e enriquece-se a liberdade de pensamento e de ação, que, neste caso particular, implica um misto de ousada curiosidade e necessidade de reescrever com a objetividade possível a adormecida textualidade da mundividência colonial.

Estamos, pois, diante de um empreendimento que procurará, em cada passo, evitar uma atitude de parcial e hostil virulência para com a literatura em análise, por um lado, ou de qualquer forma de condescendência indiciadora de algum revivalismo, gratuito ou intencional, no sentido de pactuar com certos sedimentos culturais e ideológicos aí inscritos, por outro. Subscrevemos, a propósito e em grande medida, a posição de Edward Said (1994: XXII), quando, na sua análise do fenómeno colonial do ponto de vista literário, defende que o seu método é focar tanto quanto possível em trabalhos individuais, de modo a lê-los primeiro como grandes produtos da imaginação criativa e interpretativa e, depois, apresentá-los então como fazendo parte da relação entre cultura e império.

Ao advogar, por exemplo, que a tragédia, ao suscitar o terror e a piedade, provoca a purificação da alma, Aristóteles parece mover-se sobretudo num plano estético e emocional, sem, no entanto, descartar desígnios éticos e até gnosiológicos. Desígnios que, julgamos, poderem ser associados, *à la longue*, ao romance colonial que, ao compulsar sentimentos de atração ou de repulsa no leitor contemporâneo em relação ao que é narrado ou descrito, adquire uma função catártica, pedagógica e eventualmente moralizadora. O distanciamento histórico deve, em princípio, permiti-lo.

Na conceitualização poética aristotélica, a questão ética está presente não só do ponto de vista da recepção, mas também do ponto de vista composicional. Recordemo-nos que na distinção por si feita entre, por exemplo, a tragédia e a comédia. Aristóteles define que a primeira imita homens como seres superiores (nobreza) e que a segunda imita homens como seres inferiores (baixeza)[10]. Isto, obviamente, sem pôr em causa a autotelicidade da obra literária. E, tal como Benedetto Croce, consideramos que a arte pode ser educadora enquanto arte, mas não enquanto "arte educadora", porque em tal caso não é nada, e o nada não pode educar.

Portanto, não é nosso objetivo com este trabalho estudar o colonialismo através da literatura, mas sim analisar e conhecer as interações que essa forma particular de discurso estabeleceu, num determinado momento, com um dos sistemas de dominação mais marcantes dos últimos cinco séculos. E, porque tanto a história como a cultura dos povos envolvidos estão fortemente marcadas por esse sistema, fato que se fez sentir quase que a nível planetário, a literatura colonial, enquanto espaço de contato de imaginários, pode ser um veículo privilegiado para apreender os particularismos simbólicos e existenciais inerentes às sociedades contemporâneas, na sua forma de estar consigo mesmas e com os outros.

Enfim, acreditamos que, para além de todas as demais conclusões, com a nossa interpelação a uma escrita que teve como um dos seus principais efeitos a ampliação ou obscurecimento da luminosidade do Império, temos necessariamente de concordar com Robert Hampson, na sua interpretação de *Heart of Darkness* de Joseph Conrad, que, afinal, *darkness is located at the heart of the civilizing mission* (1995: XXXIV). E deste anátema não escapou grande parte do sistema representacional da literatura colonial. Muito pelo contrário.

---

10   Julgamos que, neste aspecto, Aristóteles inaugura uma dimensão antropológica da teoria literária, perspectiva que acabará por estar fortemente presente no nosso trabalho.

I

# LITERATURA COLONIAL: ENQUADRAMENTO TEÓRICO E PERIODOLÓGICO

# 1. O conceito: uma dimensão problematológica

Devemos a Michel Meyer (1993) o conceito de problematologia que, *mutatis mutandis*, corresponde aos desafios e às dificuldades que se nos colocam ao tentar definir, de forma satisfatória, a literatura colonial. Em síntese, o teórico belga, analisando a linguagem, em geral, e a retórica, em particular, considera a existência de duas atitudes interpelativas que prefiguram uma "diferença problematológica": uma, que se caracteriza por ser crítica e desassombrada e que não abole a interrogatividade exprimindo, por isso, o problemático; a outra, que se dispõe a tornar concludente ou a encobrir a interrogatividade da questão.

Para todos os efeitos, é com a primeira atitude que nos identificamos, pois, apesar dos "riscos" que daí possam advir, acreditamos que a literatura colonial, por aquilo que ela é e por tudo que a tem (ou não) envolvido, encerra motivos bastantes para que, longe de fatualizá-la, a interroguemos, devassemos e problematizemos. E quanto mais essa questão é incerta, ou incômoda, menos se reduz a uma única e conclusiva alternativa e mais se abre a um espaço de alternativas múltiplas.

Além do mais, e ainda na esteira de Meyer, a dimensão problematológica decorre do fato de que cada afirmação feita em relação ao objeto em análise é, de certo modo, uma resposta a questões que não foram necessariamente formuladas. Isto é, quanto mais avançarmos nas nossas afirmações e respostas, crescente, mas não menos produtivo, será o grau de interrogatividade.

Se tivermos em conta, ainda, a sua proposta sobre o grau de problematicidade: *máxima* (questão duvidosa, sem critério de resolução); *grande* (questão incerta, mas com critério de resolução); *fraca* (questão resolvida), não hesitamos em considerar a literatura colonial um caso de *grande* problematicidade. Como veremos ao longo deste trabalho, e através dos diferentes exemplos que iremos apresentar, são, de fato, notórias as incertezas sobre o que é, na verdade, a literatura colonial.

## I. LITERATURA COLONIAL: ENQUADRAMENTO TEÓRICO E PERIODOLÓGICO

Contudo, julgamos que o critério de resolução dessa incerteza residirá, de forma inequívoca, no texto e nas suas interações com o contexto (histórico, cultural, social e espacial) como fundamento da sua conceitualização tipológica. Tipologia que, se em alguns casos tem um alcance eminentemente histórico – veja-se o exemplo da literatura brasileira, em que temos, antes da independência, uma literatura que é definida como sendo do *período* colonial –, noutros, como aquele que nos interessa, se impõe como *gênero*, como estética determinada.

Recordemos que, a dado passo, na Introdução deste trabalho, colocamos a questão: "O que é a literatura colonial?" Questionamo-nos, agora, até que ponto uma tentativa de definir esta literatura não corre o risco de se tornar um exercício tautológico, indefinido e frustrante. Afinal, de forma implícita ou explícita, o desenvolvimento deste trabalho em cada linha, em cada parágrafo deverá responder a essa preocupação mesmo quando ela permanece como uma questão em aberto, mesmo quando avançamos com definições provisórias ou parcelares. Além do mais, acreditamos que a perseguição dos conceitos – apesar da sua importância enquanto dispositivos operatórios – concorre, muitas vezes, mais para obscurecer e fechar a questão do que para aprofundá-la e apreendê-la na sua real dimensão.

No entanto, porque já têm sido avançadas, em diferentes épocas e lugares, e por diferentes autores, algumas conceitualizações inerentes à literatura colonial, parece-nos de importância sistematizar essas formulações, tanto para observar os pontos de convergência e de divergência como para melhor se avaliar da complexidade de um fenômeno que alguns têm tentado reduzir à mais simples expressão.

De sublinhar, entretanto, que um dos problemas que se coloca, de modo premente, para quem analisa o discurso colonial, privilegiando a sua vertente estética, é o de conseguir manter um equilíbrio epistemológico concordante com essa vertente. Isto porque se intersectam nesse tipo de discurso múltiplas e variadas dimensões: ideológicas, históricas, políticas, culturais, sociais, morais, etc. Daí que se reconheçam nas diferentes abordagens da literatura colonial embaraços dificilmente contornáveis.

Portanto, a literatura colonial, além de jogar com uma mais ou menos longa tradição histórica e literária, tem a envolvê-la, numa interação dinâmica, todo um conjunto de valores e manifestações que transcendem o âmbito exclusivamente literário. Referimo-nos, antes, ao fato de essa interação conduzir não só ao empobrecimento estético de muitas das obras produzidas, como também e por consequência, provocar algumas reservas na forma como é avaliada do ponto de vista da criação artística, ou, mesmo, do ponto de vista ético.

É, pois, tendo como pano de fundo esta última perspectiva que, por exemplo, Augusto dos Santos Abranches (1947: 2), uma das vozes que se destaca na reflexão inaugural sobre a literatura colonial em Moçambique, defende que "se na criação literária existe essencialmente humanidade, na falada "literatura colonial" esse sentido de humanidade brilha pela ausência"[11].

Por sua vez, Rui Knopfli (1974: 8), tomando como modelo Rodrigues Júnior, refere-o como "exemplo extremo da *pseudoliteratura* que pontifica sob os auspícios do *establishment*". Mais tarde, Fátima Mendonça (1989: 44) afirmará, a propósito, que se trata de "produtos pseudoculturais nascidos artificialmente da aberrante situação colonial".

Pires Laranjeira e Luciano Caetano da Rosa citam um artista plástico do regime com quem parecem comungar a ideia de que a literatura colonial era quase sempre bizarra, afetada e sem consistência (Laranjeira 1999: 249). Por sua vez, Inocência Mata (1992: 187), num estudo de fundo sobre a colonialidade literária em São Tomé e Príncipe, advoga que:

> Da análise que ora ensaiamos, podemos concluir que há nos textos coloniais a ausência de uma dimensão literária muito importante que é a *pensatividade textual* (vs. *impacto poético*), *índice de profundidade humana analítica*. (Itálicos nossos.)

Rui de Azevedo Teixeira (1998: 347), na sua tese de doutoramento intitulada *A guerra colonial e o romance português*, afirma, a dado passo, e de forma concludente, que "não temos [os portugueses] verdadeiramente uma literatura colonial".

Contudo, apesar da atitude de desconfiança ou de rejeição que gerou, a literatura colonial é um fato consumado. Isto é, produziram-se inúmeros textos líricos, dramáticos e narrativos que, com maior ou menor valia estética, exprimindo visões de mundo determinadas, circularam com uma certa intensidade durante cinco ou seis décadas, envolvendo leitores metropolitanos e "ultramarinos", e foram objeto de crítica, de premiação e de consagração pública e institucional.

---

11   Este e outros excertos foram retirados de uma comunicação apresentada por Abranches, com o título "Sobre Literatura Colonial" ao 1º Congresso da Sociedade de Estudos da Colónia de Moçambique, realizado entre 8 e 13 de Setembro de 1947, e que provocaria uma acesa polêmica. Seria, aliás, no decurso desse congresso que Eduardo Correia de Matos receberia o 1º prêmio de "Literatura Colonial" pelo seu romance *Terra conquistada* (1946), obra que selecionamos para fazer parte do nosso *corpus*.

## I. LITERATURA COLONIAL: ENQUADRAMENTO TEÓRICO E PERIODOLÓGICO

Entretanto, a propósito da inevitabilidade desta literatura, o mesmo Augusto dos Santos Abranches (1947: 1) conclui que:

> Provável seria, pois, que a actividade colonizadora tivesse também a sua representação, a sua estética peculiar, oferecendo através da realidade criada a sua forma de arte. Seria natural o dar-se como verdadeiro o dístico "literatura colonial".

Entretanto, no que concerne à sua especificidade temático-estrutural, várias têm sido as interpretações avançadas sobre a literatura colonial. Pela sua importância, destacamos algumas delas na certeza, porém, de que nenhuma esgota a reflexão, mas que, pelo contrário, a alarga, aprofunda e enriquece.

Desta feita e regressando, uma vez mais, a Santos Abranches (p. 3), verificamos que este procura definir a literatura colonial, equacionando o choque antropológico e civilizacional:

> Antes de mais nada, entenda-se que, por "literatura colonial", nos referimos à que pretende contar as reacções do branco perante o meio ambiente do negro, isto é: a toda essa espécie de descrição mais ou menos ficcionista que nos introduz perante as pessoas imaginariamente vindas de ambientes culturais desenvolvidos, civilizados, para meios ambientes "primitivos".

Muito mais tarde, Manuel Ferreira (1989: 241-249) concebe a colonialidade literária, de modo mais sistemático e consequente, a partir da análise do romance *O vélo d'oiro* de Henrique Galvão, sustentando-se nos seguintes critérios: superioridade numérica das personagens brancas; melhor tratamento estético dado a essas personagens; estatuto a que têm direito: são quase sempre protagonistas; espaço físico normalmente inóspito e que justifica a ação do branco; tom épico dominante, numa espécie de "celebração colonial"; ponto de vista predominantemente europeu: *visualização lusocêntrica*; autor português com vivência africana; narrador apresentando uma "intencionalidade patriótica"; destinatário da ficção: o homem português vivendo em Portugal.

Este autor – que introduz já fundamentos de natureza pendularmente literária no conjunto dos seus critérios, nomeadamente o estatuto das personagens, o ponto de vista e a interação autor-narrador--destinatário –, conclui que a literatura colonial "é a expressão de uma prática e de um pensamento que assentam no pressuposto da superioridade cultural e civilizacional do colonizador" (p. 250).

Por seu lado, Salvato Trigo (1987: 144-145), numa comunicação intitulada "Literatura colonial, literaturas africanas", apresentada num Colóquio sobre as Literaturas dos Países Africanos de Língua Portuguesa organizado pela Fundação Calouste Gulbenkian, em 1985, defende que

> a literatura colonial caracteriza-se justamente pelo facto de os seus cultores não abdicarem da sua identidade, das referências culturais e civilizacionais dos seus países, embora tentem mostrar-se integrados no meio e na sociedade nova de que fazem parte.

Isto é,

> a literatura colonial pretende ser, fundamentalmente, um hino de louvor à civilização colonizadora, à metrópole e à nação do colono, cujos actos de heroicidade e de aventureirismo, de humanidade e de estoicismo são, quase sempre, enquadrados por uma visão maniqueísta da vida e do mundo envolvente.

Até aqui, verificamos que se nota nestas reflexões a incidência no fato de a literatura colonial traduzir a sobreposição cultural e civilizacional dos europeus que se manifesta no silenciamento, subordinação ou na marginalização do elemento autóctone. Este fato, como veremos adiante, é reconhecível nos fatores estruturais da narrativa que instituem para o efeito uma escrita particular.

Um aspecto fundamental a reter, na conceitualização da literatura colonial, tem a ver com o fato de tanto os autores, através da visão do mundo que fazem prevalecer no texto, como os seus protagonistas não revelarem, em algum momento, qualquer crise em termos de identidade cultural. Portanto, no confronto com outras identidades, subsiste uma europeidade (portugalidade) inabalável.

Onde, entretanto, a reflexão teórica sobre o discurso colonial, em geral, e sobre a literatura colonial, em particular, conheceu desenvolvimentos assinaláveis foi nos círculos intelectuais anglo-americanos. Sistemática, acutilante, controversa, tentacular, trata-se de uma reflexão que, para todos os efeitos, não deixou de trazer subsídios teóricos e interpretativos significativos e de que iremos dando conta ao longo do nosso trabalho.

## I. LITERATURA COLONIAL: ENQUADRAMENTO TEÓRICO E PERIODOLÓGICO

Não podemos, no entanto, deixar desde já de apontar Edward Said, uma das vozes mais destacadas na teorização sobre a literatura colonial. Assim, em *Orientalism* (1978), debruçando-se tanto sobre textos literários como não literários, Said procura analisar o modo como o Ocidente "inventa" o *Outro*, neste caso, o Oriente. Com uma linha de pensamento tributária do desconstrucionismo de inspiração derridiana, em que se procura dar voz às vozes ocultas ou dominadas, Said define o orientalismo como uma vontade e uma intenção de entender, controlar, manipular e incorporar aquilo que é um mundo manifestamente diferente (ou alternativo e novo). O autor conclui que o discurso sobre o *Outro* é, de modo inevitável, um discurso de poder.

Noutra obra de referência, *Culture and Imperialism* (1994), E. Said, através da análise de autores britânicos e franceses que exprimiram de forma aguda e complexa o imaginário colonial na literatura, defende o aspecto dinâmico da cultura e as suas interações políticas e sociais. A literatura, em particular a literatura colonial, acaba por revelar esse dinamismo de tal modo que o império surge como o prolongamento da vontade de poder desenhado e alimentado pela cultura.

Por outro lado, Said atribui à narrativa um papel decisivo quer na formação das atitudes, referências e experiências imperiais, quer, em contraponto, na afirmação identitária dos dominados, isto é, *the method colonized people use to assert their own identity and the existence of their own history* (p. XII). Aliás, para Said (p. 191), estudar as relações entre o Ocidente e as culturas dominadas não serve apenas para compreender uma relação desigual entre interlocutores desiguais, mas é um ponto de partida para estudar a formação e o significado das práticas culturais do Ocidente.

Daí que, ainda segundo Said (p. 192-193), o discurso literário, sendo um dos grandes meios para exprimir o ideário ocidental, em especial na afirmação da sua pretensa superioridade em relação aos "outros", pode transformar-se num veículo importante na recolha das fraquezas desse mesmo imaginário e na definição da dependência cultural que foi criando em relação aos "outros".

Finalmente, ao considerar que a literatura colonial, em particular do século XIX, *it effectively silences the Other, it reconstitutes difference as identity, it rules over and represents domains figured by occupying powers, not by inactive inhabitants* (p. 166). Said consagra um provérbio africano citado por Chinua Achebe (2000: 73) que reza que *until the lions produce their own historian, the story of the hunt will glorify only the hunter*.

Numa dimensão argumentativa que transcende as explanações de natureza político-ideológica, dominantes em Said, e fazendo do estereótipo (racial e cultural) o fundamento da sua interpretação não somente da literatura colonial, mas do discurso colonial, em geral, encontramos um dos seus mais proeminentes discípulos: Homi Bhabha. Recorrendo a autores como Freud, Lacan, Barthes e Foucault, Bhabha (1995: 77) explica que, entre outras coisas, a construção do discurso colonial é então uma articulação dos tropos do fetichismo – metáfora e metonímia – e as formas de uma narcísica e agressiva identificação disponibilizadas pelo imaginário.

Com um discurso muito marcado pela teoria psicanalítica – daí que além de aliar a racialidade à teoria da sexualidade, o autor utiliza um vasto repertório dominado por termos como subjetividade, ambivalência, desejo, regresso do recalcado, poder, atração e repulsa, fetichismo, etc. – em *The Location of Culture*, Bhabha analisa as atitudes e os discursos das personagens enquadrando-as em contextos epocais e espaciais determinados, sob o signo do conflito social e psicológico.

Uma das características da teorização anglo-americana, e que acaba por causar algum retraimento nos estudiosos de literatura, é o fato de essa reflexão ter como objeto o discurso colonial *lato sensu*, não respeitando a delimitação semântico-estrutural entre texto literário e texto não literário. Trata-se, por conseguinte, de uma colonialidade discursiva explorada essencialmente nas suas manifestações sociológicas, psicológicas, políticas, antropológicas, estéticas, etc.

Como que a sintetizar o espírito que domina esta orientação metodológica, Anne McClintock (1995: 9) defende: *I believe, however, that it can be safely said that no social category should remain invisible with respect to an analysis of empire*. Por este motivo, observamos que se partiu, neste caso, para uma abordagem pluri e heterodiscursiva, enquanto que nós procuramos circunscrever-nos ao discurso literário *tout court*, o que não implica que tenham de permanecer "invisíveis" os múltiplos aspectos que caracterizam a mundividência colonial. Muito pelo contrário.

Uma avaliação global destas interpretações oferece-nos um entendimento mais ou menos panorâmico, mais ou menos circunstanciado da literatura colonial, a partir exatamente da identificação dos pontos comuns que foram avançados. Ou seja, o fato de a literatura colonial basear-se em modelos hierarquizadores e que traduz, no seu todo, uma visão do mundo hegemônica. Em confronto, portanto, com outras visões do mundo latentes, ou explícitas, com frequência distorcidas, manipuladas, senão mesmo silenciadas, representando, na maior parte das vezes, um anacronismo cultural e civilizacional.

Existe, ainda segundo Bhabha, à volta da verdade colonial a *conspiracy of silence* (p. 123). Esta conspiração de silêncio encontra-se em todas as narrativas do império. É um silêncio ominoso que revela uma alteridade colonial arcaica que assenta em enigmas, obliterando nomes próprios e lugares próprios. Silêncio que transforma o triunfalismo imperial em testemunho da confusão colonial, e aqueles que escutam o seu eco perdem as suas memórias históricas.

Em síntese, e em face das diferentes posições que temos aqui cotejado, a colonialidade literária significa, no essencial: reação do europeu perante um meio e seres que lhe são estranhos: sobreposição de um ponto de vista eurocêntrico: escrita cujos autores não abdicam da sua identidade cultural: instituição de relações de poder dominadores/dominados; expressão de um relativismo cultural *pendularmente* etnocêntrico e limitação da capacidade interpretativa do Ocidente.

Acreditamos que o adjetivo "colonial" será, provavelmente, uma das palavras mais carregadas de sentido(s), pois implica um triplo horizonte: do colonizado, do colonizador e do que resulta do cruzamento entre ambos e que se erige como síntese. A situação colonial representa uma verdadeira armadilha histórica da qual nem uns nem outros saíram incólumes.

Vocábulos como "selvagem", "mato", "primitivo", etc. são reveladores do fato de a ação civilizadora – leia-se colonizadora – aparecer como um *ato* providencial. Não é, pois, por acaso que o discurso colonial, no seu todo, se apresenta com um pendor essencialmente autojustificativo.

O uso que fazemos do termo "colonial" não deve ser entendido como um dado apriorístico e determinista aplicado de forma aleatória, ligeira e indiscriminada, mas sim como um conceito que emerge dos próprios textos através de um exercício de leitura mais sistematizado e que não pode deixar de se confrontar com realidades adjacentes. O que permite que o conceito de colonialidade literária, como já foi referido, se possa estender muito além dos limites históricos.

Com esta última asserção queremos reafirmar a ideia de que, no caso da literatura colonial de expressão portuguesa, se se reconhece a existência de uma colonialidade literária delimitada pelo ciclo histórico que se fecha em 1974, outras manifestações mais ou menos sutis, literárias e não literárias, podem denunciar uma colonialidade entranhada, travestida e persistente. Deste fato apercebe-se Alfredo Margarido. Daí que se refira aos "novos mitos portugueses", centrados na veneração da língua e de vocábulos como "lusofonia". Aliás, segundo o autor (2000: 12), a independência das nações africanas fez com que muitos teóricos da colonização portuguesa modificassem de "maneira substancial o seu vocabulário". Por outro lado, a língua tornou-se o instrumento com o qual muitos portugueses pretendem perpetuar o império.

## 2. O contexto: a alavanca histórica

Como é sabido, há todo um conjunto de fatores de ordem política, econômica e social que acaba por ser determinante para o relançamento da ocupação colonial em África no século XIX, em que as potências europeias adaptam uma nova fórmula "oposta às operações de conquista e de prestígio da colonização tradicional" (Brunschwig 1971: 24).

A partir da segunda metade do século XIX, período em que é revitalizada a influência ocidental no mundo colonizado, a Europa sentiu necessidade de reescrever o seu movimento expansionista, de reinventar a sua própria tradição de modo a dar-lhe maior "dignidade" e legitimidade, o que se traduzirá, entre outras realizações, pela produção de obras literárias que se instituirão como evocativas da saga imperial.

Um dos exemplos mais conhecidos é o do romancista inglês, Joseph Conrad, com obras como *Heart of Darkness, Nostromo, The Nigger of the "Narcissus"*, etc. Temos, ainda, outros romancistas ingleses, casos de Rudyard Kipling e de E. M. Forster. Este teria em *A Passage to India* a obra de referência neste contexto. Em relação à França, destacam-se, entre outros, Victor Segalen e Pierre Loti.

Entretanto, numa etapa preliminar, os exploradores oitocentistas vão desempenhar um papel fundamental na renovação da colonização africana, o que faz com que apareçam como os precursores mais próximos da literatura colonial, obrigados que estavam a *narrar* a sua saga e a *descrever* as paisagens e os seres que iam encontrando. Referimo-nos às viagens de exploração do continente africano que permitiriam as narrativas de David Livingstone, Verney Lovett Cameron, Henry Morton Stanley, Serpa Pinto, Silva Porto, Hermenegildo Capelo, Roberto Ivens, etc.

Britânicos, alemães, franceses e portugueses envolver-se-iam nestas viagens de exploração sob o argumento do "interesse científico". Todavia, camuflava-se uma nova etapa da colonização africana virada para a consolidação da presença europeia. Esta era, entretanto, retoricamente justificada pela necessidade da sua "missão civilizadora" o que, de imediato, se traduziria pela abertura de novos mercados fora da Europa.

Além do mais, muitos dos exploradores que pretensamente realizavam viagens de exploração e de interesse científico acabaram por protagonizar ou apoiar atos de violência contra as populações nativas. Robert Hampson (1995: XIX) aponta, por exemplo, as ações levadas a cabo pelo britânico Henry Morton Stanley contra os habitantes de Bambireh Island, no Lago Vitória, em 1875. Ou de Livingstone que defendia que os africanos respeitavam só *force, power, boldness and decision*. Daí que se possa concluir, ainda segundo Hampson, que *war against slavery in Africa was so often used to justify colonial expansion* (p. XVII).

Para V. G. Kiernan (1988: 226), contrariando o argumento do imperativo moral que movia os europeus e que impregnava os relatos dos exploradores, no sentido de trazerem a luz[12] para zonas mergulhadas na escuridão, a África *became very truly a Dark Continent, but its darkness was one of the invaders brought with them, the sombre shadow of the white man*.

No século XIX português, encontram-se, também, algumas posições (raras) que, contrastando com as ideias dominantes sobre a ação colonizadora dos europeus, viam nela um processo de desagregação das sociedades africanas. E uma dessas posições é protagonizada justamente por Andrade Corvo (João 1985: 202), escritor e estadista, para quem:

> O negro adopta os vícios e mesmo os costumes do europeu com facilidade, mas daí não lhe provém o bem; porque os bons exemplos e as boas doutrinas morais não acompanham a acção dos povos civilizados; antes a opressão, a violência e acção do seu sórdido comércio parecem ser as mais naturais manifestações do domínio europeu em África.

Por sua vez, na análise que faz deste momento marcante para o destino dos africanos, o historiador britânico Malyn Newitt (1995: 304) observa que:

> Estes viajantes europeus, conscientes da expectativa do seu público, cujo apetite por livros de aventuras em África parecia insaciável, davam deliberadamente a impressão de estarem a descobrir terras novas e que as condições no interior careciam da atenção civilizadora dos europeus do Norte.

E, dado o espírito de competitividade que prevalecia, uma das arenas privilegiadas na rivalidade entre as várias potências acabou por ser a própria narrativa de viagens. Daí que, por exemplo, e segundo o mesmo historiador (p. 304):

---

12  Não resistimos a encontrar na utilização deste vocábulo ressonâncias quer de motivação religiosa, quer decorrentes do movimento iluminista, quer ainda da ideia triunfalista do Progresso alimentada pela Revolução Industrial.

Era normalmente nas histórias das atrocidades, sem dúvida exageradas para causar efeito e vir ao encontro dos gostos de um público leitor lúbrico, que os Portugueses tinham o papel principal, e grande parte das obras inglesas assumiu um tom manifestamente antiluso.

Para desfazer esta imagem, por um lado, e para não ficar arredado, por completo, deste novo movimento colonizador, por outro, o governo português, através dos seus exploradores e da Sociedade de Geografia de Lisboa, entretanto surgida em 1875, empenhou-se de forma intensa em organizar a realização de viagens de exploração. Estas, por sua vez, deviam motivar relatos sobre o interior africano e seriam uma resposta eficaz à hostilidade britânica. A rivalidade entre britânicos e portugueses será uma das notas dominantes nesta fase de procura de novos mercados e de conquista global e que, depois de muitos acordos e desacordos, terminaria de forma humilhante e traumática para os portugueses com o *Ultimatum* inglês de 1890.

Assiste-se, portanto, na segunda metade do século XIX, à retomada do movimento ocupacionista no sentido de se criar uma administração colonial consistente e efetiva, com o recurso a viagens de exploração, o que resultaria na proliferação de narrativas correlativas. Este movimento será selado pela Conferência de Berlim, em 1885, que significou a partilha formal de África entre as potências europeias.

Entretanto, Portugal, em função das novas circunstâncias históricas, ia redefinindo a sua política colonial, concretamente em relação a Moçambique, através de algumas medidas como a introdução da tarifa colonial de 1892, a alienação de grande parte de Moçambique às companhias concessionárias, os acordos laborais com a África do Sul, a nova legislação sobre a terra, os impostos e a mão de obra, a lei laboral de 1899 onde, entre outras coisas, se reconhecia a existência de duas classes de cidadãos: *indígenas* e *não indígenas*. Esta distinção será uma das especificidades da colonização portuguesa em Moçambique e que acabará por ser recriada na literatura colonial.

Será, porém, com o advento do Estado Novo, em 1926, que a política colonial – que só se fará sentir, de modo efetivo, em África a partir da década de 30 – fica traçada, em definitivo. Numa leitura atenta deste período, Manuel Ferreira afirma que, com a implantação do Estado Novo, se iniciou um frenético movimento propagandístico, cultural e ideológico (literatura, cinema, jornais, revistas, jornadas, semanas, *slogans*, de glorificação do regime, programas escolares, congressos e exposições coloniais, prêmios de literatura colonial, paradas militares, viagens presidenciais ao Ultramar, criação da *Agência Geral das Colónias*, da *Junta de Investigação do Ultramar*), numa impressionante e desmedida "pirotecnia colonial do Governo", em que "nada e ninguém escapava a este vendaval da impunidade imperial" (1989: 9).

Por sua vez, Rui Ferreira da Silva (1985: 319) reforça a ideia de que, "em termos ideológicos, o Império Colonial povoa o imaginário do Estado Novo, fenômeno bem ilustrado pelas centenas de reuniões e exposições a ele dedicadas, com especial relevo para a Exposição do Mundo Português de 1940". É nessa conformidade que são aprovados os documentos que irão legislar a ação colonial durante o século XX, nomeadamente, O *Acto Colonial* (1930), a *Constituição Portuguesa*, a *Carta Orgânica* e a *Lei da Reforma Administrativa Ultramarina* de 1933. O imaginário vai, a partir desta altura, em especial em relação à África, sofrer um adensamento significativo dado o estreitamento das ligações entre a questão colonial, o regime e a identidade nacional.

Além do mais, o Estado Novo procura ressuscitar o multisecular espírito messiânico dos portugueses. Portanto, é todo um movimento que se impõe, segundo Cláudia Orvalho Castelo (1996: 189), "associado ao ressurgimento do Império e da Fé, ou melhor, ao retomar da missão histórica do povo português. Uma missão de origem divina que compreendia a evangelização dos povos e a construção da paz e do progresso do mundo".

Há, pois, um reavivar da lusitanidade alicerçada no ideal universalizante que ligaria Portugal aos territórios colonizados, processo que seria marcado por dois acontecimentos que exaltavam esse "nacionalismo universalista" e que são: a Exposição Colonial do Porto, em 1934, e a Exposição do Mundo Português, realizada em Lisboa, em 1940. Aí, seriam exibidas, de modo absolutamente vexatório, as diferentes tentativas de aniquilamento e de esvaziamento da identidade cultural dos povos sob domínio português.

Estamos, portanto, no contexto da história colonial, diante de "um dos momentos de anulação da identidade étnica e cultural de cada colónia" (Castelo, 1996: 118), porquanto, para a realização deste evento, a Exposição Colonial do Porto, o ministro do Ultramar, na altura Armindo Monteiro, "solicita a todos os governadores das colónias que enviem para a metrópole 'famílias indígenas típicas', a fim de serem exibidas na Exposição, "alojadas em ambiente tão aproximado quanto possível do natural".

Um dos fatos reveladores dos efeitos da dinâmica cultural e propagandística imprimida pelo Estado Novo é a constatação por parte de Marcello Caetano (1934: 253), uma das mais representativas figuras do regime, de que "sinal do carinho que as colónias nos merecem, é o desenvolvimento que tem tido nos últimos anos a literatura colonial, sobretudo a literatura de imaginação que é de maior efeito pedagógico pela sua feição aliciadora".

A literatura colonial pode ser vista, no cômputo geral, como tributária, tendo em atenção tudo o que se apresentou até aqui, de um duplo circunstancialismo: literário (relativo às narrativas de viagens atrás referidas) e político-ideológico (em função de toda a evolução do quadro de ocupação iniciado no século XIX e que terá, com o movimento que em Portugal lançou e consagrou Salazar, o seu momento mais elaborado). Estritamente conotadas com este último circunstancialismo, muitas das obras produzidas apresentar-se-ão com formas e conteúdos rudimentares, expressão quase transparente do ideal colonialista. Emblemáticos desta situação são, por exemplo, os romances de Eduardo Correia de Matos e de Rodrigues Júnior, este último um dos mais panfletários e prolíferos escritores do regime[13]. Aproveitamos para esclarecer que a digressão que iremos de seguida realizar serve, no essencial, para identificar as obras que constituem o *corpus* no nosso trabalho.

## 3. O *corpus*: um roteiro reconfigurativo

Para seleção dos textos que vão integrar e fundamentar a nossa análise, guiamo-nos, de certo modo, pela sugestão greimasiana segundo a qual um *corpus*, para ser bem constituído, deve satisfazer as seguintes condições: ser representativo, exaustivo e homogêneo. Partimos, para esse efeito, quer de algum conhecimento prévio decorrente de leituras anteriores e de informações escritas sobre autores coloniais – em muito contribuiu, nesse sentido, a *Bibliografia das literaturas africanas de língua portuguesa* (1984) de

---

13  Segundo uma informação prestada informalmente por Fátima Mendonça, Rodrigues Júnior, que se "transferiria" para o regime, era oriundo da *Seara Nova*, revista de "doutrina e crítica" com fins declaradamente pedagógicos e políticos e exprimindo um militantismo social de esquerda. Por outro lado, ao sublinhar que "a *Seara Nova* foi uma importante publicação doutrinária, tanto no plano ideológico como no plano literário, preparando neste último domínio o terreno para o advento das revistas e das obras que deram voz ao movimento neo-realista português", Clara Rocha (1985: 377) ajuda-nos a enquadrar melhor certas aproximações no plano estético entre este movimento e o realismo colonial de que damos conta adiante.

I. LITERATURA COLONIAL: ENQUADRAMENTO TEÓRICO E PERIODOLÓGICO

Gerard Moser e Manuel Ferreira –, quer de testemunhos que nos foram prestados sobre obras que circularam no período colonial configurando uma visão do mundo específica e uma orientação estética determinada.

Conseguimos, assim, reunir um conjunto que, mantendo uma certa homogeneidade (Moçambique como invenção literária) e uma representatividade particular (um imaginário dominante de matriz eurocêntrica), nos permite identificar e analisar as principais linhas de força que caracterizam o que designamos de "literatura colonial". Voltamos, entretanto, a insistir na ideia de que esta literatura, no seu todo, não deve ser avaliada de modo uniforme e redutor, pois, como iremos demonstrar, ela irá conhecendo com o correr do tempo um processo evolutivo tanto em termos estruturais como temáticos.

São, portanto, três as fases que designamos, sucessivamente, por fase exótica, doutrinária e cosmopolita.

## 3.1. A fase exótica

Temos, assim, um primeiro momento em que, no seguimento do tom dominante na literatura de viagens de exploração, a literatura colonial representa a emoção do escritor perante terras e gentes estranhas e diferentes. É a *fase exótica* que se prolonga até meados da década de 50. Trata-se, neste caso, de um exotismo estético que se traduz na atitude deslumbrada e contemplativa do narrador que projeta representações paisagísticas ou humanas dominadas pelo culto do desconhecido, do surpreendente. Um autor que se destaca, neste período, é Eduardo Correia de Matos, com obras como *Sinfonia bárbara* (1935) e *Terra conquistada* (1946).

Da obra *Sinfonia bárbara*, retiramos uma passagem (p. 25) bastante elucidativa sobre a vertente em que o exótico, tanto do ponto de vista da linguagem como das referências, se institui como valor dominante:

> Nem a mais leve brisa acaricia as vergônteas, imóveis como se houvessem sido petrificadas, nem as borboletas, abundantes por êstes sítios, tão vistosas em sua garridice de côres, procuram com a tromba espiralada o pólen adocicado de escassas leguminosas. O activo colibri africano não adeja agora em tôrno às corolas procurando os insectos da sua alimentação.
>
> Não se ouve o gemer enamorado das rôlas nem o grito metálico do galo do mato.

Afundou-se a vida na tumba do silêncio. A Natureza adormeceu, amodorrada pelo soalheiro, exausta de calor e de sêde. Paira no ambiente uma expectativa tenebrosa. Recolhidos em seus quartéis, os habitantes dêste logar, que vivem em contacto com o mundo da matéria bruta e conhecem os seus ardis, dispõem-se resignados a suportar os rigores da calamidade[14].

Um dos aspectos que alimenta o exótico é a localização das próprias histórias, que se desenvolvem dominantemente no "mato". Aliás, há uma relação metonímica entre África e o "mato" que será explorada até à exaustão na literatura colonial, validando a afirmação de Bernard Mouralis (1975: 87) de que *le discours exotique s'ordonne ainsi selon une rhétorique que vise à l'expression et à la caractérisation d'une réalité considérée comme fondamentalement différente.*

É com este discurso exótico, "folclorismo literário" ou "turismo intelectual", segundo Inocência Mata (1992: 17), que se introduzem outras paisagens, outros homens, outros valores, éticos e estéticos, se multiplicam e se diversificam os pontos de referência, relativizando, portanto, o próprio mundo do autor colonial.

Se é verdade que este, na percepção de Mouralis (1975: 11), acaba por subverter o equilíbrio do campo literário e por pôr em causa o dogmatismo e o etnocentrismo literários, não o será de forma tão óbvia, pois o que acontece é que existe uma manifesta e persistente recusa de reconhecer no *Outro* o direito à diferença. Veja-se, como ilustração desta situação, a descrição que é feita de um conjunto de mulheres africanas, em *Sinfonia bárbara* (p. 37-38):

São agora as mulheres.

Não ousadias de guerra, que elas nunca empunham arco ou lança nas lides da peleja.

Requebros e ademanes sáficos. Odaliscas que, quando a luta pela vida dá tréguas aos seus senhores, lhes excitam os nervos para os prazeres da carne e lhes lembram que há em seus corpos doçuras compensadoras de todas as fadigas.

---

14  Dada a época em que foi publicada esta obra observam-se alguns anacronismos ortográficos que naturalmente tivemos que respeitar.

Não há, em regra, beleza alguma a adorná-las. Na sua maioria, são encarquilhadas, sujas e feias. Excepcionalmente, algumas, bem poucas, apresentam-se dum encanto exótico, misterioso, antigo, do templo de Salomão ou dos faraós do Egito.

Ora se saracoteiam, meio curvadas, prestes a cair, meneando os braços abertos e as nádegas gordurosas em moganguices concupiscentes e requebros pornográficos; ora se erguem em desafio e sacodem o busto farto, a mostrar aos homens, em círculo à sua volta, a exuberância dos seios entumecidos.

São, aqui, claramente expressos, por parte do narrador, cruzamentos judicativos de ordem estética e ética onde a incompreensão antropológica acaba por reger, de modo decisivo, a forma como vê o mundo diferente que representa. O que ele, na realidade, vê não são formas, mas deformações, medidas precisamente pelo seu inabalável código de valores.

Neste capítulo, um dos aspectos mais paradoxais do discurso exótico – de certo modo, uma característica mais ou menos presente nos discursos culturais enquanto discursos de alteridade – é que quanto maior é o investimento na autenticidade do ser representado, maior é a sobreposição dos diferentes códigos que regem a visão do observador.

Publicado, pela primeira vez, em 1927 e reeditado em 1999 pelo Arquivo Histórico de Moçambique, o romance *Zambeziana, cenas da vida colonial*, de Emílio de San Bruno, traduz em muitos dos seus segmentos descritivos o deslumbramento que a descoberta do *Outro* provoca no espírito dos europeus.

Repare-se, pois, na forma como se manifestam as contradições entre o que a personagem visada *deve eventualmente ser* e o que Paulo, o jovem tenente recém-chegado à Zambézia, *quer que ela seja*:

– Efectivamente é esquisito isto! – pensava Paulo. – Isto é uma raridade! Uma preta assim com as feições tão correctas, com um nariz tão regular e a esbelteza do corpo... e o pé, que não é o chato e espalmado pé da preta! O Lucena tinha razão! Isto é uma bela rapariga em toda a parte... e tem o cabelo corredio! Um pouco encrespado, é verdade, mas nada que se pareça com as ásperas carapinhas... Com certeza esta rapariga na Europa fazia fortuna!... (p. 119).

O desconhecimento, que se traduz quase sempre no preconceito, acentua a condição paradoxal do discurso exótico que oscila assim entre a visão deslumbrada e a inferiorização muitas vezes inconsciente do *Outro*. Com penetração, Todorov (1989: 356) observa que o conhecimento é incompatível com o exotismo, mas o desconhecimento é, por sua vez, inconciliável com o elogio dos outros: ora, é exatamente o que o exotismo acaba por ser, neste caso: um elogio no desconhecimento. Tal é o seu paradoxo constitutivo.

O exotismo atravessa diacronicamente o imaginário ocidental e a literatura tem sido um dos palcos onde tal fenômeno tem tido particular expressão. Temos, portanto, um exotismo clássico, neoclássico, romântico, simbolista, naturalista, etc. Seja ele exotismo humano, paisagístico ou do vocabulário, trata-se, no essencial, da sobreposição de uma visão do mundo perante outras terras e outros seres: africanos, americanos, orientais, etc.

Muito chegado à estética naturalista, *Sinfonia bárbara* traduz, no culto do exótico, a oscilação entre uma objetividade analítica e uma imaginação quase delirante, visível na forma como o narrador maneja a sua apreensão de um mundo (o africano) cujos segredos procura desvendar através da aplicação de teorias ancoradas em ciências emergentes, como a etnografia e a antropologia. Já não se trata aí de pura contemplação, mas de uma ativa e controversa interpretação do *Outro*:

> Os pretos habitavam em palhotas de colmo que edificavam, cultivavam a terra, apascentavam gado: embora num estado de civilização muito rudimentar, não viviam como êsses bárbaros [os bosquímanes], à mercê do acaso, errantes, tão abaixo na escala dos seres humanos como os mais mesquinhos habitantes das cavernas na Idade Média (p. 89).

Esta leitura vai, de forma clara, de encontro à análise de Johannes Fabian (1983: 143) que defende que *anthropology emerged and established itself as an allochronic discourse; it is a science of other men in another Time. It is a discourse whose referent has been removed from the present of the speaking/writing subject*. Investido no papel de antropólogo, o narrador vai construindo um universo em que a diferença se institui como valor determinante na afirmação do distanciamento espacial e temporal entre uns e outros. Isto é, e tal como explica Edward Said (1978: 24), o exótico, neste caso particular, além de exprimir uma vontade e uma intenção de entender, procura controlar, manipular e incorporar aquilo que é um mundo manifestamente diferente (ou alternativo e novo).

Serão, pois, estas algumas das características que fazem do exótico não só um segmento constituinte de um momento particular do percurso da literatura colonial, mas também um aspecto recorrente em toda essa literatura nas suas diferentes tendências.

Apesar de tardio em relação à fase que nos ocupa, de momento, o romance *A neta de Jazira* (1957), de Maria da Beira, enquadra-se aí perfeitamente devido ao fato de o exotismo humano e geográfico ser fortemente explorado e determinando a estrutura narrativa e a representação dos diferentes imaginários. Trata-se, neste caso, da história de uma rapariga que, adotada pelo seu padrinho de batismo, um médico prestigiado, radicado na capital da colônia, descobre, um dia, que era neta de um francês, engenheiro numa fábrica de descaroçamento de algodão, na Zambézia, e de Jazira, filha de um cabo de guerra nativo. Esta descoberta, que está associada a uma decepção amorosa, levará a jovem Eva Maria a radicar-se no interior, onde acidentes de percurso lhe farão conhecer fatos até aí ignorados inerentes às suas tão desencontradas origens.

## 3.2. A fase doutrinária

Enquanto que, na fase exótica, o protagonista, espécie de *dandy*, tem uma aura romântica a envolvê-lo (viajante, aventureiro, etnógrafo, etc.), animado por uma curiosidade insaciável e pelo desejo quase altruísta de *conhecer* o mundo do Outro, na fase que designamos de "doutrinária", o protagonista, sempre europeu, apresenta contornos mais realistas, é inculto, dinâmico, investido na missão de *agir* sobre o mundo do Outro. Trata-se de um tipo de personagem que poucas vezes compreende o alcance histórico da sua própria ação.

Portanto, se na fase exótica são visíveis as influências das teorias evolucionistas oitocentistas e o cientismo, muitas vezes utópico, que atravessa o século XIX na fase doutrinária, o que vamos encontrar é um tipo de escrita identificado com a ideologia colonialista instituída e propagandeada pelo Estado Novo. Um romance que cruza, quase que proporcionalmente, o exótico e o doutrinário é *Terra conquistada* de Correia de Matos.

Apesar de as funções que exercerá no seu primeiro trabalho em Moçambique se reduzirem ao papel de fiscalizador, o protagonista, Francisco da Marta, inicia a sua saga africana integrado numa missão científica, no Norte da colônia. E é exatamente a partir daí onde obtemos os quadros descritivos mais identificados com uma perspectiva exótica dos homens, dos costumes e do espaço. Porém, ao transformar-se, mais tarde, em agricultor, Da Marta concorre para a transfiguração da própria narrativa que, centrando-se nas suas ações, faz o romance evoluir para uma dimensão que simboliza a missão civilizadora dos portugueses em África.

Entre os anos 40 e 50, irá afirmar-se uma tendência do romance colonial mais preocupada em exaltar princípios e ideias que acabavam por pôr em causa não só a autonomia da obra, enquanto criação artística, mas também a sua própria *valia* estética. E a ideia de doutrinação impõe-se precisamente porque tanto os eventos como as próprias personagens funcionam como títeres, instrumentos de uma ideologia que precede e atravessa a obra, mantendo-se, de certo modo, intacta. Trata-se, neste caso, de ficcionalizar as linhas mestras da política colonial consignadas no *Acto Colonial* e sintetizada no seu artigo 2º, do Título I, "Das garantias gerais":

> É da essência orgânica da Nação Portuguesa desempenhar a função histórica de possuir e colonizar domínios ultramarinos e de civilizar as populações indígenas que nelas se compreendam, exercendo também a influência moral que lhe é adstrita pelo Padroado do Oriente.

São conhecidas as dificuldades e as inquietações que as relações entre arte e ideologia suscitam. Seja no plano da sua aplicação prática, seja no plano da análise dessas mesmas relações. Porém, devido à evidência com que se manifestam no romance colonial, neste período particular, torna-se incontornável que nos debrucemos sobre elas.

No duplo condicionalismo que apontamos anteriormente como estando subjacente à emergência da literatura colonial, identificamos um, de ordem estético-literária (literatura de viagens de exploração), e outro, de ordem histórico-política, que tem a ver com a revitalização da presença colonial europeia, decisivamente marcada, em Portugal, pelo advento do Estado Novo. Além das diferentes medidas e ações que são levadas a cabo pelo regime instituído, há um discurso que se vai impondo e que liga os destinos do país, a identidade e a consciência nacional aos territórios colonizados.

Aliás, desse fato dá-nos conta Fernando Rosas (1995: 28) quando observa que, além do mais, todo o esforço do Estado Novo era no sentido de criar uma nova "consciência colonial", de definição do caráter inalienável do "império" e de apresentar-se, na sua existência e permanência, como requisito político essencial à defesa e salvaguarda do "império". Por outro lado, Rosas apresenta como fundamentos da ideologia colonial, na época: primeiro, a "missão histórica" de colonizar, civilizar e evangelizar; segundo, superioridade do homem branco face ao "indígena" ou ao "preto" e que decorria muito do "darwinismo social"; terceiro, direito histórico à ocupação e manutenção do "império" face à conspiração permanente das grandes potências da época, e quarto, defender as colônias como se da própria independência nacional se tratasse.

De certo modo, há sempre uma construção ideológica, subjacente ou explícita, na literatura colonial. Por exemplo, o eurocentrismo, presente em praticamente todo o texto colonial, é uma construção ideológica. Na fase doutrinária, a ideologia faz-se sentir na sua múltipla acepção: quer como imagem invertida, deformada, fragmentária, mutilada daquilo que ela procura representar, isto é, *má consciência* (perspectiva marxista), quer como sistema determinado de ideias (Gramsci), quer, ainda, como conjunto estruturado de imagens, representações, mitos determinando certos tipos de comportamentos, práticas, hábitos, funcionando como um verdadeiro inconsciente cultural (Althusser). Assim, a ideologia, imbuída de uma ferocidade doutrinadora, manifestar-se-á a nu, com as intrusões do autor/narrador, de forma mais ou menos explícita, ou, então, sutilmente, ao ser entrevista nas peripécias da narrativa, no desenvolvimento da intriga, na concepção e no destino das personagens.

Temos, por conseguinte, neste segundo momento da literatura colonial, a partir dos inícios da década de 50, uma escrita dominada por um tipo de mensagem que expressamente vanglória a ação (gesta) individual e coletiva de um povo que se julga no direito sagrado de "salvar" o outro. Encontraremos, aqui, diluída nas ações e no discurso das personagens (quando não da própria instância narrativa), a autolegitimação da ocupação colonial que assenta na crença da predestinação de um povo no sentido de cumprir uma missão divina, levando a iluminação do espírito e a civilização onde elas não existem. Atente-se, por exemplo, em *Sehura* de Rodrigues Júnior, nesta curta, mas incisiva afirmação do narrador: "O mato precisa do homem branco" (p. 103). E o mato, metonimicamente, significa todo o espaço de sujeição.

Estamos aqui perante o romance-epopeia, segundo Julia Kristeva (1970: 190), em que temos uma escrita de caráter não transgressivo, fato que contraria a própria natureza do romance, pois, *tout roman à thèse idéologique tend vers un épisme et constitue une déviation de la structure proprement romanesque* (p. 97). Portanto, trata-se de uma escrita dominantemente simbólica marcada pelo *ideologema*[15], de tal modo que além de o discurso restringir-se a determinados valores que procura projetar (coragem, heroísmo, nobreza, dedicação, etc.), acentua as contradições entre, por exemplo, valores como o bem e o mal, incompatíveis entre si e personalizados, respectivamente, pelo colono e pelo nativo.

É, pois, na fase doutrinária onde encontramos, como figura de proa, Rodrigues Júnior. Nas quatro obras em referência, nomeadamente, *Sehura* (1944), *O branco da Motase* (1952), *Calanga* (1955) e *Muende* (1960), é manifesto o peso de uma ideologia que encontra no preconceito (racial, étnico, cultural, civilizacional) uma das suas principais bases de sustentação. Alguns exemplos:

> A sua [do branco] ligação com o indígena, só o prejudicará moralmente [...] A influência "desse" modo de vida [dos negros] promoverá o rebaixamento moral e intelectual dos elementos de ocupação (*Sehura*, p. 41).

> A mulher negra é tudo quando o colono não tem mais nada (*O branco da Motase*, p. 78).

> Esquecia-se o Administrador que era servindo o branco que o negro havia de assimilar melhor os hábitos da nossa gente; que era trabalhando nos campos que o negro modificaria os processos primitivos das culturas para se desprender dos velhos costumes e ir, com êxito, para as machambas trabalhar os seus campos; (*Calanga*, p. 129).

Esta dimensão multipreconceituosa que é, no fundo, uma manifesta negação do direito à diferença, institui-se como uma das imagens de marca desta literatura. Preconceito que, no entender de Bhabha (1995: 66), é "Um modo de conhecimento" (ou não será, antes, pseudoconhecimento?) e "Um modo de poder". Por outro lado, trata-se de um exercício fantasista e defensivo, cristalizado no estereótipo, mecanismo complexo, ambíguo e contraditório. Sobre este aspecto, em particular, daremos um desenvolvimento mais

---

15  A autora define *ideologema* como a função intertextual que podemos ler "materializada" nos vários níveis de estrutura de cada texto, e que se estende ao longo de todo o seu trajeto, dando-lhe as suas coordenadas históricas e sociais. Isto é, ideologema de um texto *est le foyer dans lequel la rationalité connaissante saisit la transformation DES ÉNONCÉS (auxquels le texte est irréductible) en un TOUT (le text), de même que les insertions de cette totalité dans le texte historique et social.* (p. 12).

alargado e aprofundado no Capítulo V, onde analisamos as personagens. Entretanto, nos excertos que selecionamos, as personagens dos colonos aparecem representando ideologemas ancorados em valores sociais e morais positivos. A construção do mundo é feita à sua medida numa dimensão que coloca tudo e todos dependentes da sua presença e das suas conveniências. Já não estamos perante o exótico estético e antropológico, traduzindo uma atitude que se pretendia científica, todavia mais contemplativa que efetiva, observável na fase anterior, mas trata-se agora de um exótico ideológico, marcadamente racista.

Por outro lado, a literatura colonial desta fase é marcada por um realismo que explora ao pormenor representações da vida do colono, incidindo, em especial, na sua fixação e movimentação no interior, nas suas interações conflituais ou harmoniosas com o meio físico e humano. São indisfarçáveis as influências nesta escrita da estética neorrealista, entretanto em voga na Europa e na América, fato paradoxal tendo em conta as suas motivações humanistas. O realismo colonial[16] vai, também, procurar impor-se como pintura verídica e concreta da realidade através da descrição da rudeza da vida das personagens, da valorização do trabalho rural, do retrato dos costumes, da obediência ao estilo próprio do documentário e da reportagem, da convencionalidade do traço caracterológico do colono e do nativo, do despojamento estético:

> Os brancos não tinham nada. Eram pobres de pedir. Ao Matata [o colono] restava-lhe ainda o gado leiteiro, os bois de trabalho, os porcos e os galináceos. A terra precisava de ser trabalhada e a semente teria de germinar depois para dar o fruto. Até lá, quantas dificuldades a vencer, quanto suor e quanta lágrima se havia de verter sobre a terra tão generosa e tão traiçoeira? Os bananais desapareceram. Era necessário refazê-los. [...] O trigo, o milho e os batatais eram um recurso. Mas nada se fazia sem dinheiro. A mão-de-obra indígena, a alimentação e o vestuário custavam muitas centenas de escudos que teriam de ser pagos adiantadamente para garantir os contingentes de trabalhadores no amanho da terra. E nem dinheiro nem crédito. Quando se

---

16  Um dos grandes representantes do realismo colonial é Castro SOROMENHO, cujos universos narrativos têm como cenário Angola, em particular, os meios rurais. Armado de um agudo sentido de real, descreve-nos, de forma impenitente, as arbitrariedades da administração colonial, a rudeza da vida no interior, a condição de vida dos negros. Estes surgem-nos quase sempre sob um olhar relativamente imparcial. Onde o bisturi do narrador se torna implacável é na representação dos mulatos, como pode ser comprovado, por exemplo, em *Viragem* (1957) e *A chaga* (1970).

é desgraçado como essa gente da Calanga, ninguém quer saber quanto custa o sofrimento da penúria.

Através deste excerto de *Calanga* (p. 61-62), é possível observar que enquanto as motivações e a orientação ideológica do Neorrealismo assentavam no humanismo marxista, com a denúncia vigorosa das injustiças e das desigualdades sociais, o realismo colonial explora essas mesmas desigualdades, porém em defesa dos interesses do colono, sob o olhar apiedado do narrador que, entretanto, manifesta um completo alheamento pelo sofrimento e pela condição precária e marginal dos africanos.

Rodrigues Júnior é, nesta fase, o principal representante da literatura colonial que tem Moçambique como cenário. Deste autor, analisaremos, também, alguns aspectos do romance *Omar Áli* (1975), obra que, apesar de fugir ligeiramente aos nossos limites cronológicos (1930-1974), apresenta elementos importantes inerentes ao imaginário colonial e que assentam na representação do *Outro*, pensando e agindo segundo os filtros culturais ocidentais.

Enfim, aparecendo como proposta de uma orientação precisa à ação histórica de um grupo ou de uma coletividade, o código ideológico – que se institui sob forma de abstração discursiva, juízos de valor, aproximação ou distanciamento em relação à determinada personagem, construção do enredo, etc. –, apesar das suas motivações extraliterárias, contamina e redireciona, quase sempre, a configuração da obra literária.

## 3.3. A fase cosmopolita

Até que ponto a literatura colonial pode, em determinado momento da sua existência, emergir como representação de uma condição universal, de abertura ao mundo? Por outro lado, conhecida que é a dimensão ultranacionalista do sistema colonial português, de feição rural, em permanente atitude defensiva e fechado sobre si mesmo, como é possível falar em cosmopolitismo?

Segundo Jean Sevry (1999: 8), o fenômeno colonial, na sua generalidade, enquanto nos surge como algo vivido, afinal como toda a experiência humana, ele é evolutivo, muda ao longo dos anos, passa do entusiasmo à decepção mais amarga. E o que podemos constatar em relação à literatura colonial que, da fase exótica, exprimindo um deslumbramento na revelação do humano e do paisagístico, passando à fase doutrinária, marcada por um ultranacionalismo imperial, desemboca, a partir dos finais da década de 50 e inícios da década de 60, num conjunto representacional acometido por tendências inovadoras e complexas.

Deste modo, tanto por influência de fatores estritamente literários (pense-se na sucessão dos diferentes movimentos que marcaram a história literária do Ocidente, na primeira metade do século XX, desde o Futurismo até ao Neorrealismo), como por influência de fatores extraliterários (as duas Guerras Mundiais, a pressão das Nações Unidas sobre os impérios coloniais, os movimentos autonomistas e independentistas na África e no Oriente, etc.), o que se verifica é uma espécie de revitalização estética e temática do romance colonial onde passamos a encontrar, além de algum experimentalismo formal (Fernando Magalhães, Agostinho Caramelo), ambiguidades, dilaceramentos internos das personagens, contradições, indefinições, consciência crítica, alargamento do campo referencial, etc.

Em termos conjunturais, este é um período marcado, em termos políticos, pela alteração de alguma terminologia que caracterizava o discurso colonial em que a expressão "províncias ultramarinas" substitui "colónias", o termo "assimilação" substitui "solidariedade". Por outro lado, é suprimida a designação "Império Colonial Português", surgindo o conceito de "nação pluricontinental", composta por províncias europeias e províncias ultramarinas formando um único todo nacional. Há, pois, um revisionismo discursivo e constitucional e que leva à abolição do *Acto Colonial* (1951) e do *Estatuto dos Indígenas* (1961).

Além do mais, são encetados esforços, por algumas destacadas figuras do regime, no sentido de revalorizar e reconceitualizar termos como "colonização" ou "colonialismo". É assim que, por exemplo, Silva Cunha (1955: 148), professor catedrático e, mais tarde, ministro do Ultramar (1965-1973), se revolta pelo fato de a opinião pública internacional condenar a colonização, riscando "a palavra do texto dos tratados e das páginas dos livros", e falar "em tom desprezivo de colonialismo". Como contraponto, defende que dado tratar-se de "uma obra que só pode resultar quando for conduzida com perseverança, espírito de continuidade, devoção, amor e serenidade", fato que, do seu ponto de vista, tem como exemplo indesmentível o caso português:

> A colonização, dê-se-lhe o nome que se lhe dê, seja qual for o sistema que se adopte para a organizar, é, ainda, uma actividade indispensável, a não ser que os povos civilizados se exonerem de um dever que lhes incum-

be, imposto pela Moral e pelo Direito, de proteger e auxiliar na sua evolução os povos mais atrazados [sic].

Trata-se, uma vez mais, de reivindicar narcisicamente o *White Man's Burden*, segundo Kipling. Na verdade, este fardo, identificado com a autoassumida responsabilidade de trazer o *Outro* para os carris civilizacionais e culturais do Ocidente, não passa de uma evidência de arrogância etnocêntrica.

Por seu lado, Adriano Moreira, também professor catedrático e ministro do Ultramar (1960-62), colocando-se a favor da "reabilitação do colonialismo", postula uma distinção entre "colonialismo missionário" e "colonialismo espaço vital" (1955: 161). Enquanto que a primeira fórmula se assumia como "directa herdeira ideológica da concepção peninsular originária", representada por Portugal, e que devia ser salvaguardada, a segunda correspondia a ação das outras potências coloniais que, preocupadas com "a satisfação dos seus interesses", acabavam por ignorar "a legitimidade dos interesses das populações colonizadas". Fato que *naturalmente* devia ser condenado.

Entretanto, além do conceito de cidadania que é estendido aos "indígenas", que teórica e praticamente se mantêm na sua condição de súditos em relação à metrópole, começa a ganhar espaço a teoria da miscigenação que, de imediato, se confrontou com a resistência dos espíritos tradicionalmente conservadores da sociedade portuguesa. Isto porque, e de acordo com Cláudia Castelo (1996: 119), a

> possibilidade de se realizar em África uma simbiose étnica e cultural equilibrada repugnava o exacerbado nacionalismo lusitano. Em nome da pureza da "raça", da religião e da cultura portuguesa, a experiência brasileira não se podia repetir no Império Colonial português.

Será, no entanto, a teoria da miscigenação desenvolvida e sistematizada pelo sociólogo brasileiro, Gilberto Freyre, que ficou conhecida com o nome de "lusotropicalismo", que será não só adaptada pelo poder político como também pela própria literatura colonial. No essencial, o lusotropicalismo advoga a mestiçagem, a interpenetração de culturas e a vocação universalista dos portugueses que seriam dotados, segundo o autor, de um "especialíssimo carácter" expresso na "mobilidade", "plasticidade" (miscibilidade) e "adaptabilidade" (aclimatabilidade) (Freyre 1933: 21). Era um claro investimento no ego nacionalista dos portugueses e que surgia providencialmente como a tábua salvadora do regime entretanto pressionado pela comunidade internacional.

Entre posições "mistófobas" (que viam na miscigenação o princípio da degeneração da "raça" lusitana) e "mistófilas" (que consideravam a miscigenação como uma prática "natural" dos portugueses e que tinha produzido tipos humanos de qualidade "superior", caso do Brasil), emerge um discurso oficial para consumo externo que defende que "Portugal constitui uma comunidade multirracial, composta por parcelas territoriais geograficamente distantes, habitadas por populações de origens étnicas diversas, unidas pelo mesmo sentimento e pela mesma cultura" (Castelo 1996: 135).

As teses lusotropicalistas de Gilberto Freyre, que farão época, irão não só impregnar a literatura colonial das décadas de 50 e 60, ainda na fase doutrinária, como também se irão repercutir ou permanecer como sedimentos no imaginário português, em geral, em que a crença numa colonização "diferente" é sustentada por uma outra crença: a de um povo com uma "vocação" e qualidades especiais.

Sem estarem perdidas as características das duas fases anteriores, exótica e doutrinária, a fase cosmopolita vai apresentar um maior amadurecimento estético e discursivo, em que os cruzamentos culturais e sociais representados são visivelmente mais complexos, e em que a retórica que exprime a sobreposição cultural e civilizacional apresenta contornos mais elaborados e, em alguns casos, notoriamente ambíguos.

Por outro lado, há uma deslocação espacial dos movimentos narrativos do campo para a cidade que se torna no epicentro de toda a dinâmica narrativa. Fato que acaba, também, por ser decisivo pois veremos desenvolverem-se nesse espaço, e através dele, problemáticas que transcendem a determinação geográfica das personagens e que acabam por ter um alcance em que se explora, em geral, a condição humana.

Esta é, sem sombra de dúvida, a fase adulta da literatura colonial e que tem a ver, como já dissemos, com o desenvolvimento crescente das tensões internas e externas nas colônias portuguesas, por um lado, e com os processos intrínsecos à criação literária, por outro. Por conseguinte, o cosmopolitismo na literatura colonial passa, outrossim, pelo alargamento da perspectiva narrativa no sentido de considerar outras visões do mundo, outras vozes e por uma espécie de distanciamento em relação à consciência dominante marcada por um patriotismo restritivo e exclusivo.

Aliás, Rousseau, ao defender que o cosmopolitismo é incompatível com o patriotismo, antecipa teoricamente a nossa constatação das indefinições da fase cosmopolita da literatura colonial caracterizada pela ambiguidade e pela contradição, prenunciando, de certo modo, a dissolução da sociedade colonial e da literatura que a representa. Destacamos, nesta terceira fase, os seguintes autores: Fernando Magalhães, com *3x9=21* (1959), Guilherme de Melo, com *Raízes do ódio* (1963), Agostinho Caramelo, com uma trilogia romanesca intitulada *Fogo* (1961, 1962 e 1964), João Salva-Rey com *Ku-Femba* (1973), Eduardo Paixão, o autor cujos livros maior circulação e recepção tiveram, com *Cacimbo* (três edições: 1972, 1972 e 1974), *O mulungo* (1974) e *Tchova, Tchova!* (1975). Esta última obra escapa ao âmbito temporal previamente definido no nosso trabalho, mas suscita notas de interesse para perceber algumas transfigurações reveladoras. Além do mais, os acontecimentos narrados situam-se nos anos precedentes à publicação do romance. Daí a sua inclusão.

Da autoria de Agostinho Caramelo, o romance *Fogo* (três volumes) narra, através de uma técnica inovadora e provocadora baseada, em exclusivo, no diálogo das personagens, os sucessos e desventuras de uma família de colonos enganada por um grego e que, na perseguição deste, acaba por percorrer todo o país. Daí, em cada volume, verificarmos que a história desenrola-se, respectivamente, no Sul (Lourenço Marques), no Centro (Tete) e no Norte de Moçambique (Cabo Delgado). Parece ressaltar aqui um ideal programático, muito específico, assente na geografização de uma saga familiar e que permite a figuração e exploração das vicissitudes inerentes à coabitação de visões de mundo privadas e coletivas, por um lado, distintas e dificilmente conciliáveis, por outro.

Mais interessado em *mostrar* do que em *dizer*, o romancista apresenta-nos intensos quadros psicológicos, através do monólogo interior, em que tanto os colonos como os nativos nos surgem enquadrados por um realismo impenitente, muitas vezes desconcertante. Veja-se, por exemplo, o momento em que o menino, filho do colono, chega pela primeira vez a Tete e fica surpreendido por ver um outro menino branco, sujo, a brincar com outros meninos, *porém*, limpos:

> Não tens vergonha? Um rapaz *branco*, dessa forma despenteado, cabelo sobre as orelhas ensebadas [...]? Assim, *entre estes negros limpos, espertos*? (*Fogo*, II, p. 54) (Itálicos nossos.)

Por outro lado, casos há em que o desconcerto atinge o paroxismo, visto que aquilo que é vivido interiormente pelas personagens está em gritante e burlesca contradição com o que elas exteriorizam. Isto é, aquilo que elas dizem e fazem contraria o que lhes vai no íntimo. Neste pequeno excerto retirado de um diálogo entre o patrão branco e o seu empregado negro, repare-se no contraste entre a fala e os apartes:

> – Negro não teme cobras, patrão ("nem bichos do mato... são quase família... nascemos perto uns dos outros... vivemos quase misturados... só receamos gente branca ...").

> – Despacha-te, carago; fala ("se não procedesse assim, a pretalhada bem me tratava da saúde... aguentaria esta matula de selvagens?...")
> (*Fogo*, III, p. 83).

No terceiro volume de *Fogo*, além de termos como protagonista uma personagem negra, a maconde Némia, profundamente interiorizada – aliás, como quase todas as personagens intervenientes, fato bem revelador do psicologismo realista que caracteriza a obra de Caramelo – depara-se-nos um momento raro na literatura produzida em Moçambique: a representação do massacre de Mueda[17].

Caramelo consegue aqui, através de diálogos eloquentes, recriar, com uma calculada intensidade dramática, esse momento histórico, polvilhando-o, antes, durante e depois, com minudências interiores e exteriores e cuidando inclusivamente de reproduzir, através do recurso a onomatopeias, o matraquear das metralhadoras. Trata-se, no essencial, de uma perseguição obsessiva e envolvente de um realismo que, de modo surpreendente, deita por terra toda a mitologia com que os romances anteriores cobriam a presença colonial portuguesa. O romance cosmopolita de Caramelo cumpre deliberadamente uma função desmitificadora e desmistificadora.

Não surpreende, portanto, que um dos mais destacados legisladores da chamada "literatura ultramarina", Amândio César, considere Agostinho Caramelo "um equívoco" (1971: 289). Mais adiante, o referido crítico acrescentará num misto de complacência e desprezo:

> Não poderemos negar a Agostinho Caramelo uma forte, quase direi, exaustiva, experiência humana [...] daí a ser romancista... é que vai um

---

17  Este é um fato histórico que se deu a 16 de junho de 1960 e que se traduziu na chacina de centenas de pessoas indefesas, ordenada pela administração colonial naquela localidade do norte do país.

abismo. E nesse abismo nasce o equívoco lamentável, em que alguns responsáveis [Fernando Namora, Montezuma de Carvalho] colaboraram, naquela inconsciência, muito nossa, de dar parecer a quem no-lo pede, não olhando às consequências (p. 290).

Contundente, Amândio César concluirá que, apesar da vivência e da experiência, falta "chispa" a Caramelo, daí que a sua obra não traduza nenhum "romanesco, um romanesco que nunca houve e que não vemos por onde um dia possa surgir".

Quanto a Eduardo Paixão, cuja produção privilegia os meandros urbanos, principalmente lourençomarquinos, é um autor que introduz também algumas notas inovadoras no quadro das relações e das referências dominantes sem, no entanto, deixar de exprimir o ideário europeu que passa, entre outros aspectos, pelo relevo que é dado ao colono cuja visão do mundo é fortemente dominada pela sua origem extra-africana.

Em *Cacimbo*, confrontamo-nos com a figuração da podridão moral da sociedade colonial desde a prostituição, passando pelas traições, o ódio, a ambição desmedida, a corrupção, até ao tráfico e consumo de droga e à discriminação racial e socioeconômica. Notoriamente, a partir dos meados da década de 50, começa a ser cada vez mais pronunciado, no contexto da literatura colonial, o romance de tendência pessimista e crítica em relação à sociedade que representa.

São disso exemplo obras como *Tarantela* (1956), de Francisco de Sousa Neves, e *3x9=21*, de Fernando Magalhães. Por essa mesma altura, produzia-se, sintomaticamente em Portugal, uma literatura que, segundo Clara Rocha (1985: 260), estava "marcada, antes de mais, pelo sentimento duma civilização em perigo, advindo dum conjunto de causas históricas mais ou menos próximas". Isto é, trata-se de "um período em que se desenvolvem, profundos sentimentos de ordem destrutiva".

Por outro lado, são sensíveis as preocupações da burguesia colonial em relação a toda uma conjuntura interna e externa que perturbava a sua estabilidade e sobrevivência em África. Daí que, além da apologia das ideias de multirracialidade e de igualdade veiculadas, por exemplo, em *Cacimbo*[18], nos surgem, como aparentemente naturais, referências explícitas à Frelimo, movimento nacionalista que se

---

18    São inegáveis no texto ressonâncias das teorias lusotropicalistas de Gilberto FREYRE. Além da publicação, em 1933, da 1ª edição de *Casa Grande e Senzala*, obra maior dessa mesma teoria e que seria aproveitada pelo salazarismo na afirmação do "humanismo" português. Gilberto Freyre visitou Moçambique em janeiro de 1952 a convite do regime.

erguera contra a dominação colonial portuguesa ("Dizem que está na Frelimo", p. 266); a uma conferência de Sartre subordinada ao tema "Colonialismo e neocolonialismo" e que teve a presença do filho e da nora de Carlos e Emília de Sucena, Artur e Isabel (p. 345); ao jovem negro, Zé Luís Molindo, estudante de Medicina que interrompe os estudos para se juntar à Frelimo (p. 366). Quebrava-se, portanto, a "conspiração do silêncio" identificada por Bhabha.

Interessante é confrontar os discursos cruzados no romance sobre a questão racial e que, dada a sua eloquência, valem por si. Assim, se num determinado passo, o narrador – qual porta-voz de uma consciência coletiva autolegitimadora – defende que "O nosso tradicional multirracialismo possibilitava-nos um presente de paz e amor" (p. 132), D. Emília de Sucena, mãe zelosa dos sagrados valores da família e da sociedade coloniais, não consegue, pelo contrário, evitar um desabafo: "Era o maior desgosto da minha vida ver o meu filho casado com uma rapariga de cor" (p. 126). Anabela, a filha, representando no texto a juventude *progressista* e *liberal*, concluirá, depois de uma conversa *edificante* com a referida D. Emília: "Felizmente nós [os portugueses] não praticamos a segregação racial que leva ao ódio e à destruição" (p. 244). (Itálicos nossos.)

Há, entretanto, no romance, a representação de uma cena que tem tanto de épico como de programaticamente utópico, quando Zé Molindo, chefiando um grupo de guerrilheiros, interrompe o combate, depois de reconhecer de longe o seu amigo Artur, e corre em direção a este que comandava, por sua vez, um pelotão do exército colonial português. Contudo, uma mina, inadvertidamente pisada pelo primeiro atira o jovem guerrilheiro, já moribundo para os braços de Artur. Atente-se na carga simbólica, no *élan* trágico e patético que domina a cena e o discurso:

> O sangue do negro e do branco corriam na areia, fundindo-se numa pequena poça [...]:
> – Artur... repara... o nosso sangue é igual... [Molindo, antes de morrer].
> (p. 384).

A literatura colonial, na sua vertente cosmopolita, apresenta-se inequivocamente com uma sofisticação retórica até aí inimaginável. É com Guilherme de Melo e Eduardo Paixão que nos apercebemos de um ideário utópico de uma nação livre, onde brancos e pretos viveriam harmoniosamente, tal como parece prefigurá-lo a cena acima descrita. Aqui manifesta-se um dos aspectos mais singulares deste cosmopolitismo que, ao pretender transgredir fronteiras e diferenças e estabelecer uma espécie de harmonia universal, acaba por desembocar na utopia.

Na obra *Tchova, Tchova!*, por exemplo, esse desiderato é levado ao extremo de colocar dois jovens brancos e um negro – este, ainda menino, tinha sido *moleque* (empregado doméstico) dos dois primeiros – fugindo para uma zona libertada. Aliás, no percurso da literatura colonial, este é um espaço novo, apesar de tudo *não totalmente* surpreendente no universo expectacional do leitor habitual desta literatura.

Se é verdade que no romance de Eduardo Paixão, na sua quase totalidade, se reconhece, com relativa antecipação, um discurso denunciando o esgotamento da sociedade colonial e apontando para a ideia de uma nação multirracial e harmoniosa – mas nem por isso deixa de ser literatura colonial, pois, todo o universo continua a ser dominado por uma visão do mundo lusocêntrica –, ao inovador campo referencial de *Tchova, Tchova!* não será indiferente o movimento revolucionário despoletado pelo 25 de Abril, em Portugal, influenciado, por sua vez, pelas guerras independentistas em África. E a aldeia comunal surge-nos como uma espécie de utopia realizada, um microcosmo de uma nação que despontava.

Importa aqui observar que estas obras que nos surgem no limiar da revolução, ou imediatamente depois dela, pela metamorfose temática e por um certo alargamento do campo referencial (como são os casos de *Tchova, Tchova!* e *Omar Áli*, este de Rodrigues Júnior), aprofundam o grau de problematicidade da literatura colonial em Moçambique. Por conseguinte, ou se trata de simples oportunismo, e a questão esgota-se imediatamente, ou, então, estamos perante uma escrita que evoluiu num sentido que a coloca numa situação de ambiguidade em termos de integração num determinado sistema literário, enquanto expressão de uma específica orientação cultural.

Se tivermos em conta que já na década de 60, com Agostinho Caramelo, por exemplo, esta mesma literatura se abria, com alguma profundidade, para uma plurivocidade inequívoca (*Fogo* II e III), em que a representação do imaginário e das vozes dos dominados adquire uma dimensão assinalável, não é despicienda a hipótese de considerarmos que a literatura colonial caminhava para a sua autodissolução, enquanto apologia da visão do mundo do colonizador, ou, pelo menos, perfilava-se no sentido de estabelecer uma ponte com uma literatura nacionalista, vincadamente moçambicana, que se ia, entretanto, constituindo.

Interessa, aqui, sublinhar que esta literatura nacionalista estabelece em relação à literatura colonial dois movimentos: um, de continuidade, assegurado pelo fato de Moçambique e os negros aparecerem como motivo e temas literários. O outro, de ruptura, em que contrariamente aos textos coloniais, tanto as representações dos negros como de Moçambique deixam de ser pretexto para a reafirmação da portugalidade, para, pelo contrário, se guindarem como esteio reivindicativo e afirmativo de uma identidade assumidamente moçambicana.

Regressando a *Tchova, Tchova!*, verifica-se aí que se abre um genuíno espaço fabulatório de tal modo que o que era inimaginável ou inverossímil num passado imediato institui, a partir de determinada altura, a sua própria condição de aceitabilidade, de verdade literária. Afinal, é por isso que, na ótica de Foucault (1966: 9), as utopias permitem as fábulas e os discursos; elas situam-se na própria linha da linguagem, na dimensão fundamental da fábula.

E a utopia, aqui, não reside na antecipação otimista de uma realidade – aldeia comunal –, pois ela já existia, de fato, mas na crença de que com essa incursão a literatura realizava a sua autotransfiguração, isto é, superava-se. Enquanto filha da linguagem a literatura faz-se, pois, utopia de si própria.

Enfim, se é verdade que a visão do mundo do europeu enquanto valor dominante atravessa toda a literatura colonial, o que parece irrecusável é o fato de essa mesma literatura seguir uma progressão a que não são alheios tanto uma maior consistência do fazer literário como, por outro lado, uma maior consciência do devir histórico que, inevitavelmente, perturbava o sentido hegemônico da voz do Ocidente.

## 4. *Epos* e totalidade: o apelo do romance

Apesar de falarmos da literatura colonial em termos gerais, o romance é que é verdadeiramente o objeto da nossa reflexão. Os exemplos a que temos recorrido são elucidativos. Pensamos que esta opção é plenamente justificada se atendermos a que este é o gênero, de entre os vários que se produziram e circularam adentro da lógica e do contexto coloniais – a poesia lírica, o conto, o drama –, o que mais se destaca e o que é mais representativo das tendências globais e particulares do imaginário colonial.

Curiosamente, verifica-se que a literatura colonial, dado o predomínio do texto romanesco, tanto rompe com a tradição da literatura portuguesa (metropolitana) como se distingue da literatura moçambicana onde, quer num caso como no outro – excetuando as décadas 70, 80 e 90 para o caso português e a última década para o caso moçambicano –, nos confrontamos com a hegemónica presença da lírica.

Na tentativa de explicar o deficit do discurso romanesco na literatura portuguesa, alguém como José Bacelar (1939: 117) aponta, entre outras razões, a falta de espírito crítico, imaginação psicológica, vontade de realizar e, sobretudo, falta de "humanidade de coração", como principais causas para que os portugueses não cultivem o romance de "interesse universal".

Por sua vez, Adolfo Casais Monteiro (1940: 59)[19] mais incisivo, constata que "é inegável [que] não a temos [grande produção romanesca em qualidade], nem sequer em quantidade!". Entende, por isso, que a "deficiência do português como criador de romances" (p. 64) deve-se à "incapacidade de transpor para o romance a *vivacidade* da sua própria experiência" (p. 65) e de "analisar os que o rodeiam " (p. 71). Daí o interrogar-se, com um conformismo amargo: "O facto de termos poucos romancistas não significará que o romance tem de ser uma excepção na nossa literatura?" (p. 68).

José Osório de Oliveira (1931: 88), por seu lado, já reconhecera, tendo em conta a experiência francesa e inglesa, que a literatura colonial de língua portuguesa só vingaria se cultivasse o gênero romanesco. Isto, porque os romances coloniais,

> pelo entrecho, pelos personagens, e pelo conflito sentimental que lhes serve de pretexto, exercem sôbre o público uma influência superior, não só à dos relatórios mais bem escritos, mas à dos livros de impressões, de memórias ou mesmo de contos.

Regressando à questão da representação, eixo teórico e metodológico do nosso trabalho, temos consciência de que tal opção nos obriga a derivar invariavelmente para o realismo. Realismo não necessariamente como manifestação estética localizada no tempo, mas sim como uma disposição que, neste caso, intenta levar o leitor a aceitar como real o mundo narrado. Em todo o caso, há, pelo menos, na produção romanesca colonial, uma aposta nítida na criação de um efeito de real, como temos vindo, aliás, a referir.

Realismo é um daqueles vocábulos propensos, de certo modo, a

---

19 Sobre a problemática do romance português, isto é, da sua (in)viabilidade, pode também consultar-se: Camilo Castelo BRANCO (1908: 33), João Gaspar SIMÕES (1938: 13-14), Miguel TORGA (1946: 190), Joaquim Paço D'ARCOS (1962: 59-67) e Alexandre Pinheiro TORRES (1970: 21-29).

adquirir contornos inflacionistas quer devido à sua polissemia, quer à sua, muitas vezes, desregrada utilização. E dessa polissemia dá-nos conta Roman Jakobson (1921: 99-101) no artigo "Du réalisme artistique" em que, além de considerar que se trata de um termo carregado de ambiguidade, adianta as seguintes definições: *primeiro*, uma tendência, uma aspiração; isto é, chama-se realista a obra que o autor em causa propõe como verossímil; *segundo*, a obra que é percebida como verossímil; *terceiro*, as obras do Realismo do século passado; *quarto*, na procura de uma palavra certa, uma palavra pouco usual, forçada, às vezes, pode ajudar a visualizar o objeto. Neste último caso, trata-se de "realismo revolucionário".

Outras definições de outros autores que irão surgindo ao longo deste trabalho, permitir-nos-ão confrontar os aspectos divergentes e aproximativos com os que são aqui apresentados. Contudo, adiantamos, desde já, o ponto de vista de Todorov (1982: 9) para quem o realismo tem como função dissimular qualquer regra e dar-nos a impressão de que o discurso é, em si mesmo, transparente (quase seria possível dizer-se inexistente) e de que estamos perante o vivido – um fragmento de vida.

Poder-se-á contrapor que o ideal realista está subjacente a toda a criação literária, a toda a criação artística. Acontece que, em relação ao romance colonial, mais do que uma pretensão, trata-se da condição da sua própria existência, da sua própria especificidade, de tal modo que o realismo, tal como concede Ian Watt (1957: 16), "não reside no gênero de vida que representa, mas sim na forma como o faz". Isto é, são as estratégias textuais e extratextuais[20] aplicadas na concepção do romance colonial que irão determinar aquilo que ele é.

Sob o fascínio do real ou melhor, da ilusão de realismo, o romance é de fato o gênero mais representativo da literatura colonial, por:

– melhor corresponder aos desígnios de uma literatura que procura garantir uma ligação metonímica com o mundo que julga representar;

– devido à sua extensão, e pela pluralidade de vozes que convoca, fazer uma maior abrangência do mundo colonial enquanto um todo;

– estar em íntima adequação com a dimensão épica dos fenômenos, das figuras e do ideário que se pretende exaltar;

– pela sua plurivocidade, melhor traduzir as tendências evolutivas do mundo moderno;

---

20   Desenvolvemos este tema no Capítulo VI.

– ser o gênero menos convencional e que, de modo mais eficaz, assegura a articulação entre os pressupostos da obra e as expectativas do leitor;

– afirmar o "realismo moderno" que, segundo Auerbach (1946: 435), se caracteriza por apresentar, por um lado, "seriamente" acontecimentos quotidianos e reais de uma camada social baixa e, por outro, os acontecimentos quotidianos estarem submersos exata e profundamente numa época histórico-contemporânea determinada;

– aparecer como um gênero triunfante e que conheceu uma vitalidade assinalável e crescente desde os meados do século XIX, universalizando nomes como Flaubert, Balzac, Émile Zola, Charles Dickens, Dostoiewski, Henry James, Hemingway, John Steinback, Scott Fitzgerald, etc., figuras que, individual ou coletivamente, constituem referência intorneável para os escritores que vêm a seguir;

– adequar-se à modernidade do homem e do mundo, Segundo Milan Kundera (1986: 15): *Le roman accompagne l'homme constamment et fidèlement dès les début des "Temps modernes"*;

– ser uma forma de conhecimento *sui generis*. Já nos referimos ao fato de o romance colonial, em particular, representar o desvelamento de um mundo novo, diferente, para muitos europeus uma verdadeira incógnita. Daí que tenha acuidade a afirmação atinente ao romance em geral de que *découvrir ce que seul un roman peut découvrir, c'est la seule raison d'être d'un roman*. Isto é *Le roman qui ne découvre pas une portion jusqu'alors inconnue de l'existence est immoral. La connaissance est la seule morale du roman* (Kundera 1986: 16).

Por conseguinte, o romance aparece-nos assim como o gênero por excelência da literatura colonial, quer pelas razões que acabamos de enumerar, e em que destacamos o pendor realista – mesmo que muitas vezes esse realismo nos surja sob a influência de um notório deslumbramento, ou, pelo contrário, de um entranhado e indisfarçado pessimismo –, quer pelas temáticas que, como veremos adiante, desenvolve, quer, ainda, pela vontade de abrangência temporal e espacial que move os autores coloniais. Enfim, para todos os efeitos, porque é efetivamente o gênero que mais marcou o espectro da literatura colonial produzida em Moçambique.

## 5. A arquitetura do romance colonial

Na referência que antes fizemos ao romance ideologicamente mais marcado – o que é mais ou menos reconhecível na totalidade do romance colonial enquanto veículo de uma visão de mundo hierarquizadora –, defendemos que esse é um tipo de escrita que acaba por pôr em causa o caráter transgressivo do gênero romanesco que, segundo Kristeva (1970: 190), se institui como seu valor essencial.

Deste modo, até que ponto o romance colonial, onde explícita ou implicitamente se reconhece a cristalização de uma *Weltanschauung* já de si hegemônica, pode, mesmo assim, subsistir uma dimensão transgressiva? Entre outros aspectos, consideramos que é pelo fato de o espaço africano tornar-se um espaço narrativo dominante que esse caráter transgressivo, em certa medida, se manifesta. Transgressão, portanto, em relação ao cânone literário prevalecente nas metrópoles europeias.

Isto é, desencadeia-se a partir daí um outro tipo de interações entre os seres, os espaços e o tempo, uma outra configuração de relações entre personagens antropológica e filosoficamente distintas, introduzindo outros valores e outras visões do mundo em quase permanente e profunda negatividade relacional, num conjunto que vem estabelecer a *novidade*, ou restabelecê-la, se tivermos em linha de conta que o exotismo, por exemplo, atravessa iterativamente alguns períodos marcantes da literatura ocidental.

Por conseguinte, mesmo tendo em conta esta novidade transgressiva ou subversiva do romance colonial – pela introdução de outros motivos estético-literários (espaciais, temporais, humanos e discursivos) –, este não deixa, no entanto, de se manter fiel ao gênero a que pertence. Isto é, são narradas *ações* que decorrem num determinado *espaço*, obedecendo a determinada *sequência temporal*, levadas a cabo por uma ou várias *personagens*, orientadas para uma determinada finalidade, enquadrados por diferentes *pontos de vista* e percorrendo um determinado *enredo*, entremeado, por sua vez, por inevitáveis *segmentos* descritivos.

Encontramos, por outro lado, nesta fidelidade ao gênero, uma nota pletórica que se tomará uma imagem de marca na literatura colonial e que se verifica na utilização recorrente do termo *Romance*, indicação paratextual que nos surge estampado na capa de inúmeras obras. Trata-se aqui do fenômeno de *arquitextualidade* referido por Genette em *Palimpsestes* (1982). Portanto, o que aí acontece é uma remissão ao gênero, que tanto nos alerta para a construção do texto, como pré-condiciona o leitor e as suas expectativas de leitura. Este tópico merecerá maior desenvolvimento no Capítulo VI.

Por sua vez, pensando neste mesmo universo de recepção, Wolfgang Kayser (1958: 8) considera que o leitor é uma criatura fictícia, um papel no qual nós mesmos nos podemos rever. Ainda segundo este autor, o início desta transformação permanece habitualmente inconsciente: ela começa quando lemos no subtítulo de um livro a palavra "romance".

Com este recurso que faz com que o leitor assuma o tal *papel fictício, autorreflexivo*, assegura-se a identificação e a comunicação entre a obra e a entidade receptora no sentido de esta ler o texto que lhe cai nas mãos de uma forma determinada.

Afinal, segundo Charles Grivel citado por Carlos Reis (1998: 218), escrever "um texto narrativo [falamos concretamente do romance] é, pois, solicitar a atenção de um leitor cujas coordenadas histórico-culturais e ideológico-sociais o autor conhece em maior ou menor pormenor". Além do mais, é através desse conhecimento que o autor assume estratégias literárias que, obedecendo com regularidade à curiosidade do leitor de textos narrativos, geram, de forma calculada, as expectativas deste em relação ao que vai sendo relatado. No caso do romance colonial, em particular, esse leitor, *leitor implícito*, faz parte de uma audiência convicta, ainda, de que eles (os homens) pertenciam a um poder imperial invencível e a uma raça superior.

Sem esquecermos que o romance é um gênero proteico suscetível de ganhar aspectos muito variados, há na sua organização interna, em geral, e do romance colonial, em especial, certas variáveis que nos permitem desenvolver uma reflexão teoricamente sustentada no sentido de determinar a tipologia deste mesmo romance.

É, pois, com base em categorias como o espaço, o tempo, as ações, a descrição, as personagens, a instância narrativa, o ponto de vista que iremos escalpelizar a arquitetura do romance colonial. A ideia de arquitetura legitima aqui, não uma abordagem apenas formalista ou estruturalista, mas a aceitação do romance colonial como uma totalidade onde o composicional e o temático são absolutamente indissociáveis.

Por outro lado, sendo a arquitetura a arte do espaço por excelência, acabamos por associar intencionalmente toda a gramática e enciclopédia inerentes a essa arte com o romance colonial, enquanto *romance do espaço*. Mais adiante, no Capítulo III, iremos fundamentar esta ideia.

Imperativos de ordem metodológica e operativa fazem-nos recorrer às referidas categorias, neste caso, para orientarmos o nosso estudo de forma mais coerente, consistente e objetiva. Entretanto, em nenhum momento deixaremos de ter em conta a dicotomia narratológica fundamental entre *fabula* e intriga cujas particularidades estarão sempre implicitamente presentes. Implícita ou explicitamente. Porém, iremos sobrelevar as correlações dessa complexa e indissolúvel dualidade de que depende a integridade orgânica e a legibilidade do próprio romance.

II

# LITERATURA E REPRESENTAÇÃO: FUNDAMENTOS E APORIAS

Um fator constitutivo e definidor da literatura de ficção é que ela participa da composição de mundos possíveis e convoca, para cada um destes mundos, uma ideia de realidade que acaba por se articular, por semelhança ou por contiguidade, com o mundo empírico no qual nos movemos. Segundo Lubomir Dolezel (1988: 83), a acessibilidade ao mundo ficcional efetiva-se a partir do mundo real que concorre, de forma marcada, para a formação do mundo da ficção. Aquele proporciona os modelos da estrutura deste, ancorando, muitas vezes, o relato ficcional num acontecimento histórico e transmitindo fatos em bruto ou realemas culturais.

Esta é uma ideia que vai de encontro àquela que é avançada por Marie-Laure Ryan (1997: 181), que preconiza igualmente que um mundo torna-se possível desde que concebido em função do mundo que ocupa o centro do sistema: o real. Apesar de Ryan considerar, por seu lado, que a relação entre o mundo possível da ficção e o mundo empírico é baseado na *identidade* das propriedades dos objetos comuns dos dois mundos, na *uniformidade* e na *compatibilidade* lógica, analítica ou linguística, a questão não nos parece ser tão líquida assim.

Na verdade, acreditamos que a relação entre aquilo que ela designa de "mundo real" (MR) e "mundo real textual" (MRT) não é, por exemplo, sempre e necessariamente lógica. Casos há em que a relação é estruturalmente ilógica, como a ficção científica e as narrativas fantásticas onde o princípio da não contradição, por exemplo, é transgredido.

Por outro lado, tanto a uniformidade como a identidade entre esses dois mundos acabam por serem postas em causa pelo simples fato de que enquanto um, o mundo da ficção, é um mundo de referências, da linguagem, portanto, o mundo real é, por sua vez, o mundo dos fenômenos. Daí que estejamos perante mundos estrutural e semioticamente distintos.

Refletindo também sobre a interação entre estes dois mundos, Jonathan Culler (1997: 29) entende, por seu lado, que *one reason why readers attend to litterature differently is that its utterances have a special relation to the world – a relation we call "fictional"*. Exatamente porque, através do exercício interpretativo, se desenvolve um processo de reconhecimento, de identificação e de complementaridade entre as referências dos textos e os referentes do nosso universo.

Apesar de o teórico russo, V. Chklovski (1917: 83), defender que *le but de l'art, c'est de donner une sensation de l'objet comme vision et non pas comme reconnaissance* e, por conseguinte, salvaguardar a autonomia da obra literária – posição que não podemos deixar de compartilhar –, parece-nos, no entanto, sustentável, sem cair numa contradição irredutível, que essa mesma autonomia não fica em causa por fazermos interagir dois discursos: o do mundo criado e o do mundo do qual participamos enquanto sujeitos empíricos. Entra aí em jogo a relação dialógica tão cara a Bakhtine e que atenua a solidão estrutural e semiótica da obra literária.

*Poesia* – leia-se literatura, apesar de este ser um vocábulo tardio – é *imitação*. Com esta asserção, Aristóteles abriu uma das reflexões pioneiras e, também, não menos duradouras sobre as relações entre o mundo que a literatura cria e o mundo que nos situa historicamente. Por outro lado, inaugura com essa afirmação urna determinada forma de fazer e pensar a literatura como representação e que vale pelo mimetismo em relação a uma realidade pré-existente.

Assente na ideia de imitação, o conceito de representação assume, em Aristóteles, uma dimensão que vai muito além do plano a que muitas vezes tem sido reduzido. O classicismo e o neoclassicismo europeus serão os grandes culpados desse reducionismo devido à aplicação dogmática dos princípios aristotélicos da criação literária. Aliás, o filósofo grego evidenciou um rasgo inexcedível ao afirmar que a poesia (literatura) era mais filosófica que a história, precisamente por ver nela potencialidades representativas ilimitadas.

Refletir, hoje, sobre a literatura como representação pressupõe *a priori* um exercício tautológico, redundante e, de certo modo, pouco produtivo. Mais a mais, se se considerar que esta é uma reflexão que acompanha o percurso da arte, em geral, e da literatura, em particular, provavelmente desde as suas origens, como o demonstra a milenar tradição da teorização literária de inspiração platônica e aristotélica.

Se é verdade que a revolução romântica, já nos finais do século XVIII, recolocou a questão da representação noutros patamares, de tal modo a ideia da representação como *imitação* foi substituída pela noção essencial da representação como *criação*, e se é verdade, também, que outras perspectivas epistemológicas (filosóficas, antropológicas, sociológicas, semiológicas, psicológicas, linguísticas, translinguísticas, políticas, etc.) – entre outros, pensamos nos contributos de Kant, Marx, Freud, Nietzsche,

Saussure e Bakhtine – trouxeram novos e diversificados contributos teóricos, a questão em si não deixa aparentemente de manifestar sinais iniludíveis de consumição.

Porém, o fato de estarmos a lidar com a escrita romanesca, por um lado, e que – talvez, por isso mesmo – interage decisivamente com o contexto epocal e geográfico em que ela surge, por outro, tornandose essa mesma interação um aspecto determinante da sua própria condição, leva-nos a retomar a questão da representação literária, não como um fim em si, mas como um dos eixos de reflexão potencialmente mais harmonizantes com a especificidade da literatura colonial.

No capítulo anterior, apresentamos as razões que fundamentaram a nossa opção pelo romance e que demonstram em que medida esta é uma arena privilegiada dos protocolos representativos não só no concernente à literatura colonial, mas também à literatura em geral. Devido à reconhecida plasticidade do romance, Emile Cioran (1956: 112) será, por isso, cáustico ao considerá-lo "a prostituta da literatura". Isto porque, no seu entender, sendo o romance um usurpador por excelência não hesitou em apoderar-se de meios próprios dos movimentos essencialmente proféticos. Além do mais, é, ainda segundo este filósofo romeno, "impuro" devido à sua própria "desenvoltura", vivendo da fraude e da pilhagem e tendo-se vendido a todas as causas.

Falar, portanto, da representação é reequacionar os diferentes conceitos que lhe são inerentes, ou seja, imitação, conhecimento, criação do mundo, imaginação, mediação, ou, mesmo, predição e que determinam a idiossincrasia do fenômeno artístico. Atento à incontornabilidade desta problemática, Jean Bessière (1995: 382) defende que, apesar de ser uma questão dos realismos e dos naturalismos literários constituídos a partir do século XVIII, a representação constitui, no entanto, um problema para a teoria literária contemporânea. Esgrimindo não só com o conceito de representação, mas também com o conceito de anti ou autorrepresentação, Bessière adianta que "está em causa aqui o estatuto e o poder do literário" (p. 394). Isto é,

> estes termos permanecem presentemente inapagáveis e exactamente recíprocos, porque um deles – a anti ou auto-representação – sugere que o artificialismo do discurso recolhe o próprio infinito do sentido do dizível, e outro – a representação – retém um imperialismo do realismo – a palavra certa e o seu dizer sem resíduo.

Portanto, se a ideia de representação remete para um determinado mundo de *coisas*, a anti ou autorrepresentação inscreve-se na circularidade imagética da própria *linguagem*. Porém, a representação nunca é completa, apenas provisória, uma vez que nunca é mais do que alguma coisa que procede pontualmente segundo a autoridade da linguagem e a autoridade das coisas, e é, ao mesmo tempo, repetição e diferença. Subsiste, pois, uma situação de aparente insolubilidade da linguagem e das coisas.

Porém, definir a representação como criação, criação de mundos possíveis ou alternativos, tal como defendem, entre outros, autores como Lubomir Dolezel, Martínez Bonati, Thomas Pavel, Umberto Eco, M.-L. Ryan, ou, simplesmente, como modo de fazer mundos (Goodman), é, tanto em termos teóricos como pragmáticos, a forma com que na contemporaneidade se superam as aporias que o conceito tradicional de representação suscita.

Orientando-nos concretamente pela literatura colonial, verificamos que esta potencia e explora, de maneira intensa, uma rede inextricável de identidades e alteridades (físicas, culturais, éticas e filosóficas) tornando-se, por conseguinte, inevitável tematizar e refletir sobre a questão da representação que, *per si*, se impõe como determinação estrutural e semiótica dessa mesma literatura. Tanto enquanto figuração das coisas como da própria *linguagem*.

A literatura colonial, enquanto modo particular de gerar (e gerir) mundos, acaba por consagrar esteticamente a expressão O *mundo que o português criou*, uma das mais emblemáticas expressões de Gilberto Freyre e título de uma das suas obras mais representativas. Trata-se, aliás, de uma das crenças que mais alimentam e povoam, mesmo que de forma subterrânea, o imaginário dos portugueses. E a literatura colonial não só se limita a criar mundos, mundos possíveis ou alternativos, como torna seriamente indissolúvel a compatibilidade entre esses mundos e o mundo real, isto é, o seu devir. Daí a sua importância e atualidade.

# 1. Da irrepresentabilidade ou a resistência à representação

Uma das motivações maiores (e por que não mérito, mesmo tendo em conta o cabedal de distorções e preconceitos?) subjacentes à literatura colonial é o de ela assumir-se, implícita ou explicitamente, como uma forma mais ou menos elaborada de revelação de uma realidade mal conhecida ou simplesmente ignorada.

Até que ponto a representação literária cumpre, pois, este desígnio se nos ativermos, por exemplo, às constatações céticas de Philippe Hamon (1973: 134) que questiona: como "é possível reproduzir, através de uma mediação semiológica (com signos) uma imediatidade não semiológica?". Ou de Roland Barthes (1978: 22) para quem o real não é representável, daí que a literatura traduz uma *"impossibilité topologique"* por não poder fazer coincidir uma ordem *pluridimensional* (o real) com uma ordem *unidimensional* (a linguagem)?

Em contrapartida, para Roman Ingarden (1965: 301), com o processo de representação, trata-se apenas de reter aspectos de uma realidade em permanente devir ou, numa perspectiva de raiz freudiana e atualizada pelo mesmo Barthes (1973: 121), a representação seria uma figuração embaraçada, estorvada por outros sentidos que não o do desejo: um espaço de álibis (realidade, moral, verossimilhança, legibilidade, verdade, etc.).

Ultrapassada a ideia de assumir a representação como imitação, ideia tributária das reflexões platônico-aristotélicas e que se firmaria como norma[21] até princípios do século XVIII, apesar de amiúde objeto de contestação e de transgressão, colamo-nos agora a um sentido muito mais elástico, muito mais realista, mas nem por isso menos problemático, da representação que, de forma concisa, é definida por aquilo que ela não deve ser, como explica Helena C. Buescu (1990: 266):

> Ora, a partir do momento em que se concebe a linguagem como convenção e consenso, a noção de imitação tem de ser liminarmente eliminada, e a *representação* justamente entendida como a *impossibilidade de imitar*. Representar não é apenas "não imitar": é sobretudo o indício de uma actividade apenas possível a partir do momento em que se reconhece que o homem representa justamente *na medida em que não pode copiar*. Representar não só não é imitar, como sobretudo é *não imitar*.

---

[21] A nota curiosa do preceito mimético na literatura ocidental é que já não se trata de imitar a realidade, mas os modelos que asseguram a aceitabilidade dessa imitação. Esta é uma ideia que atravessa diagonalmente as reflexões de Erich AUERBACH (1946) e Michel FOUCAULT (1966).

## II. LITERATURA E REPRESENTAÇÃO: FUNDAMENTOS E APORIAS

Portanto, esta formulação traduz o cruzamento dos subsídios trazidos quer por uma triunfante prática literária inaugurada pelo romantismo, quer por um exercício teórico que se verifica tanto dentro desse mesmo movimento – estamos a pensar, por exemplo, nos irmãos Schlegel –, como também por todo um percurso filosófico e científico que, de forma aguda, e durante o século XIX, deixou a nu a precariedade da própria realidade enquanto valor objetivo, estável e uno.

Para isso contribuíram quer as transformações *teóricas* (a dialética hegeliana; Marx, com o primado da matéria e da necessidade econômica sobre a consciência; Nietzsche, com a apologia do instinto e com a sua negatividade radical em relação ao cristianismo, à filosofia socrático-platônica e à ciência; Freud, com as suas teorias sobre o inconsciente), quer as transformações políticas (a Revolução Francesa, a emancipação política dos povos ditos "primitivos"), quer, ainda, as transformações *sociais e tecnológicas*, que irão, por sua vez, desencadear a multiplicação de visões do mundo: étnicas, religiosas, culturais, socioeconômicas, estéticas e sexuais.

Segundo o filósofo italiano, Gianni Yattimo (1989: 15), dá-se, com todas estas transformações, a erosão do próprio "princípio da realidade". Isto é, o mundo torna-se fábula, interpretação. Esta é, aliás, uma ideia com incontornável sabor nietzschiano, em que os fatos, a realidade, o mundo existem apenas como interpretação, isto é, como um texto misterioso em devir e em processo de decifração sempre inconcluso.

Além do mais, disto tudo resultou, entre outras coisas, a exposição da fragilidade da condição humana, que se apresenta de forma fragmentária, solitária, limitada, contraditória e dificilmente fixável. De maneira categórica, ficou também patenteada, através da linguística e da semiótica, a importância e a complexidade da linguagem enquanto elemento municiador de sentidos, múltiplos e voláteis, na relação entre o homem e a realidade que o envolve.

Por outro lado, o movimento simbolista redimensionou o conceito de representação, com sentido crítico, ao assentar a sua produção literária fundamentalmente no autoinvestimento da linguagem. De acordo com Foucault (1966: 313), a linguagem torna-se um processo alargado de autorrepresentação de tal modo que, a partir de Mallarmé, *la littérature se distingue de plus en plus de discours d'idées, et s'enferme dans une intransivité radicale.*

Podemos, pois, concluir que, por um lado, a representação se institui como uma busca incessante, uma impossibilidade, enfim, se tivermos como horizonte a conformação (mimetismo) com uma realidade estável, unitária, global e pré-existente, a qual ela procura adequar-se. Por outro lado, a representação pode ser um fim em si, cumprindo-se, sobretudo enquanto criação, adquirindo daí uma grandeza imanente, própria. E o que faz com que a representação se torne acessível, compatível, inteligível, *verossímil*, é que ela se institui, como antes fizemos referência, em função dos códigos (linguísticos, culturais filosóficos, éticos, estéticos, etc.) do mundo real, isto é, do nosso mundo.

## 2. O efeito do verossímil

*Le concept de vraisemblable n'est plus à la mode* (Todorov 1971: 93). Com esta afirmação, concludente e plena de convicção, Todorov retira-nos, à partida, qualquer veleidade de avançarmos numa reflexão em que o conceito de verossimilhança seja equacionado. Na verdade, é muito pouco estimulante sustentar um discurso tido, de modo tão peremptório como *démodé* há mais de trinta anos atrás.

Em todo o caso, por imperativo de ordem metodológica e teórica e pela necessidade intorneável que temos em manter o nosso estudo perseguindo um determinado alinhamento, decidimo-nos por correr o risco e revisitarmos um dos mais vetustos conceitos dos estudos literários, mas, mesmo assim, dotado de particular vitalidade.

Aliás, é o próprio Todorov quem nos abalança nessa direção quando, a dado passo, concede que existem vários sentidos para o termo: primeiro, enquanto ações e atitudes conforme a realidade; segundo, enquanto relação com o que a maioria das pessoas julga ser o real; terceiro, enquanto adequação do texto às regras particulares do gênero que adapta; e, finalmente, já numa acepção mais precisa, enquanto máscara com que se dissimulam as leis do texto, e que nos daria a impressão de uma relação (referencial) com a realidade. Isto é, o texto faz-nos acreditar que se submete ao real e não às suas próprias leis.

Por conseguinte, e de acordo com esta reflexão, falar em verossimilhança implica necessariamente ter em conta a aceitabilidade do mundo representado e a conformidade entre esse mundo e o universo expectacional do leitor. Afinal, e como concede Antonio Risco (1982: 10),

> *sólo es posible distinguir el fenómeno literario al nivel de la situación comunicativa, situación que establece un pacto particular, una complicidad – específica, sí, en este caso – entre el autor y el lector.*

Segundo este teórico espanhol, este "pacto particular" que se estabelece entre autor e leitor, consiste

> en la simulación, en ele ejercicio del como si – la mímesis aristotélica, pero que há de extenderse a muy diferentes niveles del texto literario – por medio de un conjunto de técnicas y recursos figurativos que tienden a elaborar una suerte de experiencias imaginarias, o sea de vida paralela.

Daí que a literatura seja, antes de tudo, "figuración" e que passa pela simulação de um fato vital. Apesar de discordarmos da ideia de que a figuração literária tende para o concreto, para o acumular de *referencias de orden sensorial*, há um dado conceitual importante que ele avança e que se refere a um campo imaginativo comum, patrimônio de uma unidade cultural num determinado momento no qual cada indivíduo possui a sua parcela: o "hipercódigo".

Trata-se de um campo imaginativo que se atualiza na obra e reúne os universos do leitor e do autor e é uma espécie de "virtual código cultural". Será, pois, o *hipercódigo* que irá determinar, em grande medida, o grau de verossimilhança da obra literária. Naturalmente que este hipercódigo será tão funcional quanto mais devedor for de uma cultura literária que se instituirá como plataforma identitária entre o universo do autor e do leitor e que acaba por ter uma dimensão histórica.

A este propósito, a já citada M.-L. Ryan reforça o fato de a ficcionalidade, que se ancora na ideia de verossimilhança com a qual muitas vezes se confunde, não se decidir nem pelas propriedades semânticas do universo textual, nem pelas propriedades estilísticas do texto, estabelecendo-se apenas e *a priori* como parte das nossas expectativas gerais (Ryan 1997: 205). Para esta autora, é, por conseguinte, ao leitor que cabe a função de determinar a ficcionalidade: *Consideramos un texto como ficción cuando conocemos su género, y sabemos que el género está gobernado por las reglas del juego ficcional*.

Entretanto, não deixamos ainda de ter em conta outras reservas colocadas em relação a esta arcaica questão da verossimilhança. É o caso de Julia Kristeva que, em *Le Texte du Roman. Approche sémiologique d'une structure discursive transformationnelle* (1970), defende que a verossimilhança adequa-se mais a sistemas monomorfos como a filosofia ou o discurso científico, onde a preocupação de provar e de verificar é acutilante. Por conseguinte, por a questão da prova e da verificabilidade não se impor em matéria literária, *la productivité textuelle relève d'un domaine autre que le vraisemblable* (1970: 76). No entender, ainda, desta autora,

> La "vérité", ou la pertinence, de la pratique scripturale est d'un autre ordre; elle est indécidable (improuvable, invérifiable) et consiste dans l'accomplissement du geste productif, c'est-à-dire du trajet scriptural se faisant et se détruisant lui-même dans le processus d'une mise en RAPPORT de termes opposés ou contradictoires.

No essencial, Kristeva põe em causa o conceito de verossimilhança, a partir do momento em que ele implicar uma necessidade de *provar* ou de *verificar* a realidade textual em confronto com a realidade empírica, extraliterária.

Sem deixarmos de estar de acordo com esta posição por recusar a necessidade de prova e de verificação enquanto caução de *verdade*, o que é legítimo em termos literários, não anulamos, no entanto, a ideia que avançamos antes em relação ao conceito de representação. Isto é, que a verossimilhança se concretiza quer no horizonte expectacional do leitor, quer em conformidade com as regras impostas pelo próprio gênero, mesmo quando o texto se institui como fator de transgressão, ou quando se impõe a tal máscara que dissimula as leis da escrita levando-nos a assumir o texto como submisso às regras e contingências da realidade.

Além do mais, não conseguimos colocar a verossimilhança no plano em que Kristeva a coloca (de verificabilidade e de prova), mas simplesmente no da *possibilidade*. Portanto, o texto mantém-se, no fundo, como o principal municiador dessa mesma verossimilhança, mas sempre enquadrado num movimento interativo e incessante com o leitor. Isto significa que, e no âmbito do acordo tácito que aí se estabelece, enquanto que a obra finge que o mundo que cria é verdadeiro, o leitor, por seu lado, *finge completamente* que assume como verdadeiro o mundo que a obra lhe proporciona.

Em convergência com a nossa posição e com a defendida, de certa forma por Todorov, Antonio Risco e Ryan, Gérard Genette (1969: 76) explica que a verossimilhança, que pode variar em parte ou no seu todo, se institui com base em relações de implicação entre, por exemplo, a conduta das personagens e máximas gerais, normativas, implícitas e cristalizadas cultural, moral e socialmente. Isto é:

> Le récit vraisemblable est donc un récit dont les actions répondent, comme autant d'applications ou de cas particuliers, à un corps de maximes reçues comme vraies par le public auquel il s'adresse; mais ces maximes, du fait même qu'elles sont admises, restent le plus souvent implicites.

Temos, uma vez mais, a ideia de um "contrato tácito entre a obra e o seu público", de tal modo que uma conduta torna-se incompreensível ou extravagante, inaceitável, portanto, quando não vai de encontro ao horizonte expectacional dos leitores apoiados num determinado conjunto de normas e de princípios. Incluem-se, obviamente, as próprias convenções do gênero que funcionam como um sistema de forças e de resistências naturais às quais a narrativa obedece sem sempre dar a entender que as percebe e sem as ter que nomear.

Obviamente que nem todas as obras literárias se mantêm reféns da opinião *plebiscitária* dos leitores. E aqui, o que temos é uma escrita comprometida com uma ordem particular ou uma imaginação ilimitada. Desta feita, *L'originalité radicale, l'indépendence d'un tel parti le situe bien, idéologiquement, aux antipodes de la servilité du vraisemblable* (Genette 1969: 77).

Porém, como a verossimilhança implica a legibilidade da obra, sempre que o autor se apercebe que introduz elementos novos e que escapam ao domínio dos seus destinatários, ou que transgridem o quadro normativo em que se integram, adota uma atitude pedagógica, didática, produzindo, a partir daí um "verossímil artificial".

E é, pois, uma espécie de "demônio explicativo", segundo Genette, que vai caracterizar muitos dos segmentos discursivos do romance colonial onde as explanações do narrador, jogando quer com motivações extraliterárias, quer com as leis da própria narrativa, *ne sont pas là pour le seul plaisir de théoriser, elles sont d'abord au service du récit: elles lui servent à chaque instant de caution, de justification*, de captatio benevolentiae, *elles bouchent toutes fissures, elles balisent tous ses carrefours* (p. 81).

Em relação, portanto, à literatura colonial, podemos identificar, a partir dos próprios textos, a prevalência de determinadas normas ou princípios de ordem estética, moral, cultural, civilizacional que regem as mundividências e condutas particulares das personagens (e do próprio narrador). Todos esses aspectos traduzem-se, por exemplo, em ideias que têm a ver com a ação civilizadora do homem branco, a inferioridade do negro, a hegemonia da cultura ocidental, etc., e que acabam por constituir pontos de referência em termos de aceitação do que essa literatura veicula, isto é, em termos de verossimilhança. Verossímil que, na vertente mais marcadamente ideológica da literatura colonial, traduz um pretenso ecumenismo que se liga, para todos os efeitos, às expectativas do leitor pretendido.

Há, pois, uma espécie de convencionalidade que determina que um texto seja lido não só como literário, mas também como verossímil. Trata-se de um *hyper-protected cooperative principle* (Culler 1997: 24), que assegura a comunicação literária. Segundo a esclarecedora perspectiva de Jonathan Culler, o leitor corresponde aos dispositivos do texto, lendo-o e construindo o(s) sentido(s) em função do que lhe é proposto, resultando a eficácia da comunicação da cooperação que se estabelece entre a entidade autoral e o leitor através do próprio texto. Fazendo da interpretação um elemento determinante, tal como Wolfgang Iser, Culler (p. 29) considera que

> *the litterary work is a linguistic event which projects a fictional world that includes speaker, actors, eventes, and an implied audience (an audience that takes shape through the work's decisons about what must be explained and what the audience is presumed to know).*

Desta forma, o "princípio cooperativo hiperprotegido", afinal na mesma linha do "hipercódigo" referido por Antonio Risco, e tendo em conta que estamos perante entidades históricas (autor-obra-leitor), concede, também, ao verossímil uma dimensão histórica. Isto é, aquilo que é verossímil numa determinada época, num determinado contexto, pode deixar de sê-lo, noutros.

Quer dizer, da mesma forma que o realismo de Flaubert, Balzac, Stendhal, Dostoiewski ou Dickens vai, de certa forma, alterar ou alargar o conceito de verossímil – dominado, tradicionalmente, pela representação dos comportamentos exemplares das personagens ligadas às classes hegemônicas –, através da transferência do protagonismo para personagens vulgares como camponeses, criados, comerciantes, operários, o realismo colonial, por seu lado, vai também alargar esse mesmo conceito de verossímil. Isto é, ao permitir que personagens de indivíduos não brancos, mesmo que condicionadas no seu comportamento e na sua atitude mental pela perspectiva manipuladora e etnocêntrica do narrador, mesmo que em confronto com a personagem do colono, joguem papéis determinantes na história narrada como são os casos dos romances *Omar Áli*, *A neta de Jazira*, *Fogo III*, *Raízes do ódio* ou *Ku-Femba*.

Atendendo a que a literatura colonial é direcionada para um público determinado, para um destinatário específico, localizado espacial e temporalmente, interpretar essa mesma literatura torna-se, hoje, um exercício hermenêutico desafiador que requer reenquadramentos históricos e culturais. Isso, tratando-se de um leitor deslocado, ou desconhecedor, em absoluto, do contexto espaciotemporal em que essas obras foram produzidas e profusamente lidas. Trata-se, portanto, de um distanciamento que, apesar da carga informacional reunida nos textos, pode condicionar a recepção das obras.

Isto é, se é verdade que o autor, no extremo do processo comunicacional que desencadeia, é condicionado pelos códigos históricoculturais que lhe são coevos, o leitor de hoje irá, como é óbvio, na interpretação do texto, aplicar os códigos que fazem parte do seu universo cultural. Apesar da inevitável reconstituição a que será com certeza submetida e partindo do pressuposto que ela assegura a plena legibilidade dos textos, a ideia de verossimilhança irá apresentar contornos mais complexos e fugidios, mas sempre como caução da própria ideia de representação.

## 3. O múltiplo e o diverso

Excerto 1

Gritam, galos do mato, empoleirados nos braços musculosos dos imbondeiros. Afloramentos de granito, como répteis gigantescos, aquecem o dorso negro ao flamejar do soalheiro. Assustadas, refugiam-se codornizes, em vôo estrepitoso, no mais denso das moitas de espinheiras. Esbracejam, em atitudes desengonçadas de esqueleto, os galhos rugosos de muiáti, pobremente enfolhados.

!Paisagem monótona, despida de pompas, assoalhada mas triste, a perder-se por léguas!

Luta renhida pela existência! O folhedo a pedir angustiado à calidez do céu uma gôta benéfica de orvalho; raízes contorcidas, espalmadas rés-vés com o solo, serpeando ou enroscando-se como jibóias, garrunchos grosseiros e disformes, gretados e negros; troncos encarquilhados como velhos mendigos, curvados em gibosas nodosidades; raízes aéreas, grossas como cordas, em fartas madeixas pendentes dos braços gretados das escassas frondes, outros tantos dedos inertes, caídos em atitude de desalento, a pedir inùtilmente ao espaço a esmola que a terra implacável lhes não quer dar.

E sempre assim, léguas e léguas andadas pelo mesmo brejo agreste, calcorreando por entre herbagens como fios de arame, duras e praganosas, furtando o corpo às garras dilacerantes de espinheiras arbustivas, revoltadas contra a sua sorte malfazeja.

(In Eduardo Correia de Matos, *Sinfonia bárbara*, p. 87-88.)

Excerto 2

Passou Dezembro, ardente, dos dias longos. Janeiro correu célere. Fevereiro apareceu mais quente. O chão do Muende era enorme ventre inchado, onde germinavam as sementes, que o branco da cantina oferecera aos negros. Viam-se-lhe as protuberâncias, quando a semente, feita planta, empurrara a terra, para vir espreitar o Sol – e crescer, cheia de mornidões revigorantes, criadoras de seivas fortes. E as hastes delicadas das plantas se tornaram vergônteas rijas, gingando ao sabor da brisa. Às noites, receberiam a frescura dos cacimbos, que as tomavam de cima a baixo.

Os milharais tinham as espigas maduras. No topo das hastes fortes, as barbas do milho tinham mudado de cor: haviam passado do loiro doirado ao castanho escuro.

(In Rodrigues Júnior, *Muende*, p. 175.)

Excerto 3

A indumentária de Catuane, essa é que era realmente assombrosa. Fazia inveja e a cobiça de quantos a admiravam. Botas de cano largo, até meio da perna, de solas ferradas; calções à *Chantily*, às riscas azuis e brancas, chapeadas de cabedal em figuras geométricas; espessas meias vermelhas de lã que chegavam aos joelhos, saindo dos canos das botas; uma blusa feita de retraços de pergamóide de diversas cores, unindo ao meio por um fecho *éclair*; além dum casacão enorme, tão felpudo que era inteiramente aceitável ter pertencido ao espólio de algum alpinista. Na cabeça, um grande chapéu à *cow-boy*, de alta copa em bico e de aba larga revirada, com duas penas de galo espetadas ao alto. Óculos pretos e uma sombrinha de senhora completavam a carnavalesca indumentária. A atravessar o lóbulo duma orelha uma caneta de tinta permanente.

(In Eduardo Correia de Matos, *Terra conquistada*, p. 176-177.)

Excerto 4

Cafere e as irmãs trouxeram, para a esteira, a panela da farinha, a carne de cabrito – e o tacho de ferro, com o molho de amendoim. O dono da casa iniciou o banquete, enfiando na panela maior a mão vazia, para a tirar cheia de farinha de milho cozida. Meteu, depois, no molho de amendoim, a bola que fizera dela – e foi comendo, devagar, enquanto a outra mão segurava um pedaço de carne assada, que ofereceu a Pedro da Maia. Pedro da Maia imitou *Bambo*, fazendo com a mão nua, uma bola de farinha cozida, que mergulhou no molho gorduroso. [...]

Quando nada ficou nas panelas, encostou à parede as costas largas, estendeu mais as pernas – e arrotou. Pedro de maia fez um esforço – e arrotou, também, num acto de delicada cortesia, que *Bambo* agradeceu com um sorriso tão largo, que lhe deixou os dentes à mostra.

(In Rodrigues Júnior, *Muende*, p. 73-74.)

Excerto 5

– ... Não trazemos bandeirinhas como quando somos empurrados até Porto Amélia, e que uma vez levámos a Nampula para *ver pessoa grande de Lisboa. Alguns gostaram ir*. Era pesseio de graça mesmo, com outra alimentação. *Negro com cabeça maior nunca pode gostar* destes passeios porque dinheiro gasto em bandeirinhas morreu assim mesmo, quando podia empatar-se para termos água perto das palhotas...

[...]

– *Só falar não é nada, senhor governador. Fartos aguentar má vida!* Vê esta gente ainda molhada? Choveu toda a manhã. Aguentámos porque desejamos ficar sem brancos nos macondes. [Itálicos nossos.]

(In Agostinho Caramelo, *Fogo*, III, p. 225-226.)

Excerto 6

Fomos sempre mais um povo de aventureiros, nada ambiciosos, com pouco nos contentamos. Ligados, direi antes, amarrados a um atavismo das épocas recuadas em que as caravelas despejavam no reino carregamentos de especiarias vindas da costa do Malabar, continuamos até à presente época com o mesmo sistema, olhos fechados à realidade ultramarina. [...] Tivemos sempre nos povos que civilizámos amigos fiéis que nada nos pediram, que defenderam as nossas fronteiras, que trabalharam resignadamente sem um queixume, sem um reparo. Somos um povo multirracial, vivemos sempre em paz e concórdia, tivemos essa felicidade, não a deixemos fugir com posições de intransigência, de incompreensão.

(In Eduardo Paixão, *Cacimbo*, p. 249.)

Atentando nestes seis excertos, consideramos que são vários os elementos que garantem a sua aceitabilidade e que, portanto, os tornam verossímeis aos olhos de múltiplos e diferentes leitores. Isto sem descurar o desfasamento referencial entre a realidade representada, o contexto onde se inserem muitos destes leitores e o seu horizonte de expectativas.

Vamos, pois, sem deixar de equacionar *como* se processa essa representação – que oscila entre a narração, o diálogo e a descrição – identificar *o que* é aí representado. Com esta identificação, procuramos, por um lado, interligar o conceito de verossimilhança, enquanto dimensão representacional fundamental, com uma produção literária determinada e, por outro, deixar em aberto a abordagem das categorias, dos elementos e das modelizações que participam dessa mundividência específica.

Assim, no primeiro excerto, construção com fortes marcas impressionistas, deparamo-nos com uma representação dominada pelo *espaço*. Espaço que, apesar de humanizado pelo olhar da entidade que o recria, é essencialmente de desolação e de solidão.

Veremos, adiante, como o espaço é uma categoria determinante não só dos movimentos narrativos particulares, mas também da representação da colonialidade literária[22], em geral, subordinada a percepções e vivências em que os lugares, sejam eles privados ou coletivos, sejam eles reais ou imaginários, interiores ou exteriores, surgindo como referências dolorosas e insuportáveis, por um lado, ou com uma dimensão sortílega e compensatória, por outro, acabam por se instituir, todos eles, como verdadeiramente estruturantes.

No segundo excerto, temos um *tempo* como um dos centros do processo representativo. E o tempo, melhor, a sua fluência aparece-nos aqui tanto no seu movimento objetivo, homogêneo e cronológico (*Dezembro, Janeiro, Fevereiro*), como nos surge fundamentalmente enquanto estético, de tal modo que é através dos motivos e dos elementos da natureza que nos damos conta do tempo que efetivamente evolui: "viam-se-lhe as pro-

---

22   Como antes já foi sistematizado, entendemos por colonialidade literária o conjunto de marcas específicas que no texto traduzem a hegemonização cultural e civilizacional do universo das personagens identificadas com o colono, através de formas discursivas, comportamentais ou psicológicas.

tuberâncias, quando a *semente, feita planta*, empurrara a terra, para vir espreitar o Sol – e *crescer*..."

E é muito da relação com o espaço e os seres que é marcada a representação do tempo no romance colonial (daí a ideia baktiniana de o romance ser, no essencial, um *cronótopo*[23]) em que a tangibilidade realista é dominante. Casos há, como iremos verificar, em que o tempo mais do que uma dimensão categorial da narrativa apresenta-se como o grande protagonista. Seja o tempo como "mobilidade imóvel", segundo Bergson – quase sempre tempo de inação e de despojamento – seja o tempo no seu movimento incessante: vertiginoso ou lento, edificante ou desestruturante.

Refletindo uma tensão metonímica, a descrição da indumentária da personagem conduz-nos, no terceiro excerto, à representação do *ser* na sua condição física e psicológica. Nesta representação, com inequívocos contornos caricaturais, interagem duas visões do mundo: por um lado, a do narrador (de *quem* vê) que polvilha a sua descrição com doses calculadas de juízos de valor (*realmente assombrosa, inteiramente aceitável ter pertencido ao espólio de algum alpinista, à cow-boy, carnavalesca indumentária*).

Por outro lado, temos a visão do mundo de Catuane, *aquele que é visto*, e que não sentindo o ridículo experenciado pelo narrador, vive, no seu próprio envaidecimento, a importância e a sobrevalorização de sua pessoa, pois: "Fazia inveja e a cobiça de quantos o admiravam."

A partir desta dicotomia entre o olhar do narrador e o ser objetalizado, o *Outro*, neste caso, institui-se numa rede interpretativa, uma espécie de "intriga ética", ou "uma não relação", segundo Lévinas, e que representa uma das imagens de marca de toda a literatura colonial. Tal é a carga preconceituosa que domina toda essa interpretação – vista nos dois sentidos, isto é, do observador para o observado e vice-versa – que nos parece incontornável a ideia de que na interpretação do *Outro*, a subjetividade do observador sobrepõe-se de modo irredutível.

No quarto excerto, confrontamo-nos com a dimensão cinética da narrativa e que nos é veiculada através da representação do conjunto de *ações* das personagens. Todo esse movimento apresenta-se dominantemente com virtualidades diacrônicas. Trata-se de uma ordem não só cronológica, mas essencialmente lógica. Desde o momento que precede

---

23 Na definição avançada por este teórico russo, *chronotope, ce qui se traduit, littéralement, par "temps-espace": la corrélation essentielle des rapports spatio-temporels, telle qu'elle a été assimilée par la litterature* (Baktine 1975: 237). Sobre a origem do termo, esclarece-nos o autor que: *Ce terme est propre aux mathématiques; il a été introduit et adapté sur la base de la théorie de la relativité d'Einstein.*

o repasto, em que Cafere e as irmãs trazem a panela de farinha, a carne de cabrito e o molho de amendoim, até o momento em que os comensais arrotam, temos uma representação sugestiva em termos de cadência cinematográfica, em que os detalhes *mostrados* acabam por adquirir valor próprio. E esta é uma das características maiores da narrativa colonial que, no desvelamento de uma realidade alienígena, explora no pormenor o fardo antropológico e histórico de uma civilização. Mesmo com as distorções e as leituras enviesadas que se reconhecem.

Com a figuração da *linguagem*, que encontramos no quinto excerto, vem à superfície o conceito de autorrepresentação. Isto é, à *linguagem que fala a linguagem*. Gesto que é aqui desenvolvido através de uma tipicidade discursiva que, neste caso, é uma desfiguração do português-padrão: *alguns gostaram ir*. Desfiguração que pode também ser a nível semântico: *Negro com cabeça maior*, isto é, negro inteligente.

Esta transfiguração linguística insere-se no contexto mais vasto do afã realista da literatura colonial que procura representar todo um universo em que a exploração da diferença se institui como um fenômeno verdadeiramente marcante em termos de anulação do *Outro*. A diferença que é referida no nosso estudo tem a ver não só com o *Outro*, que é encontrado num espaço outro, mas também com aquele que o encontra, com as construções que aos dois se referem e, finalmente, com quem evidencia essa mesma diferença. Os que vêm de fora (os europeus) assumem-se, assim, como diferentes em relação ao espaço de chegada do mesmo modo que se irão tornar gradualmente diferentes (embora não *essencialmente* outros) em relação ao lugar de origem (a Europa).

Voluntária ou não, a vertente autorrepresentativa da linguagem acaba por ser uma credencial, mesmo que obedecendo a desígnios extraliterários no sentido da depreciação e da inferiorização cultural, que permite reconhecer alguma modernidade nesta literatura. E a modernidade institui-se, de modo particular, quando a linguagem se coloca no centro da criação literária, espaço de preocupação estética.

E o romance de Agostinho Caramelo, todo ele em ritmo dialogado, intercruzando falas distintas, com níveis de língua também distintos, é um exemplo destacado dessa vertente emancipatória do romance.

Com o último excerto, extraído de *Cacimbo* de Eduardo Paixão, confrontamo-nos com um dos aspectos mais carregados de intencionalidade na literatura colonial e esteticamente mais problemático: a representação ideológica.

Segundo Mukarowski (1975: 303-304), a "concepção do mundo pode significar quer a atitude que o homem de uma época qualquer adopta em relação à realidade, ou então, designa um determinado conteúdo ideológico". Se há uma *Weltanschauung* presente, explícita ou implicitamente, numa produção artística, essa parece ser, a todos os títulos, uma evidência no romance colonial, em geral, e neste texto, em particular.

E tratando-se, neste caso, de um manifesto exercício autognóstico – o de um povo que se repensa através da consciência de uma personagem – reconhece-se aí uma das imagens de marca de qualquer ideologia: a de ela impor-se como um sistema de ideias dominante. Por conseguinte, apesar da projeção de um aspecto negativo, ao deixar a descoberto uma verdadeira "ferida narcísica", como diria Freud, com a afirmação de que "fomos sempre mais um povo de aventureiros, nada ambiciosos, com pouco nos contentamos", há, logo de seguida, na fala da mesma personagem, uma genuína vangloriação, uma hipervalorização cauterizante e sublimatória de todas as imperfeições: "Somos um povo multirracial, vivemos sempre em paz e concórdia, tivemos essa felicidade, não a deixemos hoje fugir com posições de intransigência, de incompreensão."

A representação do ideológico que é recorrente na literatura colonial – e que muitas vezes se fica pelas entrelinhas – acaba por ser decisiva na concepção do mundo que aí prevalece. A ideologia constitui, afinal, e ainda segundo Mukarowski (1975: 311), "um dos elementos da obra de arte, mas um elemento que funciona como laço eficaz entre a arte e toda a ampla esfera da cultura humana e as suas diversas componentes como a ciência, a política, etc."

Posição que, num outro contexto, é partilhada por Althusser (Jameson 1981: 30) para quem a ideologia é uma estrutura representacional que permite ao sujeito imaginar a sua efetiva ligação com a estrutura social ou lógica da História.

Portanto, analisar a função ideológica inscrita no romance colonial pode ser determinante para entender as diferentes interações estabelecidas pelo próprio texto. Fato de que nos dá conta Jenny Sharpe (1993: 8-9) quando afirma: *I also* [como Foucault] *consider a theory of ideology to be crucial for addressing cultural constructions of race, class, and gender.*

Considerando, na esteira de Althusser, a ideologia como uma "second-degree relation", a mesma estudiosa adianta que *ideology is not "the imaginary", but the articulation of an ideal (Womanhood, Nation, Democracy) with the relations that make that ideal active (gender and sexuality, race and ethnicity, class and status).*

Se é verdade que a literatura, do ponto de vista estético, fica caucionada sempre que a motivação ideológica é evidente, por outro lado, não deixa de ser interessante perceber o texto literário como um espaço dialógico, ou melhor, *antagonistique dialogue of class voices* em que acaba por sobrepor a *voice of a hegemonic class* (Jameson 1981: 79). Neste caso, a voz que determina que a literatura colonial seja exatamente o que ela é: *colonial.*

# III

# A REPRESENTAÇÃO DO ESPAÇO

Começar a prospecção do romance colonial privilegiando, em primeiro lugar, a componente espacial, não é, de modo algum, uma opção aleatória. Muito pelo contrário, Atemo-nos, por conseguinte, a um dos fatores determinantes e mais emblemáticos para a identificação desta vertente literária que representa uma deslocação radical dos universos diegéticos dominantes nas narrativas produzidas no Ocidente.

Esta preocupação pelo espaço a nível da ficção literária parece levantar, muitas vezes, alguns embaraços aos estudiosos de literatura. De certa forma, isso está subjacente em Genette (1969: 43) quando observa que:

> Il peut sembler paradoxal de parler d'espace à propos de la littérature: apparemment en effect, le mode d'existence d'une oeuvre littéraire est essentiellement temporel, puisque l'acte de lecture par lequel nous réalisons l'être virtuel d'un texte écrit, cet acte, comme l'exécution d'une partition musicale, est faite d'une sucession d'instants qui s'accomplis dans la durée, dans notre durée.

Genette não deixa, no entanto, de referir-se a autores como Holderlin, Baudelaire, Proust (este mesmo, o da incessante *busca do tempo perdido*), Claudel, Char, em cujas obras se encontra uma certa sensibilidade do espaço, um tipo de "fascinação de lugar".

Em relação à literatura colonial, iremos verificar como o espaço é um fator constitutivo da própria narrativa e que, tendo sempre África como horizonte (geográfico, vivencial, psicológico, etc.), fará com que a sua representação se perfile como uma real e incontornável marca idiossincrásica. E à medida que seguimos a forma como o espaço nos vai surgindo ao longo das diferentes narrativas, é possível perceber que não se trata apenas de falar sobre eventos e seres que nele evoluem, mas de um espaço que *fala sobre si próprio* e das suas virtualidades representativas e performativas.

No estudo realizado por Rui de Azevedo Teixeira (1998: 347) sobre a Guerra Colonial e a que já fizemos referência neste trabalho, encontramo-lo, a dado passo, a afirmar:

## III. A REPRESENTAÇÃO DO ESPAÇO

Esta componente espaço exibida logo nos títulos confirma a força inspiradora de África – de uma África em guerra – o que, não no seu ineditismo mas na sua dimensão repetitiva, constitui um facto novo na Literatura Portuguesa, *já que não temos verdadeiramente uma literatura colonial*, apesar de nomes como os de Aida Lara, Reinaldo Ferreira ou António Aguilar, mas sim e como que compensatoriamente uma literatura da Guerra Colonial. (Itálicos nossos.)

Salvaguardamos a afirmação referente à "força inspiradora de África", pois ela traduz, com perfeição, a importância da dimensão espacial na configuração da literatura que tem África como tema. Porém, em relação ao que é dito em seguida, duas observações se impõem:

Primeiro, *não é verdade* que não existe uma literatura colonial portuguesa. Pode legitimamente pôr-se em causa a sua qualidade estética, o seu valor artístico, o seu poder de sofisticação comparando com a literatura colonial francesa ou britânica. Porém, o que não se pode negar é a existência de uma literatura colonial portuguesa que tem em Castro Soromenho, Henrique Galvão, Maria Archer (Angola), Viana de Almeida (São Tomé), entre outros e os já mencionados para o caso de Moçambique, a confirmação dessa existência.

Segundo, parece haver alguma precipitação por parte de Rui Teixeira ao colocar Aida Lara e Reinaldo Ferreira como exemplos de literatura colonial, visto que a obra de cada um deles não traduz evidências que se reconhecem na literatura colonial, onde é assumida e cultivada a sobreposição de uma visão do mundo (a portuguesa, neste caso). Se é verdade que existe alguma ambiguidade na integração do segundo, em relação à Aida Lara, isso já não acontece. Ela faz parte, de fato, da literatura angolana.

Retomando a questão que nos orienta neste capítulo, consideramos que nos vários estudos concernentes ao romance, o tempo, explícita ou implicitamente, tem surgido como a categoria mais posta em evidência. Para ilustrarmos a relevância que o tempo, com as suas múltiplas e variadas representações, tem não só na sua relação específica com o romance, mas também com todo o imaginário ocidental[24], vamos socorrer-nos desta afirmação de Julia Kristeva (1970: 17) para quem

---

24 O princípio da causalidade, uma espécie de premissa epistemológica do pensamento ocidental – enquanto que em *Timeu*, Platão afirma categoricamente que "tudo o que nasce procede necessariamente de uma causa; porque é impossível que seja o que for possa nascer sem causa", cerca de vinte séculos mais tarde, Leibniz sintetizaria: *nihil est sine ratione* – está indissoluvelmente ligado à ideia de mudança, de um efeito, de uma finalidade e, por inerência, à ideia de temporalidade.

... la *"forme" romanesque est un jeu, un changement constant, un mouvement vers un but jamais atteint, une aspiration vers une finalité déçue, ou, disons en termes actuels, une TRANSFORMATION. Cette mutabilité de la structure romanesque fait que le roman devient le discours même du TEMPS.*

Muito antes, nas suas reflexões sobre o romance e sobre o fenómeno literário, em geral, Mikhail Bakhtine (1975: 238), apesar de introduzir o conceito de *cronótopo* (complexo espaciotemporal) como elemento determinante da estrutura romanesca, surge-nos, a dado passo, a afirmar que *de surcroît, c'est le temps qui apparaît comme principe dominant des oeuvres littéraires.*

Análoga posição encontramos em autores como René Wellek e Austin Warren (1948: 266-267) que, embora concedam, na sua análise da narrativa, que na utilização da palavra "mundo", estamos a servir-nos de um termo espacial, defendem, no essencial, que "a 'ficção narrativa' – ou, melhor, um termo como 'história' – chama a nossa atenção para o tempo e para uma sequência no tempo". Para justificar esta tese, adiantam que:

> Em muitos grandes romances, os homens nascem, crescem e morrem; as personagens desenvolvem-se, modificam-se: até se pode assistir à modificação de toda uma sociedade (*The Forsyte Saga, Guerra e Paz*), ou presenciar o progresso cíclico e o declínio de uma família (*Buddenbrooks*). Tradicionalmente, o romance tem de atender à dimensão temporal.

Num célebre estudo, intitulado *Aspects of Novel*, E. M. Forster (1927: 44) não hesita em afirmar que *the basis of a novel is a story, and a story is a narrative of events arranged in time-sequence*. E esta prevalência do tempo, segundo ele, é testemunhada pelo fato de, apesar de o romance ser uma conjugação de ações, personagens, tempo e espaço, a preocupação maior do leitor ser a de querer saber *o que vai acontecer a seguir*.

Encontramos também em Forster (p. 87) a convicção da indissolubilidade entre tempo e causalidade, o que é manifesto quando, a dado passo, debita:

> We have defined a story as a narrative of events arranged in their time-sequence. A plot is also a narrative of events, the emphasis falling on causality. [...] If it is in a story we say: "And then?" " If it is in a plot we ask: "Why?"

III. A REPRESENTAÇÃO DO ESPAÇO

Entretanto, articulando narratividade e temporalidade, Paul Ricoeur (1983: 17) preconiza, por sua vez, que a identidade estrutural da função narrativa, mais do que a exigência de verdade que caracteriza as outras obras narrativas, tem a ver com o caráter temporal da experiência humana. Quer dizer, para Ricoeur, o tempo torna-se tempo humano na medida em que é articulado de maneira narrativa: por outro lado, a narrativa torna-se significativa na medida em que ela apresenta os tratos da experiência temporal.

Edward T. Hall (1983: 17), de modo conclusivo, considera que "se existe um produto das palavras, representativo do pensamento ocidental, é o *corpus* de estudos consagrado ao tempo".

Apesar deste dado praticamente adquirido sobre o tempo, e que subsiste nos estudos narratológicos, consideramos que, pelo contrário, é o espaço que, no romance colonial, se institui quer como motivação de escrita – afinal trata-se da revelação de um mundo novo, uma espécie de continente-sombra por desvendar – quer como dimensão conformadora e desencadeadora das ações, das atitudes e dos movimentos interiores das personagens, das interações discursivas e mundividenciais, das temporalidades, das disposições cênicas, dos sentidos existenciais, das percepções e das sensações representadas, etc.

O modelo espacial do mundo torna-se, no caso do romance colonial, um elemento organizador "em volta do qual se constroem também as suas características não espaciais" (Lotman 1970: 363). Afinal, o espaço tem não só uma dimensão estruturante como também acaba por se assumir como fonte acontecimental e narrativa. Isto é, o espaço "mantém-se como elemento estrutural do mundo; [...] no melhor dos casos, um espaço portador e talvez gerador de grandes acontecimentos" (Silva 1981: 399).

Por outro lado, o caudal de interpretações a serem alocadas a cada romance acabam por subordinar-se, parcial ou totalmente, ao aspecto configurador e autoconfigurador do espaço. Portanto, e sem pretendermos diminuir a presença e as funções das outras categorias, o romance colonial é, em geral, dominantemente um romance de espaço. Além do mais, a ideia de colonialidade alicerça-se, entre outros aspectos, na prevalência de uma visão do mundo decorrente das ações, ideias, símbolos e mitos dos europeus projetados hierarquicamente num espaço outro.

Entretanto, Wolfgang Kayser (1958: 400-405), que desenvolveu uma classificação tripartida de gêneros do romance, identifica o romance de ação, o romance de personagem e o romance de espaço. Em relação a este último gênero (ou não deveria ser subgênero?), Kayser considera que é com o romance picaresco, em particular com *D. Quixote*, que se inaugura o romance de espaço e que vai ter a sua maior expressão no século XIX, com Stendhal, Balzac e Flaubert em cujas obras a intenção dominante é a de "abarcar o mundo como espaço". Espaço que tem, enquanto setor do mundo, "valor próprio".

Ainda no entender autorizado de Aguiar e Silva (1981: 740), "no texto do romance, parte importante da informação sobre as personagens, os objetos, o espaço e o tempo em que decorrem os eventos, é construída e transmitida por *descrições*". Sem pretendermos desfazer totalmente esta constatação, entendemos que, no caso específico do romance colonial, a representação do espaço não depende *exclusivamente* da descrição. Ela está presente em todos os segmentos discursivos: na própria descrição, na narração, nos diálogos e nos monólogos. O espaço é uma imensidade performativa, "continente mental" segundo Rui Teixeira (1998: 110), que preside tanto ao processo de enunciação como atravessa toda a narrativa.

Enquanto na sua constatação, eivada de ceticismo, Kundera (1986: 19) declara que, na época contemporânea, o infinito da alma, se ela existe, tornou-se um apêndice quase inútil do homem, em contrapartida, os espaços ilimitados explorados no romance colonial parecem significar uma substituição compensatória desta perda, deste declínio do próprio ser manietado nos círculos labirínticos e decadentes do Ocidente.

## 1. Limites conceituais do espaço

Uma disputa filosófica coloca Platão e Aristóteles concebendo, cada um deles, o espaço de uma forma diametralmente oposta. Assim, para o primeiro, o espaço é um receptáculo puro, um *continuum* sem qualidades que não se encontra nem na terra, nem no céu. Portanto, para ele, o espaço não existe, é um *não lugar*, percepção que, em certa medida, se aproxima dos atomistas que conceberam o espaço como extensão "vazia" sem nenhuma influência sobre a matéria ou sobre o movimento.

Nos antípodas desta posição niilista, o ponto de vista aristotélico faz equivaler o espaço a um campo onde as coisas são particularizações concretas. Fazendo prevalecer a ideia do espaço como lugar, ligando-se à sua concepção organicista do universo, Aristóteles utiliza uma espécie de método dialético, afirmando e negando ao mesmo tempo a substância ontológica do lugar que, entre outros aspectos, acaba por ser definido como um modo de *estar em*.

## III. A REPRESENTAÇÃO DO ESPAÇO

Quer o confronto entre estas duas formulações quer as irresoluções do pensamento aristotélico vão marcar, com maior ou menor profundidade, com maior ou menor diferença, as reflexões ulteriores inerentes ao espaço e que manterão divididos alguns dos espíritos mais proeminentes da história do pensamento.

Se, por exemplo, para Newton, o espaço é absoluto, para Leibniz, trata-se de uma ordem de fenômenos coexistentes, numa dimensão relacional, não real. Da mesma forma que, para Kant, no mesmo alinhamento idealista, o espaço aparece como a forma pura da sensibilidade, uma representação *a priori*, forma de todas as aparências do sentido externo, o naturalismo, na sua expressão radical, defende uma exterioridade objetiva do espaço. Enfim, todas estas concepções (e outras que ficaram por mencionar) traduzem visões do mundo determinadas e que têm a ver com a compreensão da realidade através do espaço. Espaço esse que é concebido de forma realista ou idealista, subjetiva ou objetiva, e, finalmente, de forma absoluta ou relativa.

Regressando ao romance colonial, sem desfazer esta rede conceitual – exaustivamente analisada por Max Jammer na obra *Concepts of space* (1954) – é possível verificar como o espaço se institui enquanto onipresença textual que obedece a uma estruturação e semiotização específicas, potenciando valores determinados e cumprindo, dentro da economia narrativa, uma pluralidade de funções. Daí que, ainda segundo Aguiar e Silva (1981: 742):

> O espaço, numa mescla inextricável de parâmetros físicos, psíquicos e ideológicos, pode ser representado como *locus amoenus* ou como *locus horrendus*, como cenário de *rêverie* ou de angústia, como convite à evasão ou como condenação ou encarceramento, como possibilidade de libertação ascensional ou de queda e enredamento no abismo.

Significando desestabilizar, portanto, um lugar comum nos estudos narratológicos que reservam um momento para o reconhecimento do espaço nos segmentos descritivos, a análise do romance colonial levar-nos-á a concluir que o espaço quer como lugar, quer como não lugar, quer, por outro lado, como representação, signo ou símbolo, preside de forma decisiva à construção, significação e ao desenvolvimento de toda a narrativa.

## 2. O espaço como lugar

Falar do espaço como lugar é ter como horizonte uma extensão delimitada, identificada, ocupada ou com possibilidade de ser ocupada. Aberto ou fechado, em termos narratológicos, e muito em particular, em termos de romance colonial, o espaço apresenta potencialidades representativas, semiológicas e generativas inesgotáveis, tanto em relação aos seres, aos objetos, aos acontecimentos e à linguagem, como em relação ao elemento físico, cultural, ideológico, socioeconômico, etc.

Referimo-nos a um espaço que tanto pode ser físico como psicológico. Se no primeiro caso significa o lugar onde efetivamente decorre a ação ou, então, o lugar que é objeto de descrição, no segundo, é um espaço de evocação por parte de uma determinada personagem, ou por parte do próprio narrador.

### 2.1. O espaço como lugar performativo

Uma das grandes contribuições trazidas pelos filósofos analistas de Oxford, no estudo da linguagem – entre os quais se destaca J. L. Austin –, foi, segundo Todorov (Ducrot; Todorov 1972), a de submeter a compreensão da língua a uma *lógica de ação*. Isto é, atentaram nas diferentes aplicações da linguagem, fazendo uma classificação e sistematização da utilização particular e pragmática da língua em situações concretas de comunicação.

Para Austin (1962: 6), o conceito de performativo deriva de "perform", the usual verb with the noun "action". Isto é, *it indicates that the issuing of the utterance is the performing of an action – it is not normally thought of as just saying something*. Portanto, colocando a performatividade no centro de toda a sua teorização, a questão *How to do things with words?* acaba por ser o ponto de partida de toda a reflexão aí desenvolvida.

Daí que, tendo sempre como princípio orientador que "there is something which is *at the moment of uttering being done by the person uttering*" (p. 60), a dualidade verdadeiro/falso deixa de estar em causa porque, *mais do que dizer alguma coisa*, o que importa, neste caso, é *o que se faz, quando se diz, qualquer coisa*, como seja prometer, jurar, congratular-se, apostar, etc.

Jogando quer com palavras quer com frases, explorando sempre a carga de performatividade explícita ou implícita, Austin identifica três tipos de *atos de fala*, nomeadamente, o *locutório* que tem apenas valor referencial e semântico; o *ilocutório* que tem uma certa força (de ação) ao dizer alguma coisa e o *perlocutório* em que se procura provocar um determinado efeito no interlocutor ao dizer alguma coisa.

Em suma, encontramos, por um lado, na força da ação, na convencionalidade do próprio ato, na irrelevância da dicotomia verdadeiro/falso, na intencionalidade da palavra, frase ou gesto, na existência de um conjunto de circunstâncias, internas e externas, algumas das marcas mais determinantes da performatividade que caracteriza os atos ilocutórios.

Por outro lado, enquanto que C. W. Morris, através da conciliação entre sintaxe, semântica e pragmática, reforça a ideia de que, em relação aos performativos, o seu sentido intrínseco não se pode perceber independentemente de uma certa ação que permitem realizar, J. R. Searle defende, por sua vez, que esses mesmos performativos implicam *modificar a situação dos interlocutores*. Aliás, será este filósofo da linguagem, a partir das reflexões de Austin, quem dará uma contribuição decisiva e fecunda na teoria dos enunciados performativos.

Se é verdade que a ideia de performativo, na forma como é desenvolvida pelos teóricos que acabamos de apresentar, se conjuga com situações concretas, pragmáticas de comunicação oral – daí a ênfase que é dada por Austin, por exemplo, no sentido de o ato ilocutório implicar uma ação discursiva em curso: *An advantage of the original first person singular present indicative active form [...] is that this implicit feature of the speech-situation is made explicit.* (1962: 61) –, até que ponto, tratando-se de um universo ficcional, caso do romance colonial, é possível, pois, falar em performatividade?

Antes de respondermos diretamente a esta questão, iremos debitar alguns dos contributos teóricos avançados por John Searle sobre a questão da performatividade, particularmente no que pode interessar à nossa reflexão. Assim, na sua obra *Speech acts*, Searle (1969: 17) concede, por exemplo, que os performativos têm o poder da autorreferencialidade.

Isto é, qualquer enunciado que corresponda aos critérios da performatividade exprime a sua especificidade verbal e comunicativa, incluindo o valor da sua enunciação. Além do mais, na análise dos atos ilocutórios, de que fazem parte os performativos, é preciso ter em conta o aspecto intencional e o aspecto convencional e, especialmente, a relação que existe entre os dois. Se nos ativermos ao discurso literário, pressupondo que este atualiza uma performatividade específica, verificamos que toda a organização compositiva e estrutural de uma obra revela sempre a *intenção* do autor, no sentido de ele querer construir um poema, um romance, uma novela, etc. Quer isto dizer que o autor de um trabalho de ficção, por exemplo, realiza um conjunto de atos de linguagem, normalmente do tipo assertivo, que inclui asserções, descrições, caracterizações, identificações, explanações, etc.

Portanto, de uma maneira geral, escrever histórias, novelas, conto, poema é, para cada um dos casos, um ato ilocutório (Searle 1979: 63). Daí que, tanto a intencionalidade (cada obra, através de recursos textuais, extratextuais e paratextuais, reafirma uma intencional idade genérica, formal e temática) como a convencionalidade estão não só presentes, como também mantêm, entre si, uma relação profunda, mesmo quando essa intencionalidade nos surge aparentemente encoberta.

A questão da performatividade literária merece uma atenção particular por parte de Searle que, no capítulo "The logical status of fictional discourse" inclusa na obra *Expression and meaning. Studies in the Theory of Speech Acts*, (1979: 59), o leva, a determinado passo do seu trabalho, a assumir a seguinte posição: *I believe that "literature" is the name of a set of attitudes we take toward a stretch of discourse, not a name of an internal property of the stretch of discourse.*

Mais adiante, irá reforçar esta ideia defendendo que *what makes fiction possible, I suggest, is a set of extralinguistic, nonsemantic conventions that break the connection between words and the world established by the rules mentioned earlier* (p. 66). Trata-se aqui da negação da perspectiva essencialista do entendimento do fenómeno literário o que, de certa forma, permite reforçar a afirmação da literatura enquanto fato translinguístico assente no cruzamento da intencionalidade e do convencional, legitimando consequentemente o seu potencial performativo.

Quem leva mais longe esta reflexão, do ponto de vista da relação entre a teoria dos atos de linguagem e a literatura, é Gérard Genette. Recusando, à partida, o radicalismo searliano, Genette (1991: 15) observa que a literatura, melhor, a literariedade define-se pela conjugação quer de uma perspectiva constitutivista (essencialista), quer de uma perspectiva condicionalista. Qualquer delas, individualmente considerada, é incapaz de cobrir o campo literário. Enquanto a primeira se preocupa em responder à questão "quais são os textos que são obras literárias?", a segunda responde à questão "quais são as condições, ou em que circunstâncias, um texto pode, sem modificação interna, tornar-se (ou cessar de ser) literário?"

Detendo-se mais propriamente na questão dos atos de linguagem, Genette explica que o sentido ilocutório da escrita literária decorre de uma dupla performance. Isto é, no ato de escrever, o romancista, além de *fingir* fazer asserções através das personagens, *cria* um mundo.

Além de ser um ato ilocutório, é também perlocutório, pois intenta, de diferentes maneiras, convidar o leitor a entrar no universo ficcional, e por consequência, em termos estritamente ilocutórios, estamos perante uma sugestão, um pedido que tanto pode ser manifesto como implícito. Seria, no essencial, a diferença entre a formulação diretiva ("Imaginem que") e a formulação declarativa ("Seja...").

Por outro lado, é realçado que o trato específico do enunciado de ficção é de apresentar – contrariamente aos enunciados de realidade que descrevem, de outra forma, um estado de fato objetivo – não mais do que um estado mental. Dando uma ênfase particular ao próprio discurso, Genette recorre a Barbara H. Smith que defende que a fictividade essencial do romance não deve ser procurada na irrealidade das personagens, dos objetos e dos acontecimentos mencionados, mas na *menção em si*. Isto é, *en d'autres termes, dans un roman ou dans un conte, c'est l'acte de rapporter des événements, l'acte de décrire des personnes et de se référer à des lieux, qui est fictif* (p. 81).

Isto faz-nos regressar à questão que nos pusemos antes sobre a legitimidade de aplicar a teoria dos atos de linguagem, da performatividade em especial, à literatura, no caso concreto, ao romance colonial. Julgamos que a partir das reflexões aqui apresentadas, particularmente as de Genette, onde se articula a linguagem com as particularidades da enunciação e da recepção literárias, o caminho fica melhor definido.

A resposta à nossa questão preliminar reside, portanto, no fato de a literatura ser um ato de linguagem e que possui a virtualidade de potenciar e realizar outros atos de linguagem. Além do mais, enquanto manifestação artística, ela significa *representação*, isto é, *finge criar* algo que pode ser a própria linguagem, ideia, seres, objetos, mundos, etc. Por conseguinte, tomando como ponto de referência o romance colonial, trata-se de uma linguagem que ao dizer (e ao dizer-se) *faz alguma coisa*.

Quer através da instância narrativa, quer através da fala das personagens, o que esse romance nos diz (*faz*) é: (eu) *represento* um determinado mundo onde se cruzam seres, linguagens, visões, temporalidades e espaços específicos e que se inscrevem num processo de hegemonização cultural e civilizacional.

E, aqui, tal como nos performativos dos atos de fala, identificamos uma dimensão performativa na convencionalidade do próprio ato representacional - expositivo, segundo Austin, declarativo, segundo Searle (caso da narração, dos diálogos e das descrições) –, na irrelevância da dicotomia verdadeiro/falso (afinal, trata-se de ficção *tout court*), na intencionalidade da palavra, frase ou gesto (apesar de se tratar de uma representação há uma intenção realista indisfarçável do próprio texto), na existência de um conjunto de circunstâncias efetivas (o autor, o texto, o leitor).

Portanto, com a literatura, neste caso particular, com o romance, já não se trata de atender à questão austiniana de *How to do things with words?*, mas, sim, do nosso ponto de vista, de "How to do worlds with words?", pois, uma das virtualidades maiores do romance é, como sabemos, a de criar mundos. Para isso contribuem decisivamente as figurações do espaço, do tempo e dos seres.

Com esta conceitualização do performativo é possível, julgamos, avançar para a análise do espaço enquanto dimensão fundadora adentro do universo romanesco que nos ocupa. Isto é, trata-se de um espaço que se diz, ao mesmo tempo que faz alguma coisa. Institui-se tanto como produto da representação, como, ao mesmo tempo, determina os contornos e os conteúdos dessa mesma representação.

Temos, por conseguinte, que, além de a performatividade decorrer da sua integração num universo representacional específico, o espaço identificado com Moçambique como criação literária encerra um *significado* determinado que simultaneamente implica uma ação real ou potencial.

Assim, quer apresentando-se segundo a lógica colonial como espaço por desbravar ("o mato"), quer como espaço humanizado (lugar de interações e tensões sociais, econômicas, culturais, civilizacionais, etc.), quer ainda como simples modelação sensorial (do olhar, em especial), o espaço configurado no romance colonial revela-se tanto como fator de transformação, quanto como fator de fundação discursiva e diegética. Pode-se, à partida, surpreender, aqui, uma nota de perversidade, textual ou autoral, dado que é colocado na ação e no olhar do colono o gesto fundador de toda esta dinâmica transformacional como se antes da sua chegada *nada* acontecesse. Naturalmente, trata-se de uma das marcas autolegitimadoras da existência desta literatura.

## 2.2. O espaço como lugar geográfico

Um dos fatos mais potenciados pelo romance é o de nele se manifestar com maior acutilância e relevância – em contraponto com o drama e com a poesia – o "efeito de real" (Barthes) ou, se quisermos, a "ilusão referencial" (Rifatterre). Isto é, em termos hjelmslevianos, a pregnância da forma do conteúdo acaba por ser mais apelativa do que a forma da expressão.

Tendo, portanto, em conta os dois movimentos (absolutamente indissociáveis, sublinhe-se) que, segundo Maurice-Jean Lefebve (1971: 14), coexistem

III. A REPRESENTAÇÃO DO ESPAÇO

na obra literária – por um lado, o movimento centrípeto, o da *materialização*, que tende a fechar a obra sobre si mesma e que concorre para a opacificação da linguagem; por outro, o movimento centrífugo, o da *presentificação*, através do qual a obra se abre ao mundo, é com o segundo movimento que ficam asseguradas as conexões entre o mundo virtual e o mundo empírico.

E falar do espaço como lugar geográfico significa confrontarmo-nos com um vasto campo de referências topológicas, identificáveis e localizáveis. E esta é mais uma das imagens de marca do romance colonial: a recorrente geografização dos universos narrativos. Sejam cidades, sejam localidades, seja o interior, seja o litoral, o romance colonial encontra aí motivos e fundamentos para a sua afirmação como fenômeno de escrita determinando, a nível da recepção, um processo de (re)conhecimento ou tentativas nesse sentido. Isto é, *ces noms (historiques et géographiques) demandent à la fois à être reconnus (ils font alors appel à la compétence culturelle du lecteur) et compris (reconnus ou pas, ils entrent dans un système de relations internes construit par l'oeuvre)* (Hamon 1972b: 128).

E será, por sua vez, este sistema de relações internas, mais conseguido em alguns autores, menos conseguido noutros, que acaba por assegurar que nomes geográficos como Lourenço Marques, Moçambique, Tete, Gorongosa, Ilha de Moçambique, etc., transcendam a sua dimensão referencial para adquirirem uma dimensão simbólica, literária, devido ao processo de ficcionalização a que foram submetidos.

Aparentemente contraditório com o exercício de figuração ficcional do romance colonial, impõe-se o apelo à verossimilhança, ao máximo realismo, de tal modo que se conjugam algumas estratégias textuais nesse sentido, como o cuidado com a nomeação dos espaços, a proliferação das descrições, algumas delas verdadeiramente exaustivas – afinal, "longas descrições são elementos estruturais do romance de espaço" (Kayser 1958: 402) –, a exploração dos particularismos regionais, etc.

Um dos exemplos mais pronunciados e que corresponde a esta preocupação com a geografização do espaço narrativo encontra-se na trilogia romanesca intitulada *Fogo*, de Agostinho Caramelo, de que já demos conta antes. Assim, através da movimentação dos protagonistas – trata-se de uma família de colonos constituída pelo pai, Joaquim André Lourenço, pela mãe, Adelaide Ludgera, pelo filho, Filipe Luís e pela filha, Tereza Maria –, a ação concentra-se, no início, num grande centro urbano, Lourenço Marques, a sul, e capital da então província ultramarina. Desenvolve-se, depois, num meio urbano mais pequeno, Tete, no centro do país, e termina num meio rural a norte, em Cabo Delgado, numa localidade perto de Mueda, pátria dos Macondes.

Temos, portanto, cada organização do espaço estruturando uma dinâmica narrativa determinada que concilia imagens, discursos e problemáticas específicas.

Por conseguinte, encontramos, em primeiro lugar, a grande cidade configurando a agitação, os conflitos, a precariedade e efemeridade dos sentimentos e das relações interpessoais, incertezas, vício, calúnia, traições, prática generalizada de usura, hipocrisia, etc. Uma espécie de quadro-síntese tanto da realidade representada, como de um sintomático estado de espírito autocrítico, corrosivo, irônico e quase apocalíptico da sociedade colonial é-nos propiciado pelo filho do casal, Filipe Luís, num diálogo com o pai:

> – O da ourivesaria estudou, e é *caloteiro*. Os dois Jacintos sabem ler, e são *caloteiros*. O Económicas estudou, e é *caloteiro*. O director estudou, e é *caloteiro*. O Pimpão sabe ler, e é *caloteiro*; a tal gaja aprendeu a ler e é *caloteira*. Outros que conhecemos, armados em gente fina e grave também são *caloteiros*. Pelo que já aprendi, estou habilitado a poder ser um *caloteiro* de estalo. Se não quero estudar mais, é para evitar de saber o suficiente que me possa fazer ladrão... (*Fogo*, I. *Desespero*, p. 126-127, itálicos nossos.)

Em segundo lugar, através do volume II de *Fogo*, subintitulado *Angústia*, o espaço diegético que se impõe é a pequena cidade de Tete, espaço físico e social, com todos os ingredientes de uma quotidianidade comezinha, de tal modo que a inserção da família Lourenço se faz com rapidez e sem sobressaltos: uma loja aberta, para o sustento da família, colégio para a filha, emprego na função pública para o filho.

Além da obsessão colocada na perseguição do grego que os vigarizou – afinal, o motivo que funciona como fio condutor que liga as narrativas dos dois volumes –, novos elementos entram em cena: de ordem humana (negros, mulatos e indianos; no volume I, praticamente nenhum destes elementos está presente), discursiva (recurso a onomatopeias e registros de fala de personagens que revelam dificuldade no uso da língua portuguesa) e temática (as interações raciais, a problemática do algodão, a ação das companhias concessionárias, a exploração socioeconômica, o choque e a alienação culturais, a ação da administração colonial portuguesa no interior, rivalidades entre as igrejas católica e protestante). Parece vingar aqui a percepção kantiana de que o espaço é, na verdade, a *condição da possibilidade dos fenômenos*.

Finalmente, o terceiro volume de *Fogo*, com o subtítulo *Incerteza*, faz do espaço rural o universo gerador e configurador, do estar, do agir e das múltiplas e diversificadas vivências das personagens, consigo mesmas, com as outras e com o meio.

Explorando a relação entre as personagens e o meio que as envolve, neste caso, que as determina, Philippe Hamon (1972b: 127) defende que:

> *la mention du nom propre d'un lieu géographique [...] exerce toujours une triple fonction: ancrage référentiel dans un espace "vérifiable" d'une part; soulignement du destin d'un personnage d'autre part [...] et condensé économique de "rôlles" narratifs stéréotypés (on ne fait pas sur les Champs-Élysées ce que l'on fait dans le quartier de la Goutte d'Or).*

A tripla função aqui apontada está fortemente presente no último livro do tríptico romanesco de Caramelo que faz a história evoluir em Nairôto, localidade do interior de Cabo Delgado, a província mais setentrional de Moçambique.

Portanto, além desta *ancoragem referencial* a um espaço verificável, acompanhamos ao longo da narrativa o *destino* de Némia, a negra maconde, personagem intensamente individualizada, sobre a qual se centra o foco narrativo e à volta da qual gravitam as outras personagens. Este é um dado estruturante e temático inovador, absolutamente marcante no processo evolutivo do romance colonial em Moçambique.

Se é verdade que não é o único, nem o primeiro caso que tem como protagonista uma personagem nativa – estamos a lembrar-nos, por exemplo, de *Sehura* e *Omar Áli* de Rodrigues Júnior –, há, todavia, no caso de Caramelo, um salto qualitativo e significativo por se reduzir o recurso ao estereótipo e à homogeneização dessas personagens, normalmente secundárias e vazias. Némia, pelo contrário, é uma personagem redonda, dotada de uma intensa densidade psicológica e profundamente interatuante. A estrutura dialógica do romance torna mais vincada a presença e ação desta personagem.

A família Lourenço é, neste caso, relegada para um plano absolutamente periférico. Quanto aos *papéis narrativos estereotipados*, verificamos que a dimensão espacial da ruralidade representada determina tanto a peculiaridade dos acontecimentos como a das próprias personagens direta e indiretamente envolvidas no clima de insurgência dos Macondes. Outro exemplo daquilo a que poderíamos apelidar de determinismo telúrico, ou geográfico, é o da obra, no seu todo, de Rodrigues Júnior. Inequivocamente o maior veiculador da ideologia colonialista na literatura que nos ocupa, este autor distingue-se quer pela onomástica (*Sehura, O branco da Motase, Omar Áli*) e toponímica (*Calanga, Muende*) com que titula os seus romances, quer pela forma como estrutura as histórias nelas apresentadas em que se busca e se explora a relação causal entre as personagens e os espaços onde elas evoluem.

Assim, em *Sehura*, por exemplo, ao fazer uma leitura comparativa entre a vida no "mato" e na cidade, numa longa e entediante peroração do qual retiramos um excerto, o narrador manifesta o seu entendimento de quanto o espaço age sobre os homens (p. 49):

> A vida, aqui, em plena natureza, fascina.
>
> Quando o homem deixa a cidade e entra no mato, tem outro aspecto: é mais humano, compreende-se melhor, sente-se mais profundamente a si mesmo. Pensa mais. Na cidade, o homem não pensa tanto. Talvez não pense nada. Na cidade o homem anda sempre disperso, distraído. Raramente pensa nos outros – e às vezes até se esquece de pensar em si. Como pode o homem da cidade pensar, se os tipos que passam por êle são tantos e se deslocam como bonecos articulados, uns rápidos, outros vagarosos, que, para os fixar a todos, entonteceria?

Verdadeiro romance de tese, no que concerne ao peso do telúrico na economia narrativa, é o romance *Omar Áli* que relata a vida de um grupo de pescadores da Ilha de Moçambique. Profundamente abalado com a morte trágica do filho numa tempestade no mar alto, Omar Áli abandona a Ilha e uma vida inteira como pescador e vai viver para o interior de Cabo Delgado onde se torna agricultor. O que se vai assistir, nos três anos seguintes em que dura o exílio voluntário de Omar Áli, é um desajustamento estrutural entre o sujeito e os condicionalismos naturais, culturais, socioeconômicos impostos por uma esfera espacial oposta à que lhe era habitual:

> Omar Áli ia a pensar, agora, que as cerimónias fúnebres mais a sul do distrito tinham ritual diferente. Na ilha, não havia diferenças nas cerimónias dos mortos. Eram iguais tanto para a gente modesta como para a gente importante que residia na ponta leste da ilha. Era talvez mais simples esse cerimonial no Sul. Tinha um sentido mais prático e mais inteligente.

III. A REPRESENTAÇÃO DO ESPAÇO

Até lhe parecia que a presença do *Muluko* nele era outra – mais humana, mais comunicativa. A gente do mar não é como a gente do mato: tem outros costumes e outras falas. A gente do mato não é igual à gente do mar. Até porque a gente do mar tem outro sentido da vida. Vive mais intensamente a luta do dia-a-dia do seu trabalho, agarrado ora às suas linhas de pesca, ora à espera que o peixe morda no anzol, para o puxar, ora com os olhos postos nas velas do seu barco nos dias de temporais desfeitos, ou nas noites em que o vento sopra de sul rijo.

(Rodrigues Júnior, *Omar Áli*, p. 168-169.)

Nesta obra, em particular, vemos ter pertinência a reflexão de Auerbach (1946: 27) que postula que:

Na literatura moderna, qualquer personagem, seja qual for o seu caráter ou a sua posição social, qualquer acontecimento, fabuloso, político ou limitadamente caseiro, pode ser tratado pela arte imitativa de forma séria, problemática e trágica, e isto geralmente acontece.

E é exatamente o tratamento trágico que é aqui levado quase ao limite. Se, por um lado, temos os dramas quotidianos dos pescadores, por outro, temos a tragédia provocada pela morte do Abudo e que se torna o centro de todos os restantes acontecimentos, particularmente o autoexílio dos pais e da noiva no interior de Cabo Delgado.

E trágica vai ser a existência dos três. Para Omar Áli, por exemplo, o fechamento circunspecto da floresta não se compadece com a abertura inesgotável do oceano. Além do mais, tal fechamento mantém dolorosamente viva a imagem do filho perdido. Daí que é, sem surpresa, que o leitor vê o protagonista decidir-se pelo regresso à ilha, onde tudo, apesar dos riscos da profissão, apesar da perda sofrida, fazia sentido, de modo autêntico e definitivo (p. 219):

Omar Áli não dormira a noite toda a ouvir deliciado, a voz das ondas. E a escutar, com gosto, a grita do vento do mar. Que vinha meter-se às palhas da cobertura da palhota. Era um mexer nelas, teimoso, para as abrir. E deitar-se pela casa dentro. Omar Áli sentiu na face a frescura do vento. Parecia vir tagarelar com ele, depois de tanto tempo de ausência nas terras frias dos matos do regulado do Maroro. Pensou no seu barco. E nos seus homens.

E, uma vez mais, temos o redimensionamento do espaço e dos próprios acontecimentos através da visão interna de uma das personagens. O ponto de vista acaba por ser determinante enquanto elemento configurador do mundo representado.

Muitos outros exemplos poderíamos aqui trazer para ilustrar esta geografização do romance colonial. Retomamos, entretanto, o aspecto bastante revelador desta tendência e que se manifesta nos títulos dos próprios romances. Assim, além dos já mencionados romances de Rodrigues Júnior, *Calanga* e *Muende*, temos outros exemplos sobre o apelo geográfico: *Aconteceu em África*, de Edmundo Correia de Matos, *Dois anos em África*, de Maria Guerra, *Recordações de África*, de Carlos Maia, etc.

Se, nestes casos, a referência geográfica é explícita, noutros há, em que ela é sugerida como, por exemplo, *Terra conquistada*, de Correia de Matos, ou *Na terra de boa gente*, de Alberto Carvalho. Enquanto que no primeiro caso vem-nos à mente o espaço ocupado, subjugado, no segundo, deparamo-nos com a designação antonomástica com que ficou conhecida a cidade de Inhambane, segundo rezam as crônicas, depois da hospitaleira recepção reservada a Vasco da Gama pelos autóctones, aquando da sua passagem histórica por essa região da costa oriental de África.

Em suma, a localização geográfica dos acontecimentos narrados funciona como um dos suportes mais nítidos da demarcação identitária da literatura colonial que assume, desta forma, a sedução que a imensidão e a peculiaridade dos espaços africanos exercem sobre o sujeito de enunciação. Além do mais, a isotopia geográfica assegura, neste caso específico, uma marcada homogeneidade espacial. Por outro lado, essa geografização é fator de performatividade pela intencionalidade (realista, legitimadora) e de convencionalidade (que decorre das estratégias composicionais do próprio espaço).

## 2.3. De lugar idealizado a lugar real de chegada

Uma ideia de certo modo recorrente no romance colonial é a que faz de África, em geral, e de Moçambique, em particular, *terra de promissão*, autêntico Canaã dos trópicos. Essa idealização pode ser exemplificada através do excerto que se segue, extraído de *Terra conquistada* (p. 32):

– Sabes que mais, Francisco?! Se eu fosse a ti, ia para África. Pena tenho eu de estar na casa dos sessenta. A gente torce a orelha e não deita pinga de sangue. Quando o meu compadre Zeferino, aquele que está estabelecido em Viana, me oferecia a passagem e tudo o mais que eu quisesse, era pegar-lhe com as mãos ambas. Não quis. Bem me tenho arrependido. *Podia ser hoje senhor duma fortuna*. Por aí, a flanar, *feito figurão*. (Itálicos nossos.)

A partir deste pequeno exemplo – muitos outros poderiam aqui ser trazidos –, é possível identificar o segmento matriz da idealização de África: espécie de *eldorado* onde os sonhos se tornam realidade. Na verdade, assumindo-se como um espaço transfigurador, a imagem de Moçambique vai surgir nos diferentes contextos romanescos denunciando múltiplos significados e motivações, o que é perceptível na descrição dos momentos que marcam a chegada dos futuros colonos.

Em primeiro lugar[25], podemos referir-nos a situações textuais em que a vinda para Moçambique significa uma saída para frustrações de ordem sentimental. Tal é o caso de:

> Francisco da Marta, sòmente com 19 anos quando partira para África, [que] desembarcou em Lourenço Marques levando na mente o decidido propósito de se vingar de Clara, uma rapariga de quem estivera noivo (p. 31).

Se é certo que esta é uma forte razão do ponto de vista pessoal, – o desejo de vingança – uma estratégia foi, entretanto, definida por esta personagem no sentido de materializar os seus desígnios que se centram no autoenriquecimento (p. 33-34):

> O seu quixotesco plano passou a ser desbancado por outro não menos ingénuo. Havia de voltar à sua terra, dentro de poucos anos, rico, de molde a causar inveja aos da sua classe. Clara, quando viesse a saber da opulência dele, arrepender-se-ia do mau passo que dera. Talvez o procurasse, desejosa de reatar o sonho antigo.

Temos, portanto, exposta aqui uma das motivações mais comuns da vinda dos portugueses à África e que acaba por ser facilmente identificável em toda a literatura colonial: a motivação económica. Este é, afinal, o grande motor do movimento migratório independentemente de toda a

---

25   Esta ordem não obedece necessariamente à relevância dos casos, ou na sua maior ou menor incidência, no romance colonial.

retórica à volta do messianismo civilizador com que se procura justificar a ocupação colonial.

No romance *Muende*, de Rodrigues Júnior, encontramos esta passagem (p. 39- 40) simplesmente emblemática do tipo de discurso que sustentava a ação colonizadora dos tempos modernos:

> Ficaria [Pedro da Maia, o colono] entre eles [os nativos] fazendo a sua vida, em terra semelhante à sua, de montanha, fria e extensa, mas mais rica, terra virgem, onde seria possível ao homem branco ter alguma possibilidade de experimentar a sua capacidade de trabalho, de mostrar a sua iniciativa – e pôr, em tudo, faculdades de inteligência que os países em formação não dispensam para se tornarem progressivos – ainda que essas faculdades de inteligência não sejam as de maior merecimento. Todos os valores de presença – ia pensando Pedro da Maia – são necessários, têm o seu lugar no trabalho a realizar em prol do homem nativo, tão carecido de tudo para ser um Homem.

Numa leitura desta questão, misto de arrojo explicativo e laivos de delirante especulação, a romancista Agustina Bessa-Luís (in *Pública*, nº 179, 31/10/99, p. 25) não resiste em conferir uma certa dimensão sexual ao ato migratório do colono, em geral, que decorre, segundo a própria, do instinto de sobrevivência:

> [...] O colono é sempre movido por esse sentido do prazer, vai em busca de qualquer coisa que melhore a sua vida, que o anime a viver... seja o poder, sejam as riquezas... de certa forma é uma atitude sexual, não é?

Porém, nos exemplos que encontramos no romance colonial de expressão portuguesa, e na História, em geral, se a dimensão sexual no sentido de desejo é pouco questionável, já a dimensão de prazer na forma como aqui é proposta não é, de modo algum, evidente. Daí que a romancista, tendo naturalmente em conta o exemplo de Portugal, conceda, mais adiante, que "o português não vai com esse sentido [de prazer], ainda que passe por aí".

É, portanto, mais por razões econômicas que assistimos à saga aventureira de inúmeras personagens que abandonam a metrópole, como bem o demonstra o caso de Carlos Moleiro, que se tornará uma das figuras mais

III. A REPRESENTAÇÃO DO ESPAÇO

bem-sucedidas na sociedade colonial, representada por Eduardo Paixão em *Cacimbo* (p. 15):

> Carlos Moleiro, que mais tarde viria a ser Carlos de Sucena, chegou a África há quarenta anos, na idade dos 18, órfão de pai, [depois que] passou grandes privações nos arredores de Lisboa, ainda criança.

E o espaço de chegada desencadeia quadros descritivos eloquentes e acaba por adquirir um forte valor simbólico por tudo o que representa em termos de contato inicial com uma nova realidade geográfica para quem, pela primeira vez, desembarca albergando esperança, receio, sonhos, projetos, etc. E é um desses quadros que nos é mostrado em *Terra conquistada* (p. 38):

> O barco entrou na baía do Espírito Santo, altas horas da noite. Só na madrugada do dia seguinte atracaria ao cais Gorjão. Ele e os outros que ali chegavam pela primeira vez ficaram a pé toda a noite, a perscrutar o mistério daquela terra, a pretender desvendar-lhe os segredos, a tentar decifrar nas suas luzes, nas suas sombras, nas suas casas, o enigma do futuro. Alguns, de alma escancarada para a vida, davam conta exacta dos seus planos, falavam de projectos e dos meios de que dispunham para os realizar, com a certeza de quem tem na mão as chaves do destino. Outros, reservados e cautelosos, esquivavam-se a explicações, quando interrogados. Não tinham planos definidos. Haviam de ver.

E essa conjugação "espaço/momento" de chegada funciona também como elemento revelador da condição dos que os recebem que, na sua cautelosa apreensão, receiam ver perturbada a sua existência, em muitos casos mais sofrida que bem-sucedida:

> Carlos Moleiro tinha à sua espera na ponte-cais o tio, um modesto funcionário, casado, com três filhos e que vivia numa mediania controlada que não permitia qualquer desvio do quotidiano.
> No dia da sua chegada almoçou com os seus familiares na sua residência, uma modesta casita de madeira e zinco numa rua de areia para os lados do Alto Maé. [...]

No fim do almoço o casal interrogava-se sobre quais seriam as ideias do rapaz, não fosse ele ali ficar instalado na casa onde mal cabiam os cinco membros da família. Foi com um suspiro de alívio que ouviram o sobrinho pedir a indicação duma pensão onde se pudesse albergar (*Cacimbo*, p. 41.)

Em terceiro lugar, temos o fator de ordem militar, pilar incontornável do processo de ocupação e de sujeição. Assim, através de uma anacronia narrativa subjetiva, materializada numa carta deixada por uma personagem, entretanto desaparecida, e lida postumamente por um familiar, tomamos conhecimento, em *A neta de Jazira* (p. 29-30), da chegada de militares portugueses em plena Primeira Guerra Mundial:

> *"Decorria agitado o ano de 1916. O rastilho, que incendiara a Europa inteira numa das maiores conflagrações a que jamais os homens tinham assistido, alastrava-se assustadoramente, também, pelo rico e promissor solo africano. [...] Lourenço Marques, a linda capital da Província, vivia momentos de indizível inquietação [...] Tal era o estado em que vim encontrar Lourenço Marques nessa manhã em que com um grupo de oficiais, sargentos e praças, pus pela segunda vez (a primeira fora quando da minha passagem para o norte, incorporado no grupo expedicionário em que viera da Metrópole), os pés na linda Princesa do Índico."*

Num outro contexto epocal, e devido à guerra movida pelos nacionalistas, confrontamo-nos com um novo movimento de militares, descrito agora em *Cacimbo* (p. 13):

> Um barco recebia através da escada de acesso, a dois e dois, uma enorme fila de soldados que seguiam para o Norte, para a guerra. Soldados metropolitanos chegados na véspera e que se espalharam pelos bares de segunda ordem, ingerindo cerveja e escrevendo às famílias e namoradas, contando a primeira impressão tida com a capital de Moçambique.

A vinda dos militares vai, pois, significar não só o desenvolvimento de novas interações institucionais e sociais, mas também uma nova configuração do espaço, quer do ponto de vista urbanístico-arquitetônico (quartéis, residências militares. etc.), quer do ponto de vista da paisagem humana reconfigurada pela movimentação das forças castrenses pelo território.

Finalmente, temos os múltiplos casos em que o espaço africano surgia como lugar de degredo[26], portanto, destino dos inúmeros condenados que vinham aqui cumprir pena, o que é revelador quer da visão metropolitana sobre o continente negro, quer, por outro lado, da dimensão performativa deste mesmo espaço, enquanto lugar de ação, de transformação, neste caso, de redenção.

Obviamente que ao falarmos de um *lugar de chegada*, de forma explícita ou implícita, se contrapõe um *lugar de partida* que, neste caso, é a própria metrópole. E é, de fato, um verdadeiro contraponto, pois trata-se de opor dois espaços que se distinguem entre si pela forma como se definem fisicamente, mas também pela forma como são percepcionados pela instância narrativa e pelas personagens.

Queremos, entretanto, ressalvar o fato de destacarmos aqui as personagens mais representativas enquanto grupos (colonos, militares) e, enquanto indivíduos que isoladamente vêm tentar a sua sorte em África para aí se fixarem. Não deixaremos de nos referir ainda a outras personagens também individualizadas que vão chegando de forma esporádica e para curtas estadias, tais como artistas, políticos, homens de negócios, etc., mas sem o relevo que reconhecemos nas primeiras.

Desta feita, se a imagem do lugar de partida que nos é veiculada é tendencialmente negativa – dominada pela sensação de estreiteza, mesquinhez, miséria –, a imagem do lugar de chegada é marcada, mesmo quando inóspita e agreste, pela sensação de grandeza, de genuinidade, de exuberância da natureza, do poder ilimitado de recursos à mistura com uma indisfarçada sensação de deslumbramento:

> Eles, que na sua terra [Portugal] não se afoitariam a dar uma passada mais larga com receio de pisar a jeira do vizinho, podiam aqui andar dias e meses calcorreando a terra de ninguém, onde viceja o capim, dormem as feras, se erguem ao céu as árvores de grande porte, rastejam os arbustos formando uma cortina de verdura que guarda segredos do sono milenário das terras portentosas de África, aqui arenosas e soltas, além, nos planaltos, vermelhas e compactas, e barrentas e negras nas planícies junto às águas paradas pela impermeabilidade do solo, terras para todas as culturas que poderiam inundar os mercados mundiais, matar a fome a famintos que aos

---

26   Um romance que é representativo desta situação, e que tem Angola como cenário, é *Aconteceu em África* (1955), de Ed. Correia de MATOS.

milhões morrem nas ruas das grandes cidades, ao pé de luxuosos restaurantes onde o preço dum prato à lista e dos vinhos e dos licores dariam sustento a uma família quase durante um mês (*Cacimbo*, p. 13.)

O fascínio por outras terras não impede que encontremos textos onde as imagens são sobrepujadas pela saudade ou por um entranhado complexo de superioridade convergente com a ideia de se pertencer à metrópole. Podemos, portanto, falar aí de um "sentido de lugar", isto é, a "relação de familiaridade e de empatia acompanhada da atribuição de valores que significam uma topofilia ou ligação afetiva dos indivíduos ao meio e ao lugar" (Lema 1997: 106).

E sobre esta relação dilemática do português com a terra--mátria explica Rui de Azevedo Teixeira (1998: 289): "Portugal é o espaço de origem [...] que, muito portuguesmente, é terra ingrata mas, quando fora dela, se transforma em espaço saudoso."

Mais uma vez, fica confirmada a dimensão cronotópica do romance dado que apesar de estarmos a falar de espaço, de chegada ou de partida, não deixa de ser, mesmo que de forma implícita, equacionada a sua indissolúvel conexão com a temporalidade. O espaço de chegada, na referida "Princesa do Índico", significa, muitas vezes, um espaço-tempo transitório que vai implicar um sucedâneo materializado nas ações subsequentes levadas a cabo pelos intervenientes que, assim, determinam a sua fixação no território e a sua almejada ascensão socioeconômica que, como iremos verificando, nem sempre se efetiva.

Portanto, há aqui, um aspecto importante a reter: é que, muitas vezes, o lugar de chegada não é o lugar de fixação definitiva. A impressão colhida por Francisco da Marta, logo após o seu desembarque na cidade de Lourenço Marques, dado o cosmopolitismo acelerado e absorvente que aqui se assiste, acaba por dissuadir qualquer veleidade de aí se fixar:

> Lourenço Marques parecia-lhe uma cidade simpática. Se não estivesse obcecado pela ideia de enriquecer depressa, talvez não desgostasse de lá ficar. A vida ali era cara. Praia, cinema e outras distracções. Muito em que gastar dinheiro. Todos lhe diziam que, para poupar, não havia nada melhor do que viver no mato (*Terra conquistada*, p. 39).

E é para o "mato", para a Zambézia, no Norte, que ele vai como encarregado de um acampamento de uma Missão Científica.

III. A REPRESENTAÇÃO DO ESPAÇO

Outro exemplo, desta apetência para fazer a vida no interior, encontramo-lo em *Calanga*, de Rodrigues Júnior (p. 9), que nos narra a história de um casal de colonos radicado na Manhiça, Sul de Moçambique:

> Da terra fofa e castanha tirava o Matata, há muitos anos, o pão quotidiano. A mulher chegara depois de ele ter vindo tomar contacto com a terra que o havia enfeitiçado. Estivera ela na cidade [Lourenço Marques] um dia apenas. Metera-se logo às terras palustres da Calanga, para onde a levara o marido num carro de bois que andara metido no mato até chegar ao fim da jornada.

E a inadequação da maior parte destas personagens com a vida urbana acaba por ser enfática e simbolicamente expressa na reação da mulher do colono Matata quando, tempos depois, decide visitar a capital:

> Muitos anos depois, a D. Joaquina quis ir à cidade. E ficou espantada, de boca aberta, quando olhou os prédios, de alto a baixo, a gente que se acotovelava nas ruas, os carros que passavam, uns atrás dos outros, em fila que não parava. Tivera tonturas. A cidade parecera-lhe terra de doidos. O movimento fizera-lhe mal à cabeça. Ficara doente. Tudo lhe parecia andar à roda. E pedira ao marido que a levasse para Calanga: "Ó Matata! Eu quero ir-me embora." E a D. Joaquina nunca mais voltou à cidade.

Para além da necessidade de rápido enriquecimento – caso manifesto de Francisco da Marta –, dois outros motivos, interdependentes, levam os recém-chegados a radicar-se no interior. Por um lado, a sua origem visceralmente provinciana. Podemos mesmo falar de um *determinismo das raízes*. Grande parte dos aspirantes a colonos que povoam os romances coloniais era efetivamente de origem rural. Atente-se, para já, nos elucidativos movimentos comportamentais de Francisco da Marta e de D. Joaquina. Veremos, mais adiante, como através das ações, da linguagem e da visão do mundo destas e de outras personagens essa ruralidade é expressa.

Por outro lado, essa fixação no "mato" obedecia à própria lógica da ação colonial que encontrava aí a sua razão de ser, isto é, a obtenção de matérias-primas de que tanto necessitava. Além do mais, era aí onde idealmente se deveria realizar a gesta civilizadora do colonizador. Afinal, "O mato precisa do homem branco" como postula o autor implícito em *Sehura* (p. 103), através do narrador.

Esta é, pois, mais uma evidência de que "estas personagens, com os seus dramas, os seus problemas psicológicos e sociais, constituem os sujeitos protagonistas numa narrativa cujo desenrolar lhes legitima a presença nessas paragens" (Mata 1992: 87). Por outro lado, a representação desta inclinação quase afetiva, que é desenvolvida pelo colono em relação à terra, projeta um "nativismo colonial" traduzido num sentimento de afeição à terra, mas com uma "disposição ideológica de conteúdo colonialista" (p. 174).

Entretanto, nem todas as personagens têm origem rural e nem optam por se fixar no "mato" africano. Um dos exemplos mais emblemáticos é o de Carlos de Sucena que, tendo crescido nos arredores de Lisboa, e tendo trabalhado, ainda criança, como ardina nas esquinas do Rossio, é na cidade de Lourenço Marques onde se fixa e se torna um empresário bem-sucedido. Além do mais, a orientação cosmopolita dos romances coloniais que se produziram na última fase da colonização traduz a deslocação do enfoque narrativo sobre um universo que ganhara motivos de interesse supletivos, dado o dinamismo dos movimentos que aí se verificavam e dada, também, a atualidade das problemáticas daí decorrentes.

Em suma, a cidade que se torna o porto de chegada por excelência e onde alguns definitivamente se estabelecem, para muitos outros, é o lugar onde se chega, mas não se permanece. É apenas o porto-escala que lhes permitirá alcançar aquele que é o seu espaço real de chegada e de assentamento: o desafiador interior moçambicano, lugar afinal de múltiplas e desencontradas chegadas, lugar performativo, por excelência, e que, de modo gradual e consequente, deveria perder a sua condição inóspita.

## 3. O espaço como efeito da experiência sensorial

Esta será uma das mais dinâmicas e performativas representações que temos do espaço no romance colonial, dada a intensa responsabilização dos sentidos – campo inesgotável do desregramento e da participação corpórea – na criação (e recriação) do mundo.

Falar em representação do ponto de vista sensorial significa sempre, em termos estéticos, fazê-lo numa perspectiva simbólica, porquanto não existe sensação no seu estado puro. Isto é, ela traz sempre alguma contaminação resultante das vivências internas e exteriores do sujeito. Por outro lado, o processo representacional é uma mediação também ela cognitiva e semanticamente carregada.

A literatura colonial portuguesa, dominada pela representação de África em termos espaciais, temporais, humanos e objetuais, e também em termos simbólicos, encontra-se profundamente marcada pela intersecção entre sentir e perceber (conhecer). Tal fato irá traduzir-se, por um lado, por planos narrativos e descritivos com predomínio de imagens de natureza intuitiva e, por outro, por planos onde o alcance cognitivo e intelectivo da apreensão do mundo é manifesto. São exemplos deste último caso as inúmeras descrições e explicações de fenômenos envoltas numa aura de esmerado didatismo e que procuram contextualizar o leitor pretendido sobre uma realidade que, em princípio, lhe é estranha.

Como sabemos, enquanto mediação, a representação é, do ponto de vista literário, dominada pela linguagem. E é, pois, através desta mesma linguagem que vemos ganharem forma, nas obras que lemos, seres, objetos, paisagens, ideias. etc. Ao identificarmos no romance colonial uma dimensão representativa dominada pelas sensações não perdemos de vista a existência de outros modelos representacionais, *outros modos de fazer mundos*, na expressão de Nelson Goodman (1978), que estão para lá da circunscrição sensitiva.

Além do mais, não esquecer que a representação do ponto de vista sensorial não tem a ver com as sensações em si, mas com as imagens que as tornam dominantes no processo representacional. Portanto, há uma projeção do caráter espontâneo, imediato, irracional da figuração da realidade, mas, simultânea e paradoxalmente, com recurso a formas elaboradas, racionalizadas e mediatizadoras como são, por exemplo, os recursos estilísticos.

Refletindo, aliás, sobre esta complexidade representacional entre o que se vê (sente), o que se diz e como se diz (representa), Foucault (1966: 25), embora faça prevalecer o inteligível sobre o sensível, observa que por mais que se tente dizer o que se vê, o que se vê jamais se esgota no que se diz. Ou, ainda, por mais que se tente fazer ver por imagens, por metáforas, comparações, o que se diz, o lugar em que estas resplandecem não é aquele que os olhos projetam, mas sim aquele que as sequências sintáticas definem. Trata-se, no essencial, da velha questão sobre a relação disjuntiva entre as *palavras* e as *coisas*, no sentido de aferir até que ponto a linguagem pode traduzir com fidelidade aquilo que *é* ou aquilo que *acontece*. Questão que, como sabemos, adquire contornos mais problemáticos e angulosos quando se tem em mente o universo literário.

Por outro lado, confrontamo-nos, neste tipo de representações de motivação sensorial, com a sobreposição ilusória de uma certa *naïveté* figurativa que, por sua vez, parece concorrer para a superação da contradição a que nos temos referido entre a espontaneidade da sensação e a inteligibilidade discursiva. Se não, repare-se neste exemplo em *A neta de Jazira* (p. 101):

> Notava-se agora uma maior exuberância de verdura e em que as cores, misturando-se numa conjugação de matizes, formavam um quadro verdadeiramente deslumbrante. Tudo, enfim, contribuía para emprestar ao cenário uma sinfonia de cor, de sons e de aromas, difíceis de traduzir!

Há, aqui, claramente a exploração da irredutibilidade do sensível ao discurso (*logos*) que se traduz na articulação da imagem sublimada ("sinfonia de cor, de sons e de aromas") com a expressão de uma quase manifesta impotência ("difíceis de traduzir").

Uma das notas a reter em relação a este tipo de representação é que o espaço, a natureza, em geral, tem uma presença decisiva. Espaço que se afirma essencialmente como paisagem, humanizado quer pela ação efetiva e transformadora do homem, quer pelos sentidos que o captam e o modelam, sejam eles visuais, sejam eles auditivos, olfativos, táteis ou mesmo gustativos. A noção de "paisagem" corresponde, acima de tudo, à criação de uma área conceitual que não é um *dado*, "mas, pelo contrário, um *construído*: será "paisagem" o que conceitualmente foi visto sob essas características definidoras" (Buescu 1990: 65).

Por conseguinte, a própria ideia de representação enquanto tensão entre o intuitivo e o cognitivo torna-se impositiva, pois trata-se de certa forma de interpelar e de questionar o espaço onde (Lema 1997: 99):

> interagem o complexo de fenómenos físicos e os factos devidos à presença de comunidades humanas, realizados não só como objectivos de organização, mas também movidos por sentimentos, ideias, percepções, individuais ou colectivas, e faculdades.

Nesta linha de pensamento, podemos considerar que o tema da paisagem surge como lugar privilegiado, visto que coloca a questão da "repre-

## III. A REPRESENTAÇÃO DO ESPAÇO

sentação" e do "mundo", o que desde logo se torna visível na estruturação da matéria romanesca pela sua articulação com o registro descritivo.

Tanto a reflexão de Lema como a de Buescu parecem remeter-nos para a representação do espaço como um ato sobretudo cognitivo, apesar de o aspecto sentimental ou afetivo não deixar de ser equacionado. Vamos ver como esta dupla perspectiva representacional se conjuga, embora tenhamos de privilegiar a forma como as sensações, enquanto imanência do corpóreo, são representadas.

Trata-se, no fundamental, do espaço percebido na sua interação com o corpo que pode ser subentendido ou manifesto. Corpo com virtualidades perceptivas e comunicativas determinantes e que se define *non plus comme objet du monde, mais comme moyen de notre communication avec lui* (Merleau-Ponty 1945: 109). Será *no* corpo, e *através* dele, que as sensações se espacializam e adquirem as formas que a caracterizam e identificam.

Na nossa identificação do romance colonial em função das características que num determinado momento se tornavam dominantes – daí falarmos numa fase *exótica, ideológica* e *cosmopolita* –, concluímos que essas características não eram exclusivas e acabavam por coabitar entre si em cada uma das fases mencionadas. Em relação à fase exótica observamos que a experiência sensorial tinha uma função determinante no processo representacional. E o fator decisivo acaba por provir justamente da figuração do espaço: a exuberância, a peculiaridade e a grandiosidade do espaço africano dominado literariamente pela ruralidade, o campo, a selva, "o mato" e que constitui a grande atração da narrativa colonial.

A ideia muitas vezes defendida de que a descrição tem um caráter estático justificado pela suspensão do tempo é, para todos efeitos, perturbada no romance colonial onde a apresentação dos espaços confunde-se com o dinamismo da própria narração. Principalmente quando se trata de descrição de queimadas, de certos fenômenos da natureza como a tempestade, o vento, as cheias. etc.

O espaço acaba, pois, por ser um aspecto onipresente nesta literatura, quer de forma manifesta, quer de forma latente. Portanto, a personagem do colono, seja ele recém-chegado, seja ele radicado, mesmo que há um tempo relativamente longo, mantém com o espaço em que se encontra e que o envolve uma permanente relação de sedução, embora, algumas vezes, motivos de ordem vária (adversidades climatéricas, acidentes geográficos, calamidades naturais, conflitos pessoais, etc.) se sobreponham. Nalguns casos, porém, essas adversidades, ou alguma incompatibilidade incontornável assente numa razão objetiva ou simplesmente preconceituosa, podem determinar sentimentos de inadaptação e de rejeição.

Além do já referido caso da D. Joaquina, em *Calanga*, que se incompatibiliza com o espaço urbano, outros casos há em que essa incompatibilidade é total. Em *3x9=21* de Fernando Magalhães (p. 59), Tereza, uma de entre as várias personagens que povoam esta narrativa fragmentária, em carta endereçada à irmã, desabafa, a dado passo:

> Sabes eu não tenho ninguém com quem falar e mesmo sei que não me compreendem de maneira que resolvi que só contigo é que podia falar mas tu estás aí nessa minha terra que é tão longe e eu estou aqui nesta *África que é tão estúpida e tão quente* ai quem me dera poder voltar já para aí. (Itálicos nossos.)

O mesmo sentimento de agastamento atravessa o desabafo da mulher do Dr. Souto e Castro, médico, em *Tarantela* (p. 18), e que muito jovem, ainda, viera para África com vontade de vencer na vida:

> – Só penso no dia em que sairei para sempre desta cidade... Odeio África! Os pretos fazem-me cólicas!... O meu marido é um "burro". Estas crianças não fazem outra coisa senão chorar e quando perderem o hábito de chorar, ganham o de falar... Que vida esta!

Além das diferentes interpretações que podem ser despoletadas a partir do desencanto manifesto nas atitudes e nas palavras aqui veiculadas, ressalta ainda o fato emblemático de serem, acima de tudo, personagens femininas a manifestarem uma quase que congênita inadaptação ao meio que as envolve.

Isto reforça a ideia de que a colonização foi sobretudo um fenômeno masculino. Fato este demonstrado tanto pelo plano secundário a que essas mulheres são muitas vezes votadas, como pelo seu quase silenciamento no romance colonial, e, ainda, pela figuração da sua absoluta dependência social, econômica e afetiva em relação ao homem. Correspondendo inteiramente a esta nossa percepção, a personagem Marlowe, em *Heart of Darkness* de Joseph Conrad (p. 28), marca, com enfático machismo, a especificidade, melhor, a inutilidade da mulher na aventura colonial:

## III. A REPRESENTAÇÃO DO ESPAÇO

> *It's queer[27] how out of touch with truth women are. They live in a world of their own, and there had never been anything like it, and never can be. It is too beautiful altogether, and if they were to set it up it would go to pieces before the first sunset.*

O romance *A neta de Jazira*, que tem como protagonista uma mulher, Eva Maria – não será alheio a esta circunstância o fato de a autoria da obra ser feminina, Maria da Beira –, funciona como uma tentativa de contrabalançar o falocentrismo do fenômeno colonial na sua globalidade. O hibridismo racial patenteado pela heroína acaba por estar carregado de um simbolismo indisfarçado em que se procura exaltar a dimensão "humana" de uma colonização "bem" sucedida.

Regressando à relação de sedução do narrador ou da personagem do colono por África, ela traduzir-se-á na forma empolada como a realidade espacial é apreendida, instituindo-se aí uma reiterada carnavalização das sensações, o que, à partida, perturba, ou exacerba, a *ilusão referencial*. Se nos orientarmos pela dualidade platônica que opõe o *sensível* ao *inteligível*, enquanto expressão axial de uma determinada forma de conceber o mundo – em que o primeiro termo significa o *ilusório*, o que *parece* ser, e o segundo significa a *verdade*, a *essência* –, a literatura colonial assume-se, neste particular, como uma dupla ficcionalização.

Por um lado, como uma ficcionalização *lato sensu*, que tem a ver com a obra no seu conjunto onde fundamentalmente nos é contada uma história, produto, em princípio, da imaginação mesmo que inspirada em situações concretas, reais. Por outro, como uma ficcionalização *stricto sensu*, radicada nessa representação sensorial do espaço.

Entre outras formas, é, pois, na idealização e na estilização do espaço onde identificamos a forma peculiar como é feita a sua figuração e onde as sensações jogam um papel determinante:

> E fizera apagar no céu o *luar que mostrara* aos homens os caminhos da selva na noite cheia de mistérios, tocada do *aroma* das plantas bravias e do *cheiro intenso* do húmus, dessa força que faz germinar um mundo de vidas moças, renovadas e mais fortes (Itálicos nossos.) (*Muende*, p. 24).

---

27 Curiosamente esta expressão irá ocupar um lugar importante no discurso e nas manifestações atuais dos grupos feministas e homossexuais. Assim, segundo Jonathan CULLER (1997), teremos, por exemplo, uma "Queer Theory" reivindicada pela vanguarda dos estudos "gay".

Aqui, reconhece-se a constituição de uma cadeia sinestésica em que se mesclam sensações visuais e olfativas.

Em confronto com uma realidade espacial distinta da que estava habituado e com concepções de espaço (e de tempo) reveladas ou sugeridas pelas personagens africanas, o elemento exterior que se reconhece no protagonista ou na voz do narrador é levado, de modo sistemático, a refazer ou a sobrepor o seu campo referencial e conceitual.

O apelo das sensações que atravessa muitos dos planos narrativos da literatura colonial, pela sua aparente submissão às leis da natureza, por uma certa voluptuosidade fruitiva do mundo exterior que rodeia o sujeito, concorre, por outro lado, para a constituição de quadros impregnados de um misto de bucolismo e hedonismo. Vejamos, por exemplo, esta passagem de *O branco da Motase* (p. 159):

> Os primeiros alvores abriam-se por detrás do grande maciço das árvores. Subiam leves no ar e caíam por sobre as coisas. E tudo ia tomando forma definida. A neblina rasgara-se – e um alaranjado pareceu depois chuva de oiro metida aos ramos altos. Escorria por eles até o chão uma quentura de sol morno, acariciador. Os pássaros trinavam no fundo da espessura a sua alvorada. Batiam as asas num desejo fremente de partir. E partiram numa chilreada doida.
>
> Hussene Ali sentiu em si esse desejo de liberdade, de espaço e de sol: sentiu pulsar em si, também, toda a vida da floresta. A sua mocidade estuante de belas energias fervilhava-lhe no sangue inquieto. Sentiu o peito dilatar-se-lhe à primeira lufada que lhe bateu de chapa, logo que abriu a porta da saída do recinto. Fora da paliçada o mundo tinha um aspecto diferente. Parou depois onde a sombra era mais densa – e aspirou o ar cheio de odores do mato.

Radicada num registro de sugestões intuitivas e descritivas, por um lado, na conciliação entre o subjetivo quase extremo e o objetivo, por outro, esta passagem traduz uma apreensão fenomenológica do mundo, em que as impressões causadas no espírito através dos sentidos se tornam na essência primeira do processo representacional.

Nota-se aqui uma quase irreprimida excitação sensorial plena de erotismo em que o corpo (oculto o do narrador, exposto o de Hussene) se espraia numa multiplicidade e diversidade de sensações, que exprimem tanto uma forma primária e elementar de contatar com a realidade exterior, como condicionam a existência do próprio corpo, tornando-o, enfim, num sujeito não só perceptivo mas igualmente e, em certa medida, perceptível. Tal como observa Merleau-Ponty (1945: 239): *toute perception extérieure est immédiatement synonime d'une certaine perception de mon corps comme toute perception de mon corps s'explicite dans le langage de la perception extérieure.*

Atendendo a que as sensações se desencadeiam a partir de impressões causadas por estímulos externos ou internos, no excerto em causa, podemos observar que, enquanto o corpo do narrador, sujeito dominantemente perceptivo, se torna perceptível pelos efeitos sensoriais inscritos na descrição que faz dos elementos da natureza, Hussene Ali é um sujeito/objeto fundamentalmente sensitivo, perceptível na forma como frui (ou se confunde com) a natureza que o envolve. Aqui há como que um esbatimento da fronteira entre a paisagem exterior e interior dada a abolição que parece verificar-se entre essas duas esferas que, de tão embrenhadas, instituem-se quase como um espaço único.

Por outro lado, enquanto que este último estabelece uma inequívoca relação vitalista, espontânea, uma espécie de contato primordial com a realidade – afinal, o sentir é esta comunicação vital com o mundo que nos envolve –, o narrador, por sua vez, encontra-se no polo de uma comunicação mediatizada, numa relação deferida por um discurso elaborado, mas que mesmo assim não evita que a sensação se insinue com certa intensidade, como se o mundo que é descrito resistisse ao próprio discurso. Tal fato parece dar provimento ao preceito fenomenológico, avançado por Merleau-Ponty (1945: XII) de que o mundo não é o que eu penso, mas aquilo que eu vejo, e eu estou aberto ao mundo, comunico indubitavelmente com ele, mas não o possuo, ele é *impossuível*.

Se a mediação discursiva realizada pelo narrador, eivada de indisfarçável subjetividade, parece, por um lado, comprometer a consistência ontológica das realidades descritas, por outro, e por isso mesmo, essa mesma subjetividade concorre para um maior empolamento das sensações representadas, particularmente identificável no recurso a estratégias retóricas como a comparação ("e um alaranjado pareceu depois chuva de oiro metida aos ramos altos"), o animismo ("uma quentura de sol morno, acariciador"), a gradação ("Hussene Ali sentiu em si esse desejo de liberdade, de espaço e de sol").

Na constelação de sensações aqui presentes reconhecem-se tanto as que derivam de estímulos do meio exterior contíguo, caso das sensações táteis ("sol morno, acariciador"), como as que derivam de estímulos do meio ambiente remoto, caso das sensações visual ("Os primeiros alvores abriam-se por detrás do grande maciço das árvores»), auditiva ("Os pássaros trinavam no fundo da espessura a sua alvorada"), cinestésica ("Batiam as asas num desejo fremente de partir. E partiram numa chilreada doida") e olfativa ("e aspirou o ar cheio de odores do mato").

Além do mais, a afirmação da sensação no processo representacional encontra-se reforçada no texto em questão pela pleonástica e anafórica utilização do verbo sentir: "Hussene Ali *sentiu* em si esse desejo de liberdade, de espaço e de sol: *sentiu* pulsar em si, também, toda a vida da floresta [...] *Sentiu* o peito dilatar-se-lhe à primeira lufada que lhe bateu de chapa" (Itálicos nossos).

E o sentir surge-nos aqui não apenas com uma dimensão acontecimental ou como simples tradução de um estado interior, mas também e muito especificamente, como (re)criação e (re)constituição permanente do mundo. E, no caso de Hussene Ali, a sensação parece conduzir a um estado de êxtase propiciador de movimentos delirantes e alucinatórios. Daí que concordemos com Merleau-Ponty (p. 249) quando refere que toda a sensação comporta um germe de sonho e de despersonalização, aliás como o experimentamos através deste tipo de estupor para onde ele nos remete quando vivemos realmente a seu nível.

A representação sensorial, pela sua relevância tanto a nível da sintaxe narrativa como do ponto de vista semântico, constitui um dado importante no romance colonial, pois concorre, de modo relevante, para a delimitação teórica desta literatura enquanto figuração de uma mundividência devedora da interação com novas e diferentes realidades. Estas, pela sua própria especificidade, despertam no sujeito que com elas se confronta – enquanto elemento exterior a essas mesmas realidades – imagens e percepções que estão aquém e além daquelas que participam das suas convenções e experiências habituais.

Se é recorrente a tese de que a portugalidade se conjuga inevitavelmente com uma emotividade visceral, também é verdade que muitos dos estereótipos que se construíram em relação à África e aos africanos, em particular aos negros, como veremos adiante, estão em consonância com o predomínio das sensações, expressão da natureza primária explorada pelo romance colonial. E, neste aspecto, a imaginação do espaço radica na performatividade dos sentidos.

## 4. O espaço como lugar socioeconômico

Como é já do nosso conhecimento, a literatura colonial originou-se e evoluiu como decorrência da expansão europeia iniciada no século XV. Fenômeno esse que se torna mais sistemático e efetivo através do impulso renovador ocorrido na segunda metade do século XIX. E, entre os vários fatores intervenientes nesse processo, o fator econômico – apesar da pletórica justificação da missão civilizacional e moralizadora do Ocidente – é o que de forma mais ou menos consensual e realista tem sido aceite como determinante pela maioria dos estudiosos.

A demonstrá-lo estão, também, os vários exemplos que fomos apontando, no ponto 2.3 do presente capítulo, como ilustração da principal motivação que levou muitos indivíduos a abandonar a sua terra natal para se abalançarem à aventura africana. Como muito bem sintetiza Eduardo Lourenço (1976: 29), olhando para o caso português, ter "colónias não foi um simples acto a mais, resultado de um excesso de poderio e vitalidade, mas necessidade de *fracos e pobres* dispostos a pagar caro um lugar ao sol um pouco mais confortável que o caseiro". Constatação que é corroborada por Eduardo de Sousa Ferreira (1975: 31) para quem a presença dos portugueses em África "não se explicava pela sua necessidade de expansão (como no caso das outras potências coloniais); era, pelo contrário, o resultado da sua economia subdesenvolvida, que necessitava dos lucros coloniais para manter a sua posição".

Parece-nos, portanto, muito natural que, adentro da mundividência colonial no seu todo e da literatura que com ela se identifica, seja incontornável, neste trabalho, a análise dos espaços onde a matriz socioeconômica – aliás, onipresente, mesmo quando não manifesto em todo e qualquer evento narrativo — concorre para a definição, não só da semiose romanesca, como também de todo um imaginário (ou imaginários) que se liga ao fenômeno colonial. Com efeito, através das diferentes atividades econômicas e sociais que se estabelecem no espaço representado, esta literatura permite-nos apreender simbolicamente a sociedade colonial do ponto de vista da estratificação socioprofissional dos seus membros e no modo como ela assegura uma determinada estrutura e coesão.

Assim, desde as plantações, as serrações, as matas, no interior, passando pelas casas dos colonos, empresas privadas e públicas, escritórios fábricas, até aos *cabarets*, prostíbulos e as ruas da cidade, temos todo um conjunto de lugares que traduzem os particularismos atinentes à forma como se configuraram linguagens, vivências, valores, aspirações, conflitos e frustrações no romance colonial.

Estes lugares contribuem para a representação do "aparato do poder", de que fala Horni Bhabha (1995), e que é característico do discurso colonial, em geral, e de um conjunto de atitudes, em particular, reconhecível nas expressões, nos símbolos, nas imagens, nos gestos e nos comportamentos que lhe dão forma.

No cômputo da literatura colonial em Moçambique, verifica-se que, se até finais da década de 50, sensivelmente, o espaço diegético dominante é o espaço rural – o que não significa que não houvesse romances que não fizessem da cidade o seu espaço central ou oscilassem entre um e outro lugar, como são os casos, por exemplo, de *Terra conquistada* (1946) de Eduardo Correia de Matos, ou de *A neta de Jazira* (1957) de Maria da Beira –, a partir dessa altura, será, sem sombra de dúvida, a cidade o universo diegético por excelência da maior parte das narrativas. Começando exatamente pelo espaço rural, onde a atividade mais representada é a agricultura, seguida da caça e do corte de madeira, são várias as interações socioeconômicas que podem ser encontradas. Aí, em que a nota dominante é dada pelo simples fato de o negro aparecer quase sempre como assalariado ou de um indivíduo, o colono, ou de uma empresa, o caso das companhias comerciais que se substituíram, entretanto, às companhias majestáticas. Temos casos, também, em que o colono é assalariado de outros brancos.

Se é verdade, como refere Melyn Newitt (1995: 358), que "extrair riqueza da sociedade rural africana tornou-se o principal objetivo da política colonial", o que verificamos no romance colonial, em especial, é que, por exemplo, a representação da exploração da terra se encontra investida de uma significação simbólica muito marcada enquanto expressão suprema da própria colonização e que nos surge como traço autocaracterizador do poder do branco em adaptar-se e transformar o mundo com que se depara. Por outro lado, essa mesma representação coloca, com acentuada nitidez, a secundarização da presença e da ação do negro remetido, de modo invariável, a uma posição acessória e, obviamente, de relevância pouco significativa tanto nos movimentos diegéticos como no próprio discurso.

Um romance emblemático desta situação – de uma ou de outra forma o é, afinal, a maior parte dos romances coloniais – é *Terra conquistada*, de Eduardo Correia de Matos. Trata-se de um verdadeiro romance de tese que tem como herói Francisco da Marta que, saído de uma aldeia do Minho onde exercia a profissão de pedreiro, chega a Moçambique onde se inicia como encarregado de um acampamento de uma missão científica na Zambézia, no Norte, passando a agricultor bem-sucedido na Manhiça, no Sul, construtor civil em Lourenço Marques e acabando, finalmente, como pesquisador de ouro, na Zambézia.

E é ele próprio quem a dado momento dos acontecimentos (p. 356-357), num balanço onde se insinua uma ponta de orgulho mal disfarçado, define o seu paradigmático percurso:

> Afinal, ainda sou daqueles que não têm grande razão de queixa da vida. Em África, comecei como capataz de pretos. Amealhei uns escassos vinténs, mas, enfim, alguma coisa amealhei. Meti-me depois a agricultor. Melhorei de situação. Ainda consegui juntar mais de um cento de contos. Fui depois mestre-de-obras. Nisso ganhei muito dinheiro. Agora, como mineiro, se a sorte me proteger como até aqui, talvez chegue a milionário.

Será, no entanto, no seu tirocínio como agricultor que a gesta africana de Da Marta se nutre dos ingredientes que a tornam representativa, pelo menos na perspectiva que neste momento destacamos. Gesta que verdadeiramente começa com a sua fixação nas terras que lhe são concedidas na Manhiça, onde se instala, de início sozinho, depois na companhia da mulher, Vicência, "companheira robusta, pronta a auxiliá-lo nas lides do campo" (p. 119), e com quem se casara por procuração antes de ela deixar a terra-mãe. Depois, é vê-los ambos, "incansáveis" (p. 122),

> a cuidar do gado e da lavoura, a levantar currais para os bois e armazéns para arrecadação do cereal, na colheita. Pareciam dois homens, igualmente fortes, animados de igual vontade. Tinham sido talhados um para o outro. Durante os curtos períodos das suas frugais refeições, assentavam entre si no melhor caminho para alcançar determinados resultados. O instinto e o raciocínio eram seus guias e seus mestres. Deitavam-se ao pôr-do-sol, levantavam-se antes de amanhecer.

E a transformação do lugar vai-se processando como se fosse obra apenas de Da Marta e da mulher. Assim, excetuando o administrador da circunscrição e a respectiva mulher que, entretanto, se tornariam íntimos do casal de colonos a quem reconheciam méritos na obra já realizada (p. 127):

Era surpreendente ver que quanto havia de novo apresentava um ar definitivo, civilizado, a garantir que não se tratava de aventura destinada a fracassar, mas de empreendimento bem orientado, levado a cabo com entusiasmo e dedicação.

e além dos "sujeitos desconhecidos" que, de vez em quando, ali paravam "atraídos pela novidade de verem trabalhadas aquelas terras que, pouco tempo antes, tinham conhecido ao abandono" (p. 130), só muito adiante encontramos alusões aos "moleques" (empregados domésticos) que ficaram a tomar conta da casa quando Vicência fora para a vila para ter o filho, ou à "outra" gente (p. 142) que trabalhava, afinal, para Francisco da Marta:

> *Enquanto a mãe passava o tempo a tratar o filho e a enlevar-se nos seus encantos, andava Francisco por fora a cuidar do gado, incansável na sua actividade, arrepelando-se por não poder estar ao mesmo tempo em todos os lugares onde tinha gente a trabalhar. Mandriões! Sempre à espera de que ele se afastasse para se entregarem ao ripanço!* (Itálicos nossos.)

A personagem do colono surge-nos, aqui, como o verdadeiro centro de difusão civilizacional a quem cabem as funções de arquitetar, organizar e disciplinar o mundo que vai surgindo. Daí que a sua presença, na relação hierárquica quase que naturalmente estabelecida com os trabalhadores negros, se defina como fundamental e incontornável:

> Francisco recebeu um recado do Administrador Queirós. Pedia-lhe que fosse à Administração, quanto antes. Não dizia para que fim. [...] Então logo naquele dia em que tinha planeado fazer tantas coisas! Esplêndido para plantar mandioca. O tempo estava enevoado e prometia mais chuva pela tarde. Via-se obrigado a deixar essa tarefa entregue aos *pretos*. Já não havia de ficar à sua vontade. Podia-se lá confiar *neles*! Além de trabalharem o menos possível, um homem voltava costas, e passavam a fazer o serviço de qualquer maneira, da maneira que lhes causasse menos fadiga (p. 158) (Itálicos nossos.)

De forma sintomática, a existência na narrativa destas personagens é veiculada pela voz ou pelo ponto de vista do próprio colono, caucionando, à partida, a sua relevância no discurso e na diegese e o papel que lhe foi destinado pelo narrador. Trata-se, portanto, de personagens que traduzem uma dupla dependência: primeiro, diegética, pois trabalham para o colono, gravitando à sua volta; segundo, discursiva, visto que, no cômputo geral da economia textual, a sua presença é quase ínfima. São, afinal, participantes involuntários da "conspiração do silêncio" (Bhabha 1995: 123) montada pela máquina colonial.

E, quando essa presença se manifesta, é normalmente de forma depreciativa, como vimos acima, ou valorizada com algum paternalismo à mistura, quando se trata de casos de personagens que, de modo subserviente, materializavam as aspirações do colono. Tal é o caso de Catuane, "negro musculoso, possante", que "figurava entre os muitos indígenas da região que voluntariamente se tinham apresentado a trabalhar" e que, depois de algumas peripécias, se tornara num "auxiliar insubstituível" (p. 172) de Da Marta, "o melhor defensor dos seus interesses", chegando a capataz da imensa propriedade do colono onde ocupava um lugar, de certa forma, privilegiado:

> Catuane vivia com as suas mulheres e os respectivos filhos adentro dos limites da propriedade do branco. Ali perto ficava a palhota dele, a *machamba*, a família, a criação, o que lhe permitia comer em casa, dormir em casa, ao contrário doutros que moravam longe.

Esta personagem, Catuane, que, entretanto, emigrará para a África do Sul, onde vai permanecer cerca de três anos como mineiro, obriga-nos a estabelecer um inevitável contraste entre o seu movimento migratório e o de Francisco da Marta: enquanto o primeiro protagoniza no país de acolhimento uma inevitável subalternidade, o outro, na sua condição de colono em África, surge-nos, quase sempre, numa posição de superioridade em relação aos nativos. Portanto, entre Francisco da Marta e Catuane, tendo em conta o destino dos seus percursos migratórios, e o estatuto que aí os espera, estabelece-se um verdadeiro quiasmo.

Em relação ao contexto colonial, estamos, por conseguinte, perante um universo socioeconômico de relações verticais, profundamente hierarquizadas, com uma clara bipolarização, em que de um lado está o patrão branco, identificado e individualizado, e, do outro, a massa indistinta dos trabalhadores negros, afinal, os *condenados da terra*.

A corresponder a este modelo, encontramos *Calanga*, de Rodrigues Júnior, onde desde a dedicatória:

> *A todos os que trabalham a terra da Calanga – e que se dobram sobre ela para arrancar o pão de cada dia, – dedica o autor deste livro que tem muito da alma do Colono e do negro que o ajuda na faina do amanho desse chão que é o Céu e Inferno do homem.* (Sublinhado nosso.)

passando pela apresentação de Matata, o colono, que da "terra fofa e castanha tirava [...], há muitos anos, o pão quotidiano [e cuja] mulher chegara depois de ele ter vindo tomar contacto com a terra que o havia enfeitiçado" (p. 9), até à relação daquele com os trabalhadores negros:

> O Matata deixava-se ficar lá embaixo, nos campos plantados, com os negros. Uns *colimavam* a terra dos milharais. Outros andavam no campo de trigo a bater em latas velhas para afugentar os ladrões das searas que, aos bandos, surgiam para destruir as espigas. [...] Outros negros perdiam-se nos bananais. Levavam as folhas mortas e cortavam o capim que chegava a cobrir as plantas, quando a Administração não fornecia gente para o trabalho.
>
> O Matata não tinha mão-de-obra suficiente. Era ele quem, cansado do clima e da idade, se metia, tantas vezes, às terras, para as lavrar, agarrado ao arado, envolto em uma nuvem de poeira.
>
> [...] Os negros eram amigos do Matata. O Matata tratava-os bem. Falava-lhes de homem para homem. Curava-os das suas feridas. Pagava-lhes todos os sábados, depois que à porta do grande armazém de pau-a-pique eles lhe entregavam as enxadas, para as receberem, novamente, na segunda-feira seguinte, de manhã cedo. Dava-lhes boa farinha e amendoim da última colheita. Tratava dos seus *milandos*. E sempre que Matata perorava sobre eles, em língua indígena, todos o escutavam com atenção e aceitavam as suas decisões. Matata era o homem dos bigodes.
>
> [...] Nas terras das circunscrições vizinhas, os pretos sabiam da fama do branco que pagava bem e não espancava os trabalhadores, que não tinha *cantina* na *machamba* para embebedar os seus homens e ficar-lhes com o dinheiro (p. 12-13).

toda a construção do romance concorre para a vangloriação do colono, mesmo que, neste caso, não represente um caso de sucesso como o de Francisco da Marta. Mais do que isso, o que sobressai é, uma vez mais, o

III. A REPRESENTAÇÃO DO ESPAÇO

papel de sujeito "auxiliar" reservado às personagens nativas aqui reduzidas à condição de indigência moral, cultural e material. Tem aqui, e de forma inequívoca, particular adequação a afirmação de um dos mais destacados representantes e ideólogos do regime, Marcello Caetano (1954: 16):

> Os negros, em África, devem ser dirigidos e organizados por europeus, mas são indispensáveis como auxiliares [e] devem ser considerados elementos produtivos organizados, ou a organizar numa economia dirigida por brancos.

No universo rural, tanto na representação da atividade agrícola, da caça ou da extração da madeira, parece haver uma aproximação física e social entre o colono e os trabalhadores negros. Trata-se, porém, de uma proximidade aparente, pois existe um fosso cultural e referencial que os distancia de modo quase irreconciliável, como veremos melhor no próximo capítulo.

O interior, como lugar socioeconômico determinado, surge-nos, muitas vezes, como palco de conflitos reveladores. E o conflito maior tem a ver com a contratação de mão de obra nativa para as terras do colono, o que acaba, muitas vezes, por colocar este em rota de colisão com o poder local. Se em *Terra conquistada*, se nos apresenta um administrador cooperante com os interesses do colono, Francisco da Marta, de tal modo que é ele quem toma mesmo a iniciativa de visitar o novo proprietário (p. 126):

> O administrador ia ali para ver de perto o novo colono, para conversar com ele, para lhe oferecer os seus préstimos, sabedor de que era homem sério e trabalhador que estava a transformar ràpidamente aquele sítio, um homem que sabia lidar com os indígenas ao ponto de ter para o seu serviço toda a gente de que precisava sem necessidade de recorrer a pedidos de mão-de-obra à administração.

em *Calanga* ou *O branco da Motase*, de Rodrigues Júnior, a situação é diametralmente oposta. Na primeira obra, o administrador encontra-se em conflito quase aberto com os colonos, entre os quais se destaca Matata, que lhe exigem "pretos para o trabalho dos campos" (p. 84). Entretanto, o administrador defende, por seu lado, a demarcação de terras a serem distribuídas pelos nativos juntamente com sementes de arroz e uma caderneta para controle da sua produção que deveria ser entregue, mais tarde, num mercado e com preços a serem determinados pela mesma autoridade.

Em *O branco da Motase*, o madeireiro Francisco Diogo queixa-se junto do administrador da falta do auxílio das autoridades administrativas para com os colonos, por um lado, por recusar-lhes a mão de obra de que eles necessitavam urgentemente, e, por outro, por permitir que essa mesma mão de obra fosse contratada pelas concessionárias que a empregavam nas grandes áreas da cultura de algodão. Uma obra que narra com maior extensão e profundidade a atuação das concessionárias algodoeiras e a sua relação com os nativos e com o poder administrativo é o romance *Fogo*, II, de Agostinho Caramelo. Tais conflitos são bem elucidativos de como o espaço representado se instituía acima de tudo como um mundo configurador de intensas relações de poder, interatuantes ou em rota de colisão.

*Tchova, Tchova!* é mais um exemplo de como na literatura colonial as representações se encontram fortemente marcadas por relações de poder do ponto de vista cultural, social, econômico, etc. No episódio em que nos é relatada a forma como um jovem negro é apanhado, à noite, pelo cipaio, a andar de bicicleta na cidade ("Não podia andar na rua depois das oito horas da noite..."), sendo depois detido e "condenado a trabalhar na machamba do senhor Nobre, ali para os lados de Magude, pelo período de três meses" (p. 304), ficam bem evidenciadas as marcas textuais dessas mesmas relações:

> O feitor da machamba era um homem rude, recém-chegado de Portugal, cavador de enxada no Alentejo por conta de latifundiários. Aparentado com o senhor Nobre, veio para Moçambique e aqui se vingava no povo humilde, da sua vida de miséria, manhã à noite curvado para a terra, mãos calejadas pelo rabo da enxada. Agora mandava com ilimitada autoridade, soberba e cruelmente por saber que jamais havia sequer um esboço de revolta no conformado rebanho.
>
> Juca Sitoe encontrou ali muitos negros, também condenados pela polícia e obrigados a trabalhar na machamba por decisão do senhor administrador, pessoa amiga dos machambeiros dos quais recebia "luvas" anuais pelo fornecimento de mão-de-obra gratuita.

Estes exemplos trazem ao de cima não só o protagonismo do colono, mesmo que, em alguns casos, confrontado com os interesses das grandes companhias comerciais acobertadas pelo poder instituído, como também realçam a função instrumental dos negros que nos surgem na narrativa mais como objetos do que como sujeitos. Por outro lado, tal desigualdade é visível na forma como se encontram representadas as relações entre os colonos e os nativos. Se, nalguns romances, a perspectiva narrativa dominante parece indiferente ou comprazer-se com as injustiças que aí se verificam, noutros, essa perspectiva humaniza-se ao debitar um olhar reprovador, crítico e denunciador. Fato que, aliás, está bem expresso no texto em análise.

Em relação à cidade, onde a presença do negro está reduzida ao mínimo, alguns dos lugares socioeconômicos mais emblemáticos que caracterizam a mundividência colonial inscrita nos romances são a casa do colono, o escritório, o *cabaret* e a rua.

Por exemplo, voltando a *Tchova, Tchova!*, encontramos o mesmo menino negro Juca Sitoe (p. 285) que:

> Traz à ilharga a bacia do amendoim torrado, a sua mercadoria que oferece e vende ao cidadão apressado que, em momentânea paragem, leva no pequeno saco de papel umas pequenas medidas do saboroso majumana [amendoim] que vai roendo entre duas ruas da Baixa.

É, portanto, a rua da cidade que aqui nos aparece, também, como um lugar socioeconômico peculiar. Nesta interação vendedor-comprador, desenham-se com particular nitidez as "profundas e inadmissíveis assimetrias entre a esmagadora maioria da população local e o pequeno número de europeus que a enquadrava, europeus que, quase como regra geral, viam que o seu 'futuro estava nas colónias' " (Albuquerque 1985: 11). E, quando esse espaço se estende aos estádios de futebol onde, aos sábados e aos domingos, Juca, que "tem a idade que se conta pelos dedos das mãos, a idade em que o menino branco vai à escola" (p. 285), "vende o amendoim aos espectadores furando pela fila das bancadas, ouvidos surdos aos insultos dos tifosos: 'suca daí seu filho da quinhenta'", essas assimetrias adquirem contornos dramáticos dada a insensibilidade e a placidez com que esse *pequeno número de europeus* as aceita como fazendo parte de uma ordem natural e imutável.

Será nas ruas da cidade onde encontraremos um outro tipo de transação em que a mercadoria já não é o amendoim, ou o trabalho do engraxador negro, mas o próprio corpo.

E a rua mais emblemática nesse sentido é, indubitavelmente, a mítica e recriada Rua Araújo, na baixa lourençomarquina:

Dezenas e dezenas de mulheres, desde as quase crianças, às jovens, às adultas e às velhas, todas se movimentam no trilho estreito da Rua Araújo, entrando e saindo dos bares, noitando nos cabarés modestos, sentadas nos [?] de luxo (*Cacimbo*, p. 312).

Estabelece-se, aqui, uma triangulação sórdida que tem, num dos extremos, o corpo da rapariga, nova ou velha, negra, mulata ou branca, nos outros dois, de um lado, o patrão, ou o chulo, que, de forma impiedosa, se atira a essa mina perecível e, do outro, o cliente, imberbe ou homem maduro, rico ou pobre, casado ou solteiro. E uma ambivalência estruturante faz do mesmo corpo, simultaneamente, instrumento de prazer e de trabalho (p. 115):

> Vão para o trabalho às primeiras horas da noite, alimentando vaidades, suportando grosserias, resignadas, sofrendo na cama exigências de homens de todas as camadas, de todos os sentimentos, mas também a corte do homem gentil e educado que as trata com *aquela delicadeza* que toda a mulher, e *até as prostitutas*, tanto apreciam. (Itálicos nossos.)

Neste excerto, é sintomático como o peso do preconceito se sobrepõe à pretensão crítica e humanitarista assumida pelo narrador. E o preconceito, esse inapreensível denunciador do lado noturno da natureza humana, insinua-se perversamente no detalhe. E o detalhe, aqui, sobressai quer na generalização ("que as trata com *aquela delicadeza que toda a mulher*"), quer na exceção ("*e até as prostitutas*"). (Itálicos nossos.)

E o trajeto de Adélia, jovem suburbana, em *Cacimbo* (303 p.), traduz o ominoso percurso de inúmeras outras personagens de um drama universal e milenar:

> Era a Adélia, mulata clara, que ainda menina descalça, de vestido de riscado, saiu um dia do bairro do caniço onde nasceu da mãe negra e pai branco desconhecido, e calcorreava graciosamente as ruas da cidade a vender amendoim. Nas ruas da cidade cresceu até aos 14 anos. Graciosa de corpo, foi possuída nessa idade por um senhor rico que a convidou a entrar em casa. Foi depois sua amante, na palhota, durante quatro anos. [...] deixou de vender amendoim, comer os pastéis oleosos expostos pelas mamanas em cima dos passeios. Fez-se adulta, passou a vestir-se bem, tornou-se uma

bela rapariga. Quando, enfastiado, o sedutor a deixou alegando que ia para a Beira, chorou de desgosto. [...] Foi assim que pela mão de amigas começou a aparecer pelos cabarés da cidade como alternante. [...] pelo dono do cabaré foi convidada para dançar uma dança regional de Moçambique. Saiu-se bem. Teve mais tarde um filho. Nunca soube bem quem era o pai. Um mês após o parto voltou, recebeu lições de "streap-tease" e durante anos foi a principal artista do cabaré.

Um outro espaço que se assume como um lugar socioeconômico particular é a própria casa do colono. E aqui temos, uma vez mais, reservado ao negro o papel acondicionado a uma atividade laboral como simples empregado doméstico (moleque), como cozinheiro, como mainato (o que cuida da roupa), ou, ainda, como subordinado de brancos mais afortunados, no papel de jardineiro ou de motorista.

Segundo Jeanne Penvenne, na sua pesquisa intitulada *African workers and colonial racism*, a cidade de Lourenço Marques era um polo importante de atração de mão de obra nativa, sobretudo em três setores dominantes de emprego urbano: portos e caminhos de ferro, municipalidade e serviços domésticos. Em relação a este último, a autora (1995: 9) considera que a íntima interação entre empregador e empregado, nos serviços domésticos, promoveu sistemas de controle laboral e relações de trabalho que, com algumas exceções específicas, eram qualitativamente diferentes dos prevalecentes no setor público.

Expressão de uma forma de vida muita específica da cidade colonial que nos é representada, encontramos na relação patrão-empregado a configuração de um aparato de poder que tanto realça, com recorte particular, formas de desajustamento e de desigualdade como destaca, ainda, os contornos mentais e comportamentais do colonizador.

Um quadro ilustrativo desta situação pode ser encontrado em *Tchova, Tchova!*. Depois de deixar de vender amendoim e de andar perdido pela cidade, Juca Sitoe decide empregar-se numa "casa grande de alvenaria", onde vivia um casal com os seus dois filhos de 9 e 10 anos de idade, e com direito a "comida e 100$00 de vencimento mensal" (p. 297):

> Juca Sitoe passou a exercer as funções de "Faz-tudo" na casa do seu patrão. O chefe da família era um funcionário superior que cedo atingiu uma posição cimeira mercê do seu servilismo, do seu espírito adulador. Tomava sempre o partido do seu director, nunca evidenciando uma opinião própria.

A senhora, perante os serviçais, nunca tratava o marido pelo seu nome de baptismo. Era o "senhor chefe". Mesmo ao telefone, a sua voz afectada, atendia as chamadas dizendo: "Fala da casa do chefe Sousa."

Juca Sitoe ajudava o mainato na lavagem da roupa, auxiliava o cozinheiro e acompanhava os meninos à escola transportando as malas dos livros.

Como se não bastasse a carga excessiva de trabalho a que estava obrigado, o pequeno Juca, ia sendo gradualmente despojado dos direitos e das liberdades mais elementares. Primeiro, o próprio nome (p. 297-298):

> Logo de início houve que regularizar uma situação que a D. Luísa de Sousa considerava um tanto vexatória. O seu filho mais novo chamava-se Juca e, assim, segundo dizia, para evitar confusões, determinou que o Sitoe passasse a usar o nome de Zé. Portanto, Zé Sitoe passaria a ser o seu nome completo na casa dos patrões.

Segundo, a obrigação de trabalhar em situação de semiescravatura:

> Também não se adaptava bem à nova vida de permanente ocupação, apenas com folga aos domingos de tarde, findos os trabalhos de lavar toda a louça do almoço, sempre tardio, depois da família Sousa regressar da praia.

Terceiro, a negação do direito à privacidade:

> À noite dormia sobre a esteira no quarto dos criados, já ocupado pelo mainato e pelo cozinheiro, indivíduos adultos. Não gostava dos encostos que, por vezes, sentia ao acordar com as mãos dos dois companheiros sobre o seu corpo.

Oscilando entre a crueza descritiva e a ironia, o narrador parece empenhado não só em denunciar as arbitrariedades do sistema como também em ridicularizar os costumes da burguesia colonial. Isso parece estar patente na descrição do tratamento que é reservado pelos patrões a Juca Sitoe, ou na representação de figuras como a D. Luísa de Sousa, ou, ainda, no retrato impenitente de uma personagem-tipo identificada com o regime:

## III. A REPRESENTAÇÃO DO ESPAÇO

> Roberto Lemos, director de importante empresa estatal, homem palavroso, várias vezes presidente de comissões do partido único do governo, não perdia ocasião de se salientar pela sua canina fidelidade à política obsoleta do ditador. A sua permanente actividade na União Nacional tornou-o personagem grata ao governo colonial e assim foi singrando na vida meteoricamente. Era estúpido, visceralmente mal-formado, denunciando amigos e colegas que demonstrassem verticalidade e se não sujeitassem a seguir a doutrina opressora do regime.

Esta é uma das vertentes mais ambivalentes do romance colonial. Se é verdade que, globalmente considerado, ele se institui como resguardo e propagador de um determinado ideário alicerçado num conjunto de aspirações, vivências e numa visão do mundo hegemônica, por outro lado, encontramos na forma como determinados fatos e situações nos são representados, e que tinham a ver com os aspectos mais sórdidos e ultrajantes da sociedade colonial, uma verdadeira questionação à legitimidade dessa mesma sociedade, pelo menos, nos termos em que ela é instituída no próprio romance.

Em relação às empresas e outros serviços públicos ou privados representados na cidade colonial, além de eles revelarem uma hierarquização muito pronunciada e um acentuado espírito competitivo, patenteiam tensões profundas, com uma rede de relações intersubjectivas dominadas pela subserviência quase extrema, pelo autoritarismo, pela intriga e por abusos de poder. Localizamos algumas representações elucidativas desses ambientes:

> Esta a figura actual do chefe Simão que noutros tempos bem diferente era. Entrara para a firma como amanuense, habilitado com a quarta classe tirada na tropa e cedo se distinguiu pela subserviência degradante frente aos seus superiores. Se pressentia o chefe no gabinete, fora das horas normais de serviço, não abandonava o escritório até que aquele terminasse os seus afazeres. Acorria, então, a dar uma ajuda, despejava o cinzeiro, auxiliava o patrão a vestir o casaco, solícito, qual diligente alfaiate a servir o cliente. Comprou uma escova que passava no casaco do superior, abria a porta do gabinete e, não raro, chegava primeiro ao carro, porta aberta para S. Excelência entrar. Era um invertebrado que não tinha a simpatia dos colegas pelo seu repugnante servilismo.

A espinha deformada em permanente curvatura para os superiores só tomava a posição vertical nas ordens aos serventes e contínuos que tratava com sobranceria (*O mulungo*, p. 110-111.)

> Quando a Luísa chegou, essa manhã, o Simão chamou-a ao gabinete. Ele não tinha coragem de arranjar conquistas fora do ambiente profissional, mas impunha-se às empregadas que trabalhavam sob a sua chefia, quase ordenando-lhes que fossem com ele para a cama (p. 120).

Outro fato notório no romance colonial, no que concerne à representação das instituições laborais do espaço urbano, é a ausência, muitas vezes, quase ostensiva dos negros.

Analisando este fato particular, de um realismo indesmentível na literatura que aqui nos ocupa, Melyn Newitt considera a existência, no espaço colonial português, de uma "barreira informal da cor" (1995: 413). Isto:

> Apesar de o direito português nunca haver admitido uma barreira por causa da cor enquanto tal e tivesse legislado no sentido de as pessoas de todas as raças adquirirem o estatuto de não-indígena ou assimilado, foram, no entanto, impostas restrições de toda a espécie para o acesso dos Africanos ou mestiços aos cargos na administração ou em empresas privadas ou comerciais, cuja presença poderia vir a desafiar a posição económica dos brancos.

Esta é não só uma contingência de natureza econômica, mas, acima de tudo, de natureza histórica e cultural que faz da cidade colonial um dos símbolos da saga expansionista dos europeus. Moçambique énos representado como um lugar onde a barreira racial é iniludível, fato que tornou a cidade colonial uma cidade esmagadoramente branca. E a problemática da alteridade coloca-se, neste contexto, de forma aguda, porquanto os desencontros que aí se verificam traduzem acentuadas incompatibilidades.

E as inúmeras disformidades sociais, os desajustamentos econômicos e o caráter acentuadamente discriminatório da sociedade colonial representada nos diferentes textos choca brutalmente com toda uma retórica justificativa e apologética de uma colonização "diferente", "mais humana", integradora e "multirracial".

III. A REPRESENTAÇÃO DO ESPAÇO

## 5. O espaço como lugar sociocultural

Um dos fatos mais marcantes na representação do espaço na literatura colonial tem a ver com a forma como o elemento humano o ocupa, ou com ele interage, física e simbolicamente, resultando daí quadros paisagísticos onde os particularismos sociais, culturais, econômicos e ideológicos se apresentam de modo mais ou menos pronunciado.

Como temos vindo a demonstrar, se em termos eminentemente narracionais, de um ponto de vista discursivo, portanto, o colono tem uma presença hegemônica, numa perspectiva diegética, o que se observa é que, enquanto o campo surge como espaço natural e existencial do negro, a cidade, como já antes fizemos referência, é o espaço onde a presença do branco é preponderante.

Daí que, do ponto de vista sociocultural – incontornável pelo potencial imagético, discursivo e comportamental que nos ajuda a definir e a reconhecer os imaginários interatuantes no romance colonial – vamos encontrar uma demarcação fundamental do espaço aqui representado, tanto de forma fragmentária como global. Ao falarmos, portanto, de um espaço sociocultural temos em conta não só as interacções discursivas, parciais e coletivas, que aí se desenvolvem, mas também as práticas, os anseios, as orientações, isto é, o modo de vida global da sociedade representada.

Mergulhamos, portanto, quer em termos conceituais, quer em termos práticos no universo representativo da cultura *lato sensu*, isto é, enquanto conjunto de formas mais ou menos institucionalizadas, partilhadas e aprendidas de sentir, pensar e de agir e que traduzem uma herança social, expressa tanto de forma simbólica como objetiva.

Segundo Roland Barthes (1978: 18), a literatura *dissemina, desvaira saberes*. Para ele, a literatura ocupa-se de muitos saberes e, de certa forma, todas as ciências se encontram disseminadas no monumento literário. Por conseguinte, na sua afirmação enciclopédica, a literatura não estabelece nem fetichiza nenhum dos saberes que propaga, movendo-se entre as ciências e colocando-se aquém e além delas. Enquanto que a ciência faz do saber um *enunciado*, a literatura faz desse mesmo saber *enunciação*. É, pois, por isso que o saber em literatura é inconclusivo, perdendo a sua armação de discurso epistemológico e tomando-se, por conseguinte, *dramático*.

Portanto, a literatura não diz que sabe alguma coisa, mas que sabe de alguma coisa, ou, melhor, que conhece alguma coisa acerca desse saber, que, do ponto de vista barthesiano, *sabe muito sobre os homens*. Esta inferência, que não deixa de ser provocadora, é por si só demasiado apelativa e estimulante e acaba por empurrar-nos, em relação à literatura colonial, para uma leitura de caráter antropológico visto que, como se pode verificar, se trata de uma escrita dominada pelo elemento humano que nos aparece de forma intensa e plena.

Isto é, atendendo a que estamos perante uma literatura que potencia a representação de saberes diversificados, destacando-se entre eles, o saber antropológico, o saber cultural. Trata-se, sublinhamos, de representação, daí que os saberes aí subentendidos ou explícitos, porque sujeitos a filtros subjetivos, estéticos e ideológicos determinados, traduzem uma visão do mundo específica. Não se trata de saberes epistemológicos, dogmáticos e irrefutáveis, mesmo que presumam sê-lo, mas sim de saberes cuja validade e verificabilidade começa e termina no próprio espaço onde eles emergem: a escrita literária.

Temos, aí, inevitavelmente, uma dupla possibilidade de leitura culturalógica: a que advém dos fatos narrados e descritos, por um lado, e a que procede da perspectiva com que os eventos, seres e objetos nos são apresentados, por outro. Isto é, trata-se de explorar, fundamentalmente, os significados latentes, potenciais a partir do que nos surge de forma manifesta nos movimentos próprios da escrita.

Segundo Wolfgang Iser (1990: 58), a ficcionalização é a representação formal da criação humana, e como não há limite para o que se pode pôr em cena, o próprio processo criativo traz a ficcionalidade inscrita na estrutura de duplo sentido: manifesto e latente. E é aqui onde radica justamente a dimensão antropológica da escrita literária que funciona como barômetro da mutabilidade historicamente condicionada de desejos humanos guardados nos estratos mais profundos.

O processo de interpretação adquire, assim, uma importância decisiva na forma como a própria literatura ganha uma existência particular enquanto prefiguração da condição humana, enquanto abertura para um mundo por acontecer ou que, simplesmente, nos é omisso. E é, pois, esta dimensão interpretativa que para Iser (1989: 209):

> *reveals the vast number of ways in which faculties can be used to open up the world in which we live. What makes literature so fascinating and so relevant today is the discovery that all our activities are permeated by acts of interpretation – indeed, that we live by interpreteting.*

Por tratar-se de uma escrita que, ao instituir-se como processo de hegemonização simbólica de uma cultura e de uma civilização, e que acaba por desencadear o desvelamento, mesmo que parcial, mesmo que virtual, de uma realidade geográfica, humana, social *outra* com toda a carga de referências inerentes a formas de vida privadas e coletivas específicas, a literatura colonial pode, nesse sentido, definir-se como *etnoliteratura*. No caso que aqui nos ocupa, trata-se de uma expressão etnoliterária enformada e filtrada por um ponto de vista acentuadamente eurocêntrico.

Daí que a presença neste segmento específico do nosso trabalho desta incidência antropológica (em função dos aspectos constitutivos e interpretativos) se justifique, precisamente, porque estamos perante textos onde a representação de costumes, concepções do mundo e choques culturais tem uma prevalência assinalável tanto em termos de estruturação como de semiótica narrativa. Confrontamo-nos, portanto, com a figuração da natureza humana ficcionalizada nas suas múltiplas e diversificadas expressões e apresentando-se quer de forma harmoniosa quer de forma conflitual.

Assim, tanto do ponto de vista teórico como operatório, acreditamos poder não só analisar com outra acuidade e superar as figurações preconceituosas e discriminatórias que se cruzam em muitos dos textos, mas também interpretar com alguma profundidade os valores e as especificidades que caracterizam as interações discursivas, imagéticas e mundividenciais que atravessam a literatura colonial.

Um dos procedimentos mais perigosos no trabalho científico, concretamente no âmbito das ciências humanas, tem a ver com a tendência para os empréstimos que uma disciplina faz noutras áreas de conhecimento e métodos já consagrados, e que podem conduzir a uma situação de dependência, logro ou insustentabilidade teórica. Além do mais, a interação com uma perspectiva antropológica não implica que tenhamos que incorrer nem no reducionismo documental do fenômeno literário, em que o texto passa a funcionar como um medium que explicaria o funcionamento da sociedade colonial, nem que nos tenhamos que armar com o atrativo manancial teórico-operatório construído pela antropologia e aplicá-lo forçosamente na nossa análise.

Esta aproximação à antropologia, mais homológica que efetiva, decorre, primeiro, por aquela se firmar como um dos mais bem-sucedidos empreendimentos no sentido de descodificar os fenômenos culturais que, segundo Malinowski (1944), constituem o contexto mais vasto do pensamento e do comportamento humano, e onde a literatura tem uma cintilação particular. Em segundo lugar, devido à natureza estrutural e interpretativa da ciência antropológica que, tal como a exegese literária, tem aí a sua razão de ser.

Tanto num caso como noutro, trata-se, afinal, mais de problematizar o próprio objeto de estudo do que de reunir uma série de axiomas e demonstrações inabaláveis. Como muito a propósito nos assegura Clifford Geertz (1973: 29), *anthropology, or at least interpretative anthropology, is a science whose progress is marked less by a perfection of consensus than by a refinement of debate. What gets better is the precision with which we vex each other.*

Esta nossa opção, sempre incômoda para os que têm uma visão imanentista ou hipostásica do texto literário, acaba, de certa forma, por levantar a velha questão de saber se a reflexão sobre a literatura será, simplesmente, a de teorizar sobre o que a torna específica, ou então, será pôr em cena as várias possibilidades, os caminhos, portanto, de aceder a ela. Esta é uma questão que é, aliás, discutida, entre outros, por Jonathan Culler (1997: 44) que, na sua análise dos estudos culturais tão em voga nos Estados Unidos e na Inglaterra, se interroga sobre a eficácia e a legitimidade desse projeto no sentido de dar novo fôlego e visão aos estudos literários. Ou, então, dada a sua abrangência, questiona-se ainda ele, se não apagará ou destruirá a própria literatura. Porém, acabará por concluir que

> *In principle, cultural studies, with its insistence on studying literature as one signifying practice among others, and on examining the culture roles with which literature has been invested, can intensify the study of literature as a complex intertextual phenomenon.*

Isto é, *so far, the growth of cultural studies has accompanied (though not caused) an expansion of the literary canon.* Portanto, há aqui uma clara valorização do que de fato potencia em termos de exegese literária este tipo de abordagem, desde que não levado aos limites que têm conduzido ao esvaziamento tanto da especificidade da obra literária como do discurso que a interpela.

É, aliás, esse cuidado que é revelado por Iser (1985) que, tal como nós defendemos, mantém-se no âmago do texto literário. É, pois, apoiados na sua teorização que vemos a problemática antropológica da literatura emergir devido aos seguintes fatores, por ele identificados:

- a interação texto-leitor e o efeito que essa interação provoca no segundo. E esta interação ajudará, segundo Iser, o leitor, animal interpretante, a ele próprio responder a questões como

"por que é que temos este *medium*?", "por que é que estamos continuamente a renová-lo?", ou, então, "por que é que precisamos da ficção?";
- a importância do imaginário na obra literária que se firma como um campo inesgotável de referências antropológico-culturais;
- pragmaticamente, tal aproximação procura diagnosticar a complexidade da condição humana muitas vezes oculta;
- do ponto de vista histórico, a erosão, no século XX, da ideia de educação e do próprio indivíduo obrigou a um alargamento do alcance e das responsabilidades da teorização literária;
- a ficção abre-se continuamente ao imprevisível e, como tal, oferece um ponto de vista a partir do qual se investiga a característica antropológica da humanidade;
- a extraordinária dualidade de pensar o impensável, mostrar o inacessível, ligando o que não se liga, tudo isto tem as suas raízes na posição descentrada do homem: ele é, mas não se tem a si próprio. Querer ter alguém tal como é significa querer saber o que ele é;
- perante a heterogeneidade das culturas que o século XX desencadeou, a necessidade de uma teoria de base antropológica parece ser de particular relevância;
- o estudo da literatura pode contribuir para uma discussão interdisciplinar, tanto por fixar problemas como por identificar questões. Como produto de uma cultura particular, a literatura representa a vida a partir de tensões com impacto no contexto cultural a partir do qual emerge.

Iser propõe, ainda, que a literatura permite ilimitados padrões de plasticidade humana, projetando formas sem, porém, nunca se prender a essas mesmas formas. Esta *continual patterning of human plasticity* (1993: xi) é, pois, reconhecível, tanto na estruturação da obra enquanto processo representacional, como na relação que o leitor estabelece com ela.

A nossa aproximação aos métodos da antropologia não obscurece de modo algum a nossa percepção de que o discurso antropológico, na interpretação que o Ocidente faz do *Outro*, significará, muitas vezes, mais um acentuar da diferença como distância, do que propriamente da sua aceitação como simplesmente diferente. Isto é, e como aponta Johannes Fabian (1983: xi), é preciso perceber que o discurso antropológico é um discurso que se constrói através da construção do *Outro*.

A presença empírica do *Outro* torna-se a sua ausência teórica, um truque de mágica que é realizado com a ajuda de um conjunto de dispositivos que têm o objetivo comum e a função de manter o *Outro* fora do Tempo do observador. E, aí, enquanto forma de silenciamento e domínio do *Outro*, o discurso antropológico tal como o discurso colonial, torna-se antropofágico, consagrando, por conseguinte, a disjunção "West"/"Rest".

Em todo o caso, procura-se uma associação metodológica no sentido de desenvolver uma diferente heurística para a auto-interpretação humana através da literatura. Há, no entanto, duas pré-condições essenciais sublinhadas pelo teórico alemão e que subscrevemos, por inteiro: primeiro, essa heurística não pode ser tomada de outras disciplinas e imposta à literatura; segundo, essa heurística deve ser ligada àquelas disposições humanas que são também constituintes da literatura. Essas condições devem ser encontradas através do ficcional e do imaginário instituídos pela própria obra.

É, pois, com todos estes pressupostos que, mesmo tendo em conta as maiores ou menores limitações que qualquer deles apresenta, julgamos legitimada e clarificada a nossa posição metodológica e teórico-operativa na abordagem do romance colonial no que ele consubstancia, tanto na representação de formas existenciais interatuantes, como na figuração dos seres e da linguagem enquanto condicionadores de visões do mundo determinadas. Isto é, não se trata, uma vez mais, de perseguir a excelência do texto literário, mas de explorá-lo enquanto representação, isto é, construção do mundo.

Se a todos estes argumentos juntarmos o incontornável fato de tanto a palavra "colonizar" como a palavra "cultura" terem a mesma origem etimológica, *colere* (lat.), que significa *cultivar, ocupar*, temos, por conseguinte, uma razão acrescida para ter subjacente ao nosso estudo uma perspectiva de contornos antropológicos. Interpretando esta relação cultura/colonização, Robert Young (1995: 31) observa que *colonization rests at the heart of culture, or culture always involves a form of colonization, even in relation to its conventional meaning as the tilling of the soil*. Portanto, num e noutro caso, o espaço impõe-se de forma determinante.

Tanto a cidade como o universo rural surgem-nos, no romance colonial, como espaços socioculturais – vimos no item anterior que estes espaços podem instituir-se também com uma dimensão socioeconômica inquestionável – que, por sua vez, integram subextensões onde se verificam atitudes e comportamentos indicadores de vivências específicas e visões do mundo particulares.

E o que é que caracteriza, no essencial, um espaço sociocultural adentro do universo romanesco? Consideramos espaço sociocultural toda a representação do conjunto de crenças, símbolos, mitos, atividades ritualísticas, concepções do mundo e modos de vida traduzidos em modelos comportamentais determinados, aprendidos, partilhados e integrados (ou não) numa tradição, e que são realizados por um coletivo de personagens devidamente localizado.

Esse espaço sociocultural pode ancorar-se na cidade ou no campo, em geral, ou, então, ter uma incidência específica e funcionar num "eixo microcósmico" (Reis 1998: 136), como a casa, o clube, o café, o restaurante, o local de trabalho, o terreiro, etc.

## 5.1. O campo: entre o realismo e a mística ruralista

O interior aparece-nos representado, muitas vezes, como um espaço monocultural, onde os negros nos aparecem nivelados segundo padrões comportamentais tipificados, tal como nos revelam os exemplos que, de seguida, apresentamos e que dão corpo às estratégias do romance colonial no sentido de explorar uma certa cor *local*. A dança é, curiosamente, uma das manifestações culturais mais representadas no romance colonial de vocação rural. Ela é apresentada, muitas vezes, como estereótipo que ridiculariza e demoniza o universo negro-africano:

> Os bailarinos erguem-se, novamente, como se tivessem enlouquecido – e gingam, sabe-se lá com que enfeitiçados requebras, uma dança lúbrica, num saracoteio libidinoso de quadris. Deitam a cabeça para trás, os olhos ficam semicerrados. E rodam à volta da fogueira, cada vez mais viva. Regougam obscenidades. Por fim, cabriolam, roucos. Grunhem como se dentro deles houvesse o demónio que quisesse saltar para as labaredas. [...]
> 
> Quando Francisco Diogo chegou à palhota, escapando do festim, para repousar um pouco, ainda os negros continuavam na sua orgia, soltando gritos, grunhidos, como se fossem "duendes em sabat demoníaco". Ele ouvia, lá dentro, a algazarra da negralhagem que parecia ter espíritos maus no corpo (*O branco da Motase*, p. 125).
> 
> Os primeiros homens levantaram-se e gingaram os quadris, ébrios e lascivos. As fogueiras tinham línguas mais vivas e mais altas. E mais

negros se levantaram, saídos de dentro das mantas. Havia uma gritaria infernal e um cheiro penetrante a *catinga*. Meteram-se à dança as velhas, que berravam como cabras cheias de cio. As *tombazanas*, tomadas de luxúria, cantavam velhas canções indecentes, que mais exasperavam a loucura dos homens que as tomavam com frenesi, num saracoteio endiabrado (*Calanga*, p. 93).

O narrador é, nestes casos, um observador externo, mas que de modo impenitente exerce uma função interpretativa e judicativa, quase sempre próxima de uma ferocidade estigmatizadora. Neste âmbito, um dos aspectos mais explorados no romance colonial, sempre que está em causa o corpo do negro, é o da sexualidade. A dança aparece como materialização de uma qualidade que lhes é inata e cujos movimentos parecem traduzir uma espécie de essência que, longe de os enobrecer, os reduz a uma condição animalesca. Daí a "dança lúbrica", "o saracoteio libidinoso dos quadris", "os grunhidos", os "demónios", a "catinga", "as cabras cheias de cio", a indecência, a "luxúria", etc.

E a animalização (demonização, mais propriamente) do africano e do negro acaba por fazer parte da isotopia constitutiva do *Outro* em muitos textos da literatura colonial. A prová-lo está, por exemplo, este pequeno excerto de uma descrição constante no romance *Mister Jonhson* (1952) de Joyce Cary, citado por Chinua Achebe (2000: 24), cujas aproximações expressivas e estilísticas com o romance colonial português são por demais evidentes:

> *the demonic appearance of the naked dancers, grinning, shrieking, scowling, or with faces which seemed entirely dislocated, senseless and unhuman, like twisted bags of lard, or burst bladders.*

Confrontamo-nos, tanto num como noutro caso, com uma tensão entre o narrativo e o descritivo, provocada por uma necessidade indisfarçada de realismo e pelo toque irresistível do aguilhão da análise que acaba, deste modo, por se cingir ao domínio do senso comum, resvalando fatalmente para o estereótipo. E o narrador exerce, aí, uma função determinante, pois ele representa a instância que ao encarregar-se de narrar a história nos surge como detentor de uma voz que é, segundo Carlos Reis (1998: 59):

observável ao nível do enunciado por meio de intrusões, vestígios mais ou menos discretos da sua subjectividade, que articulam uma ideologia ou uma simples apreciação particular sobre os eventos relatados e as personagens referidas.

Voz que, no caso de se tratar de um narrador onisciente, adquire uma autoridade quase divina. Fato que levará Achebe (2000: 24) a concluir que *there is such a thing as absolute power over narrative. Those who secure this privilege for themselves can arrange stories about others pretty much where, and as, they like.*

A noite, por seu lado, cumpre uma função contextualizadora e simbólica importante, pois, além de ela significar a cessação de todas as atividades laborais, potencia quer a aproximação, o intimismo e a convivência social, quer a relação exponencial e mística com a natureza que se traduz em atmosferas, quase sempre, envolventes. Repare-se, por exemplo, neste excerto retirado, também, de *O branco da Motase* (p. 99-100):

> Quando a noite deixou na espessura uma sombra larga, impenetrável, ardiam, espaçadas, cinco grandes fogueiras. Os homens revezavam-se, em grupos, para lhes deitar mais galhos e troncos de árvores.
>
> Como os animais fazem para se defenderem das feras, os homens ficaram em grupo, apertados. Conversavam em voz alta para afugentar o medo. Contavam histórias de duendes e coisas de feitiço, que a uns enchiam de riso a boca, a outros a alma de terrores. No meio deles ardia pequena fogueira, sobre a qual ferveram, em panelões de ferro fundido, a farinha de milho e o amendoim.

Reconhece-se, aqui, a referência a uma prática com um valor sociocultural inestimável nas sociedades rurais africanas, normalmente ágrafas, que é o de *contar histórias à mira da fogueira*. Além das motivações lúdicas que lhe estão subjacentes, esta prática eterniza não só tradições seculares como também é um instrumento precioso de comunicação e de perpetuação de valores. Segundo Lourenço do Rosário (1989: 47), estas "narrativas de tradição oral são o reservatório dos valores culturais de uma comunidade com raízes e personalidade regionais, muitas vezes perdidas na amálgama da modernidade". O autor esclarece-nos, ainda, que:

Na sociedade africana, em particular a campesina, onde a tradição oral é o veículo fundamental de todos os valores, quer *educacionais*, quer *sociais*, quer *político-religiosos*, quer económicos, quer culturais, apercebe-se mais facilmente que as narrativas são a mais importante engrenagem na transmissão desses valores.

E o ato de contar histórias, tal como é representado em *O branco da Motase*, institui-se como um verdadeiro ritual com todos os dispositivos cerimoniais: a fogueira, a noite, o contador e o auditório.

Sendo o saber etnográfico uma das virtualidades discursivas e temáticas do romance colonial, são, por conseguinte, inúmeras as situações que traduzem a preocupação dos autores em retratar usos e costumes identificadores de universos socioculturais determinados. Aí, o exótico, o pitoresco, o inesperado se dilui nas preocupações com o realismo das descrições, onde a pormenorização dos objetos se conjuga com uma certa fidelidade linguística e onomástica. É, pois, com naturalidade que temos rituais onde a observância das tradições ocupa um lugar central. É o que se verifica na descrição do funeral do velho Rupia em *Terra conquistada* (p. 13-14):

> Morrera seu tio Rupia. As mulheres dele e todos os que tinham assistido aos seus últimos momentos cantavam o vitelini dos mortos.
>
> Meoéla foi esconder no mato o arco e as flechas e meteu-se a caminho da povoação do tio, onde, como era de uso, se reuniam parentes e amigos.
>
> Chegou lá e, à surrelfa, instalou-se entre os demais. O seu pensamento, porém, não estava com o morto. Instintivamente, iam-se-lhe os olhos para o grupo de homens que, a alguma distância dos homens, carpiam o defunto. Mais duma dúzia ali estavam: as três mulheres de Rupia, parentas dele e outras.
>
> [...] Diversamente do que se dava em outras regiões da África, o herdeiro de Rupia seria um filho deste e de Majioa, rapazote de doze anos apenas. Herdaria do pai todos os bens incluindo as mulheres, à excepção da sua própria mãe. Seria ele, Meoéla, na qualidade de sobrinho do morto, que Majioa teria de aceitar para marido, como era de uso *udja mirriba*. Podia abandoná-lo no dia seguinte, se não lhe agradasse aquela ligação. Procedendo assim, receberia da família do defunto marido um anel, o *pêté*, a indicar ter quebrado com ela, para sempre, todas as ligações.

## III. A REPRESENTAÇÃO DO ESPAÇO

> [...] Depois de todo aquele tempo, em ininterrupta e choramingada cantilena, chegaram por fim os *narrubis*, gatos-pingados incumbidos do enterro. Raparam de pêlos o corpo de Rupia, lavaram-no, meteram-no num *baoli* escavado num toro de coqueiros e lá o levaram a enterrar, seguidos por grande acompanhamento de parentes, amigos e mulheres, lançando ao coval os utensílios de uso do morto – pratos, colheres, panelas, cabaças – para serventia na sua existência além-túmulo.
>
> Voltaram todos à povoação. Lavaram-se com *mpila-mpila*, um remédio adequado fornecido pelo *nganga*, necessário para afugentar espíritos malignos, que disputam aos bons espíritos a alma dos mortos. Terminada a curta refeição que se seguiu ao enterro, a *mcuto*, à qual Meoéla não assistiu por ser parente de Rupia, fez-se a distribuição da mulala, sinal de luto a usar à volta do braço ou da cabeça, tira estreita de pano azul obtida duma capulana daquela cor, que tinha sido usada pelo defunto.
>
> Finalmente, a povoação voltara à sua quietação costumada.

É notória, neste texto, a dramatização de saberes referida por Barthes. Transpira aqui um certo exibicionismo pedagógico com requintes de erudição etnográfica, que faz com que o leitor se deixe, de certa forma, seduzir tanto pela forma como se estrutura o discurso, como por aquilo que se pretende mostrar. Embora seja visível a preocupação do narrador em mostrar um fenómeno invulgar, subsiste uma volúpia do *dictum* sobre o *factum*, expressa de modo peculiar na utilização de um vocabulário diferente com o seu *quid* de pitoresco.

Nesse mesmo universo rural, iremos, também, encontrar a representação do espírito comunitário como marca idiossincrásica de uma certa forma de ser e de estar:

> A razão de tamanha actividade naquele caso, tão contrária aos hábitos de todos eles, não era desprovida de interesse. Se a carne fôsse destinada à venda, não se mostrariam tão zelosos. Não se tratava, porém, de vendê-la. A presa tinha sido um cudo. Por isso, cada um dos habitantes da povoação podia tirar o quinhão que lhe apetecesse. A carne que sobejasse da discricionária partilha ficaria, *como era de uso*, à disposição dos que passassem, para se servirem dela a seu talante (p. 67) (Itálicos nossos.)

Ou, então, a representação da hospitalidade como valor identitário, embora em crise, quase que um anacronismo, mas revelador de uma vitalidade social e cultural profunda. Sobressai, ao mesmo tempo, uma outra prática, também com valor antropológico inquestionável, caso da poligamia, revelada aqui por uma das personagens:

> Numa tarde de calor, um homem, vindo de muitos dias de longada, chegou ao portal da minha palhota. Não era da minha gente. Atravessava as terras dos *matepuiris*, a caminho da sua terra, no Alto Boror. Disse-lhe que descansasse ali por *quanto tempo quisesse*. Partilhou do meu canudo, *comeu comigo* da *mesma* panela e comigo bebeu da *mesma* cabaça. Toquei *msirimbo* para distracção do meu hóspede e mandei que as mulheres dançassem *em sua honra*. Ele contou-me que, entre a sua gente, era caçador de fama. Isso ainda mais concorreu para que eu o rodeasse de cuidados. À noite, findas as danças, fui indicar ao meu hóspede a palhota onde havia de dormir, *uma das melhores* da minha povoação. Mandei também *uma das minhas mulheres* para lhe fazer companhia. Três dias se demorou ali o visitante. Durante esse tempo foi tratado *como um irmão* (p. 85-86). (Itálicos nossos.)

Curiosamente, é aqui utilizada a voz do *Outro*, estratégia que concorre para dar maior legitimidade e credibilidade à narrativa enquanto representação de um mundo *diferente*. Sobre a representação das vozes na literatura colonial damos um maior desenvolvimento no Capítulo V.

O processo iniciático do colono em relação a realidades culturais muito marcadas está também presente, indiciando movimentos aculturativos por parte do branco, mais como estratégia de sobrevivência do que como expressão de sentimento de partilha identitária. Tal fato é visível quer no caso de Francisco da Marta em *Terra conquistada* (p. 78):

> Sabanhane ia elucidando o europeu sobre certos costumes da região. Aqueles sons eram de diversos tipos de tambor, simultaneamente: *dombés*, *mchitos* e *arritimulas*. Tinham por fim convocar os habitantes das proximidades a reunir-se. Devia tratar-se do *combaíssa* que teria chegado à povoação do Megonha para descobrir o *mucuírre*.

quer no caso de Pedro da Maia ao casar-se com a negra Cafere. Este fato vai desencadear uma luta interior nesta personagem dividida entre o receio do julgamento a que ficaria sujeito junto dos outros brancos e o apelo dos impulsos que, no momento, o tomavam, submetendo-se, por isso, às regras da comunidade da rapariga:

> *Bambo* sentou-se. Ficou quieto, como uma montanha de carne tranquila. *Malume*, do seu lugar, mesmo sentado, perguntou à Cafere se lhe agradava ter por companheiro o branco da cantina. A Cafere baixou, pudicamente, os olhos redondos e negros, esteve um momento indecisa, para dizer que sim. Pedro da Maia, então, tomou a mão da Cafere – e pôs-lhe o *m'sambo*, o anel das missangas brancas, que selava o contrato nupcial. A seguir, entregou-lhe as *capulanas* de seda, que ela vestiria, ao terceiro dia de casamento, mal nascesse a manhã.
> As irmãs de Cafere adiantaram-se, tomaram a cabaça cheia de *kabanga* – e deram-na, primeiro a Bambo, que a segurou, entre as mãos grossas. Levantou a cabaça – e enfiou o pipo nas beiçolas ansiosas. E bebeu – bebeu bem. Até ficar farto. Deu um estalido com a língua – e passou-a a Kalonga –. A cabaça andou, de mão em mão, vazia quase, umas vezes, cheia outras, até que o garrafão ficou sem nada.
> [...] Cafere ficou em casa do *Malume*, respeitando o costume gentílico do Muende. Pedro da Maia esteve só, durante duas noites, na palhota nova. Ao terceiro dia, foi a *Sankulo* (madrinha) levar-lhe a Cafere. A *Sankulo* transportara, com ela, uma pequena vasilha de barro, com água (*kankate*) – e, a Cafere, a panela grande, com a *mukate* (água fresca). De manhã, lavaram-se, ambos, com a água das duas vasilhas. Só então, a Cafere enrolou ao corpo, com a ajuda de Pedro da Maia, as *capulanas* que este lhe oferecera na noite do banquete nupcial (*Muende*, p. 132-134).

Outra prática também emblemática explorada no romance colonial é a da feitiçaria e a dos rituais mágico-religiosos. Mais individualizada, uma, com manifesto caráter social, a outra, aparecem-nos como imagem de marca do anacronismo cultural em que é quase sempre colocada a sociedade africana tradicional. Por outro lado, abre-se no espaço discursivo do romance colonial o lugar para o "fantástico exótico" (Todorov 1970: 83) e que tem a ver com a narração de acontecimentos sobrenaturais. Além do mais, o receptor implícito, por suposição, não conhecendo as regiões onde se desenvolvem os acontecimentos, não vê razão nenhuma para os pôr em dúvida:

Outra noite veio encher de sombras densas os matos da Macanga montanhosa. E os tã-tãs continuaram a sua batucada nervosa, espaçada, que, por vezes, parecia um rufar triste a anunciar a morte de alguém importante do *clan*. No posto de Vila ouvia-se o som dos tambores, diluído pela distância. Há cinco dias e cinco noites que eles não paravam. Revezavam-se os homens para que o aviso dos régulos fosse ouvido em toda a parte. [...] Em todas as povoações os tambores anunciavam que o *Nhabeze* iria, nesta noite, à árvore sagrada, invocar os espíritos – para que os espíritos lhe indicassem o homem que deitara fogo à cantina e ao armazém do branco da povoação do Muende (p. 265).

Nesta passagem, é manifesto, no contexto rural, o caráter social da atividade mágico-religiosa, fato que contrasta frontalmente com a atividade mais individualizada dos curandeiros e dos feiticeiros na periferia urbana, como adiante iremos verificar.

Por outro lado, é possível perceber que o campo, a partir do momento em que se introduz o elemento branco, deixa, em certa medida, de ser monocultural para se tornar num espaço intercultural. Além da língua e de outros valores de ordem cultural e civilizacional introduzidos pelo colono, um dos fatores determinantes para essa interculturalidade é a religião, associada quase sempre a uma ação educativa (ou não devia ser doutrinária?) alargada:

No negrume da noite ouvia-se, longe, o *batucar dos tambores*. O som perdia-se, levado pelo vento fresco para a terra estéril da Lagoa Pate. Os negros vinham pelos carreiros abertos no capinzal alto, de todas as direcções. Inflectiam à esquerda num ponto em que os *caminhos se cruzavam* e iam dar à escola indígena do Maíla [...] Na *escola* de Maíla, o *professor* estava com os seus alunos. No largo não havia caída uma folha seca das grandes árvores, à sombra das quais os *mufanas* cantavam, aos domingos, depois da *missa que o padre ali ia dizer* (Calanga, p. 89). (Itálicos nossos.)

Reconhecem-se, aqui, os signos e os símbolos que determinam a dimensão intercultural do campo: os batuques, por um lado, a escola, o professor, o padre, a missa, por outro.

Um dos pilares da presença hegemônica dos europeus, a religião, em particular a Igreja Católica, acaba por se instituir como uma das representações mais poderosas do romance colonial. O peso ideológico e a função manipuladora e aculturativa patenteados pela Igreja adquirem uma relevância particular quer em termos discursivos quer a nível dos movimentos diegéticos em que a intervenção dos padres e missionários concorre para a emergência de significativos quadros socioculturais:

> Antigamente, tinham vindo *sacerdotes estrangeiros*, que fizeram de alguns indígenas catequistas, levantaram palhotas e deixaram esses indígenas que *diziam as mesmas coisas* que eles disseram. Esses indígenas *repetiam* o que lhes tinham ensinado os padres estrangeiros, que mal sabiam o português. Mas *não eram capazes de explicar o que queriam dizer as suas arengas*. Veio a seguir um *padre branco* que lhes dissera que os *catequistas protestantes* não falavam a verdade, que a verdade trazia-a ele consigo na sua palavra de eleito do Senhor. No fim, *não entenderam também o padre* que tinha chegado à Calanga e fazia guerra aos outros padres que não eram da sua religião. [...] *Muitos negros tinham ficado indecisos quanto ao caminho que deviam seguir*: se o apontado pelos catequistas indígenas e protestantes, que já lá estavam, se a estrada que o padre branco dissera ser a que conduzia à presença do Senhor (*Calanga*, p. 92). (Itálicos nossos.)

A concorrência religiosa aqui patenteada entre católicos e protestantes e que, muitas vezes, inclui também as práticas animistas dos negros e o islamismo, acaba por vincar a implantação, expansão e prevalência do catolicismo no sentido não só de manipular as consciências dos nativos como também de assegurar a legitimidade da sobreposição cultural e civilizacional do colonizador.

No entanto, tanto as rivalidades apontadas, como uma quase que absoluta incompatibilidade entre o que os padres apregoavam – mesmo quando recorrem à língua local – e as práticas quotidianas das personagens dos nativos reduziam drasticamente a eficácia e o alcance dos desígnios propalados.

Na representação das tendências assumidas pelas diferentes personagens, é possível inferir um conflito de proporções muito mais vastas de que o próprio romancista não consegue alhear-se: aquele que tem a ver com os choques de imaginários provocados pela situação colonial. É manifesta na passagem que se segue, por um lado, um nítido rebaixamento dos costumes dos pretos e das normas islâmicas, seguidos por muitos deles. Repare-se na última frase e no recurso ao itálico, pleno de ironia:

Francisco Diogo assistiu ao banquete – e, como os seus homens, comeu também do saboroso manjar. Mandou dar-lhes vinho. De começo, não quiseram. Protestaram mesmo. Os maometanos não bebem. O capataz, habituado aos costumes dos brancos, explicou-lhes que o vinho não era bebida cafreal, feita como os pretos a faziam, sem cuidados. Que não dava cabo da barriga. Que a religião de branco não proibia que o homem bebesse *nipá*. [...] O capataz provou o vinho, na frente de todos – ele que era, como os outros, também maometano. E todos beberam o *nipá* dos brancos. Ficaram por algum tempo a saboreá-lo. E beberam mais, esquecidos do preceito do Alcorão que não *permite que o homem tome bebidas fermentadas...* (*O branco da Motase*, p. 121).

Temos, assim, por contraste, a apologia da cultura dos brancos ("O vinho não era bebida cafreal, feita como os pretos a faziam") e da superioridade pragmática da sua religião ("a religião de branco não proibia que o homem bebesse *nipá*").

Mais uma vez, encontramos a individualização da personagem do colono, espécie de herói solitário, em contraste com a massa amorfa e indistinta dos africanos. É a reiteração da solidão robinsoniana paradigmatizada por Defoe.

A questão religiosa, dada a sua importância por influenciar e determinar posturas mentais e comportamentais determinadas, constitui não só um motivo narrativo incontornável no romance colonial, como também é um indicador de peso sobre a peculiaridade dos universos socioculturais interatuantes. Em conformidade com esta nossa constatação, temos Ania Loomba (1998: 106) que, de modo penetrante e sumário, considera que *religious difference thus became (often rather confusedly) an index of and metaphor for racial, cultural and ethnic differences*.

Além das relações estritamente profissionais que se estabelecem entre os patrões e os empregados, por um lado, e entre os empregados entre si, por outro, o local de trabalho assume-se como um espaço sociocultural de valor indesmentível. Segundo Bernardo Bernardi (1985: 67), "do ponto de vista antropológico, o *trabalho* é uma das muitas manifestações da cultura". Assim, em *O branco da Motase* (p. 3), encontraremos uma situação elucidativa quanto às potencialidades culturais do trabalho, e que vai muito além do fato de este ser um espaço interindividual: "Os negros cantavam na *faina* do trabalho uma velha *canção* da sua tribo." (Itálicos nossos.)

Interpretando este fenômeno, Jeanne Penvenne (1995: 2) observa que, apesar de que as canções de trabalho veiculavam expressões de resistência, lamentação e revolta contra o opressor, a comunicação entre os trabalhadores era também muito importante. As canções ajudavam obviamente a coordenar o ritmo de trabalho e a quebrar o tédio. Elas transmitiam também um encorajamento mútuo pontuado por avisos e proibições.

Além das funções acima mencionadas, as canções traduzem um forte imperativo sociocultural dos trabalhadores rurais de origem africana. Estes davam, assim, forma a uma prática cultural ancestral associada à atividade produtiva e que acaba por se instituir como um elemento com forte valor identitário e distintivo. Estes elementos culturais de matriz bantu, associados ao campo, correspondem, na literatura colonial, menos a desígnios valorativos que a pretextos literários de feição exótica.

Em todo o caso, é importante reconhecer que, na tentativa de desocultação dessas realidades, mesmo que sob o impulso deformador ou folclorizante do etnocentrismo restritivo do narrador, a literatura colonial assegura o mérito de fazer dessas realidades tema e motivo literário, perturbando, por isso, a tradição literária do Ocidente.

## 5.2. A cidade colonial: labirinto de máscaras

Atendo-nos, a partir de agora, ao contexto urbano, por nós já apontado como um universo dominado pelo homem branco, é significativo o fato de os espaços representados possuírem uma carga de complexidade e de conflitualidade sociocultural muito mais intensa, muito mais marcada. Em contraste flagrante com a figuração do espaço rural, a representação da cidade adquire contornos verdadeiramente antiépicos.

Tem aqui inteira aplicação a generalizada constatação de que o espaço urbano, enquanto efeito e signo da modernidade, gerou tensões e contradições insanáveis, reconfigurou singularmente a relação do homem com o mundo, com os outros homens e consigo próprio. E é, neste aspecto particular, enquanto representação de si próprio, do mesmo cultural e civilizacional, que a literatura colonial assume uma condição de crise de valores.

A cidade colonial, em especial Lourenço Marques, cuja representação no romance colonial é onipresente, institui-se como um lugar de profundas clivagens sociais, culturais e econômicas, onde, apesar de ancoradouro de múltiplos e diversificados imaginários, o elemento português é, sem sombra de dúvida, dominante, apesar do predomínio demográfico dos nativos ou das influências culturais estrangeiras:

Portuguesa, certamente, Lourenço Marques era, no entanto, uma cidade de hábitos inglesados, influência da vizinhança do Transval, país onde abundava o ouro. Isso a tornava muito diferente das outras terras portuguesas coloniais.

(Ed. Correia de Matos, *Terra conquistada*. p. 212.)

Além desta pletórica afirmação de uma portugalidade geograficamente disseminada, outros indicadores se apresentam: os de ordem linguística (caso, por exemplo, dos regionalismos), estrutural (a presença hegemônica das personagens brancas e a sua caracterização mais cuidada), cultural (onomástica, gastronomia, atitudes), etc.

Se é verdade que a cidade que nos é mostrada não se distingue das outras cidades que a literatura, em geral, consagrou – "mundo burguês da mercadoria", lugar de vida e de morte, de ambiguidades, objeto de fascínio e de repulsa, como diria Eduardo Lourenço, ou "lodo infame" (Barrento 1987: 99) – fatores como a própria localização (o mar e a proximidade com a África do Sul), o ambiente prevalecente, os tipos humanos e os grupos sociais que a compunham, tomavam-na, em quase todos os sentidos, um espaço sociocultural único. É esta singularidade que, de certa forma, se reconhece na colônia no seu todo, pelo menos enquanto ficção literária.

Por conseguinte, tanto o repertório dos comportamentos apresentados pelas diferentes personagens – segundo Geertz (1973: 17), os comportamentos têm de ser tratados com alguma precisão porque é através deles, ou, mais precisamente, da ação social, que as formas culturais ganham articulação –, como a focalização narrativa sob a responsabilidade quer do próprio narrador, quer de determinada personagem, permitem-nos ter acesso a quadros socioculturais extremamente reveladores. Uma das notas mais salientes decorrentes da representação da cidade é que ela nos aparece marcada pelo estigma do vício e das disformidades morais e sociais, o que vai acabar por deixá-la envolta numa aura misto de pessimismo, desencanto e ceticismo. Este é um fato, no mínimo paradoxal, se nos lembrarmos que uma das grandes motivações da literatura colonial é exatamente o de fazer a apologia da saga civilizacional, moral e cultural da colonização. Sendo a cidade uma das consequências e um dos símbolos maiores desse empreendimento, até que ponto não é posta em causa, pelo próprio romance colonial na forma como representa o espaço urbano, a própria civilização ocidental como valor triunfante?

## III. A REPRESENTAÇÃO DO ESPAÇO

Por outro lado, as representações que nos são veiculadas pelo romance colonial de expressão portuguesa parecem contrariar, no que toca ao espaço urbano, a afirmação de Frantz Fanon (1961: 10) de que:

> A cidade do colono é uma cidade farta, indolente, e *a sua pança está sempre cheia de coisas boas*. A cidade do colono é uma cidade de Brancos, de estrangeiros. A cidade do colonizado, ou pelo menos a cidade indígena, a aldeia negra, a medina, a reserva, é um lugar de má fama, habitado por homens de má fama. (Itálicos nossos.)

Um dos espaços socioculturais, nesta ótica sombria, mais representados no romance colonial é o *cabaret*. Se a cidade nos aparece como lugar de vício, perdição e decadência, não haverá lugar mais emblemático dessa dissolução que o cabaré. Se, para alguns, é um espaço de subsistência, para muitos outros é um lugar de lazer ou, simplesmente, de descarga das frustrações quotidianas, ou, ainda, da mais pura libertinagem. Se não, vejamos:

> A sala de diversões do Casino não era mais que um café-concerto vulgar, onde havia um recinto reservado à dança e à exibição de números de variedades. Numa terra onde escasseavam as distracções, era lugar frequentado por gente de todas as classes, ainda mesmo por aquela que nunca arriscava nada às mesas de jogo.
> Francisco da Marta e a mulher costumavam ir ali ao sábado, depois de findar o cinema. Ceavam e distraíam-se com os números de *cabaret*. Não tomavam parte na dança, mas gostavam de ver dançar a outra gente. O dia seguinte era domingo, dia de folga.
> De vez em quando, números novos de variedades vinham substituir os antigos. Usualmente, tratava-se de artistas estrangeiros, vindos da África do Sul, mas havia-os também de Portugal ou de Espanha.
> (Ed. Correia de Matos. *Terra conquistada*, p. 232.)

Todas as cidades têm uma face escondida, uma face que passa despercebida à maioria dos seus habitantes. É o monturo das cidades onde desaguam, num febril cachoar, todas as misérias, todas as ignomínias, todas as tragédias, todas as tristezas, que se fundem, se caldeiam num enorme cadinho na semiobscuridade de ambientes, formando uma vida à parte como satélite do planeta-mãe.

A Rua Araújo é a face oculta da vida de Lourenço Marques. Bares jorrando luz, música estridente de máquinas, giradiscos, bebidas correndo em balcões ensebados, homens solitários que buscam a companhia de raparigas negras em intervalos breves que precedem horas de amor em camas toscas dos bairros de caniço; clubes nocturnos, luxuosos uns, modestos outros, frequentados de acordo com as algibeiras dos homens que os procuram, já noite dentro quando a outra cidade dorme tranquilamente nas suas casas subindo em declive suave de ao pé do mar até às terras altas, aos bairros modestos de gente humilde, aos bairros elegantes dos bem instalados na vida.

Carlos de Sucena frequentava assiduamente um dos mais elegantes clubes nocturnos da Rua Araújo. Era a sua vida dupla, a válvula de escape duma vida profissional sedentária e duma vida familiar um pouco desajustada. Como Carlos de Sucena, outros homens com os mesmos problemas, procuram nos braços das alternantes umas horas de amor fácil, compram as carícias de raparigas quase crianças mas já diplomadas pela universidade da vida.

(Eduardo Paixão, *Cacimbo*, p. 103-104.)

[Gerente de um cabaré]:
– Isto é um sítio onde o dinheiro custa muito a ganhar. Nós não brincamos. Eu não brinco. Estou rodeado de loucos. As mulheres são umas taradas hipersensíveis, alcoolizadas, todo o seu mecanismo de sexo e de sentimento estão alterados. Os homens que nos frequentam, na sua maioria, não passam de esquizofrénicos, frustrados ou bêbedos, capazes de uma aberração ou de uma infâmia, não cabem dentro de nenhum esquema de moralidade...

(João Salva-Rey, *Ku-Femba*, p. 65.)

Os exemplos seriam, de facto, inúmeros. O cabaré aparece-nos como um espaço-símbolo, espécie de *ex-libris* da vitalidade pseudomoderna e cosmopolita da cidade colonial. Espaço onde a burguesia local faz valer não só o seu poder económico, aliado a uma ostentatória e petulante impudência, mas também deixa entrever as conformações e deformações de um determinado imaginário.

Parece haver neste quase lugar-comum disseminado pelos intricados universos romanescos uma tentativa de superação, de diluição do provincianismo proverbial da personagem do colono. E é aí que, voluntária ou involuntariamente, se manifesta o que há de mais retrógrado, degradante e mesquinho num imaginário que a própria literatura colonial se encarregou de modelizar. Afinal, como encontramos na nota introdutória a *Heart of darkness*, de Conrad, a "escuridão" residia no interior do homem branco.

Por outro lado, reconhece-se na representação do cabaré, tanto do ponto de vista empírico como literário, um legado da tradição cultural francesa, que atingiria o seu auge no século XIX com autores realistas como Eugène Sue.

Como se ali se acoitasse parte importante da alma da cidade, são extensos e iterativos os planos narrativos e descritivos que o romance colonial reserva a esse lugar. Representativo da *zeitgeist* e da *weltgeist* coloniais, o cabaré é um microcosmo aberto ao mundo onde confluem brancos, negros e mestiços, ricos e pobres, velhos e novos, embarcadiços e radicados, etc.

O restaurante e o café instituem-se, também, como espaços socioculturais representativos no que concerne à figuração e identificação do comportamento, sensibilidade e visão do mundo dos estratos dominantes da sociedade colonial. Igualmente produtos e signos da modernidade que a colonização transportou, apresentam-se como imagens fragmentárias das tendências psicológicas e ideológicas de tipos humanos e sociais decadentes, que uma focalização narrativa muitas vezes implacável irá vituperar e ridicularizar. Tal é o caso da personagem Xavier de Lacerda, em *Cacimbo* (p. 201) de Eduardo Paixão:

> O Xavier Lacerda era uma figura típica da imbecilidade que prolifera em todas as sociedades humanas. Tinha o culto do narcisismo e a sua preocupação dominante era andar bem vestido, cabelos lustrosos de brilhantina, atirar frases feitas, reduzido vocabulário e... pouco mais. Imiscuía-se no meio feminino com relativa facilidade. Tinha estampada na face a marca do imbecil que parece agradar a determinado tipo de mulheres.
>
> Chegou a Lourenço Marques integrado numa companhia de teatro formada *ad hoc*, com o rebotalho dos artistas falhados que demandam África sem passado e sem presente...

Este retrato parece funcionar como antecipação justificativa do episódio que nos é narrado a seguir e que se passa justo num restaurante da cidade. Através dele, o narrador parece querer legitimar a indissolubilidade entre o traço sociopsicológico e os atos da personagem, sem dúvida, uma personagem-tipo:

> Uma noite, num restaurante de luxo, acompanhado [o Xavier] por dois casais, quando o chefe de mesa, diligente e grave, serviu como sobremesa torta de maçã, chamou-lhe a atenção para o "pobre aspecto" da mesma:
> – Vocês aqui em África estão habituados a impingir qualquer mistela que só de longe se parece com uma verdadeira torta de maçã. No "Ritz", por exemplo, a torta de maçã que me serviam era empolada e fofa, uma delícia. A vossa sorte é que a maioria dos lourençomarquinos não sabem o que isso é e vocês vivem a vender estes autênticos disparates culinários.
> Olhava as damas com ar superior que também por sua vez admiravam aquele cavalheiro habituado às tortas do "Ritz" (p. 202).

Às explicações do chefe, Xavier responderia:

> – Não seja incorrecto. É ousadia da sua parte estar agora a ensinar-me o que é uma torta de maçã... Era o que faltava vir cá para África receber lições.

E depois de as senhoras se solidarizarem por inteiro com o seu acompanhante, recusando-se a comer a torta, o chefe da mesa acabou por identificar-se como antigo chefe de mesa do "Ritz", mostrando-lhe o cartão do seu antigo emprego, e perante o desconcerto e a resistência de Xavier, declarou:

> – O cartão é meu, não costumo enfeitar-me com penas de pavão. Também aproveito esta oportunidade para dizer a V. Exa. que o conheço de Lisboa e que nunca entrou no "Ritz", nem em qualquer hotel de categoria. V. Exa. era figurante das revistas do Parque Mayer e frequentava um pequeno restaurante popular da Rua dos Correeiros, onde serviam um prato único pelo preço de 6$00 com vinho incluído. É o Xavier, ex-amante da corista Mónica e seu chulo...

[ ...] Depois deste incidente o Xavier Lacerda passou a ser mais comedido, nas suas afirmações frente aos chefes de mesa e passou apenas a fazer críticas quando servido por criados negros. Nunca mais entrou naquele restaurante (p. 202).

Como que aplicando a máxima latina, *ridendo castigar mores*, este excerto é ilustrativo de como o romance colonial acaba por ser autocrítico, autossarcástico em relação à sociedade de onde fazia emergir as suas personagens, principais ou secundárias, pondo a nu as suas fragilidades morais e culturais. Por outro lado, a cidade colonial vai-nos surgindo como um verdadeiro espaço labiríntico e tenebroso, onde só através da máscara, mesmo quando o poder económico é inquestionável, as personagens conseguem sobreviver socialmente. Não só sobrevivem, como também podem obter a devida compensação, ou, pelo contrário, a punição pura e simples.

E o anedótico funciona como expressão de lástima perante uma condição que não se apresentava, de modo algum, como excepcional. Atente-se, por exemplo, neste diálogo entre dois casais que, ao jantar, peroravam sobre eventos passados. Dizia uma das ilustres convivas:

– Estás lembrado, Filomeno, daquele pique-nique a Marracuene? Éramos para cima de vinte. O que tu cantaste, nessa tarde! É verdade que ele já tinha um grãozinho na asa. Mas mesmo assim! A filha do Estevão estava mesmo derretida. É atrevidona! Vi geitos de me roubar o marido. Dizia que o meu Filomeno não ficava atrás do Cafuso. E ela sabe o que diz. Tem dois anos de Conservatório.

– Cafuso?... Não sejas estúpida, mulher! – emendou o Martins. – Caruso é o nome do homem. Era um italiano. Por sinal que já morreu.

– Caruso ou Cafuso, tanto faz. Bem sabes que não estudei italiano[28].

(Ed. Correia de Matos, *Terra conquistada*, p. 236.)

Além destas manifestações quase hilariantes, expressão de estreiteza moral e intelectual por parte destas personagens-tipo, estes pequenos santuários de vida social e cultural da burguesia colonial são um verdadeiro

---

28   Lembrar que Enrico CARUSO (1873-1921), cantor dramático italiano, foi um dos maiores tenores da sua época.

albergue de intriga, conversa fútil, devassa da vida privada, inveja, ódios fermentados, despeitos mal dissimulados, gabarolice, bajulação, exercícios estafados de pseudo-erudição, achincalhamento, difamação, etc.

Dado o realismo quase mimético que caracteriza a representação destas personagens e das situações em que elas se veem envolvidas, e dada a nossa insistência em associar particulares ficcionais a universais reais (tipos psicológicos, grupos sociais, condições existenciais ou históricas), incorremos, por isso, na chamada "prática mimética universalista".

Segundo Lubomir Dolezel (1988: 72-73), mediante a aplicação da função mimética universalista, as funções literárias transformam-se em exemplos categorizados da história real, fato que pode conduzir ao fechamento interpretativo. Apesar do risco, julgamos que se torna incontornável este tipo de generalização, dada a carga simbólica que cada uma dessas personagens transporta, por um lado, e do intenso intercâmbio que se verifica, por outro, entre o mundo da ficção e o mundo real.

Entretanto, na configuração dos lugares acima referidos, efetiva-se a conjugação dialética entre a sua dimensão física e o seu alcance simbólico. Lugares fechados, mas ao mesmo tempo abertos, dadas as suas potencialidades semióticas por traduzirem, em última instância, a relação que as personagens travam consigo próprias e com o espaço que as envolve, e que ao mesmo tempo que as define se autodefine. Aliás, como observa Eduardo Prado Coelho ("O sentido do centro" in *Público*. n. 3683, 17/04/2000, p. 44).

> Todos os espaços de uma cidade são espaços que formam um espaço, mas só alguns espaços têm capacidade para serem lugares: porque um lugar prende-se ao próprio reverso da cidade, ao invisível a partir do qual uma cidade se formou. Cada verdadeiro lugar é o átrio da memória dessa cidade.

No caso do romance colonial, os lugares representados compõem, neste particular, a memória sórdida da cidade colonial que se identifica com a caracterização psicológica e social das personagens.

Se, através das ilustrações acima apresentadas, é visível que nesses textos o narrador mais parece interessado em *mostrar* (*showing*) que em *dizer* (*telling*) as pústulas sociais, há obras em que são as próprias personagens, muitas vezes funcionando como alter ego autoral, a exprimirem sentimentos corrosivos acerca da sociedade de que faziam parte. Significativamente, ou não, será entre a juventude da cidade colonial que ora se reunia "numa mesa do Scala com uma malta certa a discutir isto e aquilo e muito em especial garotas, basket e futebol", ora "ia ao Girassol para ver boas mulheres que lá aparecem e para [se] emborrachar um bocado com whisky e boa música", ora estacionava "na esquina do Continental" (Fernando Magalhães, *3x9=21*), que se manifesta essa autoconsciência desencantada, oscilando entre a revolta e a impotência, perante os padrões mentais e comportamentais dominantes.

É, assim, que, enquanto uma personagem como Dana, filho da alta burguesia colonial, não parava de repetir para a irmã:

> Odeio esta cidade... tu sabes tão bem como eu. Acanhada, mesquinha, uma gente que só se preocupa com o que os outros fazem... Não quero viver aqui, neste buraco infecto... Eu tenho de voltar a Lisboa.
> (Francisco de Sousa Neves, *Tarantela*, p. 30.)

Lena, filha única de uma modesta família urbana, ao insurgir-se contra Jorge, o namorado, acaba por exprimir toda a sua revolta contra as normas sociais vigentes e que, pelos vistos, a oprimiam:

> Tu agora só vives para os outros... Para os invejar, para os imitar, para os pisar... Eu cá quero viver desprezando tudo o que vir que pode ser aproveitado. Se conseguir ser feliz serei "superior", se não conseguir, pelo menos vivo na ilusão de que o sou e consolar-me-ei a pensar que toda essa gente que tu agora temes não passa duma cambada de animais a lutar pela vida e sem sequer notarem que estão a ser ludibriados.
> (Fernando Magalhães, *3x9= 21*, p. 46-47.)

Será exatamente em *3x9=21*, um dos textos onde a iconoclastia, a revolta, o inconformismo dominam não só a sua própria construção (repare-se no título, na fragmentação narrativa, no recurso à técnica de montagem que tanta fortuna fez entre os modernistas, na precariedade orgânica da obra), como também os conteúdos discursivos das personagens, compostas maioritariamente por uma juventude diletante e cabotina e que faz do culto da sua própria decadência, à mistura com uma ironia sulfurosa, a sua expressão predileta de afirmação.

Daí que se, por um lado, encontramos personagens que de forma declarada manifestam a sua oposição aos valores e normas instituídos: "Não formo, sou livre... Não entro em formaturas, ou por outra, em manadas" (p. 113), outros há, como Gualdim (Catatua) Felicíssimo que extrema a sua irreverência. Assim, no gozo da sua rocambolesca singularidade

—"tipo [com] uma penca tão grande e tão curva e um cabelo todo rapado só com uma poupa muito espetada e uns olhos muito vivos de maneira que o diabo do tipo parecia tal e qual uma catatua", cujo "ar de inspirado vinha da barba que o tipo deixou crescer" –, Gualdim decide convidar "uma cambada de malta para uma farra rija, no Girassol" a quem comunica "que ao amanhecer ia praticar o suicídio mais alegre de que há memória na história" (p. 85).

E perante a plateia de jovens curiosos e expectantes que o acompanhou até ao miradouro da cidade, já o dia nascia, com toda a solenidade de um ato ritualístico, pratica o "suicídio" por si só ilustrativo do estado em que se encontravam os valores reinantes e a forma como eram encarados. A abdicação, porque absolutamente consciente, simboliza o poder cristalizador, embrutecedor e tentacular de uma certa tradição tributária das convenções sociais:

> – E chegou a altura do meu suicídio. Durante quase dois meses eu vivi, tive ilusões, esperanças, pensei, etc... Nada disso valeu a pena e tudo isso me provocou confusões e angústia.
>
> Vou-me converter ao funcionalismo. Amanhã mesmo começarei a trabalhar no meu emprego.
>
> [...] Amanhã vou tornar a ser feliz. Vou começar já a juntar dinheiro para um carro, depois começo a juntar dinheiro para uma mulher, e a propósito, nenhum de vocês conhece uma mulher razoavelmente rica que esteja disposta a casar? Caso-me pela Igreja e tudo, claro está...
>
> [...]
>
> Depois de juntar dinheiro para um carro, para uma mulher, para uma viagem à Europa ou para uma casinha, devo estar nos sessenta e morro... Terei vivido absorto, feliz, e terei enterro de primeira classe (p. 128).

Este suicídio simbólico exprime, no fundo, um sentido trágico da existência, individual e coletiva, em que o livre arbítrio deixa de fazer sentido e traduz, com a lucidez irônica e cruel que lhe está subjacente, o enquistamento dos costumes em que assenta a sociedade representada no romance colonial.

O universo familiar constitui, também, um dos espaços mais representativos das tendências socioculturais dessa sociedade. Pilar e salvaguarda de todo um imaginário dominado pela tradição, nas suas minudências, nos pequenos conflitos entre marido e mulher, entre pais e filhos, a casa colonial, proletária ou burguesa, é um espaço-miniatura das tensões, contradições, angústias, ambiguidades e fragilidades da sociedade colonial, em geral.

É assim que, desde o caso em que Anabela, a filha de Carlos de Sucena (*Cacimbo*, p. 53), se insurge contra o juízo formulado pelo pai a respeito dos jovens:

> – O pai não compreende precisamente uma das mais significativas manifestações de revolta dos jovens. Quando se entregam a essa vida a que chama de boémia e estroina, isso não é mais do que um grito de revolta contra os preconceitos duma sociedade anémica que teima em persistir arreigada a velhos pergaminhos da era dos nossos avós.

passando por uma incompatibilidade manifesta, transformada muitas vezes em sentimentos extremos:

> Sentia um deprezo acre pela mãe e um desprezo piedoso pelo pai (*3x9=21*, p. 32).

até a absoluta radicalização de posições em que a ruptura se impõe de forma inexorável e definitiva:

> Devido a desinteligências com a mãe que a queria entregar a um indivíduo dos seus conhecimentos bem colocado na vida, a Juliana, que não tem consideração pelo casamento, saiu de casa e vive só, como sempre ambicionara (p. 50).

nos confrontamos com um universo onde a incomunicação aparece como a imagem de marca de uma sociedade resvalando para uma espécie de cataclismo de si próprio.

É precisamente aí, entre, por um lado, a ordem tirânica, irredutível e irracional dos pais e a irreverência consciente dos filhos, por outro, que se institui uma fratura social que desnuda, respectivamente, tanto a estagnação cultural e a moralidade equívoca de inspiração religiosa, como a necessidade vital de ruptura e de transgressão a padrões cristalizados, bem visível nesta explosão contestatária de Lena (p. 55-56):

A mãe não estava preparada para me dar uma educação; ensinou-me regras de etiqueta social e alguns princípios morais e religiosos primitivos. Em resumo, tentou dar-me uma sólida educação de burguesa da alta sociedade... Essa educação resume-se em:

1º  Sê estúpida e primitiva.
2º  Delicia-te com os pensamentos que quiseres mas mantém-te virgem porque a virgindade é um explêndido empate de capital.
3º  Tenta arranjar um macho que te sustente toda a vida sem precisares de trabalhar, que isso é feio.
4º  Dá filhos ao teu homem e faz o possível por que permaneçam na ignorância. Não há dúvida que é uma educação com um elevado sentido humanitário, se levarmos em conta que a "ignorância é a mãe da felicidade", mas para mim essa educação não serviu, de maneira que arranjei outra, como vê ...

Portanto, a ideia de cultura que subjaz às representações dos diferentes espaços que aqui identificamos, mais do que expressão concreta de modelos de comportamentos, costumes, usos e tradições, assume-se como um conjunto de mecanismos de controle com planos, receitas, regras e instruções muito bem definidos para orientar os comportamentos. Por outro lado, apesar dos impulsos e dos atos de ruptura que a partir daí se desencadeiam, o que sobressai, além da imagem de um mal-estar generalizado, é a inquietante percepção de que o homem é o ser que para existir mais ferozmente depende dos programas culturais que ele próprio criou.

Deste modo, se em alguns casos que aqui registramos tais programas parecem escapar à compreensão das próprias personagens, na maior parte dos casos, estão mesmo fora do seu controle. O indivíduo integrado numa sociedade não se apercebe da maior parte das restrições que ela mesma lhe impõe. É a "situação labiríntica", no limite entre o permitido e o proibido, segundo Moles e Rohmer (1978: 37), em que o homem social muitas vezes se encontra. Daí que estes dois autores se interroguem: "*La société se présente à nous de plus en plus comme un labyrinthe, comment l'individu exerce-t-il sa liberté dans un labyrinthe?*" Defendemos que duas possibilidades se colocam, neste caso, ao indivíduo: ou a adesão (*morte simbólica enquanto indivíduo*), ou a autoexclusão (marginalização, ostracismo, *morte simbólica enquanto ser social*).

Fica, deste modo, e uma vez mais, demonstrado que a cultura é, ao mesmo tempo, um valor que divide. Neste caso, tem particular acuidade não só a dicotomia "pais/filhos", como também a que se institui entre "campo/cidade" e entre a minoria (textual) negra e a maioria (também textual) branca. Por outro lado, é um valor que une, pois a cultura acaba por marcar a identidade, ou identidades, dos espaços socioculturais configurados por cada um dos polos, ou melhor, pela interação dos polos das dicotomias apontadas. Em relação à dicotomia "branco/negro", enquanto propulsora de uma dinâmica sociocultural específica no espaço colonial, parece-nos significativa esta passagem de *Tchova, Tchova!* (p. 310-311):

> Juca não sabia que lhe era permitida a entrada num Clube da cidade. A maioria dos Clubes só tinham nas suas fileiras jovens brancos, na prática de todas as modalidades desportivas... Mas o velho Graça, bondoso, falou, falou, que havia um Clube que nunca fizera distinções entre os moçambicanos independentemente da cor da sua pele e que, desde a sua fundação, sempre se orgulhava das proezas dos seus atletas. E o velho Graça citou o nome de grandes atletas negros e mulatos que pontificavam no Clube.

E o que se verifica é que, em casos como este, a adesão a determinado código de valores não implica, de modo algum, que quem adere seja aceite automaticamente, pois o que vemos desenhar-se no romance colonial é o preconceito racial estar profundamente enraizado.

Como podemos observar, com o seu caráter superindividual, a cultura implica um conjunto integrado de comportamentos que podem ter um pendor universal ou específico. Ligada tanto a necessidades físicas e psíquicas – necessidades afetivas, de segurança, de novidade –, a cultura institui-se na tensão entre a necessidade de preservação de modelos (daí o seu caráter repetitivo, mimético e integrador) e a apetência para a sua transgressão.

Por outro lado, falar de cultura é ter em linha de conta quer os seus aspectos explícitos, observáveis (tanto do ponto de vista comportamental como objetual), quer os seus aspectos implícitos, portanto, aquilo que está oculto, ou é simplesmente sugerido, como sejam valores, atitudes, saberes, etc. E o romance, por ser um fenómeno irrefragável de cultura, por realizar superiormente a encenação do que há nela de observável e de implícito, é um palco privilegiado para nos guiar pelos insondáveis caminhos da condição humana.

## 5.3. O subúrbio: a encruzilhada de imaginários

Não gostaríamos de encerrar este capítulo sem nos referirmos a uma dimensão particular, resultante topográfico e marco simbólico de uma fase evolutiva da colonização e, de certo modo, da própria literatura colonial: referimo-nos concretamente ao subúrbio. O subúrbio é, pois, um espaço que adquire um papel de relevo, não só em termos estritamente narrativos, mas também do ponto de vista do imaginário. Afinal, e segundo Jonathan Culler (1977: 29), *literary works refer to imaginary rather than historical individuals*. Trata-se, portanto, de um lugar de caldeamento não só de imaginários, mas também de dinâmicas raciais, étnicas, sociais e econômicas.

Na obra *Ku-Femba*, de João Salva-Rey, iremos encontrar desenvolvidas, e com alguma amplitude e profundidade, representações reveladoras do subúrbio, não só enquanto espaço sociocultural e gerador de mitos diversos, mas também enquanto espaço físico e econômico. Daí que quase todos os exemplos que servirão para ilustrar as nossas reflexões sejam retirados dessa obra que nos apresenta o subúrbio como um lugar singularmente emblemático de encontros e desencontros a quase todos os níveis, o que vai fazer com que o romance colonial atinja, a partir daí, outros níveis representacionais, pelo menos em termos de densidade psicológica das personagens e da intensidade dramática das ações.

Habitado, em grande parte, pelas franjas populacionais menos favorecidas, em alguns casos revelando situações de subumanidade, o subúrbio é, por excelência, um espaço dos rejeitados, negros na sua maioria esmagadora, pela cidade de cimento. Podemos aplicar para este caso um silogismo de indigência visto que ser pobre implica ser negro, e ser negro significa viver irremediavelmente nas fronteiras esquecidas da cidade, isto é, no subúrbio:

> Deu uma volta muito grande por aqueles bairros pobres, formigueiros imensos de quatrocentas mil almas a esgravatarem penosamente a vida para terem de comer, de manhã, ao levantar, e à noite, ao deitar – mboa [folha de abóbora], farinha de milho cozido, ou mandioca pilada, e, entre os mais ricos, de vez em quando, um naco de pão para ensopar no molho de amendoim...
>
> Orientou-se como pôde na paisagem sempre igual, ruas e carreiros retorcidos, palhotas desconjuntadas de caniço velho, aqui e além, raras casinhotas carcomidas, de madeira e zinco, sobressaindo, não obstante os

pilares semipodres e o zinco roído, como se fossem belos palácios de uma Renascença – sem raízes. E naturalmente, sem futuro.

Charcos em profusão de águas estagnadas e dejectos putrefactos, espelhavam reflexos doirados do sol.

Homens sem trabalho, à volta das cantinas, mulheres de todas as idades, à volta dos homens, na expectativa de uma dura côdea de pão, dois goles de cerveja, ou, quem sabe lá, uma capulana nova. Raparigas talvez impúberes ou talvez não, já mulheres de todos os vícios da necessidade, fugiam rindo, dos ataques dos lobos maus (p. 304-305).

É, pois, o conhecimento desta realidade que leva Frantz Fanon (1961: 10) a considerá-la "a cidade do colonizado, ou pelo menos a cidade indígena, a aldeia negra, a medina, a reserva, [...] lugar de má fama, habitado por homens de má fama".

Perante um quadro cujas minudências descritivas pouco ficam a dever a algumas das melhores produções neorrealistas, vislumbra-se, entretanto, quer uma confrangedora simplicidade do que ali se exige da vida ("expectativa de uma dura côdea de pão, dois goles de cerveja, ou, quem sabe lá, uma capulana nova"), quer uma desconcertante e estimulante vitalidade trazida, por exemplo, pelo riso das mulheres ("fugiam rindo": "os gritos não eram choros, eram risos"; "ela riu"; "Elisa voltou a rir", etc.).

Além destes contrastes, entre imagens de um estado de miséria absoluta e um refrescante e inebriante apego à vida, são essas mulheres que, no aparente conformismo perante as vicissitudes de um destino que raramente questionam, protagonizam no espaço aqui representado alguns dos papéis mais complexos e mais sofridos do romance colonial. Se é verdade que há uma certa tipificação da imagem da mulher suburbana fortemente condicionada pela sua interação com o homem branco, não deixa, contudo, de transparecer alguns traços identitários que, se por um lado a individualizam, por outro, dão-lhe uma dimensão universal, enquanto fonte e reserva da humanidade.

Portanto, é devido à relação imaginária e concreta entre brancos e negras que se vão definindo movimentos narrativos particulares e configurações de um determinado meio sociocultural que fazem do subúrbio um campo referencial privilegiado para a interpretação de algumas das forças decisivas e definidoras do imaginário colonial em Moçambique. O subúrbio aparece-nos, pois, como o símbolo maior do hibridismo colonial assente fundamentalmente na raça, no sexo e na língua.

Desta feita, começando pela mulher-curandeira, representada enfaticamente pela "Mamana Angelina", confrontamo-nos com uma das dimensões mais inquietantes relativas não só ao universo da narrativa, mas também da condição humana. Precisamente por se tratar de um tipo de intervenção que, se para os negros é aceite como uma parte fundamental da sua ordem existencial, apesar do plano de sobrenaturalidade, para os colonos desencadeia reações e sentimentos controversos. Logo, se alguns nos surgem revelando atitudes de descrença, embora cautelosas, outros manifestam atitudes de indecisão, enquanto que outros, ainda, nos aparecem como prosélitos assumidos de uma ordem não convencional, evidenciando, no seu todo, comportamentos ambíguos e problemáticos.

É o caso, por exemplo, de Valéria, funcionária pública, "branca e elegante", em *Ku-Femba*, (p. 12), cujo

> pequeno carro [...] cortava a cidade, fugia da civilização, dirigia-se em velocidade moderada para a parte suburbana onde viviam os africanos, os curandeiros e os xipócuès [espíritos] à sua disposição.

Ao consultar a Mamana Angelina, no sentido de esta ajudá-la a libertar-se dos males que a apoquentavam e a conquistar o homem por quem se apaixonara, ela revela-nos um misto de curiosidade e de remota crença, numa espécie de recurso último para a solução dos seus problemas mais íntimos.

Denunciando uma intensa vivência interior, Valéria – apreciadora de Beethoven, Bach, Brahms, Debussy, Carl Orff – fica deslumbrada com as revelações da curandeira, acabando por se colocar na fronteira entre dois universos culturais, cujos extremos momentaneamente se tocam. A sua ida à curandeira permitir-lhe-á saber, entre várias coisas, que esta era procurada por "muitíssimas pessoas brancas" e que enquanto

> Os africanos vão para curar doenças. Os brancos vão para deitar feitiço noutras pessoas (p. 12).

Da representação da consulta propriamente dita que, além de um pequeno interrogatório preliminar, incluía a adivinhação dos ossos (a "kuhlahluva") para localizar o mal, o farejar dos espíritos de Valéria com a curandeira em transe ("ku femba"), o diagnóstico e o tratamento através da inalação de folhas secas fervidas ("phungula"), obtemos um dos

III. A REPRESENTAÇÃO DO ESPAÇO

mais representativos e empolgantes quadros etnográficos do romance colonial. Tentando retirar o máximo de verossimilhança na cena descrita, praticamente a abrir a narrativa, o narrador explora os detalhes mais comezinhos: psicológicos, linguísticos, gestuais, objetuais, etc.

Estamos, portanto, muito distanciados dos arremedos exóticos e pitorescos das narrativas que fizeram época numa fase determinada da literatura colonial. Há aqui, reconhecidamente, uma outra profundidade nos dispositivos com que se arquiteta a narração, as descrições e os diálogos. Além do manifesto equilíbrio estético de *Ku-Femba*, a ideia da colonialidade literária apresenta contornos mais difusos pela própria sofisticação, tanto a nível do discurso e das temáticas desenvolvidas como do ponto de vista adaptado, móvel e multiforme. Aquilo que era obscurecido, ou ridicularizado, ou que se colocava como simples nota pitoresca, adquire neste caso uma dimensão mais profunda, diríamos mesmo, *séria*, na acepção de Erich Auerbach.

E o fato de Mamana Angelina, operadora ritual afamada, trazer no pescoço "uma imagem de Nossa Senhora de Fátima", falar "bem o português" e ter o curso de Enfermeira, além de ser um fator de perturbação no universo expectacional de Valéria (e do leitor habitual, até certo ponto), funciona como sintoma de um grau aculturativo mais ou menos acentuado e que permite, no caso concreto de Angelina, a convivência pragmática de dois segmentos culturais distintos. Ela é, pois, símbolo de um sincretismo cultural, raras vezes expressão de uma coabitação harmoniosa de imaginários.

A questão do sobrenatural que atravessa toda a obra – não é por acaso que ela se intitula *Ku-Femba* (farejar os espíritos) –, acaba por ser determinante não só na construção da narrativa, como também na forma como os diferentes imaginários se confrontam, demarcando, entretanto, a sua própria especificidade e a atmosfera criada pela obra, pendendo para um realismo em convivência inevitável com o fantástico. E o fantástico é acentuado não propriamente pelos eventos em si, mas pelas reações que provoca nas personagens mais relevantes que, perante os diferentes fenômenos que se sucedem, vão revelando estranheza, medo, hesitação.

Orientando-se pelas leis naturais que regem o seu imaginário (europeu), veem-se assim colocadas perante o inexplicável que, contrariamente, parece fazer parte da ordem natural dos nativos. Aliás, todo o fantástico é, na ótica de Roger Caillois (1938), a rotura da ordem reconhecida, a irrupção do inadmissível no seio da inalterável legalidade quotidiana. Por sua vez, Todorov (1970: 83) considera que "O fantástico define-se como uma *percepção* particular de acontecimentos estranhos". Percepção que, segundo ele, não se circunscreve apenas aos protagonistas, mas também ao leitor pretendido que, como já fizemos entender, se identifica culturalmente com o protagonista do romance colonial.

E os acontecimentos que se vão desenrolando, ou vão sendo evocados pelas personagens, são elucidativos quanto às diferentes orientações que governam os seus códigos sociais e culturais. Temos assim evocados casos como o de um amigo de Miguel, um dos protagonistas, branco como ele:

> que tinha experimentado as maiores angústias que há na vida, só por ter comido uma perninha de frango, com piripíri, em casa de uma amante mulata [e que] passou a sofrer pela mulher uma obsessão doentia, [perdendo] a noção de todos valores que o haviam controlado até então, [e] ofendia, gravemente, com o seu comportamento, a sociedade donde era oriundo, e os amigos, que o olhavam de lado e com desprezo (p. 193).

Ou, o caso "absolutamente verídico [...] de um sujeito que por ter trocado (por outra) a amante que por anos o acolhera entre lençóis, por completo perdera a virilidade, que desastre! ..." (p. 193).

Quanto aos eventos inscritos na ordem do sobrenatural e que se integram no tempo diegético central, destacamos, em primeiro lugar, o de Olga, jovem negra, que morreria misteriosamente calcinada, sem que nenhuma das roupas, nem os lençóis que a envolviam fossem sequer atingidos. O amante branco, Silveirinha, que dormia a seu lado sairia ileso. Este será um dos acontecimentos nucleares da narrativa, não só por fazêla avançar de modo assinalável, mas também e muito em particular por interferir, de modo decisivo, no comportamento, nas convicções e na concepção do mundo de algumas personagens. Tal é o caso de Miguel, o jovem jornalista, irreverente, boêmio, cético, respaldado numa tradição cultural racionalista onde praticamente *nihil est sine causa*.

Destacamos também o médico, o Dr. Martins, espírito pragmático que, apesar da sua formação e da sua atividade profissional, manifesta com o estranho caso de Olga, iludíveis sinais de descrença quanto à possibilidade de uma explicação racional para o fenômeno. Daí que no diálogo que entre ambos (ele e o jornalista) se trava, a partir de determinado momento, acabem por não nos surpreenderem certas afirmações aí produzidas:

(Miguel) "Uma história verdadeiramente diabólica. Nada tem de natural" (p. 230).

(Miguel) "Compreendo. Ou melhor, não compreendo. É tudo isso que me deixa confuso..." (p. 233).

(O médico) "Vocês [os racionalistas] têm a mania que sabem tudo, e são uns burrinhos. Compreende? Burros!" (p. 233).

O fato de estas duas personagens, pelo seu discurso, pelo seu comportamento e pelas profissões que exercem – jornalista um (o que persegue a objetividade informativa), médico, outro (o que se orienta pela objetividade científica) –, ao mostrarem-se quer hesitantes (Miguel), quer convictas (o médico) em relação à dimensão sobrenatural do fenômeno que os reuniu, revela que há por detrás da narrativa a consciência da existência de uma outra ordem que governa o mundo e que está aquém e além dos filtros racionalistas do Ocidente. Este é um dado importante para a valorização da literatura colonial por, em determinados momentos, não só permitir a perturbação (alargamento?) do cânone literário ocidental, como também por pôr em causa o logocentrismo que o determina e o enquadra.

E as reações de estranheza aqui manifestadas vão ao encontro da constatação de que "quer seja no interior da vida social quer no interior da narrativa, a intervenção do elemento sobrenatural constitui sempre uma ruptura no sistema de regras preestabelecidas e encontra nisso a sua justificação" (Todorov 1970: 148). Por outro lado, há uma apologia do relativismo cultural, inscrita nas entrelinhas do romance e que parece querer impor-se como um valor insofismável.

A prevalência do sobrenatural no universo sociocultural urbano e suburbano vai acabar por conduzir o narrador a uma espécie de submundo do desporto. Trata-se de um meio que nos aparece envolto num manto de misticismo e que encobria, aparentemente, as atividades de bastidores de dirigentes, jogadores e aficionados, e onde a condição racial e a própria formação cultural de base das personagens se tornam irrelevantes:

> Daí a dias jogar-se-ia um desafio de futebol entre o Desportivo e o Ferroviário, e quem ganhasse, seria campeão do ano. Pois o facto estava a provocar uma agitação inusitada entre dirigentes, atletas e adeptos dos dois clubes, que assaltavam positivamente os melhores feiticeiros dos subúrbios, na esperança de que os xicuembos [espíritos] interviessem no jogo e ajudassem num resultado favorável... (p. 275).

E é sempre no subúrbio, santuário da pobreza e da eterna esperança, onde num vaivém interminável, se recorre a curandeiros, a sacerdotes mágico-religiosos, animistas e muçulmanos ("espetando alfinetes no Corão em árabe"), em múltiplos, diversificados e, nalguns casos, rocambolescos requerimentos:

> Curar doença, arranjar um emprego, prender ou tomar amante esquiva e volúvel, ter sorte na vida, desanimar o espírito do mal e a raiva do patrão, partir a perna do inimigo, lixar a vida dele, vencer na lotaria e ganhar nos desafios de futebol (p. 279).

Enquanto charneira de diferentes mundos, portanto, entre o mundo rural e o mundo urbano, o espaço suburbano institui-se como a grande síntese da mundividência colonial, desaguadouro do que há nele de mais opressivo, conflitual, risível, contraditório, conciliador, dramático e inquietante. Será, porém, nas representações das relações entre o europeu e a mulher africana que aí se desenvolvem, que alguns dos particularismos mais significativos da situação colonial ganham especial relevância.

Baseadas, no essencial, em contatos ocasionais, com prostitutas, ou numa convivência mais ou menos prolongada com mulheres também de vida equívoca, as relações entre os colonos e as africanas surgem-nos, quase sempre, sob o signo da clandestinidade e da duplicidade. Como notória exceção, é-nos retratado o velho Tomé de quem pouco se sabia – ("Desconfiava-se que viera deportado político para Moçambique", ou que "fora um mação radical, e talvez por isso, votava à Igreja Católica uma animosidade truculenta quando não escarninha") – e que, por viver "amancebado" com a negra Celestina, é objeto de uma ostensiva e repressiva marginalidade:

> Antigos colegas, outras pessoas que o conheciam da cidade, não o visitavam na sua casa suburbana, acusavam-no de excentricidades, e, pior ainda, de viver cafrealizado, morar no mato em mancebia declarada e insolente com uma negra sem latim. A qual comia com as mãos (p. 84-85).

Se as relações dúbias e ocasionais são toleradas e, em alguns casos e até certo ponto, estimuladas por essa mesma sociedade – afinal, o subúrbio funciona, também, como uma espécie de escoadouro libidinal do homem branco – o caso declarado de Tomé vem, uma vez mais, de-

III. A REPRESENTAÇÃO DO ESPAÇO

monstrar que a cultura é um fator ao mesmo tempo de solidariedade e de discriminação social. Isto é, nenhuma sociedade pode funcionar sem os modelos culturais por si instituídos e cristalizados que permitem, por sua vez, definir linhas de recompensa ou de punição em resposta, respectivamente, ao comportamento que um indivíduo apresenta em consonância ou contra esses mesmos padrões.

E a noite acaba por ser o grande véu, porém não suficientemente opaco para encobrir, por exemplo, as relações extraconjugais de Alfredo Matos, engenheiro bem-sucedido na cidade colonial, com a negra Fatimane, ex--prostituta; do Silveirinha, reputado marceneiro e boêmio, com Mamana Angelina, etc. É o mesmo véu que dissimula as escapadelas suburbanas da "fina flor" dessa mesma sociedade onde pontificam putativos médicos, engenheiros, empresários, jornalistas, etc.

Com dois ritmos muito marcados, diurno e noturno, a representação do subúrbio propõe, em cada uma dessas dimensões temporais, especificidades muito acentuadas quer a nível visual, de sons, de movimentos, em muitos casos determinando quadros antagônicos, especialmente do ponto de vista moral:

– Dois padrões de moralidade. Um para de dia, outro para de noite, quando se anda à caça de mulheres fáceis, dos bairros suburbanos (p. 131).

O subúrbio é também o espaço do colono aí estabelecido como lojista ("cantineiro") em feroz concorrência com o elemento oriental, indiano ou chinês. Daí os inevitáveis cruzamentos raciais que terão no mulato, resultado do intercurso quase sempre casual ou "ilícito" entre brancos e negras, um dos símbolos maiores da colonização, sujeito e objeto de algumas das situações mais dramáticas por ela gerada. Na verdade, tanto do ponto de vista ontológico como simbólico, "esse espaço representa o encontro entre o superestrato determinado pela formação cultural e civilizacional de matriz europeia e o substrato assente na tradição cultural negro-africana" (Noa 1998: 24).

Além do mais, as representações do subúrbio – que fisicamente nos aparece tipificado ou pelas casas de caniço, ou pelas casas de madeira e zinco, e do ponto de vista humano, pelas prostitutas e pelas relações que os colonos com elas estabelecem – põem em causa qualquer retórica triunfalista em termos de uma colonização "diferente", "mais humana" e que significou o encontro "harmonioso" de povos e de culturas. Tomemos, como amostra deste tipo de discurso, uma afirmação de Jorge Dias

(1965: 61), reputado etnólogo português, e que é por si só elucidativa de um modo de pensar que tem resistido ao tempo e aos ventos da História:

> Não creio que isso [a miscigenação] seja apanágio dos portugueses. Como já disse noutro lugar, não é capacidade de miscigenação que caracteriza os Portugueses, mas sim o facto de eles considerarem os produtos das suas relações com mulheres de outras raças, como filhos do seu amor.

E, prosseguindo, na sua leitura impregnada de zeloso e sobranceiro nacionalismo, conclui (p. 64):

> Enquanto muitos puritanos de outros países, embora cedessem ao impulso sexual, consideravam os frutos dessas relações pecaminosas, como filhos de um amor maldito, e os abandonavam ao seu destino de *coloureds*, a maioria dos portugueses considerava-os como filhos de um amor abençoado.

Reconhecem-se, aqui, convergências com as efabulações lusotropicalistas de Gilberto Freyre que, como sabemos, acabou por ajudar a consolidar a tão narcísica constatação lusitana do *modo português de estar no mundo*, isto é, nos trópicos, e que alegadamente estaria na base de contatos mais humanos, mais tolerantes e mais fraternos com os nativos. O que, para todos os efeitos, não pode ser posto em causa é que este tipo de discurso, expressão de uma crença entranhada que subsiste, ainda, sob as mais variadas formas, "ajudou a perpetuar uma imagem mítica da identidade cultural portuguesa, concedendo-lhe a autoridade "científica" que até aí não dispunha» (Castelo 1996: 7).

Contrariando o assomo antropológico e patriótico de Jorge Dias, a mulata surge-nos representada em *Ku-Femba*, estigmatizada pela rejeição paterna – afinal, pelo próprio sistema entrincheirado num código de valores por si próprio instituído para a sua autopreservação –, pela condição e pelo destino da própria mãe, acabando assim por seguir pelos caminhos mais tortuosos e obscuros da sociedade colonial.

E vai ser esta mesma sociedade que, atendo-se unicamente aos atributos físicos da mulher mulata, irá não só demonizá-la – especialmente a mulher branca que vê na mulata uma rival inexcedível –, como fetichizá-la tornando-a num dos polos de atração do universo suburbano e da própria literatura colonial. O subúrbio emerge, assim, como a pátria proscrita (pelo pai) do mulato, segmento metonímico do espaço em que foi gerado.

O mulato e o subúrbio, dimensões ontologicamente distintas, unem-se assim, de forma singular, por laços inextricáveis de identidade.

Emblema desta situação é Kadina, um dos produtos do "amor abençoado" apregoado por Jorge Dias, espécie de cortesã, rainha do subúrbio, dançarina inultrapassável da marrabenta e de outros ritmos, e aqui descrita por um dos seus inúmeros admiradores:

> – Kadina, a mais bela, a mais famosa mulata dos subúrbios. Por causa dela, em casa dela costumava aquele médico, acompanhando-se à viola espanhola, cantar um flamengo ardente com patadas no chão que estremeciam a casa... (p. 130).

Espaço-fronteira entre os espaços e as vivências rurais e urbanas, o subúrbio mais do que um lugar de indefinição, apesar de manifesta ambiguidade moral de muitos dos que o povoam ou frequentam, é um espaço com uma identidade sociocultural muito marcada e que assenta numa espécie de diversidade integrada e integradora.

E essa diversidade acaba por ter particular expressão do ponto de vista linguístico, numa espécie de hibridismo inevitável, manifesto, aliás, na representação das falas das personagens, sejam elas negras, sejam elas brancas. E o cruzamento entre a língua ronga e a língua portuguesa implica empréstimos mútuos e transgressões fonéticas, lexicais e sintáticas que resultam, segundo o próprio narrador, no "linguajar onomatopaico da gente suburbana, fanagalô vivíssimo, de semântica bastarda" (p. 170). Alguns exemplos:

> – Não consegui *de lhe* avisar que a gente vinha (p. 12).
> – Ninguém *que pode* lutar com os xipócuès [espíritos] (p. 222).
> – *Obrigado, mulungo* [branco], *kanimambo...* (p. 299).
> (Itálicos nossos.)

Em diferentes situações, de modo a obter uma comunicação mais efetiva, o branco adapta as incorrecções linguísticas dos africanos, como, aliás, se pode observar nestes dois excertos. O primeiro é retirado do diálogo entre Miguel, o jornalista, e a velha Celina:

"*Como chama* a criança?"
"Luísa"
"*Já deu* de comer?" – perguntara.
"Sim" [...]
"*Amanhã vou voltar* aqui para saber se comprou pão e vestido" (p. 298-299) (Itálicos nossos.)

Se no caso aqui reportado parece intencional a *moçambicanização* da fala do jornalista, no diálogo que se segue, entre o engenheiro Matos e Fatimane, há uma total inconsciência do fenómeno por parte do primeiro, o que revela uma aculturação no sentido inverso:

– Vou embora – repetiu – está tudo acabado.
[...]
– Ah, sim?
[...]
– *Mocímboa, é onde me mandaram, não posso negar de partir...*
E mal acabando de a proferir, logo se surpreendeu com aquela expressão, como se finalmente e agora tão a despropósito, houvesse assimilado a forma de ser e falar africana da rapariga (p. 331). (Itálicos nossos.)

Aliás, tendo em conta o fenómeno da aculturação, Bernardo Bernardi (1985: 14) observa que a

> época colonial, durante a qual muitíssimos povos sofreram o domínio das grandes potências e em que as suas culturas ficaram sob o impacto de formas de vida industrialmente apetrechadas, pôs em evidência os aspectos essenciais deste fenómeno.

Por outro lado, é notório, e através dos exemplos apresentados, que houve, a diferentes níveis, um movimento cultural biunívoco e com cargas assinaláveis de reciprocidade.

São, pois, estes cruzamentos étnicos, sociais, raciais, linguísticos que, se por um lado traduzem uma assinalável efervescência cultural ímpar, por outro, fazem do subúrbio um espaço único, mítico, tal como nos surge o bairro da Mafalala, cuja representação é dominada pelo Mito da Origem, e que do caos primordial alcança a ordem na multiplicidade e na diversidade:

III. A REPRESENTAÇÃO DO ESPAÇO

Mafalala centro do mundo! Começara por ser um bairro segregado, meia dúzia de palhotas de caniço amontoados na periferia da cidade dos brancos ou xilunguine, ali se juntando em comunidade, principalmente os oriundos do norte, só macuas, de cofió vermelho enfiado no cocuruto, e longos guarda-pós brancos por cima das calças, óptimos criados de servir, para isso desceram ao sul, praticantes da mesma língua e da mesma religião de Maomet.

Vieram e multiplicaram-se.

E Mafalala cresceu, dia a dia, de palhota em palhota.

Depois, chegou a novidade das construções de madeira e zinco, uma das primeiras a erguer-se, a do bar-dancing "Comoreano", iniciativa de um emigrante ousado das ilhas vizinhas das Comores, ali chegado ninguém sabe porquê e, como bom maometano que se prezava, na Mafalala radicado. [...]

Nessa época, distante de quarenta anos, já muitos brancos do xilunguine mandavam às urtigas o preconceito segregatório do pudor saxónico, e uns por facécia, outros simplesmente desinibidos, dançavam com mulheres e beberricavam com homens africanos, embora no proscrito e quase incógnito "Comoreano" dos recônditos da Mafalala (p. 277).

Mafalala que conhecerá a imortalidade por também ser o alforge de poetas, músicos, dançarinos, toureiros, desportistas, "abrindo assim as portas ao sol" (p. 278).

Espaço de contrastes insanáveis, lugar de amores proibidos, pérfidos e nobres, de ódios, de amizades dúbias e perduráveis, de excentricidades, de degenerescência física e moral, da absolutização e relativização de valores, espaço fronteira entre o interdito e o permitido, espaço ainda de uma interculturalidade dolorosa, em muitos casos paradoxalmente festiva, o subúrbio assume-se inequivocamente como um dos espaços socioculturais mais problemáticos, mais emblemáticos gerados pela colonização, mas que, pelas suas próprias contradições e irresoluções, parece encerrar o enigma da existência naquilo que ela tem, ao mesmo tempo, de obscuro e de luminoso, de sórdido e de nobreza, de particular e de universal.

## 6. O espaço-nação

Até que ponto a literatura colonial se define como um espaço de afirmação de uma ideia de nação? Tendo em conta que esta literatura se caracteriza pelo conjunto de representações que traduzem ou exploram formas explícitas ou implícitas de afirmação etnocêntrica é possível identificar, nos diferentes textos que a perfazem, segmentos constitutivos de um imaginário (ou imaginários) particularizando redes identitárias iniludíveis que consubstanciam uma ideia específica de nação.

De um ponto de vista cultural, que é o que prende a nossa reflexão, a ideia de nação tem um valor estruturante, pois, longe de ser um dado apriorístico, é sempre o efeito de uma elaboração imaginativa, de uma mitificação, enfim, de uma ficcionalização, mas que mantém uma relação dialéctica e metonímica com as tradições, a raça, a língua, os costumes, o contexto epocal e geográfico, etc.

É, pois, tendo como pressupostos tais especificidades e correlações que nos propomos analisar a ideia de nação que se institui no romance colonial dominantemente como narração, isto é, como discurso delimitando um universo simbólico afirmativo e identitário de uma cultura, de uma *totalidade étnica*, que, neste caso, tem a ver com a portugalidade.

Segundo a leitura de Thimothy Brennan (1990: 48), o romance contribuiu decisivamente para a definição de "nação" como "comunidade imaginativa". Orientando-se particularmente pela história do Ocidente, Brennan considera que:

> Nations, then, are imaginary constructs that depend for their existence on an apparatus of cultural fictions in which imaginative literature plays a decisive role. And the rise of European nationalism coincides especially with one form of literature.

Portanto, e no reforço da ideia aqui avançada, o autor conclui:

> It was the novel that historically accompanied the rise of nations by objectifying the "one, yet many" of national life, and by mimicking the structure of the nation, a clearly bordered jumble of languages and styles.

Sendo o romance que contribuiu, inequívoca e decisivamente, para a constituição das nações e nacionalismos europeus e latino-americanos

nos séculos XVIII e XIX, e africanos, em certa medida, no século XX, podemos considerar que pelo seu próprio percurso, pela sua especificidade estético-literária e pelo seu enquadramento histórico, o romance colonial concorreu, por sua vez, para a revitalização e consolidação de um ideário nacional em que a megalomania, o providencialismo e o orgulho, etnocêntrico e etnofágico, preponderam, fundamentalmente no confronto com outras elaborações imaginativas que prefiguram outros mundos, outras nações. Isto é, a nação dominante na literatura colonial institui-se em oposição ou como negação de outras nações ou daquilo que as individualiza, ou lhes dá existência.

Trata-se, portanto, não só da representação da nação enquanto *comunidade imaginativa* hegemônica, mas, também, em muitos espaços enquanto exacerbada expressão dessa mesma comunidade, com contornos de um nacionalismo imperialista. Afinal de contas, *european nationalism itself was motivated by what Europe was doing in its farflung dominions* (Brennan 1990: 59).

Em conformidade com esta ideia, na introdução da obra *Nation and Narration*, onde a discussão sobre a ambivalência do conceito de nação é central, Homi Bhabha (1995a) declara que é a partir das tradições do pensamento político e da linguagem literária que a nação emerge como uma poderosa ideia histórica no Ocidente.

Rastreando, por conseguinte, o romance colonial de expressão portuguesa, tributária dessa tradição literária, é possível reconhecer nas representações tanto do discurso, do comportamento e das visões do mundo assumidos pelas personagens, ou mesmo pelo próprio narrador, como também dos seres e dos objetos que aí se cruzam, elementos constitutivos de uma presença hegemônica. Aí, a expressão da nacionalidade acaba por ser superlativada pelo *epos* que a ação civilizacional do colono encerra no confronto com um meio e com seres que não só são *diferentes*, como também nos surgem patenteando um anacronismo *intolerável*. Tanto a diferença como o "atraso" dos nativos funcionarão como motivação legitimadora da "missão histórica" de colonizar, civilizar e evangelizar.

Portanto, enquadrado num sistema semiótico específico, através de regras e estratégias determinadas que asseguram a sua produtividade expressiva, significativa e comunicativa, o romance colonial, que "modeliza uma determinada estrutura do mundo" (Lotman 1970: 51), modeliza concomitantemente abstrações, alegorias, mitos que não só denunciam visões de mundo particulares, como também dão forma, pela intencionalidade imposta pelos textos, a uma *narrativa* que se faz ela própria *nação*.

Nação como elaboração cultural, numa perspectiva gramsciana, como *formação discursiva*, de um ponto de vista foucaultiano. Quer imperativos de ordem histórica (o estar na vanguarda do movimento expansionista europeu do século XV), quer motivos de ordem conjuntural, ou seja, as pressões exteriores que Portugal ia sofrendo enquanto potência colonizadora (o *Ultimatum* inglês, as Nações Unidas, etc.), impuseram-se no imaginário português como verdadeiros aguilhões no sentido de assumir o espaço colonial, tanto do ponto de vista simbólico como ontológico, como um imperativo e uma questão de nacionalidade.

Aliás, uma constatação pioneira de Aubrey Bell (1915), citado por Douglas Wheeler (1998: 381), pode muito bem ser esclarecedora deste incremento nacionalista-imperialista dos portugueses perante a pressão externa (nessa altura decorrente de negociações secretas entre ingleses e alemães) e o medo de perder as suas possessões ultramarinas:

> But depite their obstinate resolution to part with no inch of [colonial] territory, the Portuguese have by no means learnt to think imperially; indeed, the interest in the colonies seems only to flicker into life when there is thought to be some danger of losing them.

Por sua vez, Eduardo Lourenço (1976: 11) defende que, mesmo que o império tenha existido para os portugueses como imaginário, o *"exame da situação africana é simultaneamente o exame da consciência nacional enquanto essencialmente colonizadora"*. O que, no essencial, significa que "a situação africana é a problematização da nossa [os portugueses] existência inteira e não só a de colonizadores" (p. 35). Isto é, há uma inextricável fusão entre duas imagens: a nacional e a imperial.

Para Fernando Rosas (1998: 72), alinhando no mesmo diapasão, o império surgia como entidade ontológica e natural-organicista organizadora de uma vocação profunda e essencial dos portugueses. Não menos incisivo, na sua percepção da relação entre o espaço imperial (colonial) e a nação, Valentim Alexandre (1995: 50), se, num determinado momento, acha que "para a maioria das elites portuguesas, a identidade da nação, bem como a sua sobrevivência, apareciam ligadas à conservação do império – perspectiva obviamente sem paralelo no resto da Europa", vai entretanto mais longe ao afirmar que: "Ainda hoje o mito da vocação ecuménica·ou da relação especial com os povos do Ultramar marca fortemente a consciência que a nação tem de si própria" (p. 51).

## III. A REPRESENTAÇÃO DO ESPAÇO

Além do mais, segundo o mesmo autor, se para os outros países coloniais o nacionalismo se divide em correntes favoráveis e desfavoráveis ao projeto de expansão no Ultramar, o nacionalismo português é, com raríssimas exceções, por exemplo, o de Fernando Pessoa, imperialista. Contrariando esta ideia que sustenta o enraizamento de um espírito "imperial" entre a maioria dos portugueses, perfilam-se algumas vozes que, com argumentos mais ou menos próximos entre si, apontam a fratura que existia entre o ideário das elites políticas e culturais, por um lado, e o sentimento generalizado da população. Manuel Ferreira (1989: 10), por exemplo, considera que, apesar da "verborreia propagandística" levada a cabo pelo Estado Novo, acabou por criar-se uma espécie de divórcio entre a maior parte dos portugueses e a África. Isto é, "a África era urna espécie de grande coutada histórica e mítica do Estado Novo, com o qual os portugueses nada tinham a ver. Daí o desinteresse clamoroso, generalizado por intelectuais oposicionistas, incluindo os escritores". Por outro lado, o interesse por África surgiria nos portugueses que "adquiriram uma experiência africana".

Se a argumentação de Manuel Ferreira é parcialmente sustentável, no que se refere ao papel das elites, o caráter generalizante que ela revela acaba por ser contrariado pela forma como no imaginário português se cultuou a relação com África, mesmo que apenas (ou precisamente) do ponto de vista mítico ou simbólico. E tomando em linha de conta o simples fato de que os que "adquiriram uma experiência africana" provinham, na sua esmagadora maioria, das recônditas e retrógradas regiões da antiga metrópole, podemo-nos questionar até que ponto a relação com África terá sido tão "mítica" e tão "clamorosamente" desinteressada. Além do mais, os mitos só sobrevivem enquanto patrimônio coletivo.

Quem, também, se recusa, liminarmente, a aceitar a relevância da questão colonial, ou imperial, na conformação do imaginário português é Nuno Júdice (1996: 331-332). Num artigo intitulado "A ideia nacional do Período Modernista Português" publicado na *Revista da Faculdade de Ciências Sociais e Humanas* da Universidade Nova de Lisboa, o autor considera que só existe drama histórico quando ele constitui problema para as elites intelectuais ou políticas de um país, pois "O facto é que a questão do Império se revelou, apenas, uma ficção, e das mais frágeis ficções, talvez, da História portuguesa". Prosseguindo na sua leitura dessa mesma história, defende que:

O que sustenta um Império – a força militar, o poder económico, a exploração dos recursos – nada disso se reflectia na vivência portuguesa, a não ser em aspectos superficiais do quotidiano; e se não fosse a guerra colonial que, durante um breve – para o tempo da História – período de treze anos, veio afectar de forma eruptiva esse quotidiano, as colónias não teriam ganho a importância que vieram a ter para a definição do rumo político do país.

Esta é uma posição que reflete mais uma atitude defensiva e de resistência do que propriamente efeito de miopia histórica. Por outro lado, Júdice não deixa de ter razão quando afirma que se trata de uma "ficção", só que não com a subentendida equivalência de *mentira*, mas como domínio do imaginário. Nesse aspecto, profundamente marcado como o demonstram não só os fatos históricos e as representações que ficaram cristalizadas – de que a literatura colonial (mesmo tendo em conta o seu estatuto problemático) é um dos exemplos mais eloquentes –, como também as reminiscências que se reconhecem, na atualidade, em inúmeras atitudes e discursos.

Estarão, por exemplo, bem presentes no espírito de muitos, ainda, as reações e as comoções que a adesão recente de Moçambique à Commonwealth provocou em Portugal, como se aí se reeditasse o corte umbilical desencadeado pelo 25 de Abril de 1974. Ou, pela forma emotiva como a questão foi encarada e vivida, como se tivesse sido ressuscitado o espectro traumático da afronta do *Ultimatum* inglês de 1890.

Por outro lado, é preciso não esquecer que a perpetuidade de Camões, um dos maiores símbolos da portugalidade, decorre não somente do seu lirismo inexcedível, mas da forma como imortalizou a saga expansionista e fundacional do Império que, no entender de Júdice, representou uma das "mais *frágeis* ficções da História portuguesa". Afinal, tal como refere Frank Kermode (1966: 50), somos nós que nos encontramos quando inventamos ficções.

E o "nós", aqui, tem a ver com os portugueses enquanto ex-potência colonizadora. Assim, quando, por exemplo, num artigo intitulado "Portugal Colonial e Portugal Metropolitano", publicado na progressista *Seara Nova*, em 1930, António Sérgio, uma das mais proeminentes figuras do século XX lusitano, afirma com convicção e desassombro que "somos um país colonial, e creio que devemos continuar a sê-lo" (1930: 240) estaria, certamente, a exprimir um sentimento mais ou menos generalizado, mais ou menos assumido.

## III. A REPRESENTAÇÃO DO ESPAÇO

Para todos os efeitos e independentemente das posições defendidas, torna-se evidente que os autores acima citados exprimem algumas das linhas definidoras e das principais tendências do imaginário português no modo como lavra a sua história colonial, isto é, assumindo-a, questionando-a, sublimando-a ou rejeitando-a. O que dificilmente pode ser refutado é que esse mesmo imaginário, na sua projeção como nação, se encontra indissoluvelmente ligado aos espaços sobre os quais um dia se disseminou. Tal como explica Robert Young (1995: 174):

> *Analysis of colonial discourse has shown that no form of cultural dissemination is ever a one-way process, whatever the power relation involved. A culture never repeats itself perfectly away from home. Any exported culture will in some way run amok, go phut or threaten to turn into mumbo-jumbo as it dissolves in the heterogeneity of the elsewhere.*

Recusar tal fato significa, no caso em questão, amputar, pelo menos, cinco séculos da própria história.

É, pois, como sistema de significação cultural e representação da vida social em quase toda a sua totalidade com incontornáveis cargas simbólicas que a ideia de nação, seja de forma implícita, seja de forma explícita, está configurada no romance colonial. Começando com os textos madrugadores da narrativa colonial, como *Terra conquistada* de Eduardo Correia de Matos, é possível, desde logo, observar a partir do próprio título, como a ideia de nação imperial é dominante.

O espaço africano – inúmeras vezes referido através da convencionada e pejorativa metonímia, o "mato"[29] com a sua grandiosidade, os seus inúmeros recursos, com o "primitivismo" dos seres que o habitavam, além de legitimar a sacramental missão civilizadora do homem branco, instituía-se como um espaço compensatório da proverbial "pequenez" dos portugueses. Como incisivamente aponta Eduardo Lourenço (1976: 15), os portugueses padecem de um pecado original que é o de "serem pequenos" (p. 29). Isto é:

> A colónia (e em palavra as colónias) preenchia bem o seu papel, que era tanto o de mina de vária riqueza que esse, mais importante, *de nos compensar da nossa pequenez ou, mais radicalmente ainda, de no-la tornar invisível.*

---

29  Vocábulo invariavelmente dicionarizado como "terreno inculto onde crescem plantas agrestes".

As colônias, são, portanto, um espaço, real e imaginário, que acabava por amenizar, de forma idílica, as limitações dos próprios colonizadores cuja sublimada grandeza residia, afinal, no ser Nação imperial, de que *Os Lusíadas* se tornaram Bíblia, e, segundo, ainda, Eduardo Lourenço, converteram "um momento privilegiado em Eterno Presente da alma portuguesa" (p. 28).

Deste complexo liliputiano padecerão, aliás, as ações, as vivências interiores, as atitudes das diferentes personagens que evoluem na narrativa colonial e que, tendo abandonado a metrópole, se esforçam por manter inquebrantáveis os laços com o seu espaço original, mátria ou pátria, afinal, da sua integridade identitária. Aquela assume-se assim como resguardo psicológico e afetivo que não só terá uma função simbolicamente protetora, como também, mesmo como presença ausente, dará sentido ao seu tirocínio africano.

Daí que é possível, por exemplo, recolher em *Terra conquistada* elementos significativos no que concerne à ideia de nação aí instituída e caucionada pela interação, real e imaginária, colônia-metrópole. Começando pelo próprio protagonista, Francisco da Marta, sobre quem já avançamos algumas considerações anteriormente, tanto o seu percurso (*chegou, viu e venceu*, isto é, cumpriu, apesar de outras motivações a tal o terem levado, o seu papel adentro da "missão civilizadora" de que outros como ele se encontram investidos), como o seu perfil moral e psicológico, no essencial inalterável ao longo do romance (trabalhador, honesto, simples, etc.), fazem dele uma personagem-tipo.

Dois fatos ligados ao protagonista, pelo simbolismo de que se encontram revestidos, ganham uma relevância especial por fazerem aflorar, de imediato, a questão da identidade. Se não, vejamos:

> Necessàriamente, um dia iria de visita à sua terra. De vez em quando, lá vinham as saudades enfraquecer-lhe o ânimo. Eram saudades do bacalhau com grelos, das rabanadas, dos mexidos, dos formigos, na consoada do Natal. Eram saudades das romarias, do fogo de artifício, do *vira*, da *caninha verde*, do *malhão*, do *verde gaio* (p. 47).

Neste excerto, onde situamos o primeiro fato, manifesta-se o primado do material, do objetual, que dificilmente pode ser dissociado da ideia da nação. Esta apresenta-se aqui em toda a sua pujança, quer na referência telúrica (*sua terra*), quer no registro gastronômico (*grelos, rabanadas, mexidos, formigos*). Encontramos, por outro lado, toda uma carga afetiva e contemplativa que, através de um sentimento proverbialmente português, a "saudade", torna intensamente presente o lugar de origem, verdadeiro patrimônio simbólico do protagonista. Este é, afinal, o municiador do código de valores socioculturais que interiormente preenchem a existência da personagem: romarias, o fogo de artifício, o *vira*, a *caninha verde*, o *malhão*, o *verde gaio*. Daí que Benedict Anderson, na ressalva da importância que os objetos culturais detêm, considere que o nacionalismo *has to he understood, by aligning it not with self-consciously held political ideologies, but with large cultural systems that preceded it, out of which – as well as against which – it came into being* (Bhabha 1995a: 1).

Entretanto, este pendor evocativo, e pela força das próprias imagens que conduzem ao aniquilamento anímico de Da Marta, torna o espaço físico e real da colônia, onde, *na verdade*, se encontra uma quase-ausência.

O outro fato que concorre para ideia de nação, enquanto núcleo identitário para o qual convergem elementos de caráter individual e coletivo, pode ser apreciado nos exemplos que se seguem:

> Quando lá [terra natal] fosse, não seria, no entanto, para se fixar para sempre. Gostaria de matar saudades, de *botar figura* entre aqueles que o tinham conhecido rústico, de pagar rodadas de verdasco a uns e a outros, de dar uma esmola farta ao senhor prior para a caixa das alminhas. Passearia ombro a ombro com os mais grados da terra, e, em dia de procissão, seria chamado a pegar numa vara de pálio (p. 47).
>
> *Não haviam de fazer má figura* a bordo do navio, nem diante dos amigos e dos parentes, à chegada a Lisboa. A sua qualidade de colonos impusera-lhes inesquecível dever: o de *não fazerem má figura* (p. 215-216). (Itálicos nossos.)

Tanto o primeiro fato por nós identificado e que tem a ver com as referências objetuais e simbólicas do protagonista, como o segundo fato, assente na necessidade visceral da ostentação narcísica da imagem, revelam que, neste particular, a ideia de nação, a afirmação identitária, prendem-se com o espaço original das personagens com o qual mantêm uma relação ferozmente umbilical, seja ela explícita ou não.

Com a lucidez clínica que caracteriza as suas análises, em particular quando o alvo é o povo português, Eduardo Lourenço, numa autognose em *O Labirinto da saudade* (1978), afirma a determinado passo que "somos [nós os portugueses] um povo de pobres com mentalidade de ricos" (p. 129), "sociedade em perpétua desfasagem entre o que é e o que quer parecer" (p. 133). Estas reflexões, tal como os conteúdos que nos são veiculados pela própria literatura colonial, demonstram que há no imaginário português um problema agudo de imagem que, mais do que simples *ethos*, se impõe como um verdadeiro *pathos*:

> A reserva e a modéstia que parecem constituir a nossa segunda natureza escondem na maioria de nós uma vontade de exibição que toca as raias da paranóia, exibição trágica, não aquela desinibida, que é característica das sociedades em que o abismo entre o que se é e o que se deve parecer não atinge o grau patológico que existe entre nós.

Além de nos exemplos supracitados estarmos perante uma certa evidência de que em *Terra conquistada* o ideal da nação "pluricontinental" estava ainda a consolidar-se[30] – tais são as inconsistências, as oscilações e as hesitações da maior parte das personagens dos colonos –, temos, por outro lado, bem vincada a dicotomia entre a terra-mãe e a colónia, o que, desde logo, contraria a afirmação totalitária de alguma *intelligentzia* de que o português *ia para a colónia para ficar*, já que esta era assumidamente *prolongamento* de Portugal.

Porém, contrariando os que no romance regressam à metrópole, ou fazem a apologia do regresso – "Já estou farto de África! Se um dia me apanho em Portugal, nunca mais cá ponho os pés!" –, mesmo quando logo de seguida encetam o percurso inverso, Francisco da Marta, afinal a personagem-símbolo de um ideário que se ia entretanto consolidando, defende, a dado passo: "A minha terra é aquela onde me sinto bem." Isto é, a colónia que transformou radicalmente o seu destino e de muitos outros como ele.

É, pois, com e através desta personagem – tal como os seus equivalentes em *O branco da Motase*, *Muende* ou *Calanga*, de Rodrigues Júnior; *Os Espinhos da Micaia*, *Cacimbo*, *O mulungo*, de Eduardo Paixão, em *Fogo*, de Agostinho Caramelo, etc. – que começa a ganhar forma a "nação performativa" que se constitui com a própria narração e que justifica a nossa adopção do conceito de *nação como narração*.

---

30 Este fato vem dar maior consistência à nossa observação de que a literatura colonial segue um percurso evolutivo próprio, quer nas temáticas, quer na forma como as diferentes representações são construídas nos diferentes textos. Trata-se, voltamos a frisar, de um efeito da própria escrita, mas também das suas interações particulares com o tempo e o espaço em que ela se desenvolveu.

III. A REPRESENTAÇÃO DO ESPAÇO

Assim, quando Francisco da Marta, nos antípodas daqueles que davam "mostra de ingratidão pela terra que os tinha acolhido tão generosamente" (p. 213), conclui que, apesar de não se esquecer da "terra da Pátria" (p. 218):

> outra terra, porém, a terra que lhe dava o pão, a terra que o elevara, particularmente aquela que era também um prolongamento da terra da Pátria, de pão não contaminado pelo contacto das mãos de estranhos, considerava-a como tendo direito ao seu amor.

abre caminho a uma redimensionação da nacionalidade que passará da circunscrição evocativa do lugar de onde se vem ou se nasceu, *natio*, com todo o seu capital afetivo, simbólico e mítico, para uma forma dilatada de nação de feição imperial, seja ela idílica ou real.

E, aqui, veremos articularem-se nos múltiplos e variados enredos romanescos, de forma mais ou menos explícita, mais ou menos evidente, a nação *pedagógica* e a nação *performativa*. A primeira é caracterizada pelas referências da origem, das tradições, da história, com caráter sucessivo e cumulativo. No caso particular do romance colonial português, esta nação pedagógica entronca não só nas tradições socioculturais representadas com profusão, como também numa tradição histórica com particular incidência na "vocação" secular de expansão, conquista e dilatação da fé:

> Nos dias que precederam a partida andava-lhe [trata-se do filho de Francisco da Marta que, tendo nascido em Moçambique, ia a Portugal prosseguir os seus estudos] o pensamento agitado na curiosidade de conhecer aquele trecho da Europa a que se destinava, donde tinham saído os mais ousados navegadores do mundo para a grande aventura de desvendar mistérios, de conhecer e de ligar entre si gente de outras raças e de outras cores, mais do que na sofreguidão da riqueza ou do mando (*Terra conquistada*, p. 219).

A nação pedagógica tem, como podemos observar, um valor estático, regulador e, em grande medida, inquestionado.

A nação performativa, por sua vez, vai se construindo nos movimentos evolutivos e errantes da narrativa, instituindo-se no seu presente "enunciatório", marcado pela repetição e evolução das ações, dos signos e dos símbolos concorrentes com a especificidade da nação pedagógica.

Trata-se de uma nação em devir, que a ação dos protagonistas (os colonos) e o ponto de vista do narrador tornarão efetiva. Portanto, é entre a nação pedagógica e a nação performativa que se narra a nação que sobressai no romance colonial.

Aliás, Homi Bhabha (1995a: 297), a quem devemos tanto a formulação do conceito da nação como narração, como a fecunda e esclarecedora distinção entre nação pedagógica e nação performativa, preconiza:

> In the production of the nation as narration there is a split between the continuist, accumulative temporality of the pedagogical, and the repititious, recursive strategy of the performative. It is through this process of splitting that the conceptual ambivalence of modern society becomes the site of writing the nation.

Portanto, o romance colonial evolui e adquire o perfil que apresenta, na perspectiva que tem sido aqui destacada, precisamente através da articulação entre a nação pedagógica e a performativa. E um dos fatores decisivos dessa conexão é o recurso ao mito. Como sabemos, o Estado Novo foi o grande impulsionador, no século XX, não só da vertente mística, mas também mítica do imaginário português, sendo, sem dúvida, o mito do Império um dos mais cultivados.

De modo mais ou menos manifesto enquanto realização de normas estruturais específicas, ou enquanto organização semiótica determinada atravessada por mensagens heterogêneas, ou, ainda, por dar forma a um certo imaginário, o romance colonial, na tensão entre o estético e o ideológico, acaba por emergir como espaço gerador ou reconfigurador de mitos. E os mitos mais significativos são os que se ligam à ideia de nação. Nação que, neste caso, se consuma na epicização da gesta que significa colonizar, civilizar e evangelizar.

E a necessidade de mitificar essa nação "imperial", "pluricontinental", "plurirracial", não responde simplesmente à necessidade de superação do caráter abstrato, ambivalente e indefinido do conceito, mas trata-se, acima de tudo, de uma interpretação sublimada dos condicionalismos culturais, sociais, éticos, ideológicos e geográficos impostos pela própria aventura expansionista. Aventura que, por um lado, significou sujeição, desestruturação, subordinação, usurpação e silenciamento do africano, e, por outro, vincou de modo indisfarçável as fragilidades do colonizador perante domínios tão dilatados.

Fazendo uma leitura circunstanciada deste desajustamento, Douglas Wheeler (1998: 376) advoga que, contrariamente aos outros colonialismos europeus que eram resultado de natural expansão nacional, autoconfiança e prosperidade, o colonialismo português "*was in large part a result not only of the legacy of history, but also as a national sense of vulnerability before foreign power, a sense of Portugal pequeno, lack of self confidence and a weak economy*".

O que, de certa forma, irá resultar, como valor duplamente compensatório, na deflagração de uma mitologia da qual o romance colonial faz parte e que ele próprio se encarrega de (re)criar. Para Ariel Dorfman, por exemplo, "*there may be no better way for a country to know itself than to examine the myths and popular symbols that it exports to its economic and military dominions*" (Brennan 1990: 48).

As construções míticas que o romance colonial veicula, e que basicamente estão associadas à ideia de nação, convergem no sentido de conferir significado e valor a toda a ação colonial e a todos os seus produtos reais e imaginários. Daí que, nesta ótica, destaquemos alguns dos mitos que não só decorrem da literatura como também acabam por fazer parte do imaginário português, quase sempre ancorado na ideia de nação enquanto potência (ou ex-potência) colonial.

Começamos, assim, pelo *mito do Império* que, num primeiro momento, tem a metrópole, terra-mátria, como ponto de partida e ao qual se tem necessariamente de regressar, como verificamos, por exemplo, em *Terra conquistada*. O caráter evolutivo na relação com esse mesmo império por parte da personagem do colono e das instâncias narrativas mostra-nos que, apesar de a metrópole manter-se como centro irradiador, somos confrontados, a partir de determinado momento, com a imagem de uma nação pluricontinental e plurirracial, una, indivisível, equilibrada e inalienável.

Um exemplo emblemático deste mito é o romance *Cacimbo*, de Eduardo Paixão, através do relevo dado às relações multirraciais: entre o velho colono Emiliano e a negra Cristina; o casamento entre Artur, filho do bem-sucedido Carlos de Sucena e a jovem mulata, Isabel, por sua vez, filha do administrador Sousa e da negra Teresa; a amizade entre Artur e o jovem negro Zé Luís Molindo. E a dar consistência a este mito, temos os discursos autolaudatórios que ressalvam o grande humanismo e as virtudes civilizacionais da ação colonial portuguesa. E é aí que outro mito se insinua: o *mito dos brandos costumes*.

Segundo Mircea Eliade (1963: 123), o mito não é, em si mesmo, uma garantia de "bondade" nem de moral. A sua função é revelar modelos e fornecer, assim, uma justificação do Mundo e da existência humana. Oscilando entre uma autoconsciência hiperpositiva e eufórica (crer-se povo predestinado, messiânico e providencial) e um autodenegrimento doentio e melancólico (o atraso crônico em relação aos outros, o confinamento geográfico), o imaginário português encontra na interpretação delirante da sua gesta colonial uma porta de evasão e de afirmação de uma reconfortante singularidade.

Apesar de atravessar boa parte do romance colonial, na ideologia mais ou menos velada, nos discursos e nos atos em que se salvaguarda o caráter amistoso e despreconceituoso do colono, as relações afetuosas com os indígenas, o contato fácil e espontâneo, a tolerância racial e cultural, etc., o *mito dos brandos costumes* choca com toda uma realidade veiculada pelos próprios textos, colocando-os, consequentemente, tanto a nível de significação como a nível comunicacional, numa situação paradoxal e insustentável.

Conformando uma verdadeira constelação imaginativa, outros mitos se manifestam, encadeados, intercruzados ou intercalados, nomeadamente,
- o mito da Criação do Mundo, ou cosmogônico: tem a ver com a emergência e consolidação da nação imperial;
- o mito do Bom Selvagem: que se traduz na atitude subserviente e passiva dos nativos, especialmente, a nível dos serviçais;
- o mito do Progresso: que tem a ver com o poder transformador e civilizador da ação do colono;
- o mito do "Eldorado" ou o mito da Terra Prometida: África como polo de atração para o enriquecimento rápido e garantido e que conduz à fixação integradora e harmonizadora do colono;
- o mito da Ruralidade: o campo funciona como o grande motivo épico e com valor profundamente identitário, tanto para o colono como para os nativos, além de que as áreas rurais impõem-se como fonte de autenticidade e de virgindade;
- o mito da Harmonia Universal: tendo como suporte teórico as teorias lusotropicalistas, é possível encontrar em romances, como *Cacimbo*, afirmações categóricas como esta: "Somos um país multirracial, vivemos sempre em paz e concórdia, tivemos essa felicidade, não a deixemos hoje fugir com posições de intransigência, de incompreensão" (p. 249);
- o mito da Vocação Ecumênica ou da Herança Sagrada.

Este último mito, o mito da Herança Sagrada, encontra, segundo Valentim Alexandre (1995: 50), na conservação de toda e qualquer parcela do território ultramarino um imperativo histórico, tornando os domínios sobretudo como testemunhos da grandeza dos feitos da nação, que não poderia perder sem se perder. Isto é, "o mito da herança sagrada tomava assim um duplo sentido: o império era intocável, não somente por representar um legado histórico, mas sobretudo porque corporizava o espírito de missão que dava à nação a sua razão de ser".

Para Fernando Rosas (1998: 70), trata-se de mitos legitimadores "enquanto elementos informadores de uma pretensa essencialidade de Nação, de uma sua vocação histórica, de um alegado destino específico".

E a sacralização da nação decorre não só do assumido espírito de missão de que o colono aparece investido, mas também da própria presença e ação dos padres, no universo diegético, enquanto representantes de Deus, quer como educadores, quer como *transformadores* e *recuperadores* de almas. Trata-se, aqui, da manifestação da vocação religiosa, cristã e católica da portugalidade.

Encarado naquilo que tem de vivo, o mito não é, segundo uma constatação malinowskiana, uma explicação destinada a satisfazer uma curiosidade científica, mas uma narrativa que faz reviver uma realidade original e que responde a uma profunda necessidade religiosa, a aspirações morais, a constrangimentos e a imperativos de ordem social e, até, a exigências práticas. Os mitos da nação, devido a uma certa intangibilidade e indeterminação física, encerram uma sacralidade a que não são de forma alguma alheias motivações de ordem pragmática. Por outro lado, o nacionalismo português aproveita três conceitos da mitologia do Antigo Testamento: a ideia de povo escolhido, ênfase no conjunto de memórias comuns do passado e esperança do futuro, messianismo nacional.

Em suma, com a sua carga referencial, representativa e simbólica, o romance colonial impõe-se enquanto materialização discursiva, como o próprio espaço-nação de uma portugalidade expandida nas suas aspirações, contradições, sublimações, frustrações, grandezas e limitações. E a nação que se escreve acaba por ter, entre outras virtualidades, um caráter impositivo. Afinal, e para todos os efeitos, a colonização é sempre uma "empresa colossal de subordinação do corpo e da alma alheia" (Lourenço 1976: 19).

Porém, menos prisioneiros não estão nem a alma nem o corpo do colonizador que, assim, se vê enredado fatalmente na teia que teceu e que, na megalômana e muitas vezes esforçada imagologia de que o romance colonial se faz palco e gerador, patenteia, no contraponto da anulação e subjugação do outro, a mais patética e trágica condição: a sua própria.

## 7. O lugar por vir: a dimensão utópica

Ao analisar o valor e a função das utopias, Michel Foucault (1966:9) chega à conclusão de que:

> Les utopies consolent: c'est que si elles n'ont pas de lieu, elle s'épanouissent pourtant dans un espace merveilleux et lisse; elles ouvrent des cités aux vastes avenues, des jardins bien plantés, des pays faciles, même si leur accès est chimérique.

Independentemente, portanto, dos contornos e dos particularismos que cada utopia apresenta, esta leitura foucaultiana sintetiza o essencial do discurso utópico: *consola* (é uma espécie de escape e de alternativa em relação a uma determinada realidade desconfortável e ameaçadora), *é um produto de imaginação virado para o futuro* (o que ela convoca é um não lugar), *é otimista* (trata-se, quase sempre, de uma realidade harmoniosa e edênica).

A partir de determinado momento, é possível identificar no romance colonial a representação do espaço já não propriamente como lugar, mais ou menos real, mais ou menos efetivo, mas como um espaço *por vir*, portanto, como *não lugar*. Dimensão que, de certa forma, também é reconhecível necessariamente no espaço-nação, mormente enquanto espaço mítico, e no espaço psicológico, enquanto evocação de um lugar fixado num tempo determinado. Tanto num como noutro caso, trata-se, porém, de representações ligadas a um espaço concreto, estejam elas desfocadas ou amplificadas. O que já não se verifica no espaço da utopia.

A utopia é sempre a projeção de um lugar ideal, perfeito, muitas vezes, com cintilações paradisíacas. O ponto de vista geográfico, como referência virtual, tem um papel relevante já que o espaço utópico refere-se, quase sempre, a lugares desconhecidos, ilhas isoladas, com o seu grau de pitoresco e de descontaminação. Por outro lado, parte-se de uma situação existencial concreta para uma idealização que a transcenda e a corrija. Portanto, é uma orientação para o desconhecido a partir daquilo que é conhecido.

Oscilando entre a nostalgia e a expectativa, sempre otimista, a utopia é uma das manifestações mais singulares da imaginação constitutiva. E essa singularidade torna-se mais acentuada no caso das utopias literárias, onde, apesar de serem perceptíveis motivações de vária ordem (social, política, religiosa, etc.), é visível o esbatimento tanto de qualquer sentido prático como da possibilidade de realização. E isso é notório quer nas utopias platônicas, quer nas utopias contemporâneas, especialmente aquelas decorrentes da situação de dominação colonial. Referimo-nos, em concreto, às escritas que prefiguram sociedades e nações livres e independentes. Isto é, perante uma condição de insustentabilidade mais ou menos generalizada, o romancista, ou o poeta, faz-se voz profética anunciando, entre o fascínio e o êxtase, um mundo melhor por vir. Tendo em conta uma certa prevalência da narrativa na realização dessa imaginação prospectiva que aproxima a utopia da profecia, Bakhtine (1975: 464) refere que a profecia é própria da epopeia, a predição é própria do romance.

Por outro lado, é através da porta estreita da utopia que, segundo André Gide, se entra numa real idade benfazeja. Diríamos mais, arrebatadora. E é aqui que reside o lado perverso da utopia: o fato de ela projetar a imagem de uma perfeição fora dos limites do possível. Na sua expressão delirante, a consciência utópica, ao mesmo tempo que se institui como crítica a uma sociedade degradada, anacrônica e esclerosada, oferece-nos, em contrapartida, como alternativa a representação do melhor dos mundos, da sociedade mais perfeita, que de tão perfeita acaba por produzir sedimentos esquizofrênicos. Recorde-se, por exemplo, o esquematismo governativo de *A República*, de Platão ou a circularidade existencial e o automatismo comportamental em *A Utopia* de Thomas More.

Por consequência, o espaço utópico aparece-nos, por momentos, já não propriamente como uma hipótese de evasão, ou de consolação, como diria Foucault, mas como expressão de uma dimensão representativa da condição humana, oscilando entre os condicionalismos sócio-históricos e culturais e a permanência de elementos anti-históricos e antidialéticos que condicionam a paralisação, a descaracterização, a indefinição e a genuinidade do tempo e do espaço.

Quer pela voz do narrador quer pela voz das personagens, o romance colonial, representado em particular por Eduardo Paixão, de modo estratégico e em planos discursivos assinaláveis, vai prospectivamente constituindo uma ideia de nação travejada, como todas as utopias, na harmonia, na perfeição e numa convicção delirante. Expressão dessa utopia é este discurso colocado simbolicamente na boca da jovem Anabela: "Temos que pugnar pelo amor entre os povos de Moçambique, sejam brancos ou negros, todos eles chamados à construção dum mundo de paz e amor. [...] A segregação racial, de que falou, acabará um dia."

Do mesmo modo, se institui a utopia no romance através de Carlos de Sucena, pai de Anabela, o que acaba por ser paradoxal, dado que representa o colonial bem-sucedido:

Queria ver altas chaminés lançarem nos ares lavados de Moçambique o fumo negro dos grandes complexos industriais, desejava uma agricultura organizada, que Moçambique fosse um dos celeiros do mundo. Gostava de ver nas planícies imensas fadadas para a pastorícia, grandes manadas de cabeças de gado, milhões de cabeças de gado, a industrialização das suas carnes, do leite e seus derivados (*Cacimbo*, p. 249).

Resta-nos intensificar a única doutrina por que todos os povos anseiam: o amor fraterno, a compreensão, o respeito pela dignidade da pessoa humana, independentemente da sua raça, a liberdade de cada um poder dar livre curso ao seu pensamento, sem arcas encoiradas, sem interesses inconfessáveis, antes com aquela franqueza de criança ainda não contaminada pela epidemia do ódio e da traição. A todos podemos dar a suprema ambição duma vida digna sem preocupações pelo dia de amanhã, escolas espalhadas por todo o sertão, como estrelas brilhando no mato, fábricas transformando o subsolo em riquezas, grandes plantações agrícolas, força e vitalidade (p. 250-251).

Num misto de delírio e iluminação, o discurso de Carlos de Sucena vai além da simples aspiração ("queria ver", "desejava", "gostava"), e transporta-nos através da substantivação da própria realidade ("altas chaminés", "ares lavados de Moçambique", "grandes complexos industriais", "um dos celeiros do mundo", "planícies imensas", "milhões de cabeças de gado", "industrialização das suas carnes") para um mundo infalível, e que parece fazer parte das "utopias realizáveis", segundo Friedman (1975: 15). Vemos aqui proclamada uma Idade de Ouro, não mais como nostálgica evocação do passado, mas como realidade incontornável do porvir, espécie de "cosmogonia do futuro" (Eliade 1963: 50).

Sintomaticamente, esta nação *por vir* parece querer transcender, ou, melhor, reconfigurar o mito da nação imperial, o mito da portugalidade pluricontinental e plurirracial consagrado pelo romance colonial, e confiná-la a um lugar autônomo e que o futuro, seguramente, irá tomar realidade, com "escolas espalhadas por todo o sertão, como estrelas brilhando no mato, fábricas transformando o subsolo em riquezas, grandes plantações agrícolas, força e vitalidade". Isto é, trata-se da reduplicação eufórica da utopia enquanto "lugar de felicidade" e "lugar que não é".

III. A REPRESENTAÇÃO DO ESPAÇO

Aparentemente mais ligada à corrente da "independência branca"[31] muito em voga em alguns domínios coloniais e que significava, na prática, a ruptura encetada pelos colonos com a metrópole, esta nação utópica desafia, pelo tom e pelas imagens em que é projetada, as utopias dos poetas que em Moçambique iriam alinhavar o perfil e o sentido de uma nação livre e independente. Referimo-nos, por exemplo, aos casos exponenciais de Noémia de Sousa e de José Craveirinha. Assim, enquanto da primeira retiramos um eloquente excerto de "Poema da Infância Distante":

> Por isso eu CREIO que um dia
> o sol voltará a brilhar, calmo, sobre o Índico.
> Gaivotas pairarão, brancas, doidas, de azul
> e os pescadores voltarão cantando,
> navegando sobre a tarde ténue.
>
> E este veneno de lua que a dor me injectou nas veias
> em noite de tambor e batuque
> deixará para sempre de me inquietar.
>
> Um dia,
> o sol iluminará a vida.
> E será como uma nova infância raiando para todos...

do segundo reproduzimos parte do poema "Sia-Vuma" (in *Karingana ua Karingana*, p. 167), emblemático dessa imaginação convulsiva, constitutiva e prospectiva:

> E dançaremos o mesmo tempo da marrabenta
> sem a espora do calcanhar da besta
> do medo a cavalo em nós
> SIA-VUMA!
> E seremos viajantes por conta própria
> jornalistas, operários com filhos também dançarinas de ballet

---

[31] No romance *A costa dos murmúrios* (1988) de Lídia JORGE, encontra-se representada, de forma intensa, o modo como esta aspiração era cultivada entre a população branca do centro de Moçambique.

arquitectos, poetas com poemas publicados
compositores e campeões olímpicos
SIA-VUMA!

E construiremos escolas
hospitais e maternidades ao preço
de serem de graça para todos
e estaleiros, fábricas, universidades
pontes, jardins, teatros e bibliotecas
SIA-VUMA! [...]

Esta convergência utópica, entre um ideário colonial (ou neocolonial) e um ideário reivindicadamente moçambicano, adquire contornos problemáticos quando em *Tchova, Tchova!*, romance que surge praticamente no ocaso da presença colonial portuguesa, a utopia materializa-se no território simbólico que é a "zona libertada", espaço onde os guerrilheiros tinham as suas bases, ilustrado nesta passagem de *Tchova, Tchova!* (p. 352):

Os três amigos tiveram, então, oportunidade de observar o trabalho na zona libertada. Percorreram toda a sua extensão na companhia do responsável pela aldeia comunal. Todo o derrube das árvores foi feito a poder de braços em inúmeras horas de intenso trabalho; grandes plantações de milho, trigo, amendoim, feijão e mandioca estendiam-se a perder de vista até quase ao rio Rovuma; um sistema de captação de água para regas estava bem camuflado e valas cheias do precioso líquido estendiam-se ao longo das searas com muitas ramificações secundárias; grandes manadas de gado vacum pastavam fora dos domínios da terra trabalhada sob o olhar atento de mulheres e garotos; numa área ensombrada por árvores de grande porte funcionava uma escola com frequência obrigatória para adultos e crianças; além dos estudos primários tinham também aulas práticas sobre a cultura do cereais, tratamento de terras a artes e ofícios; a enfermaria, com 24 camas, estava colocada numa zona plana também sob a protecção de arvoredo; celeiros junto às searas, para recolha do cereal, erguiam-se em vários pontos; todo o povo trabalhava com alegria, a terra não tinha donos, não havia capatazes desumanos, cada um era trabalhador e proprietário sem a atribuição específica do terreno que pertencia à comunidade.

## III. A REPRESENTAÇÃO DO ESPAÇO

Apesar de este ser um espaço "real", historicamente identificado, ganha expressão utópica pela exuberância da representação toda ela solar, emocional e optimista de uma sociedade igualitária onde *la différence entre la totalité des influences exercées et la totalité des influences reçues sera la même pour tous* (Friedman 1975: 61). Portanto, a "zona libertada" reifica alguns dos mitos e aspirações mais ventilados pela mentalidade utópica, em especial a partir do século XVIII, tais como a liberdade, a igualdade e a fraternidade.

Tendo em conta não só o percurso da obra de Eduardo Paixão, mas também o de toda a literatura colonial, e em função do quadro idílico que nos é apresentado:

> celeiros junto às searas, para recolha do cereal, erguiam-se em vários pontos; todo o povo trabalhava com alegria, a terra não tinha donos, não havia capatazes desumanos, cada um era trabalhador e proprietário sem a atribuição específica do terreno que pertencia à comunidade.

estaremos, então, perante a consagração estética da conciliação harmoniosa de extremos? Ou, por outro lado, do triunfo do cruzamento dos determinismos históricos e anti-históricos, estes intrínsecos às regiões mais insondáveis da natureza humana que assistem a própria utopia e que fazem dela o lugar, ou o *não lugar*, onde retórica e esquizofrenicamente se esfumam diferenças, angústias e contradições?

As mesmas questões nos surgem, aliás, quando nos detemos no romance *Raízes do ódio* de Guilherme de Melo, quer na sua progressão temática, quer, muito em particular, na personagem do Dr. Santana, figura axial do romance e espécie de alter ego da entidade autoral. Numa das suas intervenções mais dramáticas, ele propõe uma saída de compromisso entre colonizador e colonizado, numa convertibilidade sublimada de um antagonismo histórico em relação ao qual, em princípio, não parece haver vencedores nem vencidos:

> – Compreendo-te, sim, João. Compreendo tudo o que sentes, tudo o que pretendes demonstrar. Sei tudo isso, sinto tudo isso. Ao mesmo tempo que sinto que uma nova África começa a surgir. E nós estamos em África. Nós – eu tanto como tu ou como o António Manuel, entendes? E essa África nova que todos nós (eu tanto como tu ou António Manuel, repito-o) precisamos de lutar. Mas lutar com amor e confiança entre os três. Só assim valerá a

pena Deus nos ter dado esta maravilha rara de vivermos a nossa existência precisamente na altura em que a humanidade assiste a essa autêntica viragem histórica: o surgir dessa nova África (p. 265).

Discurso que adquire um significado particular se se tiver em conta o ano de publicação da obra (1963), período que corresponde, em particular, ao agravamento das tensões que culminariam um ano depois com o levantamento do nacionalismo armado em Moçambique e, de forma generalizada, aos processos independentistas que em África alteravam significativamente o mapa político e a correlação de forças no continente. Aliás, acusado de "subversivo", o romance seria apreendido pela PIDE.

Enfim, não estaremos, nós, perante o processo evolutivo instituído pelo romance colonial que, chegado a uma situação limite, agencia a negação de si próprio enquanto realização da utopia suprema de uma aventura imperial frustrada, cujo término implica a dissolução, ou o refazer das motivações e da razão de ser dessa mesma literatura enquanto configuradora, em última análise, de uma identidade coletiva *hipertrofiada* arraigada à crença da superioridade cultural e civilizacional?

Como muito bem sentencia Jeffrey Meyers *the colonial novel runs parallel to the rise and fall of western colonialism* (Brennan 1990: 61). Daí que as utopias que o romance colonial configurou, mais do que uma sonhada alternativa futura, acabam por se instituir como um "além" (Paquot 1997: 13) e encontram-se remetidas à sua própria condição de simples desejo. Desejo que significa passar da nação como *narração do mito* para a nação como *narração* da utopia.

# IV
# A REPRESENTAÇÃO DO TEMPO

Já nos referimos – baseados tanto no nosso conhecimento literário, como no de alguma teoria[32] – ao fato de o romance, enquanto forma narrativa particular, significar, antes de tudo, uma verdadeira experiência temporal. Isto é, o tempo institui-se como um valor determinante da narratividade. Aliás, para Paul Ricoeur (1983: 13), que faz desta questão o ponto central de reflexão em *Temps et Récit*, é na capacidade de refigurar a nossa experiência temporal confusa que reside a função referencial da intriga romanesca.

De tal modo assim é que a identidade estrutural da função narrativa tem a ver com o caráter temporal da experiência humana. Quer dizer, *le temps devient temps humain dans la mesure où il est articulé de manière narrative; en retour le récit est significatif dans la mesure où il dessine les traits de l'expérience temporelle* (p. 17).

Portanto, tanto a narratividade como a temporalidade surgem como complementos indissociáveis que mutuamente se equilibram e se reforçam, através, precisamente, desse gênero tardio e exponencial que é o romance. De tal modo assim é, que, de acordo com a perspectiva de Claudio Guillén (1985: 207):

> Narrar es vivir y hacer el tiempo – encauzándolo, conformándolo, invirtiéndolo, entregándolo al buen capricho del lector, subyugándolo, quizá salvándolo... Tanto es así que separar la temporalidad de la narratividad parece imposible.

Esta é uma constatação que, para além das desencontradas e numerosas conceitualizações sobre o tempo ou das diferentes teorias narratológicas, mobiliza consensos, mesmo para os que concedem ao espaço uma importância particular, como é o nosso caso em relação ao romance colonial. O conceito bakhtiniano de *cronótopo* aparece menos como uma

---

32 Casos, por exemplo, de E. M. FORSTER (1927), WELLEK e WARREN (1948), Frank KERMODE (1966), Julia KRISTEVA (1970), Mikhail BAKHTINE (1975), Gerard GENETTE (1976), Cesare SEGRE (1986), Benedito NUNES (1988).

## IV. A REPRESENTAÇÃO DO TEMPO

formalidade teorética do que como uma resposta realista à importância decisiva destas duas categorias, embora saibamos que o pensador russo acaba, no fim, por conceder primazia ao tempo. O destaque de uma, a omissão de outra, ou a análise parcializada das diferentes categorias da narrativa obedecem, na maior parte dos casos, a imperativos de ordem metodológica do que propriamente à amplificação ou redução valorativa dessas mesmas categorias. Acontece que o tempo acaba invariavelmente por se impor pelo seu caráter inalienável em relação à narrativa, ou por ser um dos objetos mais privilegiados do pensamento humano sob os mais diferentes pontos de vista: mítico, religioso, filosófico, antropológico, estético, científico, etc. Portanto, trata-se de uma indissolubilidade não só em termos literários, mas, no essencial, em relação à própria condição humana enquanto *processus*.

Tendo como horizonte o universo narrativo, Ricoeur (1983: 103) sintetiza de forma muito clara a incontornabilidade do tempo, quando explica que a intriga combina em proporções variáveis duas dimensões: uma cronológica, e outra, não cronológica. A primeira constitui a dimensão episódica da narrativa; ela caracteriza a história entanto que fato de acontecimentos na sua ordem sequencial e *natural*. A segunda é a dimensão configurante propriamente dita, graças à qual se transformam os acontecimentos na ordem em que nos aparecem na obra. Por outro lado, a dimensão não cronológica do tempo passa também pela forma como ele é percebido e experienciado pelas diferentes personagens, e pelo próprio narrador, que nos surgem prefigurando distintas concepções do mundo.

É, portanto, à volta das interações cronológicas e não cronológicas do tempo no romance colonial, que nos vamos agora debruçar no sentido de alargarmos e aprofundarmos a nossa compreensão de uma das realizações estéticas mais representativas na interpretação do *Outro* por parte do Ocidente. Quem tem, neste capítulo, uma aguda percepção da importância do tempo em termos representacionais é Johannes Fabian (1983: IX), para quem: *Time, like language or money, is a carrier of significance, a form through which we define the content of relations between the Self and the Other.*

# 1. A articulação *fabula*/enredo e a temporalidade

Na historicidade instituída por si própria, a narrativa colonial tem como um dos seus traços identificadores a crescente complexidade da articulação *fabula*/enredo. Esta articulação, como sabemos, definiu-se como estratégica e obrigatória nos estudos narratológicos desde o seu início, como o comprova a abordagem pioneira de Vladimir Propp ao debruçar-se sobre uma centena de contos do folclore russo, num estudo sistematizado na célebre *Morfologia do conto* e que teria, mais tarde, os seus epígonos. Estes, através de diferentes reformulações, foram enriquecendo a análise da narrativa que, acima de tudo, privilegiaria uma perspectiva estruturalista. Tais são os casos de Claude Bremond (1966), Roland Barthes (1966) ou A. J. Greimas (1976).

A articulação acima indicada, com denominações distintas segundo os autores ou as escolas – *fabula* e intriga (formalistas russos), história e discurso (Todorov, Bremond), ou história e narração (Genette) –, traduz o artificialismo com que se tece a narrativa que, longe de ser uma simples enumeração lógica e cronológica de ações e acontecimentos, apresentanos, segundo Cesare Segre (1985: 147), complexidades, matizes e sábias reticências, imitando o modo nunca totalmente nítido das nossas vivências.

A dicotomia *fabula*/enredo prevalece nos estudos narratológicos em função do cânone dominante, que é o cânone ocidental. Este, traduzindo, por sua vez, não só uma determinada concepção do mundo, como também uma específica percepção do tempo, acabará, necessariamente, por se confrontar com diferentes concepções temporais representadas no romance colonial, mesmo partindo do pressuposto de que elas nos são veiculadas pelos filtros interpretativos dos europeus.

Enquanto representação do mundo, a narrativa, em especial o romance, é, por conseguinte, uma verdadeira encruzilhada de pontos de vista, vozes, desejos, conflitos, planos espaciais e temporais. E é justamente no cruzamento das temporalidades que o romance se define como uma das mais destacadas experiências discursivas que procura imitar a realidade, ou melhor, que cria uma "ilusão de realidade".

Se é verdade que os diferentes estudiosos têm reconhecido, em reação à narrativa, a existência de diversos planos temporais – tempo de narração, tempo diegético, tempo de leitura[33] será, porém, através da articulação entre *fábula* (a história) e *enredo* (o discurso) que iremos identificar e analisar a forma como nos aparece configurado o tempo no romance colonial.

Profundamente interligada quer com a voz (*quem narra*) quer com a perspectiva narrativa (*como se narra*), a questão da temporalidade emerge como fator decisivo na definição do romance em termos de maior ou menor complexidade da sua própria estrutura, denunciando não só as tendências culturais, estéticas e filosóficas dominantes numa determinada época, como também a forma como cada obra realiza a integração individualizada dessas tendências.

É assim que podemos, por exemplo, reconhecer em alguns romances coloniais de pendor mais próximo do romance realista do século XIX, o predomínio da representação de um tempo devidamente identificado, exterior, mensurável, cronológico, isto é, um "tempo balzaquiano" (Nunes 1988: 50). Por outro lado, outros romances identificam-se com as técnicas narrativas desenvolvidas a partir do século XX, no período pós-impressionista, onde é notória a prevalência de uma tendência figurativa de um tempo interior, vivido, isto é, um "tempo proustiano". São, afinal, estes dois paradigmas do romance francês, Balzac e Proust, que acabam por traduzir as orientações mais importantes do romance contemporâneo enquanto materialização de uma percepção específica do tempo, seja ele circular, espiralar ou linear.

Além do mais, enquanto que no romance do tipo balzaquiano o tempo nos aparece, sobretudo, como uma realidade objetiva, daí a sua mensurabilidade, no romance do tipo proustiano, o tempo tem uma imanência intuitiva, projetando-se como realidade subjetiva, ou, simplesmente, como não real. Daí que, se o primeiro estabelece correlações essencialmente metonímicas, o segundo traça correlações de cariz metafórico.

Assim, se em *Eugéne Grandet*, de Balzac, por exemplo, temos a sobreposição de um tempo exterior que, na sua linearidade irreversível, age sobre as personagens, sobre a história e sobre o discurso, unificando a narrativa, em *Le temps retrouvé*, de Proust, trata-se de perseguir uma temporalidade fragmentária, em que o fio condutor é a memória salteante e imprevisível de Marcel e que determina uma narrativa estilhaçada e tem-

---

33    Por exemplo, Gunther MULLER (1947), seguindo as intuições de Thomas MANN, distingue dois tipos de tempo: tempo da narrativa e tempo narrado. Segundo ele, o tempo da narrativa seria constituído pelo tempo da *escritura* (o que se leva a escrever) e pelo tempo da *leitura* (o que se leva a ler).

poralmente inapreensível, de um ponto de vista newtoniano e, tal como a própria leitura, refém, para todos os efeitos, do virtuosismo rememorativo do narrador-protagonista.

Será, pois, na maior ou menor conformidade com cada uma destas duas tendências narrativas, ou, apenas, na convivência estruturadora de ambas, que o romance colonial irá ver traçadas as suas linhas definidoras através de uma historicidade que ela própria elabora. Isto é, enquanto romance dominado, em momentos determinados, pelo exotismo, pela ideologia e pelo cosmopolitismo.

## 2. Tempo e exotismo

Sendo um traço marcante do exotismo, a exploração quase voluptuosa da diferença, do fato que é, ou se pretende estranho, residirá nas próprias técnicas representativas o poder de evidenciar com realismo aquilo que é, em princípio, diferente. Assim, partir-se-á da associação de dimensões com as quais o leitor (isto é, o leitor pretendido), e encontra familiarizado com outras dimensões, ou com ambientes cujos particularismos escapam à sua vivência quotidiana. E uma dessas dimensões tem exatamente a ver com a experiência real ou simbólica do tempo.

O romance colonial, na sua fase inicial, configura, em termos de construção de intriga, o "tempo balzaquiano", isto é, uma narrativa facilmente apreensível enquanto sucessão e cruzamento de acontecimentos, identificação e caracterização de personagens e de espaços. Por outro lado, verifica-se um investimento específico no que existe de singular no universo representado, o que, longe de implicar acréscimo de complexidade, acaba por concorrer, curiosamente, para uma certa tipificação do discurso.

Tal fato resulta por o *inesperado* fazer já parte do *horizonte expectacional* do leitor que, pelos vistos, recebe sem surpresa o que, em princípio, *devia* surpreendê-lo. Portanto, o que há de exótico no exótico é produzido, moldado, regulado pelos filtros de um imaginário de que esse mesmo leitor faz parte, neste caso concreto, o ocidental. Aliás, essa ideia está subjacente em Bernard Mouralis (1975: 103) quando infere:

> Ora o exotismo só pode existir desde que concilie estas duas exigências contraditórias [relativismo e prevalência do olhar do observador] e

proceda de forma que o desconhecido e o estranho sejam codificáveis e entrem nas nossas categorias intelectuais.

Por conseguinte, quer em *Sinfonia bárbara* quer em *Terra conquistada*, ambos de Eduardo Correia de Matos, é possível observar como o exótico, participando tanto dos esquemas representacionais como das concepções de tempo nele presentes, nos permite situar esses romances e outros que lhes são afins num determinado segmento do percurso evolutivo da literatura colonial.

Preocupado mais em revelar realidades peculiares, o romance dominado pelo exótico apresenta enredos simples em que as ordens acontecimental e cronológica se sobrepõem, mantendo o leitor preso ao fio que liga a primeira à última ação narradas. *Sinfonia bárbara*, por exemplo, cuja história se desenrola predominantemente no mato africano, religa lugares tão desencontrados como Lourenço Marques, Londres, Serra da Estrela, Polónia, Sibéria, Paris, Sul de Angola, Congo e deserto de Kalahari, para nos contar o tirocínio africano do português Freitas, naturalista, paleontólogo e antropólogo, casado e abandonado pela polaca Louscha Petchersk (mais tarde, Betty Harvey e aventureira, também, em África), e de Nigi, mulher bosquímana.

Se é verdade que se reconhece na narrativa a representação dos tempos psicológicos destas três personagens, subsiste, contudo, um tempo único que aparentemente os une, que é um tempo físico, histórico e que deriva da sua participação nos mesmos acontecimentos e no mesmo espaço físico. Portanto, se o tempo psicológico de Freitas é dominado pelo passado preenchido pelas imagens da sua ligação traumática com Louscha/Betty:

> Graves acontecimentos se passaram na vida do doutor Freitas e é sempre com grande mágua que êle os relembra (p. 117).

o tempo interior de Betty está pejado de aventuras que foi protagonizando pelo mundo fora depois de abandonar o marido:

> Um ricaço inglês, magro, alagostado, capitalista em Londres, que Betty conhecêra [sic] em Capetown, a quem ela detestava e chamava strawberry jam, veiu-lhe [sic] agora à imaginação (p. 19).

Por seu lado, o tempo psicológico de Nigi encontra-se repartido entre a sua condição anterior e o processo aculturativo em relação ao homem branco:

> Nigi olha com espanto para todo êste [sic] aparato. O seu espírito rude está bem longe de compreender a serventia daquilo que está vendo. Os brancos sempre tinham coisas! Que homem tão extraordinário que era aquele! (p. 177).

Reconhece-se, entretanto, que, além dos desencontros que estas personagens protagonizam por viverem tempos psicológicos distintos, isto é, que têm a ver com as suas vivências subjetivas, verifica-se uma verdadeira fratura antropológica entre elas, determinada, também, pela experiência do tempo representada no romance. Além do mais, esses tempos psicológicos interferem no ritmo e na fluência da narrativa, contribuindo, no entanto, para a clarificação do caráter das próprias personagens e das suas reações em relação aos acontecimentos que se vão sucedendo.

Portanto, a preocupação manifesta com a causalidade da ordem narrativa enquadra-se na esfera romanesca tributária do naturalismo e que envolve o romance exótico. É, portanto, justificada a constatação de que "O romance naturalista projeta os seus fundamentos deterministas e causalistas num tratamento temporal analéptico" (Reis 1998: 409). Aproveitamos, aqui, para realçar o fato de o romance colonial, na sua fase exótica, ter como autores homens cujo campo referencial é *claramente* do século XIX, fato que é evidenciado pelas profundas convergências com a estética naturalista e com o espírito científico que o caracterizou.

Em relação ao tempo histórico vivido pela personagem, enquanto que Freitas, Betty Harvey e os outros brancos se inscrevem na mesma ordem temporal, cultural e civilizacional – e com a qual o próprio narrador se identifica –, Nigi, tal como os restantes negros, aparece como uma personagem fora do tempo em que os principais acontecimentos se desenrolam, vivendo um tempo próprio, "primordial", e que se traduz pelo seu desenquadramento em relação aos modelos, práticas, meios e comportamentos levados a cabo pelos europeus.

Será, portanto, no plano diegético onde identificamos o tempo da história, "tempo matemático propriamente dito, sucessão cronológica de eventos susceptíveis de serem datados com maior ou menor rigor" (Reis 1998: 406), e em que vamos encontrar, através de uma multiplicidade de informantes, representações de tempo que unem ou distanciam as per-

IV. A REPRESENTAÇÃO DO TEMPO

sonagens. Assim, temos um tempo objetivo (horas, dias, meses, anos) que, ao ser-nos apresentado quer de forma denotativa:

> Marca cinco horas o seu [de Betty] relógio de pulso. Era a hora a que começava o bulício nos *bars* de Lourenço Marques, a hora de saída das repartições públicas e escritórios (p. 29).

quer através de imagens:

> O sol ainda mal despertou no regaço da noite e já dos leves meneios da aragem vem um bafo amolecedor e môrno (p. 11).

> Afundou-se a vida na tumba do silêncio. A Natureza adormeceu, amodorrada pelo soalheiro, exausta de calor e de sêde (p. 25).

nos remete para uma ordem existencial determinada e dominante que, neste caso, tem a ver com a visão do mundo ocidental. Isto porque se trata de um conceito de tempo assente na linearidade, na cronologia codificada pelos ponteiros do relógio em que. segundo Mircea Eliade (196: 59), "O Tempo já não é o Tempo circular do Eterno Retorno, mas um tempo linear e irreversível".

Por outro lado, o tempo dos *outros*, que se vai inscrevendo nos interstícios do plano da história, aparece-nos como uma emanação da Natureza, o que, obviamente, vai legitimar o seu anacronismo em relação ao homem branco. Repare-se, por exemplo, nessa fala do chefe dos bosquímanes dirigida a uma personagem feminina de raça branca, por sinal sua prisioneira:

> – Não, tu ainda não gostas de mim! Mas, Tê-Huang disse que serás minha. Tê-Huang nunca se engana.
> ... Também a Natureza leva o tempo a fazer os frutos que nós comemos.
> ... A lua agora está magra e curvada. Parece os cornos de um novilho. Ela há-de ir ter com o sol e, um dia, há-de voltar cheia e farta. Tu, então, serás minha! Tê-Huang, o maior feiticeiro do Kalahári, nunca se engana! (p. 47).

Os recursos estilísticos aqui utilizados, caso da analogia ("Também a Natureza...") ou do animismo ("Ela [a lua] há-de ir ter com o sol...") funcionam como catalisadores na construção de uma imagem de alteridade onde é acentuado não só um distanciamento civilizacional, mas também cultural e filosófico. E o tempo atribuído aos africanos surge despido de qualquer dimensão metafísica, apesar de a consciência de futuro ser manifesta, mas refém da relação que essas personagens têm com o mundo que os envolve. Isto é, na linha fenomenológica de Merleau-Ponty (1945: 471) que advoga que *le temps n'est donc pas un processus réel, une succession efective que je me bornerais à enrigestrer. Il naît de mon rapport avec les choses*.

Trata-se, portanto, e segundo a leitura de Edward Hall (1983: 93), de um "tempo ecológico" (que tem a ver com as estações, ciclos anuais, etc.) e de um "tempo estrutural" (que tem a ver com a sua vida social e cultural). Deste modo, enquanto que na cultura ocidental, o tempo nos surge como um "reservatório vazio" que espera que o preencham, na de outros povos, como a que vem representada em *Sinfonia bárbara*, o tempo decorre das atividades quotidianas das personagens.

No romance colonial, em que se cruzam visões do mundo e vivências do tempo distintas, impõe-se de forma relevante a função seletiva, reguladora e ordenadora do tempo do discurso em relação ao tempo da história, que tem a ver com a multiplicidade dos acontecimentos e das vivências das personagens. Daí, por exemplo, a forma programada e regrada como, por um lado, são feitas as recuperações analépticas (a ordem do discurso), e que se conjugam com o tempo vivido interior e anteriormente pelas personagens, e como, por outro, é marcado o próprio ritmo narrativo (a duração), que se caracteriza, segundo Genette (1972: 93-94), pelo desencontro entre a duração da ação narrada (plano da história) e a duração da narração dela (plano do discurso). Trata-se, neste último caso, de anisocronias.

Logo, enquanto que, por exemplo, a *elipse* é uma anisocronia que corresponde a uma velocidade infinita, dada a omissão de longos períodos temporais, a *pausa descritiva* é de uma absoluta lentidão, onde qualquer segmento do discurso narrativo corresponde a uma duração diegética nula. Além da elipse (omissão de longos períodos temporais) e da pausa descritiva, o ritmo da narrativa é assegurado pela *cena*, caso dos diálogos, que teoricamente significam a correspondência entre tempo diegético e tempo discursivo, e pelo *sumário*, em que, por opção do narrador, se reduz o tempo discursivo em relação ao tempo diegético, através do resumo da história.

Na sua fase exótica, devido às intermináveis digressões temporais e descritivas, em obediência às suas motivações naturalistas e etnográficas, o romance colonial surge-nos com um ritmo lento. Além de *Sinfonia bárbara*, paradigma dessa situação é *A neta de Jazira*, de Maria da Beira. Nesta obra, a protagonista, Eva Maria – apesar de mestiça, o narrador deliberadamente sobrevaloriza os traços físicos e culturais que a identificam em absoluto com a sua ascendência europeia — abandona a capital da colônia, devido a uma desilusão amorosa, para se fixar no interior, na casa onde nascera, numa plantação situada na Gorongosa. Aí, acompanhada pela tia francesa, Madame Constance, irá não só estabelecer uma rede de relações com os seus serviçais, como também tomará conhecimento, de forma circunstanciada, dos fatos e das tragédias relativas à sua história familiar desde os tempos da sua avó, Jazira.

Neste romance, onde o exótico radica nas notas misteriosas que envolvem um passado em que se cruzam árabes, africanos e europeus, com histórias de mortes violentas, raptos, vinganças, feitiçaria, amor e ódio, a configuração do tempo narrativo acaba por ser marcada tanto pelos segmentos descritivos em relação à paisagem circundante e às diferentes personagens, em que o olhar interpretante cumpre a sua função antropológica, como pelas inúmeras e reiteradas incursões analépticas realizadas pelas diferentes personagens. E a narrativa, se tivermos em conta a correspondência entre o tempo da diegese e o tempo do discurso, acaba por ter um ritmo lento, mas suspensivo, seguindo a estudada cadência do romance policial.

A nível do discurso, o tempo e os modos verbais utilizados pelo narrador têm uma função determinante na avaliação sociocultural das personagens, no sentido de confiná-las a um determinismo étnico, racial ou geográfico. O uso dos verbos (em particular do verbo ser), no presente do indicativo ou no imperfeito, é revelador dessa prática descritivo-antropológica:

> Com os pretos *não se dava* o mesmo. *Eram* mais depravados nos seus costumes (p. 59).
>
> Um homem branco *não é* tão mau que deixe no mato uma mulher doente... (p. 64).
>
> Por toda a África a desconfiança *era* uma acentuada característica do gentio (p. 70).
>
> Não *há* melhor argumento para convencer os pretos. (p. 111, *Sinfonia bárbara*).
>
> Compreendeu então que Gimo, com aquela curiosidade que *caracteriza* todos os da sua raça... (p. 139).

Embora com aquele acanhamento característico do indígena moçambicano quando *fala* para os seus patrões... (p. 188, *A neta de Jazira*). (Itálicos nossos.)

Trata-se, portanto, de um exercício de predicação que apresenta qualidades que devem ser assumidas como axiomas, isto é, com valor imutável e universal. A este propósito, observa Johannes Fabian (1983: 83) que a predominância de um certo tempo verbal no texto assinala diretamente uma atitude ilocucionária. O presente indica a intenção do autor de comentar o mundo, implica uma atitude cognitiva, é o discurso do observador. Estamos neste caso e, segundo o mesmo autor, perante um discurso antropológico que oscila entre um certo tipo de cosmologia política (definindo a relação com o *Outro* em termos temporais) e um certo tipo de epistemologia (concebendo o conhecimento como reprodução do mundo observado).

Em termos de exploração do exótico na literatura colonial, em geral, é visível esta sedução do narrador pela afirmação generalista e caracterizadora que identifica o sujeito com um predicado, que corresponde mais a uma interpretação parcial, subjetiva e preconceituosa e que acaba por se instituir como verdade irrefutável legitimada pelo presente intemporal do verbo utilizado.

Em *Azyiadé* de Pierre Loti, por exemplo, e que é uma incursão romanceada no mundo oriental, o que aí encontramos é o olhar deslumbrado e sôfrego do protagonista/narrador que parece ir confirmando o que o Ocidente espera desse mesmo universo: mistério, devoção religiosa extrema, subserviência em relação ao europeu, poligamia, etc. Daí que não nos surpreendam afirmações como: *Dans le vieil Orient tout est possible!* (p. 22), ou:

"*Voilà, dit-il [Samuel], effendim; j'ai toute laissé, mes amis, mom pays, ma barque, et je t'ai suivi.*" *J'ai éprouvé que, chez les pauvres gens plus qu'ailleurs, on trouve de ces dévouements absolus et spontanés; je les aime mieux que les gens policés, décidément: ils n'en ont pas l'égoïsme ni les mesquineries* (p. 42).

Por outro lado, tanto a jovem turca Aziyadé, uma das quatro mulheres de um aristocrata de Istambul, como a história de amor que a liga a Loti, jovem oficial da marinha britânica, funcionam, em certos momentos, mais como um pretexto para o narrador nos dar a sua visão do Oriente do que como razão de ser da própria narrativa, tal é o enorme investimento feito nas descrições de lugares, pessoas, objetos e costumes que compõem a imagem de uma totalidade que nos é veiculada. Como diria Edward Said (1978: 24), o orientalismo, além de exprimir uma vontade e uma intenção de entender, procura controlar, manipular e incorporar aquilo que é um mundo manifestamente diferente (ou alternativo e novo). Isto é, trata-se de um exercício interpretativo antropofágico, marca indelével do discurso etnocêntrico protagonizado pela literatura colonial.

## 3. Tempo e doutrina

Um dos aspectos que mais distingue a narrativa épica da narrativa romanesca é que, enquanto na primeira a representação da vida é dominada por um sistema de valores fechado e acabado (Lukács 1920: 49) e localizado num "tempo absoluto", na segunda, essa mesma representação é, no principal, definida em termos de tempo progressivo, relativo e interatuante com a contemporaneidade, por um lado, e com a afirmação da individualidade, por outro. Sem recusar liminarmente a representação de valores no romance, E. M. Forster (1927: 53) não deixa, porém, de ser taxativo ao defender que *the time-sequence cannot be destroyed without carrying in its ruin all that should have taken its place; the novel that only would express values becomes unintelligible and therefore valueless.*

Será, por conseguinte, como municiador de valores que o romance colonial, na sua fase de feição mais ideológica, irá afirmar-se como um espaço não necessariamente ininteligível como refere Forster, mas, em grande medida, de valor estético e literário questionável. Na verdade, se nos detivermos na leitura dos romances deste período que têm em Rodrigues Júnior o seu maior representante, verificamos que a narrativa parece obedecer a um determinado esquematismo no sentido de que todas as personagens, ocorrências e formulações estejam de acordo com uma inamovível e dominadora visão do mundo. E cada romance surge-nos, nesse sentido, mais para validar um conjunto de ideias preestabelecido do que para responder às inquietações criativas e estéticas do autor.

Por outro lado, para uma percepção mais englobante do romance colonial na fase que convencionamos denominar de "doutrinária", iremos, de seguida, apresentar o quadro discursivo, mais ou menos generalizado, dominante na época. (Ver Quadro I, p. 251)

Enquanto que na fase exótica, o romance colonial, naquilo que ele produz em termos de representação do mundo, é muito devedor das teorias naturalistas e evolucionistas do século XIX, a fase doutrinária distingue-se por identificar-se com a retórica do Estado Novo, muito especificamente em relação à sua política colonial. Já nos referimos a este aspecto no Capítulo I, em que apresentamos algumas passagens elucidativas do *Acto Colonial*, um dos mais emblemáticos instrumentos do colonialismo português.

Além do mais, encontramos convergências do romance colonial, nesta fase em especial, não só com o discurso político-ideológico, mas também com os diferentes discursos de natureza opinativa, antropológica, etnográfica, cultural, etc., que participavam da hegemonização lusocêntrica através de uma retórica autojustificativa.

Tal é o caso, por exemplo, de um artigo publicado no *Boletim da Sociedade de Estudos da Colónia de Moçambique*, por um oficial do exército, Ten. Abel de Sousa Moutinho (1934: 76), que reza: "Já lá vai o tempo em que a política colonial visava especialmente a exploração da riqueza das colónias; hoje a política colonial propõe-se exercer sobre os indígenas uma ação colonizadora e mais civilizadora."

Ou o discurso proferido por Armindo Monteiro (1932: 12), na altura ministro das Colónias, que afirmaria, por ocasião da Semana das Colónias:

> Não diminui no povo o espírito de iniciativa e disciplina, audácia, entusiasmo, capacidade de sofrer a simpatia pelos povos inferiores que foram as maiores virtudes dos nossos antepassados. Temos a colonização no sangue como um imperativo da natureza.

A propósito desse mesmo evento, da conferência do demógrafo e antropólogo Mendes Correia (1945: 289), que junta uma visão apiedada e paternalista dos indígenas a uma cética e relutante perspectiva da miscigenação, destacamos a seguinte passagem:

> Assim, o mestiçamento é uma lotaria germinal que tanto pode dar bons como maus resultados. O que não dá é, com certeza, indivíduos iguais a uma das raças progenitoras. Eis por que não vemos vantagem em o erigir como processo generalizado duma política colonial em casos como os de Portugal, e que os êxitos do passado aconselham, para a continuidade histórica da Nação, a manutenção, dentro do possível, das virtu-

des germinais dêste povo, e não o desfiguramento destas numa aventura bio-étnica de duvidosas perspectivas.

Esta posição claramente "mistófoba", muito distante das formulações lusotropicalistas, radica na esquizofrênica crença da pureza da raça, "virtudes germinais", algo que, na ótica de muitos dos seus defensores, devia ser a todo custo preservado.

Do cónego Alcântara Guerreiro, registramos a sua interpretação da ação colonial portuguesa, apresentada ao 1º Congresso da Sociedade de Estudos da Colónia de Moçambique, em 1947. Assim, entre outras afirmações, o autor (1947: 4-5) proclama: "Ora, dar certezas morais a um povo sem lhe dar o imperativo da Fé, é absolutamente impossível. O indígena há de subir até nós; mas, para isso, tem de passar pela Religião que produziu o nosso génio e foi a força coesiva da nossa Nacionalidade." E seguindo um raciocínio pretensamente irrefutável, argumenta:

> Pode um homem de alta formação cultural cimentar os seus princípios morais na abstração de um sistema filosófico? Admito. Pode um quase selvagem subir ao campo familiar e social da civilização cristã, por outro caminho que não seja o da Religião? Nego, em nome da Psicologia e do bom senso.

concluindo, no fim, que: "1º que todo o colono se lembre que na sua ação está produzindo obra nacional e não pessoal" e "2º que a Nação nunca esqueça que na sua ação está realizando obra de transcendente universalismo".

De J. R. dos Santos Júnior (1950: 424), professor universitário e chefe da Missão Antropológica de Moçambique, recolhemos este extrato, numa elucidativa lição de etnografia indígena:

> Não julgo ofensivo chamar aos negros crianças grandes. Não posso deixar de dizer que a alma indígena moçambicana é, no conjunto, infantil. Inegavelmente, nos testes de inteligência e em muitas atitudes, surgem marcadas características infantis. Mas temos de reconhecer que há muito de complexo, de evoluído e de misterioso naquela alma.

Neste pequeno e diversificado excurso através da discursividade dominante nas décadas de 30, 40 e 50 em relação à presença portuguesa nos territórios coloniais, não podemos deixar de incluir um jornalista,

Armando de Aguiar (1951: 566), que, a propósito de uma viagem pelas antigas províncias ultramarinas, produz um panegírico dessa mesma presença, num livro volumoso e vistoso, através de descrições da paisagem "humanizada" pela ação do homem branco e que acaba por ser um pretexto para evocar a gesta "heroica" dos que transformaram África. E a monumentalidade da obra assenta nas suas dimensões físicas, nas profusas ilustrações e na retórica apologética da ocupação bem sintetizada na seguinte afirmação: "Moçambique é uma das expressões mais eloquentes do espírito colonizador lusitano."

Procuramos, desta forma, não só apresentar uma espécie de pano de fundo marcado por um discurso multidisciplinar mas convergente, como também identificar as linhas de força de uma intertextualidade atravessada por um ideário assumido, de forma enfática, por algumas sensibilidades da elite portuguesa da época, em manifesta consonância com o regime. E o peso desta intertextualidade será reconhecível no romance colonial quer na forma como a ação do colono está representada, quer na discursividade assumida pelas personagens e pelo narrador.

Neste caso, tanto a representação do tempo, muito marcada nos movimentos exteriores (cronológicos) e nos movimentos interiores (durativos), como a questão do ponto de vista assumem uma importância notória, pois, o que temos é o predomínio de uma perspectiva narrativa onisciente que traduz, por sua vez, uma visão totalitária dos acontecimentos e das personagens. Há, no fundo, como que um tempo único, mensurável e progressivo que sagra a ação do colono.

Deste modo, tendo em conta a interação *fabula*/discurso, o que acontece é que há uma epicização das ações do colono e que nos surgem integradas numa gesta de alcance muito mais vasto. Neste sentido, e dada a linearidade relativa com que as ações se encadeiam, é oportuna a constatação de Claude Bremond (1966: 114) de que "toda a narrativa consiste em um discurso integrando uma sucessão de acontecimentos de interesse humano na unidade de uma mesma acção". É, pois, como que em obediência à unidade e legitimidade da ação colonial "que os acontecimentos tomam significação e se organizam em uma série temporal estruturada".

A personagem do colono é, com efeito, normalmente concebida, tal como preconiza o já referido cônego Alcântara Guerreiro, como estando a *produzir uma obra nacional e não pessoal, quer dizer, uma obra de transcendente universalismo*. Daí que se, por um lado, temos a prevalência de sequências narrativas concatenadas, por outro, predominam as pausas descritivas que servem para emoldurar esses mesmos eventos, com comentários, juízos de valor, interpretações, descrições, em alguns casos de uma previsibilidade confrangedora. E aí a narrativa, fortemente concentrada e polarizada, esmorece, perdendo ritmo e a sua força intrínseca, mas não a consistência ideológica entretanto instituída.

Em relação à representação do tempo no romance doutrinário, o que encontramos, de fato, é uma oscilação entre a cobertura de longos períodos da vida das personagens – o que não invalida o recurso a elipses, fato que acelera a narrativa –, e, por outro lado, as inúmeras pausas caracterizadas por longas descrições ou arremedos judicativos que, por sua vez, retardam a ação narrativa.

## 4. O tempo cosmopolita

Definimos, antes, como traços identificadores da expressão cosmopolita do romance colonial, a revitalização estética e temática, as ambiguidades de posicionamento, os dilaceramentos interiores das personagens, as contradições, indefinições, a consciência crítica, o alargamento do campo referencial, etc. Por outro lado, referimo-nos ao fato de o espaço diegético dominante passar a ser a cidade com as problemáticas que lhe são intrínsecas enquanto símbolo e efeito da modernidade.

A representação de vivências urbanas permitirá não só diluir o peso de ruralismo e de estreiteza provinciana que vinha caracterizando a escrita colonial, como também sintonizar as problemáticas nela levantadas com as que dominavam as preocupações espirituais da humanidade depois da Segunda Guerra Mundial, e que imprimem a nota cosmopolita por nós referida. Isto é, acrescente inquietação com os destinos individuais e coletivos, as questões existenciais, as aspirações independentistas, a ascensão da voz dos dominados, a liberdade sexual, a droga, o protagonismo da juventude, a busca da superação ou sublimação das diferenças raciais, culturais e étnicas, a irreverência iconoclasta, etc.

Vimos, também, que as transformações verificadas no romance colonial ocorrem tanto por fatores de ordem artístico-literária como por fatores de ordem extraliterária, destacando, neste último caso, o aproveitamento feito das teorias lusotropicalistas de Gilberto Freyre. Referimo-nos, além do mais, ao fato de tais transformações terem concorrido para que essa literatura, em alguns casos, se afirmasse como utopia de si própria ao pôr em causa a sua condição enquanto representação hegemónica de uma visão do mundo eurocêntrica.

Até que ponto, por conseguinte, a percepção e figuração do tempo no romance colonial participa da sua afirmação enquanto modelo constitutivo de uma condição cosmopolita?

No romance *3X9=21*, de Fernando Magalhães, entretanto, subintitulado "Crónica", o que sobressai é um latejo generalizado de irreverência. Assim, desde o cálculo inexato instituído como título, passando pela "Advertência" provocadora que antecede o texto:

> A acção deste romance, crónica ou lá o que lhe quiserem chamar não se passou em Lourenço Marques.

até à forma fragmentária como é estruturada a narrativa, tudo concorre para a elaboração de uma escrita em estado de insurreição institucional. Para o efeito, temos uma espécie de desafio à própria exemplaridade da obra enquanto concretização de um gênero que, como vimos, tem no encadeamento cronológico e consequente do tempo o seu fundamento. Fato que é desrespeitado quase que por completo em *3x9=21* em que o que se nos apresenta não é uma narrativa seguindo o curso linear dos acontecimentos, mas "pedaços de prosa", nas palavras do autor. Isto é, extratos salteados e intercalados de uma realidade unificada pelos índices e informantes espaciais (que têm a ver com a cidade que o autor diz que não é) e pelo mesmo tempo histórico estruturante e contextualizador. Tempo que, por sua vez, interatua com as figurações das vivências angustiadas, rotineiras, entediadas e sofridas do tempo individual, subjetivo de cada uma das personagens.

> [Um narrador] Bem, mas aqui há uns tempos eu ainda não tinha arranjado a vidinha e era pràticamente um miúdo. [...] Naquela altura ainda eu não era casado com a Lurdes que como ainda era virgem não podia sair comigo para a "boite" apesar de namorarmos há quase dois anos, de maneira que só às vezes ia ao Girassol com um ou dois tipos da malta para ver umas boas mulheres que lá aparecem e para me emborrachar um bocado com whisky e boa música (p. 17-18).
>
> Olha, é difícil explicar-te; eu tinha-te imaginado de outra maneira ou então foste tu que mudaste muito ...

[Lena para o namorado] Lembras-te quando nos encontrámos a primeira vez naquele baile dos quintanistas? Eu estava toda vestida de branco e tu foste buscar-me para dançar e disseste que eu parecia uma açucena, lembras-te? (p. 45).

[Tereza numa carta dirigida à irmã] Lembras-te de quando a gente aos Domingos acordávamos de manhã cedo com muito sol a entrar no quarto e o céu lembras-te que estava tão azul e ouvíamos o barulho dos tamancos das pessoas a bater nos passeios. [...] Olha foi um tempo tão bom e eu não o aproveitei nada e agora estou para aqui nesta África e é tudo tão parado e tão quente e eu nem tu sabes sinto-me tão sózinha (p. 59-62).

Nestes excertos é possível reconhecer saltos analépticos ou seja, remissões que são feitas a um tempo outro, anterior e interior, e que representando vivências particulares, envoltas numa aura idílica e voluptuosa, estabelecem um contraponto com o tempo vivido num presente determinado. Segundo Suzanne Langer (1953: 263), *it [the memory] simplifies and composes our perceptions into units of personal knowledge*. O que significa que *to remember an event is to experience it again, but not in the same way as the first time*.

Há, pois, a consciência de uma trajetória de erosão existencial e que concede uma importância decisiva ao tempo como fator de destruição irreversível e como sintoma das inquietações e incertezas relativas aos destinos, não só individuais, mas de todo um grupo identificado com a burguesia colonial ("boite", whisky, boa música, "boas" mulheres, bailes de quintanistas, "nesta" África...).

No seu romance, integrando estilos de ascendência modernista (perspectivas múltiplas e intersectadas, recurso à técnica de montagem, inconformismo escandaloso), com histórias, na aparência, heterogêneas e com desenvolvimento autônomo, Fernando Magalhães, tal como o fizera já o escritor norte-americano John dos Passos em *Paralelo 42*, institui "um gigantesco painel social" (Nunes 1988: 52) em que se reconhecem as problemáticas existenciais dessa mesma burguesia e que se identificam com a crise global das sociedades modernas.

Este é, pois, um movimento de "eterno retorno" realizado pelas diferentes personagens e que significa uma aguda e patológica percepção do tempo que flui, reordenando um determinado quadro de valores em que a subjetividade joga um papel crucial. Afinal, e segundo uma dedução kantiana, o tempo não é mais do que a forma do sentido interno, isto é, da intuição de nós mesmos e do nosso estado interior.

Por outro lado, a focalização interna, responsável pelo fluxo de consciência – *the stream of consciousness*, na expressão de William James – religando intimamente o plano da fábula e o plano do discurso, mostra-nos, pelas imagens que vai fazendo passar, que o tempo *n'est pas pour nous un système de positions objectives à travers lesquelles nous passons, mais un milieu mouvant qui s'éloigne de nous, comme le paysage à la fenêtre du wagon* (Merleau-Ponty 1945: 480). De tal modo que *le passé n'est donc pas passé, ni le futur. Il n'existe que lorsqu'une subjectivité vient briser la plénitude de l'être en soi, y dessiner une perspective, y introduire le non être* (p. 481).

Em relação à representação da juventude urbana e diletante que vive um tempo próprio de fruição, de alienação e de decadência, não deixa de ser significativo que ela revele uma dupla consciência: primeiro, consciência para além do seu espaço vivencial, apesar da curiosa omissão dos negros, de que:

> Há casas de madeira e zinco, ou só de zinco, ou só de madeira; muito porcas, muito escuras, com um cheiro a febre e a urina que tresanda. Vivem aí mulatos, indianos, amarelos, brancos.

E que:

> Sessenta por cento dos homens da minha cidade levanta-se entre as seis e meia e as sete horas da manhã.
> À hora de ir para o serviço, vai.
> À hora de vir do serviço, vem (p. 8-9).

Segundo, através de um assinalável sentido premonitório (este romance foi escrito cm 1959), temos a consciência de um tempo por vir, dominado por um humanismo redentor e planetário:

> [Gualdim Felicíssimo] E mais vos digo que o grande momento da emancipação da Humanidade será o dia em que os homens das diversas nações em luta sentirem repugnância em se matarem uns aos outros porque "ordens são ordens" e unindo-se todos assaltem os palácios dos grandes militares e dos senhores do Estado e os dispam das suas indumentárias e das suas dignidades de mandões. [...]
> – E teremos que riscar do dicionário essa palavra venenosa chamada

Pátria a coberto da qual se pratica um belo comércio e se fazem crimes... E rasgaremos as bandeiras de cores berrantes e as partituras guerreiras e só quereremos paz e dançar o mambo, o rockn roll, o xá-xá-xá... Esse será o grande momento E agora vamos dançar (p. 93-95).

Trata-se de um abalo assinalável no quadro dos elementos identificadores da literatura colonial pois, neste caso em particular, estamos perante uma crítica frontal e feroz ao militarismo e aos nacionalismos, ao mesmo tempo que se faz a apologia de uma festiva rebelião que conduza a uma pacífica e anárquica liberdade[34]

Tanto a visão proléptica como a insurgência contra o autoritarismo de Estado, dois marcos que não deixam de ser marcantes no romance colonial, acabam por ser responsáveis pelo lastro de ambiguidade e de instabilidade da sua representação da ortodoxia do discurso colonial. Apesar disso, a colonialidade literária no romance de Fernando Magalhães assenta, no essencial, no predomínio de um imaginário eurocêntrico num espaço outro, tanto por parte do narrador como por parte das restantes personagens e em que prevalecem os seus valores culturais, éticos e civilizacionais, mesmo quando alguns dos seus aspectos sofrem contestação.

Apesar de Gualdim Felicíssimo, *doublé* de narrador e personagem, devido à sua ironia corrosiva e ao seu inconformismo, pôr em causa uma certa imagem da portugalidade ("Os sentimentais sentem saudades. Eu não sinto nada, sou superior a essas coisas", p. 11), a ligação física, psicológica, afetiva e simbólica com a metrópole é permanente:

O dia de Natal é igual aos outros dias de Natal mas é diferente do Natal europeu, frio. [...] Cheira a bacalhau (p. 10-11).

... a voz irritante da mãe que discutia como habitualmente, há cinco anos, pelo jantar, a próxima ida à Metrópole (p. 31).

E depois em Lisboa vamos andar na mesma Universidade... Vai ser formidável..., (p. 36).

Esqueci-me de dizer que o tempo, para o Condeixa, voa, porque para ele só existe o Domingo se há relato.

---

34  Uma nota biográfica relevante em termos de história da literatura tem a ver com o fato de o autor de *3x9=21* ter sido preso logo após (e por causa de) a publicação do romance.

O Condeixa vive absorto com a posição do Porto no Campeonato Nacional (p. 101).

Agora o Sr. Campainhas tem cinquenta e nove anos e espera a inauguração do seu "building", como ele diz, para ir à Metrópole matar saudades. (p. 135).

Por outro lado, a figuração do espaço subordina-se à visão do mundo sustentada por essa mesma ligação. Daí que, através do filtro interpretativo de algumas personagens, é possível verificar que dois ritmos temporais estão subjacentes ao espaço:

Agora estou para aqui nesta África e é tudo tão parado... (p. 62).

Isto é, a uma dimensão espacial (África) corresponde uma dimensão temporal determinada (parado = atrasado). É, portanto, verdade, como explica Szegedy-Maszák (1995: 244) que existem certos aspectos do tempo narrativo que são percebidos como relações espaciais, ou vice-versa.

A modernidade romanesca, de que *3x9=21* é um bom exemplo, define-se, igualmente, quer através da sua estrutura fragmentária, que exprime "as contingências não narrativas da realidade moderna" (Kermode 1966: 128), quer através da perspectiva pendular e indefinida da experiência interna que, orientando-se tanto para o passado como para o futuro, se assume como o eixo principal constitutivo do enredo, adensando, como consequência, as marcas da colonialidade literária.

Por outro lado, a entremeação dos diferentes recortes narrativos, com passagens (*M1, M2, M3,...*) dos romances *A Oeste nada de novo* e *Tempo para amar e tempo para morrer* de Erich Maria Remarque, institui um jogo intertextual que, uma vez mais, reforça esta sintonia perseguida pelo romance colonial através de algumas das sensibilidades artísticas mais em voga no Ocidente.

Outros indicadores da tendência cosmopolita do romance colonial assentam na tentativa de superação ou de sublimação das diferenças raciais, socioeconômicas, culturais que, por sua vez, se instituem como valores de base da sociedade colonial. É, pois, neste contexto, que alguns textos irão, a partir de determinada altura, traduzir tanto através dos eventos e do comportamento das personagens como das estruturas discursivas a preocupação pela afirmação da portugalidade, mas, adentro de uma lógica assimilativa e conciliatória, exprimindo uma abertura que, em certos momentos, atenua a carga do eurocentrismo. Um dos suportes dessa abertura, mais aparente que real na maior parte dos casos, é exatamente a corrente do lusotropicalismo.

O lusotropicalismo é um *apport* extraliterário de Gilberto Freyre que, de modo paradoxal, nos aparece como expressão, por um lado, de uma especificidade de matriz nacionalista, indiscutivelmente panlusitanista – a adaptabilidade *inata* dos portugueses aos trópicos, asserção que legitima a sua "vocação ultramarina" – e, por outro, de relativismo, por representar uma espécie de convivência contemporizadora com o *Outro*. Agostinho Caramelo, com *Fogo*, Guilherme de Melo, com *Raízes do ódio*, e Eduardo Paixão, com *Tchova, Tchova!* e *Cacimbo* são alguns exemplos onde esses (e outros) aspectos se manifestam de forma incisiva.

*Raízes do ódio* é um romance que se apresenta como sintoma de uma época de crise aguda e larvar e representa as tensões, as indefinições, as contradições e as angústias privadas e coletivas de uma sociedade modelada por um sistema que denunciava já os germes conducentes à sua dissolução. É, pois, sob o estigma do tempo, subjetivo, cronológico e histórico que se constrói o enredo desta obra em que a problemática das relações assimétricas entre dominadores (colonos/brancos) e dominados (negros/africanos) assume um protagonismo particular. Há, portanto, um conjunto de conteúdos investidos e que se traduzem por valores sociais e individuais em cujo quadro se inserem as ações das personagens.

Temos, neste caso, a história de dois rapazes que, apesar da amizade que os une e de serem colegas de carteira, se encontram quase que nos antípodas um do outro. João Tembe é negro, vive no subúrbio com a irmã e a mãe, costureira e analfabeta, com extremas dificuldades econômicas, de tal modo que os estudos do menino são suportados pelos seus padrinhos, antigos patrões da mãe. Por seu lado, António Manuel é branco, vive com os pais numa vivenda da cidade colonial. O pai é um alto funcionário do Estado, muito bem colocado. Em termos psicológicos, enquanto que João Tembe é um espírito profundamente revoltado e recalcado, António Manuel é alegre e espontâneo. Todos estes fatos intervêm de forma decisiva na evolução da própria história.

O romance desenvolve-se a dois ritmos dado o recurso a duas instâncias narrativas que, por sua vez, representam duas focalizações dominantes. Assim, além do narrador principal, heterodiegético e onisciente, temos o diário de António Manuel que, com o seu olhar juvenil, complementa, alarga e condiciona com a sua subjetividade a representação dos acontecimentos, sensações, desejos, medos inscritos no romance.

Narrativa dominada pelas vivências de um grupo de adolescentes, *Raízes do ódio* desenvolve a sua estrutura temporal em função do ciclo escolar, fato que, por se tratar de estudantes finalistas do liceu, adquire um simbolismo singular por representar um estágio decisivo da vida das personagens. Estas são colocadas entre a possibilidade de prossecução de estudos e obtenção de um curso superior, caução para uma condição socioeconômica melhor, ou, por outro lado, a entrada imediata para a vida laboral, com os condicionamentos daí advenientes. E é este um dos maiores dilemas vivido, de forma intensa, no íntimo de João Tembe, destacada e emblemática personagem do romance.

Elucidativo desta subordinação do tempo narrativo ao ciclo escolar, por um lado, e desta dupla presença e perspectiva narrativa, por outro, é o próprio início do romance que abre quase que, em simultâneo, com o diário de António Manuel:

> *Hoje foi o último dia de aulas. Mais um ano que findou, mais um desabar de ilusões para tantos, mais um degrau vencido por outros. Sinto-me feliz – e mentiria se o negasse – por me poder contar entre estes últimos. As notas obtidas ao longo dos períodos deixam-me desde já a certeza de que tenho o 6º ano vencido e me posso considerar finalista. Aliás, poucos, além de mim e do João, podem, neste momento, orgulhar-se de uma tal plena certeza* (p. 9).

e com o narrador principal:

> João Tembe deixou o liceu com os ouvidos cheios ainda da algazarra da garotada dos primeiros anos, nos olhos a imagem das fogueiras onde os cadernos e as cábulas ardiam e, na alma, uma irritação surda contra tudo isso, que considerava "uma ridícula manifestação de animalidade". Era certo que também ele, nos primeiros anos, reagiria da mesma forma por que via agora regerem-se as dezenas de outros rapazes. A partir dos 16 anos, contudo, algo de estranho, confuso, se operara lentamente em si (p. 10).

Fator de enriquecimento da narrativa em termos de representatividade, a focalização dupla aqui adotada concorre para que, neste caso em especial, os acontecimentos nos surjam segundo diferentes dimensões marcadas pela maior ou menor proximidade do sujeito em relação a eles. No caso específico de António Manuel, o seu diário íntimo, traduz a vida interior à medida que ela se desenrola. Isto é, as incertezas e a evolução duma consciência imersa no quotidiano. Configura-se, portanto, uma tensão entre um "tempo métrico" (realidade objetiva e mensurável) (Bourneuf: Ouellet 1976: 181) e um tempo subjetivo.

Entretanto, são três os palcos que permitem que a narrativa avance num sentido que manifestamente traduz a preocupação do autor em conciliar dois mundos histórica e socialmente opostos: o mundo dos africanos e o mundo dos europeus[35]. Os palcos são: o *subúrbio* (a casa de João Tembe, os estreitos caminhos de areia, as casas de caniço e de madeira e zinco), a *cidade* (a casa de António Manuel, a casa dos padrinhos, as livrarias, os jardins, os cinemas, as estradas asfaltadas e engalanadas de acácias, os cafés, a casa do Dr. Santana) e a *escola*.

A escola é o espaço-pivô através do qual tanto em termos práticos como simbólicos se procura chegar à harmonização entre o mundo de João Tembe e o mundo de António Manuel. Daí que seja o Dr. Santana, ídolo incontestado do grupo, com o seu saber e a sua abertura (a sua relação com os alunos vai para além da sala de aula e da escola) quem protagoniza as atitudes e dá forma às ideias mais intencionadas do romance. É a esta espécie de *alter ego* autoral que, portanto, cabe, tanto a tarefa de ser a consciência que assume a culpa história do homem branco:

> Oh! João, João! Não deixes que o ódio cresça em ti e te domine. Eu sei... eu sei que as raízes estão aí, no teu coração. No teu coração e no de todos os teus irmãos de cor, eu sei, João Tembe... E sei também que não foram vocês que as fizeram brotar por si mesmas. Fomos nós, entendes? Nós, fomos nós que plantámos no teu coração e no de todos os outros os outros como tu as raízes do ódio (p. 212).

como a missão de anunciar um tempo outro, harmonioso, quase irreal pelo sentido que lhe é dado pelo próprio e pela forma delirante e extasiada com que se manifesta:

> ... faço-o por todos nós, por toda uma civilização que surge... uma nova era que se inicia... (p. 212).
>
> Sei tudo isso, sinto tudo isso. Ao mesmo tempo que sinto que uma

---

35  Esta é uma preocupação reconhecível, também, no seu livro de contos intitulado *A estranha aventura* (1961) e que tem a infância como universo nuclear.

nova África começa a surgir. [...] E é por essa África nova que todos nós (eu tanto como tu ou como o António Manuel) lutamos, entendes? Mas lutar com amor e confiança entre os três (p. 265).

Há, aqui, a representação de uma *dialética da temporalidade*, em que o passado (dominação = tese) confrontando-se com o presente (revolta = antítese) desagua num futuro único (harmonia = síntese). Trata-se, para todos os efeitos, de uma síntese inseminada por um idealismo messiânico, ecumênico e utópico. O discurso utópico, enquanto virtualidade da superação das múltiplas e institucionalizadas assimetrias da sociedade colonial, assume-se como uma das tendências mais representativas do romance colonial desta fase. Veja-se o caso, por exemplo, de Eduardo Paixão com *Cacimbo* e *Tchova, Tchova!*.

Este tempo outro, ideal, faz do tempo narrativo de *Raízes do ódio* um pretexto, um prelúdio em que, com algum desassombro, se denuncia[36] a fronteira de asfalto que separa o mundo dos colonos e o mundo dos africanos, as desigualdades socioeconômicas, a discriminação racial, as condições degradadas dos negros, a censura, a hipocrisia... do colonialismo português na voz do Dr. Mendonça, homem do regime:

> – Nós, aqui em Moçambique, e como nós, Angola, temos um grande, um poderoso papel, e segui-lo-emos ponto por ponto. Mas para isso é necessário que fechemos as portas às perniciosas influências estrangeiras, que cerremos fileiras contra o inimigo estranho. Compreendes, não é verdade? Claro que eles, os nossos irmãos de cor, estão connosco, sentem-se portugueses, nós os tornámos portugueses, nós os cristianizámos, nós os fizemos nossos irmãos perante a Pátria comum e perante Deus... (p. 144).

Ou, então, o despropósito e o ridículo de algumas situações, como esta constante no diário de António Manuel:

> Se o nosso Natal é um Natal quente e húmido, abafado, denso, por que razão se há-de a vida inteira viver embrulhado nesta mentirazinha idiota da neve e do sapatinho na braseira, como se fosse possível ter alguma braseira acesa na noite de 24 de Dezembro, aqui! (p. 151)

---

36  Fato significativo dos incômodos causados pelo sentido crítico de *Raízes do ódio*, a primeira edição do romance foi apreendida pela PIDE.

## IV. A REPRESENTAÇÃO DO TEMPO

*Raízes do ódio*, na tentativa de legitimar essa síntese que nos surge como consequência de um percurso histórico e particular, acaba por anular-se nessa mesma pretensão devido ao seguinte corretor: João Tembe, para vingar social e culturalmente, tem de se subordinar a um código de valores que lhe é imposto como superior. Não há qualquer possibilidade de ascensão, de integração, enquanto não houver, da sua parte, abdicação dos valores do mundo a que originariamente pertence e em relação ao qual ele já se encontra, de forma notória, alienado. Daí a inquietação que se instala e se desenvolve, de forma impiedosa, dentro de si.

> As palavras dos professores, os incitamentos, as anotações nos exercícios, dirigidas ao encarregado de educação, e que o padrinho rubricava sem sequer ler, e, acima de tudo isso, a dúvida a tomá-lo, a absorvê-lo como uma tortura lenta, fria: alguma vez poderia libertar-se da sua origem para conquistar inteiramente a sociedade a que pertencia? E, para a conquistar, teria realmente o direito de renegar todo esse mundo de onde viera? (p. 22).

E a sua partida, no final, com o inseparável António Manuel, para a metrópole, onde vai prosseguir os estudos, não é mais do que uma etapa decisiva na (re)afirmação de um determinado código cultural e civilizacional com o qual ele tem que forçosamente se identificar para tornar realizável esse futuro de que o romance faz apologia. No essencial, o romance de Guilherme de Melo paradigmatiza aquilo que Albert Memmi (1966: 57) apelida de "romantismo humanista", e que tem a ver com a atitude benevolente, quase idílica, dos espíritos "de boa vontade", na forma como concebiam a superação da situação colonial.

O arrojo interventivo deste romance de Guilherme de Melo e a abertura que se verifica na inclusão da voz dos dominados levará a que, por exemplo, Pires Laranjeira (1995a: 293) considere que

> Descontada, no discurso romanesco, alguma terminologia ideo-política da época, ressalvada a visão de mundo a partir de um ponto de observação urbano e branco, estamos em crer que esse é, de facto, o primeiro romance moçambicano.

Esta é uma constatação reveladora de que, na fase cosmopolita, o romance colonial realiza o movimento que perturba os padrões estéticos e culturais de matriz dominantemente eurocêntrica. E é precisamente a partir daí que se tomam visíveis as linhas de aproximação a uma literatura vincadamente moçambicana.

Mérito existe, pois, nesta leitura de Pires Laranjeira, ao aperceber-se dessa aproximação, embora nos chame a atenção para a existência de certas marcas corretoras ("terminologia ideo-política"). Numa perspectiva althusseriana, trata-se da persistência de imagens, ideias e representações que perfazem o inconsciente cultural do autor implícito e que tornam a moçambicanidade literária da sua obra problemática.

Albert Memmi, refletindo sobre esta questão, entende que, mesmo para aqueles que nasceram na colônia, "quer dizer, carnalmente afeitos, adaptados ao sol, ao calor e à terra seca, a paisagem de referência [permanece] brumosa, húmida e verde" (1966: 99). Isto é, a metrópole é como se "fosse uma componente essencial do superego coletivo do colonizador, as suas características objetivas tornam-se qualidades quase éticas". Fato que, no caso de Guilherme de Melo, irá determinar a concepção, organização e dinâmica narrativas em consonância com um determinado código de valores ideológicos, éticos e culturais.

Um romance, publicado três anos depois de *Raízes do ódio*, é *Portagem*, de Orlando Mendes. Aqui, encontra-se diluída a carga ideo-política identificada por Laranjeira em relação a Guilherme de Melo e que tem a ver com o colonizador. O protagonista da obra de Orlando Mendes é João Xilim, fruto da relação entre um branco (Patrão Campos) e uma negra (Kati). O romance, além de abordar a sujeição econômica e social dos moçambicanos pela máquina colonial, em geral, explora, com ênfase particular, a questão do racismo, destacando os conflitos interiores vividos pelo mulato, torturado pela consciência da sua ambiguidade identitária.

– Porquê eu não sou preto como toda a gente?
A mãe tardamudeou mas depois falou firme:
– Tu nasceu mais claro porque nasceu numa noite de lua grande. Mas tu és negro como tua mãe e teu pai [padrasto] (p. 29).

Aquilo [a mistura das raças que descobria dentro de si] constituía um mistério que o apoquentava ritmicamente, uma surpresa irritante que se assemelhava à comichão que lhe deixavam as mordeduras dos mosquitos nas noites abafadas do barracão (p. 30).

Alguns dos negros sentem um certo rancor contra João Xilim. E fazem surdamente alusão à ignomínia da sua cor mestiça e que atribuem a possibilidade de todas as cobardias e traições (p. 51).

Por outro lado, em contraste com a portugalidade, onipresente no romance colonial, em *Portagem*, ela é não só pontualmente localizável na presença e na ação de uma ou outra personagem, como é, ao longo do texto posta em causa, quer pela intencionada representação das arbitrariedades da administração colonial e do colono – o pai, Patrão Campos, proprietário de uma mina de carvão, em nenhum momento reconhece o filho como tal –, quer pelo espírito de ressentimento e de revolta personificados por João Xilim, para quem o tom claro da sua própria pele é um verdadeiro anátema. Além do mais, a narrativa é praticamente dominada pelo ponto de vista de João Xilim, pelas suas inquietações, pelo meio físico, social e cultural onde nasceu, cresceu (o campo) e faz a sua vida adulta (o subúrbio). O mundo, afinal, dos *condenados da terra* de que ele é apenas símbolo. Por tudo isto, talvez seja este, de fato, o primeiro romance de raiz marcadamente moçambicana.

Por outro lado, ao privilegiar a técnica dialogal, ou dramática, na construção dos seus romances, Agostinho Caramelo irá realizar uma das incursões mais singularmente inovadoras e desconcertantes da literatura colonial. Por um lado, por romper com a linha do romance oitocentista dominado pela onisciência do narrador. Propugnado por Henry James, tanto na sua criação romanesca como nas suas reflexões teóricas expendidas em *Note Books*, *The Art of Fiction* ou *The Prefaces*, este rompimento, no essencial, parte da ideia de que o romance devia ser uma impressão direta, pessoal, livre e intensa da vida.

O escritor e ensaísta anglo-americano considerava que o *ar de realidade* era a suprema virtude do romance e que, tal como a pintura, não deveria *dizer* nada sobre o espetáculo humano, mas *mostrá-lo* ao leitor. Daí que a presença do narrador, funcionando mais como um coletor de impressões do que como instância narrativa enciclopédica e olímpica, e a focalização dominante (interna, restritiva) devessem permitir essa apreensão direta e livre da vida no romance. E autores como Marcel Proust Dostoiewski, James Joyce, Thomas Mann, Virgínia Woolf, entre outros, iriam fazer da aplicação desse preceito o seu modo particular de mostrar o espetáculo do mundo através do romance.

Por outro lado, em consequência dessa opção, em que o *mostrar* claramente se sobrepõe ao *dizer*, Agostinho Caramelo valoriza a intervenção equitativa e equilibrada das personagens intervenientes. Este fato atenua substancialmente a correlação de forças tradicional no romance colonial em que os pontos de vista cultural, espaciotemporal e ideológico são, de modo exclusivo, eurocêntricos.

E o conceito de plurivocidade, ou polifonia, avançado por Bakhtine adquire, na criação romanesca de Caramelo, um sentido de propriedade irrefutável. Isto é, trata-se de uma escrita representativa de falas múltiplas e variadas, em que cada uma das vozes configura uma determinada consciência e um feixe de acontecimentos. Repare-se nesta locução produzida por uma das personagens facilmente identificada, devido aos particularismos linguísticos, com um falante originário do Norte de Portugal:

– Eia!: ainda bem que chegou, carago. Rijo?, olá! Andei dia inteiro lá por cima. Azar da machamba virou-me para abelhas. Deixemos isso, carago; sem você, tenho andado numa consumição. Custava-me ir a Porto Amélia de mãos a abanar. Enganei-me. Só há dias arranjei carrada de cera. Fale, homem, vá. Desfie você. Ah!: parece cheguei a dizer, vivo com uma negra, muito amiga. Material decente, acredite. Pende mais para mim que para os dela. Devo-lhe quanto está vendo. Ajudou-me a erguer palhotas, mais uma chusma de negros a troco dumas copanas bem emborcadas, com certo Mugurrumba feito mestre-de-obras às três pancadas negras, eih!, carago! (p. 111).

Portanto, cada personagem institui-se não só como "consciência focal", mas como instância narrativa particular. É esta constatação que está presente, aliás, em W. C. Booth (1961a: 110) quando sustenta: *on devrait se rappeler que tout point de vue intérieur soutenu, et qu'elle que soit sa "profondeur", transforme momentanément en narrateur le personnage dont la conscience est dévoilée.*

E o romance *Fogo*, nos seus três volumes – sintomática e respectivamente subintitulados "Tempo Primeiro – Desespero", "Tempo Segundo – Angústia" e "Tempo Terceiro – Incerteza" –, compõe, através da sua estrutura dialógica, um verdadeiro *réalisme temporel* (Sartre), em que a coincidência entre a duração do tempo dos acontecimentos e a do tempo do discurso, *duração isocrônica*, parece, em absoluto, conseguida através do recurso ao discurso direto. É o realismo narrativo levado ao limite daquilo a que Genette convencionou chamar *cena*.

Apoiando-se nesta técnica, onde o diálogo e os monólogos imperam em absoluto e onde estão excluídas as intervenções do narrador e as pausas descritivas, Agostinho Caramelo, recorrendo aos apartes e às falas das personagens, a onomatopeias e ideogramas, torna possível um mundo intensamente dostoiewskiano (dialógico), proustiano (lento) e kafkiano (desconcertante). Encontramos aí o cruzamento de múltiplas e desencontradas subjetividades, o fluir autônomo e dialogante de tempos interiores, a carnavalização das linguagens e um certo pendor para a representação do absurdo, o que torna o romance *Fogo*, em particular, uma das mais ousadas e robustas expressões do sentido cosmopolita na literatura colonial.

E todos esses ingredientes revelam uma nota de modernidade pouco comum no contexto desta literatura, isto é, a autoconsciência do fazer literário e de que o romance é, afinal, um gênero em devir e que melhor traduz as tendências e sensibilidades do mundo moderno. A propósito da singularidade de Caramelo, Joaquim de Montezuma de Carvalho, prefaciador do 2º volume de *Fogo*, considera que:

> Agostinho Caramelo é o caso mais realizado de novelista da corrente do realismo pós-neo-realista ou realismo objectivo. Talvez que possua os pés demasiado ligados à terra e lhe falte o dom poético, esse dom que torna mais real a realidade literária [...] Mas na actual geração portuguesa, metropolitana e ultramarina, nenhum outro caso tão... Agostinho Caramelo.

Entretanto, como observa Michel Butor (1960: 9), o romance, além de ser um domínio fenomenológico por excelência, é uma espécie de *laboratoire du récit*. Por outro lado, e segundo o mesmo autor, *l'invention formelle dans le roman, bien loin de s'opposer au réalisme comme l'imagine trop souvent une critique à courte vue, est la condition sine qua non d'un réalisme plus poussé* (p. 11). E esse realismo, ou a sua encenação, é visível na forma como a "invenção formal" é utilizada na constituição de uma totalidade, "totalidade problemática", segundo Lucáks (1920: 49), onde cada personagem institui o seu *stream of consciousness*.

Veja-se, por exemplo, como Némia, personagem da etnia Maconde, companheira do colono Augusto Pires, dilacerada por um acutilante sentimento de culpa devido a um crime por si cometido e que procura a todo o custo manter secreto, desenvolve uma intensa vida interior. Neste excerto, em que se reproduz parte de um diálogo entre Némia e uma autoridade da administração colonial, são visíveis as marcas das tensões psicológicas por si vividas:

> – O senhor Augusto Pires? e o sócio.
> 
> – ("queres perguntar se mataram Mururo...") Tiveram grande azar, senhor chefe.
> 
> – Na caça?

– Sim ("asneira... só estou responder sim... nervosa... nada na caça... ai minha cabeça...") Desculpe, senhor chefe, não foi na caça. Aconteceu mesmo desgraça ("desviar atenção daquilo que o traz – quando arrastei cabo-de-terra nos ramos bananeira, ainda ia vivo... só duas catanadas não chegaram para matá-lo... pescoço continuou mais de metade preso... Miriti afia bem catanas... – parva... não devo pensar nestas tristezas diante dos brancos... podem adivinhar tudo na minha cara... – mas coração do cabo-de-terra foi secando conforme sentiu peso em cima...")
– Mesmo desgraça? Némia! Oh!... ("fedor dentro desta espelunca! cheiro horrível de peixe e carne seca... as narinas acusam tudo podre... porta pequena... tecto baixo... chão térreo... nenhuma janela... Augusto Pires era bem autuado... perdido neste lixo, que se governe e me deixe em paz ...") Não voltarão hoje? Conta, Némia (p. 147-148).

O romance de Caramelo institui-se através de uma dialética estrutural que opõe movimentos interiores (monólogos) e as falas das personagens (diálogos), e que conduz a situações desconcertantes, especialmente quando se acentua a contradição entre o que se pensa e o que se diz, como o demonstra o diálogo entre estas duas personagens. Isto é, temos o confronto entre uma dimensão temporal, que pode ser medida pela própria sequência discursiva compondo uma ordem cronológica apreensível, e outra, intemporal, ligada ao caos das vivências interiores e ao ritmo das sensações, das emoções e das rememorações. Além do mais, e contrariamente aos ritmos lentos e arrastados da narrativa proustiana, o romance de Caramelo, desenvolve, através dos diálogos, uma vivacidade extrema.

Por outro lado, é na sequência dialogada e na oposição entre o que é exteriorizado e o que se vive intimamente que ressalta o absurdo da vida das personagens o que, de certa forma, configura o choque entre duas concepções do mundo distintas: uma ocidental, e outra pretensamente africana. Trata-se de fato de uma pretensão, pois, apesar do esforço notório de Caramelo em explorar uma especificidade africana nas personagens por si fabricadas – o que em diferentes momentos não deixa de ser conseguido, em especial quando explora a sua lógica temporal e a forma como elas se relacionam com os brancos – é irrecusável que essa exploração enferma, quase que de modo inevitável, de uma concepção e de uma interpretação. E a interpretação, tal como a tradução, é fatalmente *traição*.

Segundo Montezuma de Carvalho (1964: XXIV), as personagens caramelianas, além de não se mostrarem inteligentes, intelectuais, preocupados com os mistérios do "reino da alma" e de serem rudimentares, acaso analfabetos, não passam de pobres personagens da vida corrente. Tratar-se-á, neste caso, do esforço realista do autor buscando uma adequação documental com um determinado contexto humano, histórico e geográfico, ou não será, apenas, uma exploração peculiar das tendências anti-intelectualistas do pensamento contemporâneo que, de um ponto de vista bergsoniano, se traduzem por uma concepção do tempo caracterizado pela duração interior, *durée*, captada, de imediato, pela nossa consciência?

Aliás, para Henri Bergson (1927), cabe à intuição, que é um modo de conhecer o que está mudando, a capacidade de captar a *duração real* na qual se manifesta a estrutura do *eu* e que acompanha a mobilidade exterior. Fazendo parte do conjunto de personagens acima referido. Némia, apesar de figura destacada no plano diegético e discursivo, pela forma como desenvolve o seu tempo interior, e pela forma como os seus conflitos íntimos são tratados, poderia facilmente ombrear com as personagens mais representativas dos universos romanescos jamesianos, dostoieswkiano ou joyciano.

De um ponto de vista especificamente feminino, a vivência do tempo interior representado, na sua totalidade, por Némia em *Fogo* parece conjugar-se com o conceito do "tempo das mulheres" analisado por Isabel Allegro de Magalhães (1987: 508) em relação à literatura portuguesa contemporânea e que a leva a concluir que:

> O tempo destas mulheres apresenta-se com características paralelas às da narrativa contemporânea de planos que se intersectam, de tempo confuso, de real e sonho, de tempos que se perdem e tempos que se recuperam, de tempos que se inventam misturados com outros que se percorrem *à rebours*. O tempo feminino surge em si mesmo, pois, como um tempo já de ficção no próprio tempo da História: um tempo efectivamente metafórico e inventivo.

Enfim, se por um lado, o romance de Agostinho Caramelo, com os seus tempos (Primeiro, Segundo, Terceiro), parece oferecer "O mais actual e fiel retrato social de Moçambique, a terra que deixou de ser turìsticamente exótica para ser apenas humana" (Carvalho 1964: XXV), por outro, com a exploração dos tempos interiores das personagens na sua interação controversa, conflitual e problemática com a realidade exterior, assume-se como uma escrita que, articulando as representações de um realismo psicológico e objetivo, traduz um modo particular e inequívoco de afirmar a tendência mais universalista e complexa da literatura colonial.

## 5. Para um modelo estrutural do romance colonial

Como referimos, antes, é com Vladimir Propp que as abordagens narratológicas conhecem um impulso metodológico e epistemológico no sentido de objetivamente se descreverem as partes constitutivas da narrativa, as suas relações entre si e com o conjunto, de modo a obter uma elucidação sobre o seu funcionamento e significado profundo. Trata-se da orientação semântico-estrutural que dominou os estudos literários até finais da década de 60 e que mantém uma relativa vitalidade e eficácia, do ponto de vista da explicação do texto. Contudo, desde que enquadrada num contexto analítico menos restritivo e que tenha em conta não só a autonomia do texto literário, mas também as interações que este estabelece com o contexto em que emerge e as dinâmicas da própria recepção.

A consagrada publicação *Communications 8*, com o título genérico *Análise estrutural da narrativa*, editada em 1966, é a obra de referência que continua, alarga e aprofunda as formulações proppianas, e onde, entre outras, temos as contribuições de C. Bremond, A. J. Greimas. R. Barthes, G. Genette e T. Todorov. Será, contudo, a partir do modelo proposto por este último que procuraremos identificar e analisar a estrutura profunda do romance colonial como uma estratégia no sentido de melhor perceber a sua especificidade enquanto expressão da lógica da sobreposição cultural e civilizacional.

Aliás, é tendo como princípio que, na narrativa, a sucessão das ações não é arbitrária, mas refém de uma certa lógica que Todorov (1966: 219), inspirando-se na análise do folclore e dos mitos desenvolvida por Lévi-Strauss, adota, simplificando-o, o modelo homológico. Modelo este baseado no pressuposto de que o discurso narrativo representa a projeção sintagmática de uma rede de relações paradigmáticas. Isto é, descobre-se no conjunto da narrativa uma dependência entre certos elementos e procura-se explicá-la na e através da forma como eles se sucedem no texto.

## IV. A REPRESENTAÇÃO DO TEMPO

Numa expansão do método adotado por Todorov, iremos dispor sequencialmente os acontecimentos que representam aquelas que consideramos serem as ações nucleares no romance colonial na sua sucessão lógica e cronológica. Trata-se, no essencial, de ações aglutinadas que, na linha do conjunto fixo das funções proppianas (31) e das "sequências" bremondianas ou greimasianas, obedecem a uma temporalidade, dinâmica e organização próprias, e que constituem etapas constantes e fundamentais da narrativa colonial. Fundamentais, portanto, quer a nível da sintagmática textual quer a nível da redundância semântica que se verifica nos textos.

Esta constatação resulta de uma abstração do plano da história, o que, para todos os efeitos, não nos faz esquecer a sua condição de plano temporal pluridimensional e a forma como nos surge em forma de enredo através de "sequências complexas" (Bremond 1966: 111) como o encadeamento, o encaixe e a alternância. Se é verdade que Todorov aplica o seu método utilizando uma única obra, *Les Liaisons Dangereuses* de Choderlos de Laclos, nós iremos fazê-lo recorrendo, pelo menos, a três romances coloniais, nomeadamente, *Terra conquistada, Muende* e *Cacimbo*.

No Quadro I, colocaremos no eixo horizontal (sintagmático) as sequências das ações e dos acontecimentos fundamentais (S1, S2, S3, etc.) a partir de exemplos textuais e, no eixo vertical (paradigmático), a sua identificação, enquanto etapa nuclear do romance colonial, concentrado de implicações estruturais, funcionais e semânticas.

Pelos exemplos que pudemos recolher é possível adiantar uma interpretação sobre a estrutura e a dinâmica mais profunda do romance colonial, em especial pela forma como as funções, aplicadas às ações e aos acontecimentos, e agrupadas em sequências, não só se mantêm como unidades fundamentais da narrativa, como também apresentam um determinado nível reiterativo.

Identificada de modo pioneiro por Propp, como parte fundamental constitutiva do conto e que se define pelo seu significado no desenrolar da narrativa, a noção de função pertence à estrutura profunda do texto, prefigurando, por isso, conexões não só estéticas, mas também éticas, culturais, históricas e ideológicas. A função narrativa concorre, por conseguinte, para a determinação tipológica do conto ou do romance tendo em conta as correlações lógicas e cronológicas que aí se estabelecem, por um lado, e a sua permutabilidade (as funções podem ser transportadas, sem mudança, de um texto para o outro) e frequência, por outro.

Teríamos, em relação ao romance colonial, uma síntese fabular definida nas seguintes sequências: o colono chega à colónia, ambienta-se, passa por um processo de transformação (sua e do meio), socializa-se (união formal ou informal), passa por uma provação suprema, que supera (o que conduz à sua radicação) ou é por ela (provação) derrotado, o que significa, neste caso, que é obrigado a renunciar da missão de que foi investido.

Se é verdade que o herói, enquanto "pré-designação convencional" (Hamon 1972a: 157), não é de modo nenhum necessário à fábula e que a fábula como sistema de motivos o dispensa inteiramente tal como os seus traços característicos, o enredo, no caso do romance colonial, tornará incontornável a presença do herói, dado que as funções, aí, ganham sentido por centrarem-se sobre um determinado sujeito, neste caso o colono, que não pode ser dissociado da ordem sintagmática e semântica da narrativa.

Portanto, esta é uma figura que acaba por assegurar a unidade textual, também do ponto de vista temporal, visto que, e como aponta Todorov (1971: 213), a história (*fabula*) raramente é simples; contém frequentemente muitos "fios" e é a partir de um certo momento que estes fios se reúnem. E esses momentos passam, do ponto de vista da intriga, invariavelmente pela figura do colono.

Regressando ao Quadro I por nós proposto, verificamos, em primeiro lugar, que se em relação a *Terra conquistada* e *Cacimbo*, o preenchimento das etapas é explicitado pelos próprios textos, sendo apreensível a sequência temporal dos eventos, em *Muende*, tal como em muitos outros textos, só um exercício dedutivo nos permite preencher as sequências que não estão registradas. O que, porém, não significa que, por exemplo, não tenha havido um momento de chegada e de adaptação. No caso de *Muende*, as digressões analépticas por parte do narrador permitem-nos reconhecer, com clareza, esses dois momentos. Entretanto, em aberto, fica por saber se a provação é, ou não, superada, dado que além do fogo que destrói todos os seus bens, a narrativa termina com Pedro da Maia, de cama, doente.

Em segundo lugar, apesar da ordem lógica e cronológica dominante na ação global do colono, etapas como a ambientação, transformação e socialização podem, em determinados casos, apresentar-se profundamente interligadas, dificultando a sua demarcação. O processo de adaptação, por exemplo, de Carlos Moleiro, é também um processo de transformação do próprio sujeito, tal como de Francisco da Marta. Por sua vez, quanto à sequência da transformação, se em *Muende*, significa claramente a transformação do meio envolvente, em *Terra conquistada*, está associado à socialização (casamento) de Francisco da Marta, que tem na esposa uma auxiliar à altura.

O conceito de socialização é, aqui, aplicado tendo em conta a unidade básica desse processo: a família. Normalmente, figura solitária, robinsoniana, por opção ou por imposição, o colono, em determinado momento, (re)agrupa-se através da sua ligação a uma mulher nativa ou europeia.

Em terceiro lugar, as provações representam, no cômputo geral da estrutura e do sentido profundo do romance colonial, um momento de grande efeito dramático e que funciona como elemento decisivo não só do destino dos protagonistas, mas também em última instância e simbolicamente, da própria ação colonial. E, sendo esta, na altura, um processo em devir, o caráter inconclusivo que, nesse capítulo, muitos romances apresentam é revelador da interligação entre o enredo e a História.

Em quarto lugar, as sequências narrativas por nós identificadas acabam por ter uma relativa correspondência com os sintagmas narrativos identificados por Greimas (1971: 68), de forma binária. Teríamos assim os sintagmas *performanciais*, as provas, a que, no nosso caso, correspondem a *ambientação* e *provação*. Depois os sintagmas *contratuais*, estabelecimentos e rupturas de contratos, que equivalem a *transformação* e *socialização*. Finalmente, os sintagmas disjuncionais, partidas e regressos, que corresponderiam a *chegada* e *superação/ renúncia*.

Para todos os efeitos, com esta segmentação, o modelo funcional que suporta a nossa análise parece ir de encontro à preocupação em identificar, com alguma objetividade, as funções que fazem do romance colonial uma sintaxe e um código particular das representações de dominação que, na fase doutrinária, apresenta-se de forma exacerbadamente etnocêntrica.

Roland Barthes (1966), por seu lado, desenvolve uma formulação própria em relação às unidades narrativas básicas que estruturam e dão sentido aos textos. Fazendo a distinção entre unidades distribucionais (funções cardinais e catálises) e unidades integrativas (índices e informantes), salvaguarda a imanência narrativa enquanto espaço de interação entre dimensões de ordem lógica e cronológica, por um lado, e semântica. por outro.

Observando as sequências de S1 a S6, reconhece-se que a sua interligação é assegurada não só pelo encadeamento das funções como também pelos elementos indiciais e informantes que, conjuntamente, concorrem para espacializar e temporalizar as ações e os acontecimentos. Daí que, por exemplo, através das amostras que obtivemos, seja possível determinar o tempo cronológico que separa a primeira (S1) da última sequência (S6) e que, pelos vistos, não é inferior ao tempo médio de uma geração humana ativa (40-50 anos).

Excetuando o caso de Pedro da Maia, onde essa evidência temporal é questionável, em relação a Francisco da Marta e Carlos de Sucena, os indícios, com significado implícito, e os informantes, com sentido explícito, podem ajudar-nos a perceber o tempo percorrido. Assim, no caso de

Da Marta, entre chegar, ambientar-se, casar-se, prosperar ("sete anos"), e ir gradualmente votando as suas propriedades ao abandono ("descurava"), até reiniciar a sua vida ("embora homem sozinho"), o processo é relativamente longo. Se a isso somarmos, outros informantes do texto não apresentados no Quadro I (um filho, nascido na colónia, que chega à idade adulta), o tirocínio colonial de Da Marta, isto é, a fábula de *Terra conquistada*, não é inferior a 30 anos. Tal como o de *Cacimbo*, onde em S1, o narrador refere explícita e retroativamente que "Carlos Moleiro chegou a África há quarenta anos, na idade dos 18".

De modo muito particular, a vertente doutrinária do romance colonial manifesta-se não só na forma como se encontram estruturadas as ações protagonizadas pelo colono que se vê assim cumprindo a "missão", como também na forma como são preenchidos os espaços narrativos entre as ações. Referimo-nos, concretamente, às pausas descritivas ou catálises. Segundo Barthes (1966: 23), apesar de as catálises terem um caráter subsidiário e exercerem uma frágil função diegética, dado que a sua supressão não altera a história, elas acabam por ter um papel discursivo relevante, isto é,

> *Du point de vue de l'histoire, il faut le répéter, la catalyse peut avoir une fonctionnalité faible mais non point nulle: serait-elle purement redondante (par rapport à son noyau), elle n'en participerait pas moins à l'économie du message; mais ce n'est pas le cas: une notation, en apparence explétive, a toujours une fonction discursive: elle accélère, retarde, relance de discours, elle résume, anticipe, parfois même déroute.*

Relevância que é, entretanto, extrapolada por Genette (1966a: 263) que considera mesmo que a descrição é mais indispensável do que a narração, uma vez que é mais fácil descrever sem narrar do que narrar sem descrever, talvez porque os objetos podem existir sem movimento, mas não o movimento sem objetos.

Em *Muende*, por exemplo, onde se deixa em aberto o destino do protagonista, é, no plano da catálise, que se deixa subentender que a vida continua:

> O relógio enchia o quarto da palhota com o seu tiquetaque. Na mesa-de--cabeceira estava o Cristo pregado na Cruz. Sujo e velho no madeiro carcomido. Via-se-lhe, na expressão dolorosa dos olhos, o infinito sofrimento da

## IV. A REPRESENTAÇÃO DO TEMPO

sua carne. Iluminava-o a luz frouxa de uma lamparina que a Cafere acendera antes de sair. Pedira-lhe Pedro da Maia (p. 286).

E a ideia de continuidade, de esperança, neste excerto em particular, está representada nos indícios a que se refere Barthes e que, sugerindo uma atmosfera, um ideal, um sentimento ou uma filosofia, mantêm-se sempre no plano da sugestão. Neste caso, temos o "tiquetaque" do relógio simbolizando a irreversibilidade do tempo e "o Cristo pregado na Cruz" que, além de representar o código de valores que enquadra o universo existencial do protagonista e a missão de que se encontra investido, insinua a própria ideia de ressurreição.

Se tivermos em vista as intromissões do narrador, diremos que, em relação ao romance colonial, na sua fase doutrinária, não se trata, apenas, de acelerar, retardar, relançar, resumir, antecipar ou baralhar, mas mais propriamente de manipular e de impor um específico sistema de ideias. Daí o peso ideológico, quer a nível das próprias funções, profundamente centralizadas (*chegou, foi aprendendo, prosperou, descurou, colhia, colaboravam* [os outros]), quer dos momentos de pausa.

Sobre estes últimos, socorremo-nos de outros textos desta fase, para uma ilustração mais diversificada:

> O Niassa estava a pedir gente branca para o povoar. [...] Não! Estava decidido. Não voltaria. Passasse o que passasse. O Niassa também era terra portuguesa, também era Portugal (*O branco da Motase*, p. 8).
>
> Os tempos mudaram. Há outros hábitos. Este administrador tinha vindo da Metrópole há pouco tempo, com o seu curso colonial. Supunha trazer consigo ciência certa das coisas de África, quando afinal era no mato, em contacto com os problemas, os quais são diferentes de circunscrição para circunscrição, que ele havia de formar o seu espírito colonial. [...] Os pequenos colonos não desertam. Mesmo passando miséria, vertendo lágrimas (p. 66-67).
>
> A gente do mato, que mais precisava da Igreja para consolo da alma doente das solidões, do isolamento, do trabalho penoso e das saudades da família, vive quase sem Deus, sem a voz do padre que é, tantas vezes, bálsamo para os que têm a alma em chaga. O branco da Motase sentia essa falta (p. 78).

Os negros eram amigos do Matata. O Matata tratava-os bem. Falava-lhes de homem para homem. Curava-os das suas feridas. Pagava-lhes todos os sábados, depois que à porta do grande armazém de pau-a-pique eles lhe entregavam as enxadas, para as receberem, novamente, na segunda-feira seguinte, de manhã cedo. Dava-lhes boa farinha e amendoim da última colheita. Tratava dos seus *milandos* [questões]. E sempre que o Matata perorava sobre eles, em língua indígena, todos o escutavam com atenção e aceitavam as suas decisões. [...] Nas terras das circunscrições vizinhas, os pretos sabiam da fama do branco que pagava bem e não espancava os trabalhadores, que não tinha *cantina na machamba* para embebedar os seus homens e ficar-lhes com o dinheiro (*Calanga*, p. 11-12).

Como se pode observar através destas passagens, os narradores de Rodrigues Júnior, fazendo uso da sua onisciência, ou "perspective olympienne" como lhe chama Wolfgang Kayser (1970: 83), utilizam as pausas da ação narrativa para veicularem as suas fixações ideológicas. Nesse aspecto, destaca-se a apologia de uma colonização de base rural, assente na atuação dos "pequenos colonos" que, em contato com a realidade (o meio físico e natural) e respaldados no sentimento patriótico e religioso, no confronto com os colonos ricos e com a administração "livresca", representam o espírito mais genuíno da colonização "missionária", de que são modelos Francisco Diogo, Matata, Pedro da Maia e Francisco da Marta.

E o ritmo (e a qualidade estética) do romance fica, desta forma, condicionado por este tipo de pausa digressiva, dado que os acontecimentos parecem evoluir mais no sentido de confirmar ideias apriorísticas, do que seguir os critérios inerentes à dinâmica dos próprios acontecimentos. E a focalização adotada acaba por ser determinante em relação à quantidade e à qualidade do que é representado.

De tal modo que a focalização onisciente nos oferece uma maior abrangência das personagens, espaços e acontecimentos e um posicionamento mais impositivo e dogmático por parte do narrador (dada a sua não inserção na história), em relação a ordem temporal, velocidade, juízos de valor, etc., mesmo quando aparente ou pontualmente transfere a focalização para o protagonista, caso de o branco da Motase, numa tentativa de diluir a sua perspectiva "olímpica".

Por outro lado, através da focalização interna assumida pelo narrador que participa na história que conta, é aí explorado tanto o pendor interpelativo como uma relação mais subjetiva e afetiva concernente aos

## IV. A REPRESENTAÇÃO DO TEMPO

acontecimentos narrados, às vezes, com enfáticas sugestões sobre o quadro de valores morais e ideológicos que o enquadram:

> O que ali tem feito aquêle branco é pouco – e êsse é mau. Sem orientação nem protecção, que outra coisa poderia fazer?
> Que vai o colono fazer para o mato, se não tem quem lhe aproveite as energias? Onde e em quê se irá ocupar?
> Não se vai para o mato assim à aventura, desprotegido completamente. Mesmo aquêles que estão no mato – e que não foram à aventura – lutam ainda com grandes dificuldades.
> A ocupação do interior tem sido feita quási exclusivamente com o esfôrço individual. Mas que desgaste de energia isso representou no capital humano da nação, desfalcado pela traição do clima, pela vida de aventura a que foram sujeitos êsses preciosos elementos de trabalho (*Sehura*, p. 153-154).

As catálises evidenciam, portanto, a sua relevância, quer nas suas interligações com as funções cardinais, na sagração de uma visão do mundo determinada, quer na sua funcionalidade discursiva, pois, como reflete Barthes (1966: 23): *Disons qu'on ne peut supprimer un noyau sans altérer l'histoire, mais qu'on ne peut non plus supprimer une catalyse sans altérer le discours.*

Isto é, são os movimentos digressivos, ao congelarem de modo intermitente o tempo cronológico da história, que dão um contributo decisivo, através da focalização que funciona, segundo Genette (1972: 160), como "regulação da informação narrativa", na clarificação das motivações culturais, éticas, filosóficas e ideológicas que intervêm no processo de representação literária. Se as catálises no romance exótico são dominadas pela descrição do meio e dos seres, no romance da fase doutrinária estamos, sem dúvida, perante pausas dominadas pela justificação e disseminação ideológica.

Enfim, em relação ao modelo estrutural por nós proposto, acreditamos que ele pode ser aplicado no romance colonial, na sua generalidade. Temos, porém, a consciência de que num e noutro caso, o grau de adequação poderá ser mais ou menos problemático. Pensamos, muito em particular, no romance da fase cosmopolita, onde, além do desdobramento das ações por mais de um protagonista, encontramos a sofisticação dos sistemas representacionais mais consentâneos com a modernidade do romance, a saturação dos ritmos narrativos com atmosferas de ambiguidade e de conflitualidade psicológica, a disseminação da voz, da focalização e dos tempos interiores, etc.

## QUADRO I – MODELO ESTRUTURAL DO ROMANCE COLONIAL

| | Chegada | Ambientação | Transformação | Socialização | Provação | Superação Renúncia |
|---|---|---|---|---|---|---|
| | S1 | S2 | S3 | S4 | S5 | S6 |
| **TERRA CONQUISTADA** | "O barco entrou na baía do Espírito Santo, altas horas da noite. Ele e os outros que ali *chegavam* pela primeira vez ficaram a pé toda a noite, a perscrutar o mistério daquela terra..." (p. 38). | "Gradualmente, naquele trato diário mais com os pretos do que com os brancos, foi *aprendendo* a língua deles e foi--lhes conhecendo o temperamento" (p. 42). | "Adquiria uma *personalidade diversa* e sentia a grandeza da sua personalidade. *Tornava-se* mais independente, mais capaz de lutar. Era um *homem diferente*, quando se comparava ao pigmeu que tinha sido na sua terra" (p. 45). | "Logo dois meses depois, Vicência tinha chegado a África, *casada com ele* por procuração. Vicência era agora sua mulher". (p. 121). "Havia já sete anos que Francisco ali se instalara. A despeito de todos os males a que fora submetido, nenhum outro empreendimento agrícola *prosperara tanto*" (p. 137). | "Decorriam as semanas. Mariquita revolucionara a cabeça e as normas de vida de Francisco da Marta. Este *descurava* o trabalho e os compromissos tomados" (p. 279). "A propriedade estava no mais *completo abandono*. O capim invadira os caminhos e os campos cultivados" (p. 302). | "Dum modo geral, a actividade mineira naquelas regiões de Moçambique [...] Ainda não ia além da sua fase rudimentar, incipiente. No entanto, Francisco da Marta estava satisfeito com os resultados. *Colhia proventos bastantes para viver* muito desafogadamente, *embora homem sòzinho...*" (p. 337; 338). |

| | Chegada | Ambientação | Transformação | Socialização | Provação | Superação Renúncia |
|---|---|---|---|---|---|---|
| | S1 | S2 | S3 | S4 | S5 | S6 |
| **MUENDE** | | | "Pedro da Maia ficara no Muende com alguns homens que colaboravam na *construção da casa de habitação, da loja e do armazém* – e tratavam do pedaço de chão, em que *fez a machamba e semeou árvores de fruto, após ter derrubado algumas chanfutas gigantescas* que dominavam o lugar" (p. 49). | "Ao terceiro dia, foi a *Sankulo* (madrinha) levar-lhe a Cafere. [...] De manhã, lavaram-se, ambos, com a água das duas vasilhas. Só então, a Cafere enrolou ao corpo, com a ajuda de Pedro da Maia, as capulanas que este lhe oferecera na noite do *banquete nupcial*" (p. 134). | "Os olhos de Pedro da Maia tinham *lágrimas*. Todo o seu esforço estava reduzido a um montão de coisas queimadas. *Nada ficara de pé. Tudo o fogo havia devorado*" (p. 216).<br><br>"Tinha nas costas uma *pontada aguda* que lhe sustinha a respiração, quando o cansaço do *febrão* lhe fazia abrir a boca seca para respirar. *Doía-lhe a cabeça, os olhos ardiam-lhe, nos ouvidos tinha um zumbido de campainhas*" (p. 286). | |

| | Chegada S1 | Ambientação S2 | Transformação S3 | Socialização S4 | Provação S5 | Superação Renúncia S6 |
|---|---|---|---|---|---|---|
| **CACIMBO** | "Carlos Moleiro, que mais tarde viria a ser Carlos de Sucena, *chegou a África* há quarenta anos, na idade dos 18, órfão de pai, passou grandes privações nos arredores de Lisboa" (p. 15). "Carlos Moleiro *tinha à sua espera na ponte-cais* o tio, um modesto funcionário, casado, com três filhos e que vivia numa mediania controlada..." (p. 41). | Carlos Moleiro *comprou os livros da 1ª e 2ª classes* da instrução primária" (p. 42). "Com a ajuda dum pescador nativo *começou*, todos os dias da parte da tarde, o trabalho de reconstrução do barco e ao fim dum mês meteu-o na água. [...] *Fechou então negócio* com a D. Florinda fornecendo-lhe diariamente 10 quilos de peixe [...] Ao fim de um ano de aplicação ao estudo *fez exame da 4ª classe* com 15 valores" (p. 44) "No ano seguinte *concluiu o curso geral do Comércio*" (p. 45). | "Em 1942, Carlos Moleiro fez sair a última remessa de ferro dos seus armazéns. Os 45.000 contos investidos renderam 150.000 contos! [...] Aos 28 anos de idade o garoto que foi ardina e engraxador *tinha construído uma fabulosa fortuna*" (p. 122). | "No dia marcado, Emília, pelo braço do pai, *foi de encontro ao noivo que já se encontrava no altar*. [...] Carlos Moleiro estava tranquilo, considerava-se um homem feliz" (p. 146). | "Carlos de Sucena levantou a ponta do lençol. Anabela parecia sorrir. [...] Parecia sorrir como sempre quando o pai entrava em casa. Abraçou-se à filha a soluçar, acariciando-lhe os cabelos, beijando-a... e Anabela [...] parecia sorrir ao pai, só que *estava imóvel e fria para todo o sempre*" (p. 295). "*Premiu* [Artur, filho de Carlos de Sucena] o gatilho e *tombou* para sempre sobre a cama e com ele *morreram também os seus ideais* dum mundo bom em que todos se amassem como irmãos". (p. 394). | "Fui-me despedir, numa noite fria de junho, de Carlos de Sucena que deixou o seu mundo de cifrões e *partia definitivamente para terra de onde veio*, tamaninho, viver a extraordinária aventura da sua existência. [...] Levou consigo a única riqueza que não floresceu: os corpos de Artur e Anabela!" (p. 395). |

* Definida por Charlotte Buhler (1990: 352) como a totalidade do processo de integração do indivíduo na vida de grupo, desenvolvido ao longo dos anos de tal modo que o "*o indivíduo isolado aprende a modo de vida ou de pensamento da sociedade ou do grupo a que pertence, de forma a poder exercer funções no interior deles*" (p. 353), este conceito é por nós utilizado tendo em conta a estrutura básica, natural e fundamental, a família, legítima ou ilegítima, que passa a emoldurar a ação do colono, até aí, mais ou menos isolada.

V

# AS FIGURAS, OS PAPÉIS E AS VOZES

Pelo muito que já se refletiu sobre a questão da representação, fulcral no nosso trabalho, parece-nos relativamente pacífico considerar que a literatura, implicando criação de mundos imaginários, não deixa contudo de estabelecer relações com o mundo ao qual pertencemos, o mundo da nossa existência empírica. Relações essas que podem ser de contiguidade ou de semelhança.

Muitas vezes, em vez de a escrita manter-se numa situação de negociação contrafativa com o meio que a inspira, pelo contrário, movida pela obsessão do real, faz-nos crer que *imita* com fidelidade essa mesma realidade, algo que, como vimos nos capítulos anteriores, traduz mais uma aspiração do que uma evidência. Daí que E. M. Forster (1927: 69), tendo em conta a representação das personagens, considere que estas são reais, não porque elas são como nós, apesar de *poderem ser como nós*, mas porque são convincentes. Isto é, são verossímeis na forma como elas nos surgem, no modo como procedem e como comunicam. O que, recordando Frank Kermode, significa que, no fundo, somos nós que nos encontramos quando inventamos ficções.

Acontece que a obsessão pela fixação do real levada ao limite, em vez de obter uma adequação – entenda-se verossimilhança – com a realidade ou com o universo expectacional do leitor, pode conduzir não a um processo de simples figuração mas de transfiguração, quer dizer, *deformação*, tanto por contingências imanentes ao processamento da escrita enquanto representação, como por determinismos alheios à criação literária.

Se é verdade que a deformação participa do protocolo de ficcionalidade que assegura a literariedade da obra literária, ela pode, por outro lado, pôr em causa a sua *aceitabilidade*. Isto é, perde eficácia a funcionalidade do hipercódigo cultural que deve conciliar o imaginário do autor com o do leitor. Entretanto, a inaceitabilidade decorre não somente *do que é* ficcionalizado, mas da forma *como* é feita essa ficcionalização. Tendo em conta esta dualidade, Barbara Hernstein Smith, citada por Genette (1991: 81), defende que a *ficticidade* essencial não é para ser procurada na irrealidade das personagens, dos objetos e dos eventos mencionados, mas da menção em si. Noutros termos, num romance e num conto, é, no entender da mesma autora, o ato de referir os acontecimentos, o ato de descrever as personagens e de referir aos lugares, que é fictício.

Genette, por seu lado, equacionando tanto as teorias searlianas sobre atos de linguagem, como o estatuto do narrador (autodiegético, heterodiegético ou homodiegético), ao mesmo tempo que considera que *les actes de langage des personnages de fiction, dramatique ou narrative, sont des actes authentiques, entièrement pourvous de leur caractères locutoires, de leur "point" et de leur force illocutoires, et de leur éventuels effets perlocutoires, visés ou non"* (1991: 43-44), parece inclinar-se para a ficcionalidade dos objetos representados que determina uma função paradoxal de pseudorreferência, ou de denotação sem denotado.

Em todo o caso, do nosso ponto de vista, julgamos que é na intersecção destas duas perspectivas que o fenómeno literário se institui como universo ficcional. Isto é, o ficcionalizado só tem existência através do processo que lhe dá existência: a ficcionalização, isto é, a discursividade. Independentemente de o primeiro ter, ou não, inspiração empírica.

A transfiguração pode acontecer, por conseguinte, ou por deliberada recriação de um autor, ou decorrência de uma atitude coletiva ligada a uma certa disposição espiritual ou orientação artística de natureza vanguardista, como foram os movimentos expressionista, futurista, dadaísta ou surrealista, e que tentam, quase sempre de forma ostensiva e provocatória, afirmar uma nova estética rompendo com os valores e a norma dominantes. Finalmente, a transfiguração ocorre quando o realismo e a objetividade pretendidos pelo autor são traídos pelas interferências da sua subjetividade na narrativa. Trata-se de interferências não do autor empírico, mas do seu alter ego textual, isto é, a entidade que Wayne C. Booth apelida de "autor implícito".

Esta é uma figura que "escolhe, consciente ou inconscientemente, aquilo que lemos; inferimo-lo como versão criada, literária, ideal de um homem real –, ele é a soma das opções deste homem" (Booth 1961: 92). E a presença deste autor implícito e de alguns dos seus aspectos pode ser inferida quer através das suas variações de tom quer dos fatos puros de ação e caráter na história que é contada, quer, ainda, pelos juízos que emite. E aí a literatura afirma a sua condição de logro enquanto representação que se pretende objetiva, fiel e imparcial. Afinal, em literatura, a imparcialidade, ainda segundo Booth (p. 96), tanto em relação à história que se conta como na concepção e na movimentação das personagens, é impossível.

Até que ponto, então, a literatura colonial revela uma dimensão transfigurativa? Exatamente porque, tropeçando nos três aspectos a que nos referimos antes – crença na representação do real, indisfarçável predomínio de motivações extraliterárias e as imposições que a literatura impõe a si mesma enquanto sistema representacional particular –, o romance colonial manifesta, de modo mais ou menos marcado, mais ou menos explícito, as marcas que denunciam a presença do autor implícito.

Se nos recordarmos da posição sartriana (Sartre 1948: 73) de lançar o repto no sentido de que alguém lhe indicasse um bom romance onde o propósito expresso fosse o de servir a opressão, ou de escrever contra os judeus, os negros, os trabalhadores ou os povos colonizados, em relação ao romance colonial, devido à sua incontornável conexão com um determinado condicionalismo histórico-político e com um determinado imaginário, duas possibilidades se levantam: caucionados pelo ponto de vista sartriano, podemos concluir, por um lado, que não existe nenhum bom romance colonial, e está tudo dito. Ou, por outro lado, fixamo-nos nessa literatura enquanto uma visão específica do mundo onde o etnocentrismo, jogando um papel determinante, configura, manipula, transfigura. E, aí, inevitavelmente, muito há, pois, por dizer, tal como temos vindo, aliás, e continuaremos a fazer.

É assim que, tendo em conta, de modo específico, a composição das personagens, o seu papel na narrativa e a representação das vozes que as individualizam, nos propomos alargar e aprofundar a análise do romance colonial enquanto palco privilegiado de algumas das tendências mais emblemáticas do imaginário ocidental nas suas interações com o *Outro* cultural e civilizacional.

## 1. A figuração dos seres e os papéis

Seguindo a trajetória do romance colonial, há um aspecto que, de modo acutilante, ressalta nos textos: trata-se da extravasante presença do elemento humano. Independentemente do maior ou menor pendor para o exotismo, da maior ou menor carga doutrinária, da tendência cosmopolita mais ou menos afirmada, o que o romance colonial nos oferece é um desfile interminável de figuras, sujeitos ou objetos, cuja incontornável presença determina o sentido constitutivo da narrativa colonial tanto ao nível da fábula como do plano discursivo. A percepção de Levinas (1981: 111) de que, através de toda a literatura, fala – ou balbucia, ou adapta uma atitude ou luta com a sua caricatura – o rosto humano, parece ter aqui uma importância essencial.

E como é que se efetiva a existência dessas personagens? Em primeiro lugar, por intermédio do narrador, seja ele heterodiegético:

> Francisco interrompeu o serviço e dirigiu-se à varanda da pequena casa de madeira e zinco para ver a moça.
> Acompanhada de Carolina, criada da senhora do engenheiro Boavida, chefe da Missão, estava Majioa, de olhos fixos no solo, afectando pudor, limitando-se a abanar a cabeça e a bandear o corpo às perguntas que o branco lhe dirigia.
> Carolina, com todas as manhas características das mulheres da sua raça, acrescidas de muitas mais, colhidas em longo trato com os brancos, explicou aquela esquivança de Majioa.
> – Não pode falar, *muzungo*. Está com vergonha (*Terra conquistada*, p. 28-29).

seja autodiegético, como em *Sehura* (p. 38):

> A Sehura era uma rapariga mulata, uma dessas raparigas destinadas a viverem "apenas" com o branco. Fôra criada de certa maneira: sabia ler e escrever o português com relativa facilidade; tinha artes de cozinhar, e ajeitava-se a tratar da roupa [...]
> Sehura tinha apenas um defeito para mim: fumava. [...] Mas a Sehura era uma *mulher escultural*.
> Sempre que ela passava, os brancos ficavam com os olhos presos nos seus *encantos físicos*. Eu não devia ter fugido à regra. Fiquei como os outros gozando o baloiçar das ancas *roliças*. (Itálicos nossos.)

Em segundo lugar, através da autoapresentação:

> – *Eu* por temperamento sou um lutador. Hei-de cair de pé, podes crer, Emília. A expansão que continuamente tenho dado às minhas actividades, não faço pensando em *mim*, mas na terra que tudo *me* deu, penso em Moçambique portanto, nas suas gentes humildes, negros e brancos que com o seu trabalho *me* possibilitaram esta situação que hoje desfruto. Não *me* esqueço que, quase criança, cheguei a Lourenço Marques apenas

com uma bagagem de sonhos que mais tarde se tornaram uma realidade consoladora (*Cacimbo*, p 247). (Itálicos nossos.)

ou através de outras personagens:

– Desgostou-me profundamente o desaparecimento do nosso colega e amigo Zé Luiz Molindo. Ninguém sabe onde pára.
– Dizem que está na Frelimo. Era um negro bom, sem complexos, com grandes amigos nos colegas brancos – respondeu Isabel.
– Sim, nós dávamo-nos como irmãos. Tínhamos os mesmos ideais e, como eu, condenava a guerra... andou aí numas misteriosas reuniões e por fim desapareceu (*Cacimbo*, p. 266).

Tal como os universos de que fazem parte, estas personagens são ficções, construções semionarrativas, entidades que, portanto, se individualizam pelas ações realizadas e pelos discursos que produzem ou que sobre elas são produzidas. Contudo, é através da rede de relações que entre si estabelecem, direta ou indiretamente, que elas adquirem consistência física, psicológica e sociocultural, por um lado, e conferem, concomitantemente, uma densidade representacional mais realista ao romance colonial.

Em conformidade com esta constatação particular, Roland Bourneuf e Réal Ouellet (1976: 261) observam que:

> Não é nem no solilóquio, nem no olhar fascinado que as personagens nos comunicarão o máximo sobre as outras [ou sobre si próprias], mas nas relações que estabelecerão com elas, nos seus gestos como nas suas palavras. Pela sua maneira de ser: de agir face ao outro, cada figura romanesca informa-nos tanto sobre esse outro como sobre ela. Todo o comportamento é uma resposta dada à imagem projetada por outrem.

Trata-se, na verdade, de um entrelaçado de imagens especulares em que o olhar, em vez de captar o ser sobre o qual se fixa na sua integridade, se conjuga com um conjunto apriorístico de caracteres ideologicamente marcados e cristalizados de tal modo que o *Outro* emerge como projeção de uma deformação predeterminada.

Se é aceitável a ideia de que "a personagem do romance, levando as outras a revelar uma parte de si mesmas até aí desconhecida, descobrirá a cada uma um aspecto do seu ser que só o contato numa dada situação podia pôr em relevo" (p. 200), atendendo a que esse contato se desenvolve no contexto colonial onde os desequilíbrios são, a todos os níveis, notórios e os exercícios de interpretação, caracterização e catalogação constantes, o romance colonial acaba por ser um autêntico manancial de *situações clínicas*. Por situação clínica entendemos justamente o que Gilles-Gaston Granger (1976: 141) define como o encontro não totalmente dissimétrico entre um sujeito ativo e um objeto passivo, mas antes como um par no qual ambos os parceiros desempenham papéis alternados.

Isto é, os observadores (avaliadores) são simultaneamente observados (avaliados). Mesmo quando, como neste caso, o estatuto de observador é dominante e unilateralmente preenchido pelos europeus alcandorados no pedestal do seu pseudouniversalismo. Daí que Todorov (1989: 21-22) considere que o etnocentrismo é, por assim dizer, a caricatura natural do universalista. Ou, então, invertendo nós os dados, o universalismo é uma forma dissimulada do etnocentrismo ocidental. Este, na sua aspiração do universal, parte do particular, que lhe é familiar e que perfaz a sua cultura, para a generalização.

Há sempre um código de valores éticos, estéticos e sociais, explícitos ou implícitos, que regem a dinâmica das representações das personagens. Na análise desta problemática gerada pelo romance enquanto recriação de uma saga determinada. Robert Scholes e Robert Kellogg (1966: 173-174) entendem que os atributos individuais, que funcionam como átomos na construção molecular das personagens, são frequentemente atributos sociais. Portanto, não são meras características físicas ou referentes a absolutos éticos, mas são expressos em termos de padrões observáveis e estipulados pelo julgamento social.

É o que, aliás, se pode deduzir, no romance colonial, em relação às personagens dos não brancos e que são o alvo do foco interpretativo e avaliador das outras personagens ou do narrador. E a situação adquire contornos particularmente dramáticos quando são as mulheres as visadas. Temos, assim, entre os inúmeros casos que a literatura colonial nos propicia, o de Carolina que, por exemplo. nos surge "com todas as manhas características das mulheres da sua raça, acrescidas de muitas mais, colhidas em longo trato com os brancos" ou de Sehura "rapariga mulata", "mulher escultural", com indisfarçáveis "encantos físicos" e "ancas roliças".

Através destes dois exemplos, é possível verificar, uma vez mais, a importância do olhar nas redes relacionais que se estabelecem entre as personagens. Ver é, pois, sobretudo (re)conhecer, confirmar. Isto é, desencadeia-se uma adequação entre a ideia e a coisa, ou seja, trata-se de uma "compreensão que engloba" (Levinas 1980: 23), que nivela e que se impõe, e que, no caso da personagem do colono, traduz um "maniqueísmo eurocêntrico e brancófilo" (Laranjeira 1995: 481), assente na proverbial miopia do Ocidente.

O *Outro* (sexual, racial, cultural, civilizacional) acaba por ser uma presença ausente, pois é uma visão tendencialmente preconceituosa que está por detrás da sua composição. Daí que, como consequência, a sobrevalorização do particularismo físico ou psicológico anulará o sujeito, destruindo a sua integridade. Isto é, a parte é tomada pelo todo, numa reveladora sinédoque de despojamento. No lúcido entendimento de Álvarez-Uria (1998: 112):

> Longe dos grandes proclamas humanistas ou religiosos, é realmente no estatuto que cada sociedade outorga ao outro e na organização interna das relações de poder, que está em jogo constantemente o estatuto da própria categoria de humanidade.

O peso do estereótipo determina, por conseguinte, que estas personagens mantenham a sua invariabilidade anímica e comportamental na maior parte dos textos, tornando-se, por isso, de uma previsibilidade muitas vezes confrangedora. Isto é, são aquilo a que E. M. Forster (1927:73) chama de *flat characters*, ou personagens-tipo, e que são construídas em torno de uma mera ideia ou qualidade.

## 1.1. O preconceito: contornos e (in)fundamentos

É na figuração dos seres, dos outros em especial, que a literatura colonial revela a sua feição mais problemática. Há, por detrás de cada uma dessas personagens, uma categorização. E essa categorização, tributária de toda uma tradição cultural que, no caso português, ficou cristalizada nos textos pioneiros de Pêro Vaz de Caminha, Fernão Mendes Pinto e Luís de Camões que envolvem o *Outro* numa aura de fascínio e intransponível distância.

A dimensão (trans)figurativa (muitas vezes raiando o caricatural e o grotesco) da imagem do *Outro* (negro, mulato ou indiano) acaba por assumir uma importância decisiva no contexto geral das interações culturais e civilizacionais. Essa importância decorre do fato de a caricatura, apesar das deformações impostas, ser reveladora, e com alguma profundidade, tanto dos particularismos físicos e psicológicos, entretanto distorcidos, daquele que é visto (isto é, transfigurado), como das marcas constitutivas do imaginário daquele que vê (ou transfigura). De forma óbvia, neste caso, ver é ser visto.

Analisando a constituição do estereótipo no discurso colonial, em geral, Homi Bhabha (1995: 78) considera que a cor da pele é o significante-chave da diferença racial e cultural. Trata-se, portanto, do mais visível dos fetiches, dado como "conhecimento comum" numa cadeia de discursos históricos, políticos e culturais e que joga um papel decisivo no drama racial que se desenvolvia todos os dias nas sociedades coloniais e que, de modo mais ou menos dissimulado, subsiste nas sociedades atuais.

O estereótipo é um reflexo dos limites da capacidade representacional do Ocidente. Para Barthes (1973: 112), o estereótipo é uma palavra repetida, fora de toda a magia, de todo o entusiasmo, como se fosse algo natural, como se, por milagre, cada palavra se adequasse a situações diferentes, como se o imitar não pudesse mais ser sentido como imitação. Tendendo a perpetuar-se e assumindo-se como verdade enquistada, o estereótipo é, portanto, o mecanismo quase palpável que faz transitar o ornamento inventado para a forma canônica, incômoda, do significado fixo.

Citados por Young (1995: 180), Deleuze e Guattari consideram que o racismo opera por determinação de graus de desvio em relação ao homem branco e de assomos de agressividade (recusa da diferença). Daí que o estereótipo seja um fetichismo que tem subjacente a si múltiplas ambivalências, projeção ao mesmo tempo de estratégias metafóricas e metonímicas e tradução, por outro lado, de inconfessáveis sentimentos de culpa.

Outra ambivalência que o estereótipo apresenta é o fato de ser estrutural e funcional. Partindo de pressupostos freudianos, Bhabha faz corresponder a dimensão racial à dimensão sexual. Assim, a cor da pele representaria a cena traumática da castração (ter e não ter pênis equivalendo a ter e não ter pele branca).

Por conseguinte, há uma ambivalência entre o estrutural (a repetitiva cena à volta do problema de castração) e o funcional (a necessidade de superar essa falha através de objetos que dissimulam a referida diferença e restauram a presença original). No caso da literatura colonial, encontraríamos essa falha do negro, superada por valores sociais positivos e que têm a ver com a imagem do negro obediente, assimilado, isto é, branqueado. Na conseguida expressão de Eduardo Mondlane (1969: 49), trata-se de "brancos honorários".

Outra ambivalência do estereótipo decorre dos sentimentos contrários de atração e repulsa que se inscrevem na dialética de desejo que liga o homem branco à mulher negra ou mestiça. Se, por um lado, esta é aceite como companheira sexual, fazendo parte, em alguns casos, como veremos adiante, do círculo privado do colono, fascinado e rendido aos encantos da africana, por outro lado, não só a relação não conhece legitimidade jurídica nem aprovação social, como também os produtos dessa relação são, invariavelmente, renegados. A bastardia é aí alma gêmea da mestiçagem.

Em *Colonial Desire*, Robert Young (1995: 26) assevera que *the identification of racial with sexual degeneracy was clearly, always overdetermined in those whose subversive bronzed bodies bore witness to a transgressive act of perverse desire*. Mestiçagem e degenerescência, no centro de relações determinadas pelo desejo no que ele tem de mais perverso – afinal, trata-se de *cruzamentos* com seres assumidos como inferiores –, tornam-se, no contexto colonial, palavras sinônimas mesmo que sob o chapéu de uma retórica valorativa que teve no lusotropicalismo uma das suas expressões mais exacerbadas.

Young (p. 90) vê ainda na cumplicidade entre racismo, cultura e sexualidade uma das marcas identitárias da sociedade colonial. Isto é, *in this characteristic ambivalent movement of attraction and repulsion, we encounter the sexual economy of desire in fantasies of race, and of race in fantasies of desire*. E a constatação do peso que a sexualidade detém na relação entre colonizadores e colonizados leva Anne McClintock (1995: 22) a proclamar que: *Africa and the Americas had become what can be called a porno-tropics for the European imagination – a fantastic magic lantern of the mind onto which Europe projected its forbidden sexual desires and fears*.

A percepção do *Outro* tanto pode significar um processo de totalização como de fragmentação. Trata-se de um movimento duplamente sinedóquico. Isto é, tanto se apresenta o *Outro* como uma totalidade una, indivisível, fixável em noções englobantes: *os pretos são preguiçosos (atrasados)*, como se hiperboliza um aspecto particular, e que se sobrepõe à totalidade, instituindo-se como fator diferenciador, quase sempre com caráter depreciativo. Verdadeira amplificação ignominiosa, a incidência da focalização, muito próxima da técnica cinematográfica ou da banda desenhada, pode situar-se ao nível do pormenor do cabelo (encarapinhado), do nariz (achatado), dos beiços (proeminentes), da cor da pele (escura), do traseiro (saliente), etc.

A este propósito, Nelson Goodman (1975: 54), entende que os caricaturistas passam, com frequência, da sobreenfatização para a distorção real.

Mais drástico apresenta-se Todorov em *Nous et les Autres* (1989: 31) ao sustentar que quem se ignora a si mesmo não tem qualquer possibilidade de conhecer o outro. Conhecer o outro e a si próprio é, afinal, uma e mesma coisa. Podemos, pois, concluir que, no tocante às relações com o *Outro*, o preceito socrático de *nosce te ispum* terá produzido no Ocidente, quase que dois mil e quinhentos anos depois, resultados pouco encorajadores.

Analisando o discurso colonial, Frantz Fanon (1961: 15) conclui taxativamente que "a linguagem do colono, quando fala do colonizado, é uma linguagem zoológica". Mais incisivo, no seu prefácio à edição portuguesa do *Discours sur le colonialisme* (1955) de Aimé Cesaire, será Mário Pinto de Andrade (1978: 24) para quem há, na empresa colonial, uma espécie de "ricochete" e que tem a ver com o fato de o colonizador, ao animalizar o outro, acabar por animalizar-se a si próprio.

Centrando-se também no processo de desumanização do colonizado, Albert Memmi (1966: 126) refere-se, por exemplo, ao uso da "marca plural" *eles*. Referência discriminatória, para Mouralis (1975: 188) trata-se de um "plural pejorativo" em que os outros, os negros, nos aparecem como um conjunto "compacto e indiferenciado" em ostensiva oposição à individualização do homem branco. E o que se torna incontornável nos exemplos trazidos por grande parte da literatura colonial é que a presença do negro é eminentemente física, esvaziada que está, na sua composição, da componente psicológica.

O preconceito funciona como petição de princípio, em que a superioridade de uns e a inferioridade de outros é um dado *a priori* e cristalizado. Em relação aos africanos, trata-se de uma cronotopia regressiva traduzida, muitas vezes, num "estereótipo metafísico" (Richard 1999: 184) em que à iluminação progressiva da Europa se opõe a obscuridade imperfectível de África e dos negros. A propósito destes, Ernest Renan, citado por Todorov (1989: 155), em consonância com o racialismo de Hegel e de Gobincau, considera que os negros são raças inferiores, não perfectíveis, *capables de rudiments de civilisation, mais de rudiments seulement.*

Luís Filipe Barreto (1982: 179) entende que a diferença é quase sempre vista como falta e falha. Isto é, trata-se de uma "inferiorização arqueológica do Outro civilizacional". Daí os mecanismos defensivos que se desencadeiam na esfera mental e discursiva do colono. E uma das imagens mais elucidativas desta situação é a que é produzida por Joseph Conrad (1995: 63), através do seu alter ego, Marlowe, quando profere, referindo-se aos habitantes da floresta africana:

*No, they were not inhuman. Well, you know, that was the worst of it – this suspiction of their not being inhuman. It would come slowly to one. They howled, and leaped, and spun, and made horrid faces; but what thrilled you was just the thought of their humanity – like yours – the thought of your remote kinship with this wild and passionate uproar.*

Refletindo também sobre esta questão, Sami-Ali (1974: 161-162) interroga-se, primeiro, sobre a origem do terror de ser olhado ou de cruzar o olhar do outro. Respondendo, em seguida que *nul doute que la vision est assimilée à un acte éminemment destructeur. Destinée à révéler l'altérité, elle éloigne l'objet pour mieux le saisir, introduisant une rupture suivie d'un contact ainsi qu'une perte qu'accompagne une restitution*. O que acaba por ser comprovado pela forma inumana como, em muitas representações do discurso colonial, o *Outro*, o negro, neste caso, nos é apresentado, num processo contínuo de contato e de distanciamento, por um lado, e de perda e de restituição, por outro.

Charlotte Buhler interessando-se, igualmente, pela formação dos preconceitos, considera que eles resultam de um processo chamado inculcação e que é uma gravação inconsciente, isto é, transferência de representações que, aos poucos, vão fixando a imagem do mundo do ser humano em determinadas direções (1990: 365-366). No entender, ainda, desta psicóloga alemã, são três os fenómenos que a inculcação comporta: *diferenciação*: fixação de determinadas características marcantes dos "outros", como, por exemplo, a cor da pele, a forma do cabelo, etc.; *identificação*: fortalecimento do sentido de pertença do "eu" a um grupo em função da partilha de determinadas características comuns; e *estereotipação*: introdução de juízos de valor no sentido de comprovar a superioridade do próprio grupo e da inferioridade dos outros.

Em quase todas estas formulações, parece evidente que as diferenças acabam por ser consideradas como efeitos de processos de amplificação ou de redução e, em função das motivações, funcionam, em geral, como fator de distanciação e de negação.

## 1.2. O ser do estereótipo: o negro, o mulato e o indiano

Além de nos aparecerem como seres zoomorfizados, especialmente nos romances das fases exótica e doutrinária, os negros marcam a sua presença na narrativa colonial através de imagens que, apesar de múltiplas e diversas, concorrem de modo perverso e paradoxal para a sua tipificação. Temos, por conseguinte, desde a sua bestialização e interiorização:

– Também lhe posso fazer outra coisa: dou-lhe todo o dinheiro, mas aceita-me a farinha no valor de seis contos. E olhe que lha vendo em conta. Entrou-lhe um bocadito de água, mas não está mal. Para os pretos serve (*Calanga*, p. 107).

– [...] Não parece isso muito justo, quando havia brancos necessitados de auxílio. Não quer dizer que os brancos estivessem primeiro que os pretos. Mas que diabo! Os brancos são brancos. Bem sei que os pretos são de carne como os brancos. Mas os brancos são colonos. Não podem ficar sem camisa para se parecerem depois com os pretos... (p. 121).

A negra Joana tinha a boca escancarada. Parecia que assim se lhe metiam por ela melhor as palavras [do padre] – que eram depois ideias do seu espírito (p. 142).

Juntou novamente as mãos espalmadas como duas tábuas pintadas de preto – e pôs-se quieto, como uma múmia, os olhos fechados, a beiçola inferior, de lúbrico, descaída. [...] O Mungone acocorado, gordo como um bácoro, iluminado pela fogueira que ardia ao lado, parecia um manipanço pintado de vermelho. [...] O cheiro, embora diluído pela distância, roçava pelas ventas largas do Mungone, que se abriam mais para aspirar a brisa *perfumada* que chegava até ele (p. 201).

O Mundau ficou nu: o peito forte, como a tampa de um baú, abaulado; os braços musculosos, ao fundo dos quais as mãos enormes pendiam como gadanhos de gorila; as pernas fincadas na areia mole, pareciam arqueadas de sustentar o peso do corpo: o pescoço largo, taurino, a testa curta, ao meio da qual subia a carapinha espessa que descia depois até abaixo da nuca pronunciada. Os olhos, pequeninos, vivos, davam-lhe à expressão um ar de símio. A venta chata aspirava o ar morno. A beiçola abria-se para expelir a respiração larga. Na face crescia uma barba rala. Esfregou com as manápulas abertas os braços rijos, que ergueu à altura do corpo (p. 280).

passando pela imagem de negro-indolente:

> – Mas o Padre tem razão. É uma pouca vergonha o que se passa com os negros. Logo que arranjam dinheiro, compram duas e três mulheres. O que eles querem é que as mulheres trabalhem. E eles não fazem nada. O Padre quer pôr isto direito (p. 137),

do negro-debochado:

> – [...] Negros são danadinhos para batuque. Únicas distracções deles: fornicar, batucar, falar, cantar, beber e chupar o cigarrito a mais das vezes feito de ervas secas e folhas de bananeira (*Fogo*, III, p. 112).

do negro-papão:

> As crianças pulavam nas cadeiras, levantavam-se e corriam na sala. O pai ia buscá-las e sentava-as novamente. Procurava obrigá-las a comer, esquecendo-se da sua sopa que, no prato, já fria, estava coberta por uma camada amarela de gordura.
> – Se não comem vem aí o preto mau que vos leva!
> Os miúdos olhavam ao redor, olhos girando nas órbitas, estendiam os beicitos e engoliam mais uma colherada (*Cacimbo*, p. 206-207),

ou, ainda, do preto irredutível à moral e à religião:

> E haviam passado alguns anos desde que o Padre viera para ali evangelizar os homens. A alma do negro permanecia na mesma. Havia coisas que estavam metidas no sangue, que não podiam morrer por mais que as missas e as rezas fizessem ajoelhar o negro diante do velho Cristo pregado no madeiro já roído do caruncho (*Calanga*, p. 197).

É à luz de situações como esta última que alguém como Helge Ronning (1997: 8) refere que a recusa em abraçar o cristianismo e a oposição à missão civilizadora foram interpretadas como sinais de inferioridade ou como traição e cegueira por parte dos povos das outras culturas.

Além da imagem recorrente do negro que nos surge como uma

"criança grande" e que justifica a atitude paternalista do europeu, ou seja, "racismo caridoso" (Memmi 1966: 116):

> O que lhes [aos negros] agradava era examinarem tudo, mesmo a mais insignificante minúcia, com aquela curiosidade infantil tão característica nos povos atrasados, para poderem mais tarde, entre si, fazer os seus comentários, alguns não desprovidos de certo espírito crítico (A *neta de Jazira*, p. 113).

o servilismo do africano, representado como qualidade inata e que por sua vez legitima a dominação, é outro dos estereótipos grandemente explorado no romance colonial:

> Embora com aquele acanhamento característico do indígena moçambicano quando fala para os seus patrões, imediatamente a rodeavam querendo, todos à uma, ter a primazia de ouvir os seus conselhos ou de lhe dirigirem as suas petições ou ainda, os mais velhos, queixando-se dos seus achaques (p. 188).

Será nos romances da fase cosmopolita com Agostinho Caramelo, Guilherme de Melo, Eduardo Paixão ou João Salva-Rey que se verifica um notável desvio em relação ao racismo primário na representação do *Outro* protagonizado pelo romance colonial, nas suas fases exótica e doutrinária. Porém, nesta fase avançada, iremos encontrar formas sutis, diríamos, mesmo, sublimadas, de formulações preconceituosas nalguns casos não facilmente perceptíveis, e que intervêm seriamente na composição das personagens dos não brancos.

Este fato parece revelador da ideia de que os preconceitos se instituem como uma fatalidade indissociável das figurações de alteridade. Interpretar o *Outro*, afinal é disso que se trata, é projetar sempre o cabedal dos nossos fantasmas narcísicos, dos instintos de domínio, enfim, do nosso legado cultural e civilizacional que se mantém em exercícios de autoproteção permanentes.

A narrativa colonial, ao hiperbolizar, por um lado, a voz e a imagem das personagens dominantes e, por outro, ao subjugar ou ao distorcer a voz e a imagem do *Outro*, acaba, paradoxalmente, por desencadear um efeito contrário ao intencionado. Isto é, o Mesmo se banaliza, tornando-se previsível, fechando-se na sua própria representação, enquanto que o *Outro* se apresenta como um campo inesgotável de sentidos e significados por libertar e explorar. Este último torna-se, assim, inapreensível e irredutível à própria representação. Diríamos, mesmo, indomesticável do ponto de vista imagológico, pois quanto maior é o intento de o prender ao estereótipo, expressão de autoritarismo figurativo, mais ele emerge como um universo por decifrar, por desocultar, numa radicalidade extrema.

A representação do *Outro* decorre da própria natureza da linguagem que é a da sua duplicidade. Quer dizer, ela é capaz de ser denotativa e conotativa simultaneamente. Ou, então, de ser literal e metafórica. Ou, por outra, de cobrir o conhecido e de deixar em aberto o desconhecido.

O *Outro* aparece, assim, como instabilidade da ordem que o próprio romance procura instituir. Indecifrável, o não europeu perturba a ordem representacional, desafia-a, subverte-a. Na esteira de Levinas (1980), diríamos que, enquanto o Mesmo representa a Totalidade, o *Outro* aparece como Infinito. O *Outro* é, assim, a grande ficção, inatingível, incomensurável, adentro da grande ficção que é o romance colonial.

Dos diferentes tipos humanos que nos surgem nos textos, a representação do mulato constitui um dos quadros mais problemáticos da narrativa colonial. Produto do cruzamento entre branco e negra, e tendo em conta a natureza dessas relações, atrás referida, a imagem do mulato traduz uma das ambivalências mais singulares geradas pela situação colonial. Colocados invariavelmente perante a rejeição paterna, como a protagonizada por Manuel, em *Calanga* (p. 152):

> Ele sabia que as tinha [contas com Deus] – e grandes. Lembrou-se dos filhos da mulata que deixara quando fora à terra casar com Idalina. A Idalina não quisera com ela os enteados. Tratou-os como se fossem pretos. Não os consentiu à mesa. Nem dormiam dentro de casa. Ficavam lá fora, na casa dos criados. "Que eram tão safados como os *moleques*."

Os mulatos povoam os diferentes textos como párias – olhados como diferentes pelos negros e com indiferença pelos brancos – e acabam por se conformar, mesmo que ressentidos, em viver com (e como) a mãe, ou, então, acham-se na condição "salvífica", rara, de serem aceites no mundo dos brancos. Tal é o caso de Isabel que, em *Cacimbo*, apesar do desconsolo da sua futura sogra, D. Emília:

– Ela é mulata, Anabela! Eu aspirava outra coisa para o Artur, uma rapariga da sua raça que pudesse levar à África do Sul sem terem que dormir em quartos separados! Os problemas que se levantarão amanhã para os filhos! Serão mulatos, minha filha, para todos os efeitos, os filhos do meu Artur serão mulatos! ( p. 243).

acaba por se casar com Artur. No contexto colonial, Isabel era, aliás, duplamente *afortunada*, pois era produto de um casamento oficial entre o administrador Sousa e a negra Teresa, filha de um régulo.

Uma das figurações mais dramáticas da condição do mulato encontramo-la em *Raízes do ódio*, de Guilherme de Melo. A dado passo da narrativa (p. 87-88), um jovem mulato, Abel, apaixona-se pela Gina, negra e filha de uma costureira, fato que irá desencadear uma reação tempestuosa e reveladora por parte de D. Raíra, mãe do rapaz, também mulata:

– Mas tu estás mesmo apaixonado por aquela coisinha? – interpelou-o trovejante.

Ele tentou sorrir, meio acanhado.

– Ora, mãe!

– Tu já viste como elas vivem? A mãe pouco mais é do que uma preta de capulanas. É àquela família que tu estás a pensar em ligar-te?

Naquele momento, D. Raíra não era uma mulata vinda do ventre de uma qualquer negra de capulanas que um branco, como um animal com cio, fecundara. Naquele momento, D. Raíra era uma "branca", "branca", porque o marido era funcionário do Estado, tinha casa posta numa avenida da cidade com cortinas, mobílias, geleira e rádio, como qualquer outra casa de europeus, e ela saía à Baixa, a compras, de sapatos de salto alto, pintada, espartilhada, a carapinha desfrisada por mãos hábeis do cabeleireiro do salão de beleza que frequentava regularmente.

– É a essa gente que tu te queres ligar, sem respeito pela posição do teu pai ...

Entretanto, enquanto os mulatos representam uma ambiguidade racial e cultural, os assimilados são o retrato de algumas das situações mais sofridas e mais humilhantes da sociedade colonial. Seres culturalmente híbridos, são eles que acabam por estar no centro do descontentamento e por fazer implodir uma verdadeira e aguda crise de identidade individual e coletiva. A este propósito, Eduardo Mondlane (1969: 48) observa que o assimilado, "embora escape a algumas restrições impostas ao indígena, não fica em posição de igualdade em relação aos seus compatriotas".

Um dos riscos que a análise do discurso colonial potencia tem a ver com a tendência para a bipolarização radicalizada dos sujeitos (brancos/pretos: dominadores/dominados: bons/maus: agentes/vítimas) e dos diferentes universos representados (cidade/subúrbio; pobres/ricos; segregacionistas/segregados).

Estas dicotomias, que não deixam de ser reais, se circunscritas a um maniqueísmo irredutível correm o risco de diluir a complexidade e ambivalência que caracteriza a própria situação colonial onde, em muitos casos, as diferenças são mais ou tão acentuadas entre os que aparentemente se perfilam na mesma extremidade do que os que se encontram em polos diferentes. E o exemplo que acabamos de apresentar acima é por si sintomático. No âmbito da cosmovivência colonial, a D. Raíra situa-se na mesma margem onde se encontram aqueles que ela procura, por sua vez, manter à distância.

Por outro lado, as interpenetrações raciais e culturais verificadas, o quadro evolutivo da própria situação colonial, fizeram com que, em algumas situações, as dicotomias acima apresentadas acabassem num equilíbrio precário e dificilmente sustentável. Tal é, pois, o caso dos mulatos e dos assimilados.

Em *Raízes do ódio*, encontramos a personagem de um homem negro obrigado a abandonar um transporte público, depois da agitação criada por se ter sentado ao lado de uma senhora branca. Indignada, esta perguntará ao cobrador por que razão "aquele preto não ficava lá para trás, em pé". Do desabafo do primeiro fica-nos o retrato emblemático não apenas de um sujeito e da sua condição, mas de uma sociedade perversa e praticamente dividida ao meio, fermentando tensões profundas e contradições insanáveis:

> – Andei meses e meses desempregado, sem conseguir arranjar colocação em lado nenhum. Andei na escola comercial, no curso nocturno. Claro, procurei emprego num escritório... e há tantos por aí! Mal chegava a qualquer lado, dizia as habilitações que tinha, mostrava a minha carta de assimilado... Aí é que estava tudo perdido! Os que não tinham diplomas para apresentar empregam-se com facilidade, porque os patrões lhes pa-

gam menos do que a um empregado branco, às vezes para fazer o mesmo serviço que o branco faria. Mas os assimilados têm de ganhar como se fossem empregados europeus, têm os mesmos direitos, as mesmas regalias, por lei. Então, eles preferem dar o lugar a um branco... A cidade está cheia de desempregados, uns rapazes nascidos aqui, outros que vêm da metrópole... – Teve um risinho, quase apagado. – Agora sou contínuo numa escola. Não quero mais chatices... Só não sei para que andei a gastar tempo e dinheiro com o curso comercial...

E estas personagens, produtos culturais da situação colonial, acabam por ter uma existência profundamente solitária. Eduardo de Sousa Ferreira (1975: 150), tendo em conta a situação dramática dos assimilados, observa que esta é uma franja populacional que "está prisioneira das contradições da realidade cultural e social em que vive, porque não pode fugir, na paz colonial, à sua condição de classe *marginal*, ou 'marginalizada' ".

Tal é, pois, o caso do interlocutor da personagem acima apresentada, João Tembe, também ele um assimilado e um dos protagonistas do romance de Guilherme de Melo. Ele representa a oscilação entre dois mundos, europeu e africano, o que, na verdade, só se verifica em termos eminentemente topográficos, pois apesar de viver no subúrbio, quase todo o seu imaginário define-se em função do mundo a que aspira, que o molda e onde passa grande parte do seu tempo: o mundo da cidade, o mundo do homem branco. O seu contato com o universo a que originariamente pertence, o mundo dos negros, do subúrbio, é irreal, distante, quase inexistente:

> Mais do que nunca, João Tembe sentia-se só na cidade cheia de gente e de carros. Um tédio amargo e fundo o tomava se ficava deambulando pelos arrabaldes onde vivia, no meio dos dramazinhos de vizinhos desavindos e roubos de galinhas e peças de roupa e que serviam de tema para choros, juras, agressões e jornadas até o posto policial mais próximo. Um tédio que se transformava em melancolia quase dolorosa se vinha até ao coração da cidade e se perdia por entre a multidão, escutando o rumorejar de mil conversas à sua volta, vendo o deslizar dos carros em todas as direcções e de todas as direcções sem, contudo, avistar um rosto íntimo, um sorriso que fosse para ele somente (p. 57-58).

Entretanto, a sua pertença ao mundo dos brancos só não é plena devido à cor da pele. Quem lhe paga os estudos são os padrinhos brancos. A madrinha é a sua mãe psicológica. O seu melhor amigo, António Manuel, é branco e é filho de um alto funcionário da administração colonial. A rapariga por quem está apaixonado, Lúcia, é branca. O seu grande mentor, o Dr. Santana, é branco. Daí que o seu comportamento acabe por ser ditado não por qualquer sentido de consciência identitária, própria e afirmativa, mas pelo ressentimento e pelo despeito devido ao fato de não fazer parte do mundo que, no fundo, esperava que o aceitasse como um igual. O complexo de castração analisado por Bhabha é vivido aqui de modo particularmente trágico.

E será a mãe, na sua sabedoria empírica sentenciosamente expressa através do seu português arrevesado – afinal, além da raça, a língua é o outro centro nevrálgico de hibridismo na literatura colonial – e num diálogo com a antiga patroa, quem avançará uma das interpretações mais acutilantes sobre o verdadeiro drama do filho:

> – Sabe, sinhora? Quando ele num tinha cabeça di branco, num ia andar no liceu, estudar, tarvez até havia di ser milhor pra ele, sim... [...] João tem cabeça di branco, isso há-de dar grande milando a ele! (p. 59-60).

Por sua vez, Lúcia, ao conversar com António Manuel sobre João Tembe, recusa que sejam eles, os brancos, os responsáveis pelo "complexo terrível que ele tem, por ser preto". Sem se aperceber, traduz em poucas palavras o drama do colega:

> – Oh! Isso não é verdade... O João porta-se *como* um branco, vive *como* um branco, é recebido por todos *como* um branco. Acredita, António Manuel: falo com ele, discuto com ele e *nem me lembro da cor da sua pele!* (p. 191) (Itálicos nossos.)

E o drama de João Tembe reside exatamente aí: *em ser como*. E a cor da pele, afinal a fronteira intransponível e que parece, ser apenas uma questão de pormenor, tem uma importância tremenda, impondo-se de forma cruel e estigmatizante a lembrar a todos eles que, *ser como* não é *ser*, efetivamente.

Por outro lado, esta é uma personagem que adquire um simbolismo particular na literatura colonial, em geral, dado o protagonismo que assume ao longo da narrativa. Quebrando uma prática regular na esfera representacional das personagens no romance colonial, em que às personagens dos não brancos lhes são reservados papéis secundários ou decorativos. João Tembe, apesar do seu pendor eurocêntrico, e, talvez por isso mesmo, toma-se uma espécie de herói do romantismo humanista e redentor cultivado em *Raízes do ódio*. No fim, aparentemente despojado do ressentimento que o dilacerava, ao manifestar sinais de otimismo:

> – É isso, Sr. Doutor. Rio-me de muita coisa que pensei e decidi que tinha de ser assim mesmo, sobre a vida, os homens, nós próprios... para começar agora a compreender que as minhas conclusões e os meus dogmas (porque muita coisa que por mim concluí as tomei como dogmas!) não passavam de puras infantilidades... (p. 262).

João Tembe vai ao encontro das motivações que, de forma implícita, o autor/narrador foi deixando entrever na concepção e no percurso desta personagem e, por outro lado, nas ideias e nos conflitos que se foram desenvolvendo ao longo da narrativa.

Um dos efeitos mais perversos provocados pelas dinâmicas do fenômeno colonial caracteriza-se pelo fato de as redes de identidade e de alteridade aí instituídas e desenvolvidas serem, em muitos casos, instáveis, ambíguas e proteicas. Assim, enquanto que o elemento europeu, aparentemente, se ia tornando cada vez mais *Outro* em relação às suas origens metropolitanas, o colonizado, devido aos processos aculturativos a que era sujeito, se tornava culturalmente cada vez menos *Outro* em relação ao colonizador, ao ponto de mentalmente se confundir com aquele que fez da diferença racial, ética, cultural e civilizacional, a sua base relacional.

Outro elemento humano do iridescente mosaico cultural, étnico e linguístico representado no romance colonial é o indiano, depreciativamente apelidado de "monhé". Colocando-se como um dos concorrentes mais destacados à hegemonia do homem branco, quer em termos religiosos (o islamismo), quer em termos econômicos (o comércio), a figura do indiano aparece-nos marcada pelo ressentimento, pelo preconceito e por um indisfarçável sentimento de intolerância.

Imagem da máxima abjeção, a composição do indiano é, na forma e no conteúdo, simplesmente avassaladora:

> No Niassa são eles quase os únicos comerciantes do interior. Os brancos não podem estabelecer-se onde houver um *monhé*. Um branco vive como um branco. Por mais pobre que seja, tem a sua cama feita de lençóis lavados. O *monhé* do mato é pior do que um negro: dorme em cima do balcão da loja, onde pousaram milhares de mãos sujas, o dinheiro infectado. E come com as mãos a farinha e o amendoim. E ninguém impede a marcha desta espécie de *talácua* para o interior... É gente que não deixa um tijolo metido na terra onde fez a fortuna que não sabe gozar. Abala, depois de rico, para a Índia, com tudo quanto conseguiu arranjar, quando não morre miseràvelmente sobre os bens tão avaramente acumulados. Esprema a terra e o negro, esse furão dos matos africanos de Moçambique (*O branco da Motase*, p. 81).

Sendo irrecusável que é na sua relação com as outras personagens, com o meio e com os objetos que as personagens se definem na narrativa, o indiano aparece-nos quase sempre conotado como um ser obstinado e calculista. Mantendo relações de "boa vizinhança" com todos os que o cercam, indo ao encontro das suas reais necessidades, normalmente as camadas mais desfavorecidas, penetrando nos lugares mais recônditos, aprendendo a língua dos nativos, e, no essencial, demonstrando um pragmatismo inultrapassável, consegue atrair estratos socioeconómicos e sensibilidades díspares:

> Parou por instantes a admirar a cena: seis ou sete carros, entre os quais dois ou três de luxo, parados na areia, senhoras de todas as condições, algumas de uma elegância ostensiva para o ambiente, comprimindo-se junto ao balcão, vendo, apalpando, regateando preços, comparando tecidos. Dominando o tumulto, a figura alta e seca do monhé, Ali Ahmed de nascimento, Mata-Bicho por conveniência e porque os pretos, de que se fizera vizinho, achavam mais graça – a política de boa vizinhança era a sua divisa. O comerciante ali estava, desdobrando peças iguais às que os grandes estabelecimentos de modas, da Baixa, vendiam por trinta ou quarenta escudos mais, o metro, e que ele negociava a seu bel-prazer, já que os adquirira na candonga. Era esse o chamariz frenético para dezenas e dezenas de senhoras da cidade. Amanhã – João Tembe sabia-o –, quantas delas iriam fazer figura aos olhos das amigas, nas *boîtes*, nas recepções so-

ciais, nas reuniões mundanas, contando coisas daquele tecido estupendo que juravam ter comprado na loja mais cara da cidade? E como se sentiriam ofendidas se alguém se atrevesse a afirmar que as vira a comprá-lo ao balcão do Mata-Bicho, à entrada do aglomerado indígena das Lagoas! (*Raízes do ódio*, p. 23).

Aqui, além da tipificação psicológica e ética do indiano em função da atividade profissional que desenvolve – tal como acontece, de certo modo, com os judeus ao longo dos séculos devido à prática da usura –, ficam-nos, por tabela, os retratos psicossociais das outras personagens enquanto modelos comportamentais identificadores da burguesia colonial. Em relação ao indiano, o peso do preconceito alicerçado no binómio comerciante/muçulmano coloca-o sempre, e em relação ao branco e ao negro, nos níveis mais baixos de uma escala de valores morais, sociais e civilizacionais, ultrapassado só pelo mulato:

– E os pretos, Senhor Padre? Como vai ser? Esses também perderam tudo. Se alguma coisa ainda lhes ficou, irá parar às mãos do Sulemane [indiano] ou de outros cantineiros. São um bando de ladrões à solta. O mulato, lá em baixo, é um agente da loja desse maldito maometano. É pior que o patrão. Assiste-se a uma exploração que até faz doer a alma. Se o aterro não dá passagem tão depressa, até os brancos terão que vender os colchões das camas. (*Calanga*, p. 77).

Pelo discurso, pelas atitudes do branco em relação ao indiano, pela forma como é representado é notório que a grande motivação que está por detrás da sua figuração no romance colonial, eurocêntrico e *brancocêntrico*, é o poder. Neste caso, poder de penetração que rivaliza com o do homem branco. E a intensidade dos sentimentos que neste se reconhecem induz-nos a reconhecer na palavra "penetração" uma incontornável conotação sexual.

E como pudemos já verificar, a sexualidade tem um significado e uma importância assinaláveis na literatura e na sociedade coloniais. Segundo Ronald Hyam, citado por Young (1995: 5), *sexuality was the spearhead of racial contact*. É, porém, em relação à representação da mulher que essa questão se torna verdadeiramente acutilante, como veremos em seguida. Tendo em conta a relação metonímica e metafórica entre a terra e a mulher, adquirem cintilações semânticas particulares, formulações discursivas, onde sobressaem e se cruzam noções como penetração, disputa, invasão, dominação, fertilidade, virgindade ou esterilidade.

## 1.3. As figuras femininas: os itinerários do desejo

Tanto do ponto de vista sexual (o fato de serem mulheres), como do ponto de vista racial (o fato de serem não brancas), estas personagens assumem-se, em simultâneo, como antimodelos da saga colonial, inequivocamente androcêntrica e brancocêntrica, e, por outro lado, como elemento determinante na realização dessa saga, conferindo-lhe a substância e a conformação que legou à posteridade, e cujos efeitos perduram tanto do ponto de vista do imaginário quanto humano e civilizacional. Referimo-nos, neste último caso, aos produtos dos cruzamentos entre o colono e a mulher africana.

Em relação à representação feminina no romance colonial temos, em primeiro lugar, a figura da mulher europeia que se perfila, nas fases exótica e doutrinária, como uma presença geralmente discreta, sobre a qual o investimento composicional tem pouca expressão. Daí que ela nos apareça preenchendo um quadro figurativo pouco variável e reduzido: subserviente, ao lado do marido na sua missão "civilizadora", empregada num escritório da cidade, aventureira ou prostituta, ou, então, não passando de uma personagem aludida com contornos difusos e que, na metrópole, aguarda o regresso (ou o chamamento) do noivo ou do marido.

Os processos de miscigenação que se desenvolvem no espaço colonial não têm, portanto, nada de calculista, como nos assevera Eduardo Lourenço (1976: 46). Para este autor, verificou-se precisamente o contrário: "foi a normal consequência de uma consideração das colónias como terra bárbara, indigna da mulher branca". E a exemplificá-lo, temos o caso de Francisco Diogo, em *O branco da Motase* (p. 6-7) que, tal como muitos outros na sua situação, espera ter melhores condições, portanto, condignas para mandar vir a família:

> Pensou também na mulher e nos filhos. Eles tinham ficado na Metrópole, lá para as bandas do Marão, na aldeia onde nascera. Dependiam do seu trabalho, do esforço do seu braço, do produto das suas canseiras. As madeiras cortadas eram o grande sustento deles. Pensava na leira e nos bois vendidos para se largar até à África. [...] Pior teria sido para a sua Ana e para os seus filhos. Agora estava em África, onde talvez pudesse vencer. Depois, havia de mandá-los vir. Havia de vencer com a ajuda de Deus. A África era vasta.

Fato que não passa despercebido àquela que lhe serve, entretanto, de mulher de recurso:

> A Motase ficou inquieta. Com certeza que os não quereria aqui. Nunca lhe falara nisso. Os brancos quando arranjam dinheiro, não querem viver no mato com a mulher e os filhos. No mato, nas condições em que ele estava agora, só uma mulher negra o acompanharia (p. 91).

É, de fato, a nativa quem nos vai surgir como a companheira providencial do homem branco. E é nessa condição, especialmente enquanto objeto sexual ou servidora, que ela vê, quase sempre, justificada a sua presença na literatura colonial. Relação ocasional ou duradoura, trata-se de uma relação ilegítima, ao arrepio das convenções, das crenças e dos códigos ético e social do colonizador.

É, neste sentido, através das descrições a cargo do narrador, na forma como é interpelada pelo homem branco, nas diferentes alusões que lhe são feitas pelas outras personagens, ou, então, pelas referências que ela faz de si própria, que é visível a sua remissão a uma dupla condição de inferioridade: sexual e racial. São, por conseguinte, inúmeros os exemplos em que este duplo condicionalismo intervém de forma decisiva na forma como essas mulheres nos são apresentadas.

Trata-se de um reducionismo quase biológico, por isso mesmo animalesco, à condição de fêmea ou besta, e que tem a ver com a instituída relação que, segundo Gayatri Spivak (1999: 122), obedece à fórmula: *Europe and its not-yet-human Other*. Estamos perante o paradoxo desencadeado pela dialética do desejo instaurada pela colonização e que deixa o europeu dividido entre o fascínio (do que é diferente) e a repulsa (do que não pode nem deve ser igual).

Philippe Hamon (1972b: 126), no seu importante artigo intitulado "Pour un statut sémiologique du personnage", defende que a "etiqueta semântica" da personagem não é um dado *a priori* e estável, que seria simplesmente reconhecido, mas uma construção que se efetua, de modo progressivo, isto é, uma forma vazia que os diferentes predicados (verbos e atributos) vêm preencher. Neste sentido, a personagem *est donc toujours, la collaboration d'un effet de contexte (soulignement de rapports sémantiques intratextuels) et d'une activité de mémorisation et de reconstruction opérée par le lecteur.*

Por outro lado, Hamon considera que a aparição de uma personagem histórica ou mítica virá certamente tornar previsível o seu papel na narrativa, na medida em que este papel é pré-determinado nas suas grandes linhas por uma História escrita e fixada previamente. Por conseguinte, as afirmações categóricas, muitas vezes generalistas, que vamos produzindo sobre as personagens do romance colonial devem-se, em parte, à inevitável colagem que esta literatura tem com a própria História de onde ela emerge e que se encarrega de recriar. Isto além do realismo que as impregna tanto na forma como são concebidas como na forma como agem, pensam e sentem. Por consequência, ainda na esteira de Hamon, a concepção da personagem não pode ser independente de uma concepção geral da pessoa, do sujeito, do indivíduo.

Em todo o caso, é na conjugação de uma tripla dimensão (histórica, humana e ficcional) que as diferentes personagens ganham forma e sentido no romance colonial. Se a sua previsibilidade é, à partida, eminente devido à contaminação histórica, ela se esboroa, de seguida, pela dimensão humana que subjaz à sua composição e pela ficcionalidade que confere a essas personagens a sua real existência e faz delas seres em construção. Na sua globalidade, trata-se de "personagens-referenciais" (Hamon) caracterizadas pela sua dimensão histórica, alegórica e social e que *intégrés à un énoncé, ils serviront essentiellement "d'ancrage" référentiel en renvoyant au grand Texte de l'idéologie, des clichés, ou de la culture* (p. 122). Eles asseguram, portanto, e em especial no pormenor, aquilo a que Roland Barthes designa de "efeito de real".

Além dos já referidos casos de Sehura e Carolina, apresentamos, de seguida, alguns estereótipos da mulher africana, negra ou mulata, frequentes no romance colonial, veiculados tanto de forma direta (referências explícitas a determinadas características físicas ou psicológicas), como indireta (afirmações que levam o leitor a deduzir essas mesmas características).

Assim, para começar, temos a *preta-serva* ou *submissa*, em relação à qual os atributos físicos são omissos, ou secundarizados, sendo salvaguardada a sua ilimitada dedicação ao homem branco:

> Francisco ia ter, portas adentro, pela primeira vez na sua vida em África, uma mulher de côr. Reconhecera a necessidade de que alguém velasse por ele, principalmente na doença. Passaria a ter quem cuidasse da sua roupa, da comida e da casa (*Terra conquistada*, p. 29).

É, provavelmente, uma das imagens da mulher mais recorrentes na literatura colonial. Capazes de sacrifícios sublimes são, apesar de tudo, amiúde renegadas. E os seus sacrifícios, mais do que engrandecê-las, servem para indiretamente tornar mais nobre a ação do colono e a sua fidelidade à pátria e à família. Mesmo quando alguma comiseração e reconhecimento perpassam pelo íntimo do homem branco e pelo discurso do narrador. São exemplos, neste particular, Motase (*O branco da Motase*), Chibia (*Sehura*) e Cristina (*Cacimbo*):

> Francisco Diogo pensava na Motase e pensava na sua Ana e nos seus filhos. Um conflito tremendo tomava-o todo. Sentia que pensar na Motase seria ofender a Ana, mas esquecer aquela seria não reconhecer o quanto devia a essa mulher negra, quanto a Ana e os filhos lhe deviam também. Ela o ajudara a vencer a miséria. (*O branco da Motase*, p. 10).

> Francisco Diogo ficou enternecido com o cuidado da preta. A Ana também tinha os mesmos cuidados quando ele, nos dias de Inverno, andava nos campos até quase o anoitecer. [...] A Motase lembrou-lhe a sua Ana (p. 31).

Temos, também, a figura da *preta do mato*, uma espécie de diamante por lapidar e que, moldada conscienciosamente segundo os preceitos dos europeus, se transforma num "modelo de virtudes", ou, simplesmente, num animal de estimação, isto é, *mulher-objeto*. Tal é o inequívoco caso de Majioa:

> Carolina promoveria a transformação de Majioa, de preta do mato, untada e mal-cheirosa, adornada de *codjilés* e vestida de *mtuculo*, em preta civilizada, com ares de dona, como ela era (*Terra conquistada*, p. 30).

> Também porque sentia certo orgulho em fazer de ricaço, em ser invejado por outros da sua igualha, sabendo-se que vivia com aquela pérola negra [Majioa], mimo de elegância e donaire, cobiçada por brancos e negros (p. 56).

A *preta-fêmea*, cujos instintos acordam ao menor estímulo, é outra imagem explorada na literatura colonial. Uma espécie de "ancestralidade" próxima, naturalmente, da animalidade é o que agita Chibia que, com os "olhos brilhantes", o "tronco carnudo", os "movimentos lascivos e sensuais" despertados pelo "samba", excita os sentidos do colono:

"Se tu visses, Zé António, como ela [Chibia] reage diante da música [...] Tocam o fado. Sente-se nela, no seu olhar, que a nossa canção a impressiona. A sensação é, porém, diferente quando ouve os "sambas". Ergue-se com os olhos brilhantes – e senta-se sobre a cama. Há um sorriso que se esboça. Os olhos riem. Tôda a sua face é um sorriso aberto. O tronco negro, forte e carnudo tem movimentos compassados; a música e êsses movimentos combinam-se. Alguma coisa de ancestral desperta nela. Na esteira, de pé, dança. O seu corpo tem movimentos lascivos. Há um movimento lento, sensual, de quadris. Os braços roliços erguem-se à altura do corpo – e acompanham as inclinações do busto. [...] Sinto tentações de beijá-la, de a esmagar de encontro a mim (*Sehura*, p. 91-92).

Da mulher mestiça, à volta da qual se construíram alguns dos maiores mitos, temos duas imagens antagônicas. Uma, em que nos surge envolta numa auréola de erotismo e que a faz fonte de sensualidade e de sexualidade. Tal é o caso de Clara. Neste sentido, qualquer aposto ou atributo que possa ser atribuído à mulata, torna-se simplesmente redundante. Isto é, o termo "mulato" não só substantiva como também adjetiva.

Na mesma linha da *mulher fêmea*, é, pois, na sua condição de mulher fogosa que esta personagem inspira um dos quadros descritivos mais ousados do romance colonial de expressão portuguesa:

Era famosa a Clara, como mulher de fogoso temperamento na cama, produto de dois sangues ardentes, o asiático e o africano que num só se fundiram, correndo nas veias duma rapariga esbelta que despertava o interesse dos homens.

Alta, elegante, de pele macia e aveludada, cor de canela, carne tépida e fremente de desejo, pernas esguias, perfeitas, ancas nervosas como de impala, busto bem proporcionado de seios redondos e duros rematados por uma cúpula negra donde saía um botão vermelho-escuro, como cabeça de dedo, a boca de lábios sensuais que se abriam num permanente sorriso como romã madura, pondo a descoberto dentes alvos e firmes. Clara recebia na sua cama uma clientela escolhida de brancos, fazendo-se pagar bem pelas noites de amor que proporcionava (*O mulungo*, p. 133-134).

A sensualidade deste quadro decorre de uma seleção calculada de vocábulos e expressões como "carne", "sangue ardente", "veias", "fremente de desejo", "pernas esguias", "ancas nervosas", "cama", "noites de amor" (esta expressão, tendo em conta o contexto e o fato de Clara ser prostituta, é claramente um eufemismo). Temos também as comparações e as metáforas que não são menos explícitas: "impala", "botão vermelho-escuro", "romã madura".

Produto do olhar que a molda tanto em termos físicos, como em termos de atitude, a personagem da mulata, afinal tal como as outras personagens que temos estado a analisar, será obrigada a adaptar-se ao estereótipo que lhe foi imposto. E por uma questão de determinismo conceitual, todo o seu comportamento na narrativa estará em consonância com o tipo de personagem que ela representa enquanto "tipo anormal de superexcitada sexual", no dizer de Nina Rodrigues (Freyre: 1933: 361).

Entretanto, como que correspondendo ao caráter ambivalente das suas origens, deparamo-nos com outra imagem da mulher mestiça que é a da *mulata-virtuosa*:

> Ah! Via-se bem que lhe corria nas veias o sangue indomável e generoso dos esforçados lusíadas, dos temerários normandos, de mistura com o do misterioso gentio e do admirável povo árabe. Como num cadinho se caldeiam os diversos elementos para formarem uma boa liga, assim a junção das qualidades características das diversas raças a que Eva Maria pertencia, retlectia-se no seu carácter, de uma maneira extraordinàriamente revigorante. (*A neta de Jazira*, p. 180-181).
>
> A D. Emília só teve um motivo de desagrado durante o tempo que esteve na festa do filho. Foi a presença de Isabel, a bela mulata que era namorada do Artur. [...] Ela não era racista, mas, enfim, não queria misturas na família. [...]
>
> Isabel era uma linda rapariga de olhos verdes e cabelo negro, levemente frisado. Bastante clara, o corpo esguio e curvilíneo, excelente jogadora de basquetebol da Académica [...] Culta, inteligente, frequentava aos 18 anos o primeiro ano de Medicina, uma sede intensa de aprender, os seus olhos verdes, meigos e brilhantes, observavam o mundo que a rodeava fixando as imagens como um filme impressionado através da objectiva duma máquina fotográfica (*Cacimbo*, p. 181-182).

Tanto Eva Maria como Isabel, em clara oposição à exuberante corporeidade (animalidade) de Clara, são fortemente espiritualizadas, sendo-lhes destacadas sobretudo as suas qualidades morais. Assim, enquanto que a primeira representa uma miscigenação "bem sucedida", "boa liga", rapariga de "carácter", Isabel personifica também as mesmas qualidades a que se soma, além da meiguice e da curiosidade quase infantil, a conjugação de uma dupla condição nobilitante: estudante universitária e atleta. Salvaguarda-se nos dois casos o que há de moralmente positivo nas raças ascendentes, ou simplesmente, e o que parece ser óbvio, a componente europeia da ascendência de ambas e que, em última instância, determina a sua condição virtuosa.

Irmanada com a personagem da *preta-submissa*, encontramos a imagem da *preta com alma branca* representada por Cristina. Trata-se, aqui, de um tipo de personagem que prefigura uma aculturação também bem-sucedida e em que as qualidades manifestas, por um lado, inequivocamente de acordo com o código de valores e os interesses do homem branco, e uma dedicação extrema, por outro, fazem dela uma aliada inestimável:

> O velho Emiliano abriu os olhos... observou o quadro formado pela sua família e disse baixinho numa voz que se extinguia:
> – Perdoo tudo... olhem-me por essas crianças... que elas nunca vos façam nada de mal é o que peço a Deus... Ajudem a Cristina coitada... tem a alma branca ... (p. 233).

Fugindo ao estatuto de personagem-tipo representada por todas estas figuras a que temos vindo a fazer referência, surge-nos Némia:

> – [...] Tu, Augusto Pires-companheiro, estás muito enganado. Nós, as negras, também sentimos coisas importantes cá dentro do peito. E sofremos... Igualzinho aos brancos (*Fogo*, III, p. 31)
> – [...] Grande consumição branco sózinho entre negros, embora Némia – negra companheira – seja melhor que muitas europeias (p. 62).
> – Muita aflição, Augusto Pires ("nem supões!... pensarás ralhadela por teres casado assim mesmo com Fernanda Raimunda... enganas-te... sempre esperando isso, roubei algum dinheirito... agora podia ser corrida... negra ainda não aguenta ser mulher própria de branco... muito atrasadas... só servimos no escuro, no abandono, nas aflições... para fazerem fortuna!... – algumas ne-

gras são grandes como brancas: companheiras mesmo quando vida atrapalhada não tem água, nem mandioca, nem quinhenta!...") (p. 243-244).

Personagem dotada de grande complexidade, verdadeira *round character*, ela singulariza-se quer pela focalização adotada, interna, quer por nela convergirem, num amálgama controverso, emoções, qualidades e vícios. Heroína do infortúnio, tal como Sehura, Motase, Chibia ou Cristina, Némia é, talvez, uma das mais humanas e por isso imprevisíveis personagens criadas no âmbito da literatura colonial. Também ela companheira de um colono que, mais tarde, a trocará por uma europeia com quem se foi casar na metrópole e que trará consigo no regresso.

Por outro lado, e isso é que lhe dá uma identidade muito marcada, Némia contraria os lugares-comuns que caracterizam as suas companheiras da desventura: é irreverente, insubmissa, calculista, autoconsciente, desconcertante, um sentido crítico avassalador e uma intensa vida interior. A personagem Némia, dado o seu caráter multiforme, legitima a asserção de que as "identidades são permutáveis e aparecem mais em combinações do que em formas únicas. Ninguém tem uma e apenas uma identidade" (Ronning 1997: 14).

E o que torna ainda mais notável a presença desta personagem é ela ter consciência não só da sua condição individual, mas também da situação histórica das outras mulheres enquanto mulheres e africanas: reivindica não só a igualdade com os brancos como também tem consciência da instrumentalização a que estão sujeitas. O uso do plural ("nós, as negras") é como se fosse um grito insurrecional que acaba por desestabilizar os mitos e os estereótipos que a literatura colonial recriou e cristalizou.

Há, entretanto, os que apontam o silenciamento do colonizado, em particular da mulher nativa, como um fato incontornável e emblemático do discurso colonial, caso de Gayatri Spivak (1988: 82-83). No seu celebrizado texto "Can the subaltern speak?", ela considera que, *in the context of colonial production, the subaltern has no history and cannot speak, the subaltern as female is even more deeply in shadows*.

A personagem Némia, pela forma como foi concebida, pelo seu papel ativo na narrativa, pela voz que a individualiza, acaba por contrariar a tese defendida por Spivak. Nos diferentes romances por nós analisados, não nos confrontamos apenas com casos de silenciamento, mas com distorções ou filtramentos que, em relação a Némia, parecem postos em causa.

Mais do que a exceção que confirma a regra, o caso de Némia vem comprovar o caráter evolutivo desta literatura num sentido que, em determinados momentos, perturba os critérios da sua própria identidade, que fazem dela uma escrita sartrianamente imoral. E a prová-lo, temos aí, esta personagem concebida, de modo singular, por Agostinho Caramelo.

Em qualquer das representações femininas aqui expostas e os diferentes estereótipos que consubstanciam, é indesmentível a relação entre as dimensões racista e sexista que presidem à concepção destas personagens. Elas acabam por ser objeto, afinal, de uma "tripla colonização": primeiro, devido à sua condição feminina, na esfera doméstica, da parte do que Robert Young (1995: 162) designa por *patriarchy of men* e segundo, na esfera pública, pelo *patriarchy oh the colonial power*. Este último patriarcado será responsável, também, pela terceira forma de dominação: a racial.

Dominação esta que leva Anne McClintock (1995: 6) a concluir que a mulher colonizada teve de negociar não só os desequilíbrios da sua relação com o seu próprio homem, mas também a ordem barroca e violenta das normas hierárquicas e restrições que estruturam as suas novas relações com o homem e mulher imperiais. Por outro lado, a colonização acabou, de certo modo, por agudizar as relações patriarcais no território subjugado, tornando a esfera familiar e a mulher nativa, em particular, no último reduto de preservação de valores ligados à cultura autóctone e à nacionalidade. Isto é, e como aponta Ania Loomba (1998: 168), *the outside world could be Westernised but all was not lost if the domestic space retained its cultural purity.*

As representações da mulher constituem um dos segmentos da narrativa colonial que, tanto do ponto de vista sintático (da construção), como do ponto de vista semântico (do significado), nos permitem percepcionar com alguma amplitude e profundidade as principais linhas de força que definem a literatura colonial, mas também as que caracterizam a sociedade e o imaginário coloniais na sua essência. O itinerário do desejo, núcleo onde elas se situam, repartidas entre o olhar do narrador e o das outras personagens com as quais interagem, é seguramente um caminho infalível em direção às profundezas da natureza humana, especialmente quando nos confrontamos com a dupla sujeição que confere aos objetos de alteridade forma e conteúdo determinado.

## 1.4. As imagens do colono: o convencional e o transgressivo

Enquanto figura hegemônica, enquanto núcleo representacional dos ideais e das concepções do mundo que legitimam a literatura colonial, falar, nesta fase adiantada do nosso trabalho, da forma como é arquitetada a personagem do colono, pode, aparentemente, tornar-se redundante e pouco produtivo. Além do mais, se tivermos em linha de conta que, na maior parte dos romances, o colono, apesar de ser o herói, nos aparece, segundo a terminologia forsteriana como *flat character*. Isto é, trata-se de uma figura previsível e com fraca densidade psicológica. É, para todos os efeitos, uma personagem-tipo. Fica assim contrariada, neste caso, a tese defendida, por exemplo, por Aguiar e Silva (1981: 710), de que a semelhantes personagens lhes está especialmente reservado o papel de comparsas.

O retrato-robô da personagem do colono, pelo menos no romance das fases exótica e doutrinária, com inevitáveis e reconhecíveis exceções, é basicamente este: abnegado, rude, generoso, empreendedor, com nível de escolaridade mínima, intuitivo, de origem rural, geralmente amancebado com uma negra apesar de casado ou comprometido, na maior parte das vezes, com a esposa ou a noiva na metrópole. Tais são, entre outros, os representativos casos de Francisco da Marta (*Terra conquistada*), Pedro da Maia (*Muende*), Francisco Diogo (*O branco da Motase*), Matara (*Calanga*), Joaquim Lourenço e Augusto Pires (*Fogo*).

Acontece que, quer pela evolução registrada pelo romance colonial na sua globalidade, quer pela complexidade crescente apresentada pelos diferentes condicionalismos que perfaziam o contexto a partir do qual esse mesmo romance emergia, e onde inevitavelmente se inspirava, vamos verificar que tanto o enredo como as temáticas desenvolvidas contribuíam para que os agentes que as personificavam fossem, aos poucos, adquirindo uma textura mais variada e menos tipificada e uma maior densidade compositiva. Digamos que, muito particularmente em relação ao romance colonial que tem Moçambique como cenário e tema, se estabelece uma dialética entre o contexto e a complexidade constitutiva do gênero romanesco desenvolvida através da revitalização da sua própria memória.

Se é verdade, como apontamos antes, que o retrato das personagens pode ser construído através das ações por elas protagonizadas, ou através do que elas dizem ou, ainda, do que é dito sobre elas, é, porém, nas descrições, na maior parte das vezes sob a responsabilidade do narrador, que a imagem das personagens é normalmente definida.

A propósito da importância da descrição, e tendo em conta a sua inserção na narrativa, o seu funcionamento e o papel que aí desempenha, Philippe Hamon (1972a: 72-73), em "Qu'est-ce qu'une déscription", preconiza que a descrição é um lugar privilegiado onde se organiza (ou se destrói) a legibilidade de toda a narrativa, e que se apresenta como uma espécie de "rede" semântica devidamente organizada. É, pois, um espaço de suspensão, de conservação, de armazenamento, de condensação e de redobro de informação que torna a legibilidade e a previsibilidade maior ou menor.

A importância da descrição, enquanto momento particular da narrativa onde ela momentaneamente se suspende, já por nós foi aqui sublinhada. Referimo-nos ao fato de a catálise ter uma funcionalidade fraca mas não nula e de não participar menos na economia do discurso, acelerando-o, relançando-o, resumindo, antecipando e, por vezes, baralhando. Em suma, a descrição participa não só na sintagmática narrativa como dos sentidos particulares e globais que municia. Daí, também, a sua importância na comunicação que se estabelece entre o autor e o leitor, a um nível, e entre o narrador e o narratário, a outro.

Analisando o romance colonial nas suas vertentes exótica e doutrinária, é possível concluir que, no tocante à descrição das personagens, em particular do colono, e dada a acumulação de informação que aí se verifica, em que tanto o preciosismo figurativo como uma espécie de preocupação pedagógica são manifestos, há, aí, claramente uma maior previsibilidade e legibilidade. Atente-se, por exemplo, nesta caracterização de Pedro da Maia, em *Muende* (p. 39-40):

> Pedro da Maia era novo. Não atingira ainda os trinta anos. Era saudável e robusto. Tinha vontade de fixar-se e ser útil ao negro. Haveria de estimá-lo, de viver com ele como se vive com um homem. Haveria de ser justo, nas suas transacções, de modo a ensinar-lhe a conhecer o valor exacto das coisas que as suas mãos produziriam, depois, com mais alegria, visto que elas não eram, apenas, o pão da boca, mas também a protecção do corpo, os panos, a mesa para comer, o banco para se sentar, os talheres para não usar mais as mãos nuas quando tivesse que levar à boca os alimentos, o sabão para lavar o corpo e os panos que não poderiam mais ser andrajos sujos, cheios de vermes, a infectar a epiderme. Ficaria entre eles fazendo a sua vida, em terra semelhante à sua, de montanha, fria e extensa, mas mais rica, terra virgem, onde seria possível ao homem branco ter alguma possibilidade de experimentar a sua capacidade de trabalho, de mostrar a

sua iniciativa – e pôr, em tudo, faculdades de inteligência que os países em formação não dispensam para se tomarem progressivos – ainda que essas faculdades de inteligência não sejam as de maior merecimento. Todos valores de presença – ia pensando Pedro da Maia – são necessários, têm o seu lugar no trabalho a realizar em prol do homem nativo, tão carecido de tudo para ser um Homem.

Descrição muito semantizada esta em que a personagem nos aparece profundamente identificada com um ideal, o da civilização segundo os seus próprios padrões, e que faz de si um autêntico cadinho de virtudes: juventude, robustez, fé, espírito messiânico, sentido de responsabilidade, nobreza, determinação, altruísmo. E os valores que representa acabam por estar em consonância com a lógica que preside à construção do romance e que procura, no fundo, funcionar como justificativa de um domínio territorial, cultural e ético. Daí que todo o seu comportamento, todas as suas ações, dada a consistência da sua composição como protagonista, tornam-se, por isso, previsíveis e facilitadores da própria leitura enquanto processo de construção de sentido.

Confrontamo-nos, aqui, com o mito literário de um sujeito rigidamente organizado e que, na ótica de Leo Bersani (1982: 54), contribui para uma ideologia cultural dominante do sujeito que está ao serviço de uma ordem estabelecida. Isto é, o seu estatuto de herói e de personagem plana é determinado pela convergência com um código de valores predeterminado e que funciona como bandeira, mais ou menos oculta, que o transcende, o orienta e o identifica. Fato que torna a comunicação literária mais fluida e eficaz se tivermos em conta o leitor pretendido que comunga com o herói o mesmo hipercódigo. Portanto, e acompanhando Philippe Hamon (1973: 153):

> Na medida em que "escalona", hierarquiza o sistema interno de valores de *todos* os personagens da narrativa e organiza o espaço ideológico da narrativa, [o herói] "engata-o" no extratextual cultural comum ao autor e ao leitor, e assim constitui um facto importante de desambiguização.

Neste caso, identificado com as fases exótica e doutrinária, surge-nos com certa naturalidade a coincidência de ser *flat character* (plano da composição) e protagonista (plano da função).

Alguns corretores existem, no entanto, e que, em certos momentos, perturbam a previsibilidade e a legibilidade deste herói e da própria narrativa. O primeiro tem a ver com o conflito interior vivido pelo colono quando colocado entre a mulher africana e a esposa ou a noiva que, na metrópole, aguarda que ele regresse ou que a mande juntar-se-lhe. E, aí, vamos assistir a um duelo mudo entre o apelo dos instintos ou o pragmatismo que a sobrevivência e o isolamento exigem, por um lado, e a conservação e observância dos valores que fazem dele um modelo de virtudes, tais como a fidelidade e a austeridade, que enobrecem a sua ação civilizadora, por outro. O esforço realizado no sentido de manter esta imagem tanto por parte do próprio, como por parte do narrador, torna esse conflito absolutamente dramático, senão patético. Trata-se, no essencial, de salvaguardar a mística impregnada de moralismo e religiosidade que envolve, de modo especial, a colonização portuguesa.

Assim, são, pois, os casos vividos pelo narrador-protagonista de *Sehura*, Zé António, que, apesar de defender que a ligação do branco com o indígena "só o prejudicaria moralmente" (p. 41), acaba por se envolver com Sehura, o que lhe irá provocar intensos problemas de consciência:

> Levantei-me e passei ao escritório. Logo que entrei vi o retrato da minha mulher e dos meus filhos. Peguei nêle e fitei-o demoradamente. Guardei-o depois na gaveta da secretária que fechei. Meti depois a chave no bôlso do pijama. Eu não queria, quando a Sehura viesse para casa, que aquela fotografia ficasse exposta à sua curiosidade. E depois parecia-me uma *afronta* à Maria Antónia não lhe guardar o retrato, quando em casa tinha outra mulher, – e *demais indígena* (p. 161). (Itálicos nossos.)

É revelador o sentido de moralidade que está por detrás do peso de "consciência" desta personagem. Mais uma vez fica evidenciado que o aguilhão do desejo no colono implica sempre uma dupla transgressão: sexual e racial. Não se trata, portanto, de um simples ato de infidelidade conjugal, mas sobretudo de um desrespeito a uma condição de superioridade racial, cultural e civilizacional a que ele e a mulher pertencem. Daí que, com o passar do tempo, se verifique um crescimento proporcional entre o seu tormento interior e a encenação dramática da escrita:

> A minha mulher tinha sido sempre uma companheira adorável. Devia-lhe, por isso, igual dedicação. Nunca duvidámos um do outro. E agora? E fiquei a pensar na minha deslealdade. Ela haveria de concordar. Mas isto não era uma ofensa à sua dignidade, uma injusta retribuição da sua

lealdade? Mas por que atenderia eu mais às necessidades que aos sentimentos? Só eu é que teria necessidades? As necessidades depois de satisfeitas não existem mais. Que viria a seguir? Que representaria a Sehura para mim quando estivesse saciado? (p. 164-165).

À medida que o conflito se processa, o caráter da personagem, tanto em termos morais como psicológicos, vai ganhando uma definição cada vez mais nítida. E, seja qual for a solução encontrada, salva-se sempre a imagem da nação do colonizador que nos aparece como o cadinho onde se preservam valores indiscutivelmente elevados.

Portanto, enquanto que Zé António acaba por abandonar Sehura para manter limpa a sua reputação e proteger a dignidade e a integridade da família, nos outros casos, em que o colono se decide por ficar com a "indígena", como Francisco Diogo com Motase, em *O branco da Motase*, ou Pedro da Maia com Cafere, em *Muende*, ou, ainda, Pedro de Melo com Chibia, em *Sehura*, direta ou indiretamente, a figura do colono acaba por sair salvaguardada e engrandecida.

Ele surge-nos, assim, dando mostras de desmedida nobreza pelo trato que concede à companheira negra. Para todos os efeitos, apesar da entrega incondicional da nativa e da tomada de consciência, por parte de ambos, da repulsa e da condenação que tais ligações provocam no seio das camadas dominantes da sociedade colonial, que só as toleram por ocorrerem no "mato", salva-se a "brandura" dos costumes que produziu, nos trópicos, sociedades "harmoniosas" e multirraciais.

É nesta ordem de ideias que se define grande parte do imaginário português enquanto potência colonial o que leva a que, enquanto uns proclamam, como Gilberto Freyre, (1933: 191) que o português "foi o colonizador europeu que melhor confraternizou com as raças chamadas inferiores", outros têm uma fé inamovível na crença de que "entre nós [os portugueses] a tradição mais firme é a da igualdade e da fraternidade racial" (Barata 1963: 29).

O romance colonial, apesar do seu peso ficcional, com a sua textualidade específica, com a carga informacional que transporta, com as tensões que representa e com as contradições que encerra, servirá, pelo menos, para ajudar a repensar e problematizar o que para muitos, ainda, é uma verdade insofismável. Por alguma razão sustentou Aristóteles que a literatura era mais filosófica que a história, exatamente, porque, muitas vezes de forma imperceptível, mantém ela própria o óbvio, isto é, as evidências, em permanente questionação.

Na literatura colonial, particularmente na sua vertente lusotropicalista, podemos falar, por um lado, de um paradoxo da identidade, que se encontra na apologia da miscigenação/unificação cultural e biológica e que acaba por ter como efeito o acentuar das diferenças, e de uma alteridade problemática, por outro, dado que as oposições rácicas e culturais coabitam numa harmonia aparente.

Se a personagem do colono, enquanto figura dominante da narrativa, aparece, nas fases exótica e doutrinária, com uma constituição interior mais ou menos plana, na fase cosmopolita, dada a conjugação dos fatores literários e extraliterários que temos apontado neste trabalho, essa construção ganha uma maior complexidade. E o fato, ainda, de essas personagens evoluírem predominantemente no espaço urbano coloca-as no centro de vivências e tensões que as deixam em situação de notória precariedade existencial, quer na relação com o meio envolvente, quer na relação consigo próprias ou com as outras personagens.

Com efeito, as personagens oscilam aí entre a afirmação da sua individualidade e a sua condição de seres da multidão e seres do mundo, entre as questões particulares da cidade colonial e os aspectos globais que a ligam às grandes cidades do mundo. Tais são os casos das personagens centrais de *3x9=21*, de Fernando Magalhães, cujo enredo, fragmentário e decomponível, parece traduzir a condição incerta e contingente dos seres humanos sob o signo da modernidade. Assim, se por um lado o narrador nos informa: "Eu queria era retratar os aspectos particulares da minha cidade" (p. 7), por outro, conclui que "isto tudo existe nas outras cidades. Nada é diferente na minha cidade" (p. 12).

Confrontamo-nos, no romance colonial desta fase, com personagens que nos surgem como efeitos da corrosão existencial que o meio de que fazem parte (ou de que tentam fazer parte) sofre e provoca, obrigado que estão a compatibilizar o que de mais íntimo possuem com o que a sociedade lhes exige, como que a demonstrar que, enquanto condição da modernidade, afinal, a realidade é, segundo Jaspers (1964: 129), um baile de máscaras.

Portanto, a sociabilidade instituída pela convivência urbana apresenta-nos seres solitários, oscilantes, amargos, incompreendidos, viciosos ou desajustados. E aqui, o grau de dessemantização é maior, tal como se acentua o grau de imprevisibilidade e de ilegibilidade, devido a uma notória ambiguidade das personagens e da própria narrativa.

Em *Tchova, Tchova!*, de Eduardo Paixão, encontramos Alfredo Silva, um dos seus protagonistas.

> bom chefe de família, trabalhador denodado, amante da boa mesa e do copo escorrido, ao fim da tarde, na mesa da sueca [...] vida simples, orçamento equilibrado, uns patacos amealhados mensalmente, para as doenças, às vezes umas feriazitas passadas, é certo no bairro, com fugidas à Namaacha e ao Bilene, nos machimbombos da carreira [...], torneiro de profissão, hábil de mãos, [...] não tolerava modernices aos filhos, nem vestimentas de decotes ou cabelos tratados nos modernos salões [à D. Mercedes, sua esposa] (p. 9-10).

cuja apresentação, no início do romance, em nenhum momento nos faz antever a sua transformação dramática. A semantização (atribuição de traços caracterológicos) quase excessiva, logo no princípio da narrativa, obedece a uma clara estratégia do narrador no sentido de tomar mais vincada a densidade psicológica e complexidade desta personagem e o simbolismo que ela encerra.

Assim, a obsessão pela aquisição de um carro, algo que funcionaria como caução da sua ascensão social, melhor, vingança:

> Tinha que comprar um carro! Os seus filhos não eram enjeitados. Precisavam de estudar muito, haviam de ser doutores ou engenheiros e não os bem mandados que ele fora toda a vida. (p. 17-18).

vai-nos dando, em crescendo, a imagem de um espírito torturado e que conduzirá à destruição da família e de si próprio:

> O reconhecimento do caso foi o último acto de consciência. Depois a gargalhada sinistra do esquecimento que o acompanhou pelas ruas da cidade a caminho do manicómio (p. 119).

A loucura, a solidão, o ressentimento aqui personificados por esta personagem, mais do que a expressão da condição de um indivíduo manietado pelas amarras da sociedade colonial numa época determinada, são os sintomas da morbidez de todo um mundo construído em nome da razão e do vitalismo do progresso. Ao simbolismo histórico da personagem que, em última instância, prenuncia a derrocada de um ideal e de um sistema, soma-se o da própria escrita no jogo que ela estabelece consigo própria e com o leitor enquanto espaço aberto de ambiguidade e de imprevisibilidade.

Outro exemplo não menos significativo é o do protagonista de *Cacimbo*, cuja ascensão na colônia, de ardina e engraxador a industrial bem-sucedido, "o maior capitalista de Moçambique" (p. 162), implicará não só uma mudança de estatuto, como também do nome e do comportamento:

> Carlos Moleiro no seu gabinete segurava um dos seus cartões de visita: "Carlos Moleiro – Gerente Comercial." O nome era por demais plebeu. Alinhado com outros cartões em qualquer audiência requerida, era certo e sabido que ficaria para ser recebido em último lugar. O apelido Moleiro cheirava a campónio e se o hábito faz o monge também o nome apresentado identifica o homem. Não, teria que arranjar outro apelido mais sonoro que ecoasse nas reuniões mundanas com um impacto de aristocracia. Lembrou-se do nome de Sucena, um seu freguês de aspecto fino e distinto a quem em garoto engraxava os sapatos e lhe dava generosas gorjetas. Escreveu nas costas do cartão em letra desenhada: "Carlos de Sucena – Gerente Comercial." Era outra coisa!... (p. 169)

O nome próprio, arraigado ao princípio de individuação que conheceu a sua maior expressão a partir do movimento renascentista, tem aqui uma relevância particular. Ian Watt (1957: 21) defende que existia, desde o Renascimento, uma tendência cada vez mais forte para substituir a tradição coletiva pela experiência individual como árbitro último da realidade. Por outro lado, segundo este autor, esta transposição parece ter assumido um papel importante no cenário geral da cultura com o nascimento do romance de que são, aliás, exemplos obras de autores como Defoe, Richardson ou Swift.

Além das ações e dos estados protagonizados pelas personagens, o nome próprio é um fator determinante para a sua identificação e individualização e, em última instância, tem a ver com a especificidade do próprio romance. Este é um dos símbolos mais representativos da modernidade que, por sua vez, representa a triunfante expressão do antropocentrismo, ou, melhor, *euroantropocentrismo*. E o romance colonial é, neste aspecto, uma das suas extensões.

Regressamos, entretanto, ao romance *Cacimbo*, de Eduardo Paixão. Ao desenvolver múltiplas e movimentadas relações extraconjugais, mais ou menos públicas, Carlos de Sucena não só dá liberdade ilimitada aos seus instintos libidinais, como também, e através disso, acaba por sublinhar uma impunidade e uma respeitabilidade que o seu manifesto poder econômico se encarrega de caucionar. Por outro lado, a convivência dentro e à volta de si dos signos de prosperidade e de decadência, das máscaras que o identificam socialmente (o nome, por exemplo), a efemeridade das suas relações amorosas, enfim, todo o seu próprio percurso fazem da personagem de Carlos de Sucena uma figura emblemática de uma indisfarçável e generalizada crise de valores ou, simplesmente, uma imagem com alguns dos contornos que caracterizaram uma forma particular de ser e de estar no mundo dos *outros*.

É, também, como ser em crise que, no romance *Ku-Femba* de João Salva-Rey, emerge Alfredo Matos. Este é um misto de calculista, conformista, pusilânime e desenquadrado:

> Arrastara-se pela engenharia sem vocação nem interesse de maior, obstinado apenas em fazer um curso universitário, em parte para dar satisfação aos pais, em parte porque na sociedade em que nascera e crescera, o diploma de engenheiro ou doutor era condição essencial do êxito (p. 35).

E é através da sua oposição a jogadas ilícitas no local de trabalho – o que lhe valerá, mais tarde, ser transferido para o norte de Moçambique e pela sua ligação clandestina e prolongada, num subúrbio de Lourenço Marques, com a negra Fatimane, antiga prostituta – que Matos, entrando em ruptura parcial com os poderes instituídos, afirma um voluntarismo que atenua o cinzentismo com que inicialmente aparece aos olhos do leitor. Está também consciente do seu próprio falhanço pessoal que passa por um casamento de conveniência com uma mulher rica, "fútil", "caprichosa", "intolerável" e "má", fato que o levará a concluir, com amargo conformismo:

> Não passo de um garanhão [...] Sirvo apenas para reprodução. E os filhos nem sequer são meus. São antes filhos da minha mulher, são os netos do meu sogro. Quando muito, de mim ostentarão o apelido, porque não podem usar apenas o Castro do avô (p. 37).

Por outro lado, tem a percepção histórica de que se encontra do lado dos afortunados da sociedade colonial, constatação que será irreverentemente assumida por um dos seus antigos companheiros que como ele desfrutava da mesma condição:

– Não sei por que havia o Duarte de recear vir aqui. Por estar rico? Mas estamos todos ricos, parece-me. Nesta costa d'África, no cóccix do mundo, nunca custou nada enriquecer, a vida é fácil, somos todos senhores, temos até sempre disponível um negro para nos amarrar os atilhos dos sapatos, não como serviço que se remunera, mas prerrogativas que se desfruta, boa terra esta onde ninguém deita bombas nem sonha rebentar com as instituições... (p. 54).

Longe estão, pois, os tempos dos discursos dissimulantes e sublimatórios da ação colonial que a encobriam sob o signo de um humanismo religioso e civilizacional. Na sua composição e nas suas ações, Alfredo Matos traduz o mal-estar das sociedades pós-industriais, por um lado, e que radicam toda a sua sobrevivência no imediatismo, na ausência de espiritualidade, no otimismo material e num cinismo generalizado.

Por outro lado, tendo em conta o espaço e o contexto em que evolui, Matos aparece como uma espécie de anti-herói que questiona os fundamentos em que se ergue e funciona o sistema colonial sem necessariamente apontar qualquer solução – afinal, essa não tinha de ser uma preocupação sua – para a sua desagregação.

Significativo é, porém, o fato de a sua transferência de serviço funcionar, no fim, como uma espécie de exílio que o irá distanciar tanto da família (o valor institucional), como da amante africana, Fatimane (a transgressão). Trata-se, ou do regresso da personagem para dentro de si mesma, isto é, ao seu conformismo seminal, ou, enfim, de uma ambiguidade que o próprio romance institui e que não consegue (ou não procura, nem pretenderá) superar.

Talvez se ache aí a possibilidade da sua aceitabilidade se tivermos em conta os leitores pretendidos que se encontrariam na colônia ou na metrópole e que, partilhando de um hipercódigo cultural comum, não comungariam do mesmo sentido ético. Segundo B. Tomachevski (1925: 171), a relação emocional com o herói releva da construção estética da obra e não é senão nas formas primitivas que coincide obrigatoriamente com o código tradicional da moral e da vida social. Com esta perspectiva a-histórica e formalista, o autor russo desvaloriza os contextos e os tais códigos morais e sociais que, como sabemos, participam da definição de "heroicidade" por parte do leitor. Isto é, o protagonista que num determinado universo de recepção é aceite como herói pode deixar de sê-lo noutro.

Daí que o estatuto de herói que eventualmente possa ser atribuído a Alfredo Matos seja, também, em certa medida, sustentável, pois, como refere Philippe Hamon (1972b: 153), *on peut dire qu'un texte est lisible (pour telle société à telle époque donné) quand il y aura coincidence entre le héros et un espace moral valorisé reconnu et admis par le lecteur.*

Portanto, o herói do romance colonial nas suas duas primeiras fases, apesar da sua rudeza, é uma personagem que nos surge quase sempre como íntegra, combativa, determinada, fiel aos valores da família (mesmo quando vivendo em concubinato) e da pátria. Por seu lado, contrariando este quadro, o romance da fase cosmopolita apresenta-nos protagonistas demenciais (Alfredo Silva, em *Tchova, Tchova!*), fragmentados ou em ruptura com a sociedade (Lena, Gualdim Felicíssimo, em *3x9=21*), licenciosos (Carlos de Sucena, em *Cacimbo*) ou ambíguos (Alfredo Matos, em *Ku-Femba*).

Significa, pois, que estamos diante de personagens cujas riqueza e densidade advêm de estarem representadas "através das suas feições particulares, das suas paixões, qualidades e defeitos, dos seus ideais, tormentos e conflitos" (Silva 1981: 710) sendo, por isso, a imagem do que nos seres humanos existe de particular e de universal. Isto é, verifica-se nessas personagens a harmonização "da sua unicidade e da sua significação genérica no plano humano, quer sob o ponto de vista do intemporal, quer sob o ponto de vista da historicidade".

Apresentamos, em síntese, e pela sua validade, a definição de herói avançada por Philippe Hamon (1972b: 154-159) segundo os seguintes critérios teórico-operativos: uma *qualificação diferencial*: a personagem serve de suporte a um certo número de qualificações que não possuem, ou possuem em grau menor, as outras personagens; uma *distribuição diferencial*: trata-se de um modo de acentuação puramente qualitativo e tático, valendo-se do seu aparecimento em momentos marcados (contra o aparecimento num momento não marcado); ou do seu aparecimento frequente (contra o aparecimento único ou episódico).

Temos, ainda, os seguintes critérios: uma *autonomia diferencial*: o herói aparece normalmente sozinho; uma *funcionalidade diferencial*: um conjunto de funções que passam por um *saber*, um *fazer*, um *poder* e um *querer*; uma *pré-designação convencional*: aqui o próprio gênero, através de determinadas marcas, define *a priori* o herói; um *comentário explícito*: em relação ao herói, encontramos no texto comentários explícitos ou paráfrases que tendem a acompanhar, introduzir, enquadrar tudo aquilo que se faz objeto de códigos de prescrições ou de interdições institucionalizadas (programas, leis, códigos, ritos, rituais, etiquetas, modos de emprego, gramáticas, etc.).

Os heróis serão, pois, o lugar privilegiado de manifestações de uma competência cultural tendendo a reagrupar-se à volta de três centros: a linguagem: *saber dizer*; a técnica: *saber fazer*; a relação social quotidiana: *saber viver*.

Com base nestes critérios, e tendo também em conta a convergência com códigos éticos, estéticos, ideológicos e culturais determinados, torna--se mais eficaz não só a identificação das figuras proeminentes da narrativa como o próprio conceito de herói no romance colonial que, entretanto, vai evoluindo na mesma proporção que a própria ideia de romance progride. Aí as interações literárias e extraliterárias vão sendo traduzidas por problemáticas específicas, ligadas à própria situação colonial e que têm, por outro lado, a ver com a condição existencial da modernidade.

Neste sentido, se o protagonista do romance das duas primeiras fases emerge como *herói efetivo*, na fase cosmopolita, estamos perante um *herói equívoco*, quer pela forma como está concebido, dada a ambiguidade e as oscilações que apresenta, quer pela sua própria atuação, próxima da transgressão dos códigos morais e ideológicos que, em princípio, representa, ou devia representar.

## 2. As vozes

Tal como o próprio universo que lhes dá existência, as vozes no romance têm um profundo alcance simbólico. Isto porque "voz" *tout court* implica audibilidade e autonomia. Porém, o que temos no romance é o registro grafado de representações elocutivas, por um lado, e a dependência dessas vozes em relação a uma entidade determinada: o narrador, ou, em última instância, o autor implícito, segundo Booth um entre os muitos "ares" diferentes assumidos pelo escritor, dependendo das necessidades de cada obra.

A este propósito, Wolfgang Kayser (1976: 228-230) assume que, mesmo quando as personagens dialogam e por muito que se diferenciem as vozes, o narrador permanecerá sempre no primeiro plano da audição e da consciência. Além do mais, ao dar primazia ao discurso direto, caso dos diálogos, o autor introduz na narrativa vivacidade, tensão, variedade, realismo e credibilidade. Quer dizer, o "público gosta também de ouvir, ocasionalmente, a voz de uma outra personagem diferente da do narrador".

Que vozes é que se *ouvem* no romance? Como é prática a nível dos estudos narratológicos, quando se fala em voz, imediatamente convocamos a entidade do narrador que se impõe como *a voz* do romance[37]. Se é verdade que ela tem um peso assinalável e uma importância decisiva na construção da narrativa, essa *não é* a única voz que se faz ouvir. Os monólogos das diferentes personagens ou os diálogos entre si mostram isso.

Na sua obra *As Vozes do romance* (1978), Oscar Tacca explica que o romance, "complexo e subtil *jogo de vozes*", apresenta uma riqueza que "parece basear-se, com efeito, numa polifonia, num coro, numa sábia acústica que recolhe a sua profundidade" (p. 17). Daí que "quem sabe escutar (quem sabe ler) deve perceber a voz do autor, a do narrador, a de cada uma das personagens, a do destinatário".

A questão das vozes na literatura, em particular na narrativa, impõe-se, por conseguinte, de forma acutilante quer na composição da obra quer na relação que com ela o leitor estabelece. Sobre a importância desta relação, bem apregoa Michael Rifaterre (1982: 92): *ce n'est pas dans l'auteur, comme les critiques l'ont longtemps cru, ni dans le texte isolé que se trouve le lieu du phénomène littéraire, mais c'est dans une dialectique entre texte et le lecteur.*

Mesmo nas pioneiras reflexões platônicas e aristotélicas acerca da especificidade da obra literária e que, como sabemos, passavam muito pela distinção dos gêneros, a problemática da voz acaba por vir ao de cima pelo enfoque dado por Platão à distinção entre "quando é o próprio poeta que fala" e quando fala "como se fosse outra pessoa" e, por outro lado, pelas preocupações do seu discípulo com a elocução, tópico que obtém um relevo evidente na sua *Poética*.

Logo, pelas íntimas conexões que mantém com a consciência e com o retrato psicológico e social das personagens, por um lado, com a definição temática e com o desenvolvimento da narrativa, por outro, a representação da voz (do narrador e das personagens) traz, no caso concreto do romance colonial, supletivos motivos de interesse. Isto, pelo simples fato de estarmos perante uma escrita onde a figuração da relação entre dominadores e dominados, ou da relação entre uma visão do mundo centralizadora e outra periférica, emerge como fator estruturante. Daí, as vozes que aí se fazem (ou não) ouvir transportarem uma significativa carga indicial e informacional.

Além de que é através da interação dessas vozes que se definem os contornos e as regras dos resvaladiços jogos de identidade e de alteridade cultural, racial e civilizacional. O conceito de performatividade

---

37  Sobre esta questão, ver, entre outros: Gérard GENETTE (1972); Tzvetan TODOROV (1973); Lubomír DOLEZEL (1973); Naomi TAMIR (1976); Mieke BAL (1977); Roy PASCAL (1977).

que desenvolvemos no item 2.1, do Capítulo III, apoiados nas teorias austinianas e searlianas, impõe-se, por conseguinte, de modo evidente. Seja enquanto vozes narrativas, seja enquanto vozes dialogantes ou monologantes, as vozes do romance colonial, pelo peso ideológico, cultural e simbólico das suas representações, *fazem coisas ao dizer*. Isto é, representam e representam-se.

Portanto, a voz acaba, por isso, por ganhar, na literatura colonial, uma dimensão ontológica. Ela já não é efeito do ser, revelação ou encobrimento do ser, mas o próprio ser entanto que discurso. Daí que Julia Kristeva (1970: 14) nos assegure que a ordem textual do romance releva sobretudo da fala que da escrita, procedendo daí a análise transformacional do texto romanesco.

Por outro lado, Marlowe, em *Heart of darkness*, descobre, com espanto indisfarçado, o significado e importância da voz, depois do seu encontro com Kurtz:

> *I flung one shoe overboard, and became aware that was exactly what I had been looking forward to – a talk with Kurtz. I made the strange discovery that I had never imagined him as doing, you know, but as discoursing. I didn't say to myself, "Now I will never see him" or "Now I will never shake him by hand" but, "Now I will never hear him." The man presented himself as a voice* (p. 79).

Que vozes é que se cruzam, então, no romance colonial e como é que se manifestam? À partida, temos a voz do autor que se insinua poderosamente nos diferentes textos. E o autor aqui não é necessariamente o homem de carne e osso que participou na gestação da obra, mas efeito da própria escrita, "uma convenção puramente ideal", segundo Oscar Tacca (1978: 19).

Alimentado por todo um acervo de informações, conhecimentos, ideias e contaminações literárias e extraliterárias, este autor, objetivamente autor implícito, intervém dissimulada ou ostensivamente na narrativa. Colocando-se, quase sempre, por detrás do narrador, veicula reflexões, considerações, apreciações, dúvidas, etc. São as conhecidas "intrusões" no discurso que ora são atribuídas ao narrador, ora à figura do autor implícito que "está presente em todos os discursos de qualquer personagem a quem tenha sido conferido o emblema de credibilidade, seja de que modo for" (Booth 1961: 35).

E o que facilita a identificação desta voz autoral, especialmente no romance colonial, é a tendência para a frase essencialista (utilização do verbo ser), muito recorrente no discurso sobre o *Outro* e que, funcionando como interregno da função efabulatória do narrador, cai na formulação generalista, como o ilustra a passagem que se segue:

> Em relação aos seus hábitos anteriores, a vaidade de Majioa era tal que deixava a perder de vista a de qualquer mulher europeia, ainda mesmo uma mundana. Consumia o tempo a cuidar da sua indumentária e da sua beleza, em especial do penteado, que até entre as mulheres selvagens é objecto dos maiores cuidados. (*Terra conquistada*, p. 50)

Aparentemente, estamos diante da caracterização de uma personagem, Majioa, que passa, entretanto, por um processo de aculturação, fenómeno de transformação que, segundo Bernardi (1985: 14), resulta do encontro de duas ou mais culturas. Embora não se opere num só sentido, conduz, neste caso, a uma desculturação, processo que tem a ver com a perda de elementos recebidos pela tradição (*ethnos*), uma espécie de saldo passivo da aculturação.

Três aspectos, porém, denunciam a prevalência de um determinado código de valores expresso na forma como o autor/narrador lê essa transformação. Primeiro, a analogia: "qualquer *mulher europeia*, ainda mesmo *uma mundana*"; segundo, a afirmação essencialista, dominada pelo verbo ser, no presente do indicativo, categórico e absoluto: "penteado [...] é *objecto* dos maiores cuidados"; terceiro, a partícula *atraiçoante*: "*até* entre as mulheres selvagens".

Claramente se reconhece a existência de uma voz sobrepondo-se à do narrador, que traduz uma colagem visceral a um imaginário onde predomina a visão estereotipada do *Outro*. Como explica Booth (1961: 38), o juízo do autor está sempre presente, é sempre evidente para quem saiba procurá-lo. Portanto, na tentativa de constituição da imagem do *Outro*, o autor/narrador acaba por deixar entrever, sem disso se dar conta, os contornos da sua própria imagem. O que nos permite, como observa Cesare Segre (1985: 174), indicar o sentido de centralidade ou de perifericidade que possuem os representantes de uma cultura.

Quanto à voz do narrador, em especial o heterodiegético, o que se verifica é que, não raras vezes, a sua voz se confunde com a das personagens, normalmente do protagonista com quem partilha visões do mundo, interesses, destinos e valores. Recorrendo à forma do discurso indirecto livre, o narrador faz a sua voz emergir, quando não se confunde, com a voz-consciência do protagonista. Estamos, assim, perante a voz "dual" de que fala Bakhtine (1975: 176-178). Trata-se, segundo o autor russo, de um dos graus da presença do discurso do outro que caracteriza um enunciado e que pertence, pelos seus tratos gramaticais e composicionais, a um locutor, mas no qual se misturam dois enunciados, duas maneiras de falar, dois estilos, duas "linguagens", dois horizontes semânticos e valorativos.

É esta cumplicidade, étnica, estética e ideológica que se revela, por exemplo, nos excertos seguintes:

> Nessas ocasiões de submissão do organismo, imposta pelo clima depauperante, [Francisco] considerava que, apesar de tudo, os pretos eram auxiliares prestimosos e insubstituíveis nas diversas actividades do homem branco (*Terra conquistada*, p. 43).
>
> E, com tristeza, pensou que nunca com homens como este, cuja mentalidade pouco diferia da dos indígenas, o país poderia realizar a obra civilizadora do Ultramar (*A neta de Jazira*, p. 151).

Na passagem retirada de *Terra conquistada*, voltamos a confrontar-nos não só com uma frase de índole essencialista, como também com uma expressão *atraiçoante* ("apesar de tudo") e que é, uma vez mais, exemplificativo do enraizamento do preconceito racial e que se situa ao nível da subterraneidade psíquica, isto é, das insondáveis regiões do subconsciente.

A voz do narrador, ecoando na consciência da personagem, funciona como o rumor do *political uncounscious* jamesoniano, essa narrativa ininterrupta de atos socialmente simbólicos e que encerra desejos e representações de dominação. E, aí, já não estamos ao nível da alternância autor/narrador, mas sim do cruzamento entre o narrador e o protagonista fundidos numa mesma perspectiva e que, no essencial, traduz o "imperialismo do Mesmo" (Levinas 1980: 26). Isto é, o excesso de si mesmo provoca inevitavelmente a diminuição do *Outro*.

Da mesma forma, em *A neta de Jazira*, o narrador compartilha o sentimento de desolação que se apoderou de Eva Maria ao ver-se confrontada com um seu igual ("homens como este, cuja mentalidade pouco diferia da dos indígenas"), mas que pela sua conduta periga não só a imagem narcísica do colonizador, como também compromete os ideais hasteados na missão em que se encontra envolvido.

O autor pode estrategicamente criar um distanciamento em relação às vozes representadas no romance. Trata-se do autor-transcritor que delega ao narrador e às personagens a responsabilidade do discurso e dos seus atos. Guiando-se no sentido da sua exclusão e de redução da sua intervenção, este autor-transcritor busca, no entender de Tacca (1978: 39), maior objetividade e credibilidade para a sua narrativa. E a estratégia assenta no predomínio ou da encenação dialógica, do monólogo interior e da narrativa autodiegética ou na adoção da técnica do romance behaviorista em que o narrador se restringe à aparência das personagens, anotando os seus gestos e as suas palavras.

É através do diálogo entre as personagens que o romance colonial se institui como um verdadeiro espaço heterofônico, tanto pela diversidade como pela multiplicidade de vozes que aí se fazem ouvir. Se é verdade que, por detrás de cada fala, se perfila a sombra demiúrgica e moldadora da consciência autoral implícita, o que não se pode negar é que a encenação dialógica desencadeia, mesmo que ilusoriamente, uma maior vivacidade narrativa associada a uma vincada tensão expressiva e comunicativa.

Assim, além de o diálogo "avivar, diminuir ou revelar a simpatia ou o conflito mais ou menos latente entre as personagens, permite a estas exprimir, de bom ou mau grado, o que nenhuma outra técnica romanesca permitiria revelar ou fazer adivinhar" (Bourneuf: Ouellet 1976: 261-262). Trata-se, portanto, de procurar instituir maior verossimilhança à representação das próprias personagens que, ao serem capazes de se exprimir em discurso direto, conferem maior credibilidade à imagem que sobre elas se constrói. Credibilidade que, em última instância, recai sobre o próprio romance enquanto figuração de redes de alteridade diversificadas. Afinal, como concede Mikhail Bakhtine (1975: 90), *le postulat de la véritable prose romanesque, c'est la stratification interne du langage, la diversité des langages sociaux et la divergence des voix individuelles qui y résonnent.*

Portanto, mais do que a expressão de consciências individuais, os diálogos no romance colonial traduzem o cruzamento de imaginários, de ideologias, de socioletos, fazendo com que a própria linguagem se transforme na questão central do sistema representativo. E aí, enquanto fenômeno plurivocal, o romance coloca em cena não já o homem em si, mas a "imagem da sua linguagem" (Bakhtine 1975: 90). Imagem que, para todos os efeitos, permite situar espacial, temporal, ideológica e socialmente essas mesmas personagens. Portanto, o que acontece, no parecer de Michel Zéraffa (1971: 81), é:

> *L'écriture du roman, puis sa lecture, sont des actes fondamentalement et complémentairement sociaux, puisqu'ils mettent à la fois en oeuvre, en ordre et en évidence notre activité sociale primordiale, et qui pourtant demeure le plus souvent latente: le discours parlé.*

A representação em discurso direto das vozes das diferentes personagens que cruzam o romance colonial possibilita situá-las espacial, temporal, cultural e socialmente, como também identificar diferentes implicações semânticas que o seu discurso suscita:

> – *Muzungo* [branco] sabe?... Aquela gente *matepuiri* [grupo étnico da Alta Zambézia] nunca foi nossa amiga.
> – Isso foi noutro tempo. Agora já não se importam com vocês. Noutro tempo, sim, quando os brancos pouco vinham para estas terras. Os brancos meteram-nos na ordem.
> – Ah! Patrão, não é bom fiar nos *matepuiri*. Aquela gente que vive para lá do Luanza e do Lugela nunca há-de ser nossa amiga. *Matepuiris* e *lómuès* [outro grupo étnico].
> – Pensas então que foi ele que fez feitiço ao Megonha?
> – Foi ele, *muzungo*.
> – Estás a sonhar!
> – Parece que foi... (*Terra conquistada*, p. 71).

Neste diálogo entre o colono, Francisco da Marta, e o capataz do acampamento, Sabanhane, as intervenções de cada um deles exprimem, quer em função do seu próprio universo sociocultural quer na forma como um e outro se interpretam, significados que acabam por transcender o contexto situacional em que se encontram. Manifestamente enquadrada numa relação de poder, a linguagem no romance colonial institui-se como metáfora dessa mesma relação.

Assim, no caso de Sabanhane, a sua condição de voz e consciência dominadas passa pela relação que ele tem com o próprio discurso e com o seu interlocutor traduzida pela deferência que lhe concede e que é expressa, quer pela desinência verbal (3ª pessoa: "sabe"?), quer pelas formas de tratamento: "muzungo"; "Patrão". Por outro lado, a interjeição ("Ah!") confere a nota emotiva, caracterizada, neste caso, por um sentimento de indignação reservada, acompanhada por uma dimensão discursiva judicativa: "Não é *bom* fiar nos...".

No essencial, a fala de Sabanhane exprime a sua reação à generalizada e irredutível incompreensão por parte do colono em relação aos seus próprios códigos, à sua realidade. E a sua transição da afirmação categórica ("nunca", "Foi ele") a uma forma modalizante de hesitação ("Parece"), ilustra superiormente como a dialética de poder aí instaurada joga contra si, contra todas suas crenças e convicções. Adequa-se a este contexto a percepção de Carlos Reis (1981: 317) de que "a pluridiscursividade tende a fazer da narrativa um cenário de convergência e polémica de vários discursos, sem necessária resolução, por parte do narrador, das tensões e engretamentos que as personagens protagonizam".

Fazendo uso de uma prerrogativa histórica, convertida naturalmente em prerrogativa discursiva, a voz do colono impõe-se em termos de hegemonia racial e ideológica ("*Noutro tempo*, sim, quando os brancos pouco vinham para estas terras. Os *brancos* meteram-nos na *ordem*."), e também social e psicológica ("Estás a sonhar!"). Com efeito, além de a desinência verbal, na segunda pessoa (estás), imperativa e categoricamente hierarquizar a relação entre ambos, o remeter o discurso do outro para uma dimensão onírica, irracional ("a sonhar"), sela, em definitivo, o distanciamento entre ambos. É, nesse sentido, que Albert Memmi (1966: 101) defende que, na colónia "todos os dias se faz a prova eufórica do próprio poder e importância".

Produtos da situação colonial, muitas das personagens que povoam os universos do romance colonial representam tanto um *hibridismo*[38] físico (caso dos mestiços) como cultural. Com uma acentuação particular, o hibridismo cultural, tendo em conta a perspectiva linguístico-literária da hibridização em Bakhtine (1975), revela a mistura de duas linguagens sociais no interior de um único enunciado, ou então, do mesmo sujeito.

Assim, teremos, por um lado, a dualidade trazida pela interação entre a voz do narrador e a voz da personagem, "hibridismo intencional", ou, por outro, em que numa única personagem, caso do romance colonial, podem interagir dois estratos socioculturais: o europeu (o do colonizador) e o africano (o do colonizado), "hibridismo orgânico".

Neste caso específico, a linguagem manifesta uma capacidade inata de ser ao mesmo tempo figuração do mesmo e do outro, isto é, expressão simultânea da identidade e da alteridade. A personagem do aculturado, ou, num grau mais convencional, do assimilado, é quem melhor representa esta dualidade. Trata-se, portanto, de uma hibridização "orgânica", nem sempre consciente, mantendo-se como mistura muda e opaca de

---

38 Este é um termo que, tendo servido de fundamento às teorias raciais do século XIX, entre outros, de Robert KNOX, William LAWRENCE, T. H. HUXLEY, J. C. PRICHARD, Charles DARWIN, Pierre BROCA, GOBINEAU e Carl VOGT, acaba por ser recuperado por teóricos da pós-colonialidade, como Edward SAID, Homi BHABHA, Gayatri SPIVAK, a Santa Trindade da análise do discurso colonial como lhes chama Robert YOUNG (1995: 163). O hibridismo é visto como a expressão das formas sincréticas que caracterizam as literaturas e as culturas pós-coloniais.

várias consciências linguísticas, culturais e filosóficas e que nos permite percepcionar diferentes ideologemas ou visões do mundo numa mesma voz. Atente-se, por exemplo, neste elucidativo depoimento autobiográfico de Raul Tivane, em *Tchova, Tchova!*, um entre muitos outros processos aculturativos que resultam não em seres equilibrados, mas, pelo contrário, profundamente instáveis. A instabilidade é, porém, sublimada pela valorização do superestrato cultural entretanto adquirido:

> O senhor Amílcar tratava bem os negros, não os explorava. Devo-lhe o interesse que passei a ter por coisas que estavam fora do alcance dos irmãos da minha raça. Ensinou-me pacientemente a ler por uma velha cartilha maternal de João de Deus, à noite, depois do comboio partir. [...] Ao fim dum ano eu já escrevia razoavelmente o português e depois, sózinho, fui-me aperfeiçoando. (p. 315)
>
> [...]
>
> Contudo, para mim, não foi mau o padre Salustiano. Simpatizava comigo e mandou-me para a escola. Ali acabei a 4ª classe de instrução primária e passei a ajudante de sacristão, tendo a meu cargo a limpeza da igreja. Por fim, já entrava no cerimonial da missa, acendendo as velas do altar-mor, segurando o turíbulo do incenso. Também ajudava o padre superior a paramentar-se. Tinha acesso à biblioteca e ali passava muitas horas, podendo dizer que li todos os livros das estantes. Fiquei a conhecer a vida e morte de Jesus Cristo, a Bíblia, e muitas coisas aprendi sobre arte e ciência (p. 316).
>
> [...]
>
> O professor Aníbal Meireles era meu amigo, admirava os meus conhecimentos, a perfeição com que falava e escrevia o português. Um dia pediu-me que lhe desse colaboração no jornal e o auxiliasse nos trabalhos de distribuição. Passou a dividir fraternalmente comigo os mil escudos que o jornal lhe pagava, entregando-me, todos os meses, 500$00. Escrevi algumas crónicas sob pseudónimo, a maioria cortada pela censura (p. 323).

O hibridismo, reconhecidamente mais marcado na fase cosmopolita do romance colonial, acaba por conduzir à diluição, ou atenuação, da voz autoritária, dominante. É, portanto, nítida a tentativa de descolagem em relação ao ventriloquismo das personagens do romance exótico e doutrinário que apenas se limitam a fazer ecoar a voz dominante do autor/narrador. Deixa, por conseguinte, de ser pacífica a constatação de Manuel Ferreira (1989: 237) de que o que marca, o que confere à literatura colonial a "qualidade de *colonial* é precisamente a perspectiva colonialista do narrador, que está subjacente ao texto".

Para Homi Bhabha, citado por Young (1995: 22-23), o hibridismo é uma problemática da representação colonial que inverte a intransigência colonialista, de tal modo os outros saberes "subjugados" apropriam-se do discurso dominante e enfraquecem as bases da sua autoridade. Fica, por isso, aberta a porta para rastrear os complexos movimentos da alteridade no texto colonial, subvertida que está a sua univocidade, pois a hibridização intencional que põe o outro a *falar* transforma, segundo Bhabha, as condições discursivas de dominação em espaços de intervenção. Mesmo quando a distância social, ideológica e cultural entre a voz que representa e a voz representada é assinalável.

Já aqui nos referimos ao fato de a dialética do poder que separa (ou une, na aparência) as vozes dominantes das vozes dominadas atravessar na prática todo o romance colonial. Desta feita, nas fases exótica e doutrinária, as interações discursivas entre as personagens traduzem, de modo inquestionado, a hierarquização de uma ordem cultural, ética e social. Este fato levará Mouralis (1975: 104-105) a considerar que falando sobre o *Outro*, falando para o *Outro*, o discurso exótico vai revelar-se, ao fim e ao cabo, incapaz de verdadeiramente dar a palavra ao *Outro* e de o escutar.

Entretanto, na fase cosmopolita, algumas personagens, ou o próprio narrador, põem em causa essa mesma ordem, baseada na referida dialética de poder, embora ela lhes resista e subsista de forma mais ou menos atenuada, mais ou menos inconsciente.

No caso de personagens como Raul Tivane ou João Tembe (*Raízes do ódio*), representando o hibridismo orgânico, a ambiguidade e os aspectos contraditórios da sua condição cultural e social fazem com que, ao pretenderem pôr em causa a ordem dominante, acabem por recorrer, para se afirmar, aos códigos que contestam, reproduzindo-os involuntariamente e, de certo modo, com eles se identificando. O híbrido, físico ou cultural, prefigura aquilo que Lubomir Dolezel (1988: 82) denomina de *identidade problemática*.

Trata-se, pois, do efeito histórico decorrente da armadilha cultural e psicológica arquitetada pela situação colonial que, enredando tanto os dominados como os dominadores, tem nos sistemas representacionais, caso específico da literatura, uma emanação especial. De tal modo assim é que Edward Said (1994: 192-193) é da opinião que o discurso literário, sendo um dos grandes meios para exprimir o ideário ocidental, particularmente na afirmação da sua pretensa superioridade em relação aos "outros", pode transformar-se num veículo importante na recolha das fraquezas desse mesmo imaginário, por um lado, e na dependência cultural que foi criando em relação aos "outros".

Atingindo, nalgumas situações, um verdadeiro paroxismo, as vozes das personagens no romance colonial acabam por denunciar níveis de interdependência que exprimem uma tal dimensão que uns e outros se encontram representando dramas que, aparentemente, colocam as suas existências em paridade. Por exemplo, em *Fogo*, III, de Agostinho Caramelo, a mulher do chefe de posto de Mecula pede a um intérprete nativo para levar um recado à vila mais próxima no sentido de que viesse alguém acudir o marido doente:

– [...] – Peço-te o grande favor de ires entregar este papel, escrito há uns dias, à administração civil.
– Chegar a Vila Cabral?, senhora... e por causa do senhor chefe?! ("se todos lhe queremos a morte!... ainda vou trabalhar, sofrer tanto para o salvar com este recado de papel?... oh, senhores!...").
– Sim, Serrote. Faz este enorme favor à senhora. Darei bom mata-bicho.
– ...
– Oh, Serrote! ("tanta escuridão... rodeada de tristeza... sem amigos...").
– ("lágrimas caiem!... iguais às da minha mulher... parecidas às minhas... como também são os brancos! Quando sofrem por dentro, fracos e pequeninos como negros!...") Vou, senhora (p. 69-70).

Constituído apenas por diálogos e monólogos, o romance de Caramelo é uma autêntica "narrativa cénica" (Eikhenbaum 1925: 71) de tal modo que as ações, em vez de serem narradas, se produzem diante de nós numa genuína encenação. Mostrando mais do que diz, esta é uma escrita que nos conduz através de palcos interiores e exteriores, protagonizados pelas próprias personagens, a algumas das regiões mais profundas da linguagem enquanto representação.

Segundo Hegel, citado por Segre (1985: 281-282), a obra de arte dramática coloca à nossa frente, em real vitalidade, os caracteres e o acontecer da própria ação, de tal modo que a descrição da localização e da figura externa das pessoas em ação e do acontecimento como tal dá-se por si mesma. Em geral, devem exprimir-se mais os motivos internos e os fins do que a vasta conexão do mundo e a condição real dos indivíduos. Daí que o agir acabe por se encontrar no meio de enredos e colisões que, por sua vez, conduzem, contra o próprio querer e a própria intenção dos caracteres intervenientes, a um resultado em que se sublinha a essência dos fins, dos caracteres e dos conflitos humanos.

Com efeito, se no confronto dialógico (vocalidade manifesta) entre a mulher do chefe do posto e o intérprete se sobreleva a gestualidade do discurso, aquilo que é visível e é imediatamente captável, isto é, teatralizável – o exercício de persuasão por parte da senhora e a resistência de Serrote – pelos argumentos dirimidos, esta não deixa de ser uma representação da dialética do poder. Por outro lado, nos monólogos (vocalidade latente) parece residir a essência do que rege as relações entre ambos enquanto expressão, cada um, de uma determinada visão e pertença do mundo.

Reconhece-se, a partir deste exemplo, e tendo em conta os equilíbrios de poder no contexto colonial, a condição ambígua da mulher europeia. Por um lado, ela é subjugada pelos códigos patriarcais do Ocidente e, por outro, encontra-se associada à hegemonia desses códigos nos territórios subjugados. É, face a esta ambiguidade que Anne McClintock (1995: 6) argumenta:

> *Nonetheless, the rationed privileges of race all too often put white women in positions of decided – if borrowed – power, not only over colonized women but also over colonized men. As such, white women were not the hapless onlookers of empire but were ambiguously complicit both as colonizers and colonized, privileged and restricted, acted upon and acting.*

À momentaneidade e individualidade da fala, de um ponto de vista saussuriano, opõe-se, portanto, o fluir ininterrupto da consciência, expressão universal da condição humana. Neste confronto entre o que é acessório e o que é essencial, o monólogo interior, a voz das profundezas, confere sentido e coerência ao que é exteriorizado pelas personagens. Isto é, tanto as lágrimas da mulher do chefe do posto administrativo, como a anuência do intérprete em ir buscar socorro.

O monólogo interior, um dos maiores desenvolvimentos na história da caracterização narrativa segundo Scholes e Kellogg (1966: 178), funciona como um fator de humanização das personagens que, assim, perdem alguns dos traços que, no romance colonial, os identificam. Por um lado, ao fazer uso da persuasão, num tom quase implorativo, e ao chorar diante do intérprete, como efeito "de tanta escuridão... rodeada de tristeza... sem amigos", a mulher do colono exprime uma fragilidade inusitada, uma imagem que se contrapõe à da tradicional arrogância e intolerância dos dominadores.

Por outro lado, Serrote, quebrando a imagem estereotipada de animalidade, irracionalidade e passividade, manifesta não só a revolta que lhe vai na alma, a sua e a de todos os outros que se encontram na sua condição, como também se dá conta, não sem espanto que, *afinal*, os brancos são *iguais* aos negros. Isto é, porque podem ser igualmente seres contingentes e fracos. Daí que para Milan Kundera (1986: 42), é graças a esta "fantástica espionagem" que é o monólogo interior, por sinal, um dos pilares incontornáveis do travejamento estrutural e semântico do texto de Agostinho Caramelo, que o ser humano aprende alguma coisa sobre si próprio.

O significado fundamental da obra de Agostinho Caramelo, adentro da lógica do discurso e do imaginário coloniais, reside no fato de alargar e aprofundar o âmbito representacional da literatura colonial. Tanto através dos diálogos como do monólogo interior, dando voz aos que não a têm e investindo na sua autenticidade, o romance explora não só os particularismos culturais, sociais e ideológicos que regem as relações de dominação, como também o que faz dessas relações e dos seus atores componentes do grande teatro do mundo. Isto é, tal como o próprio romance na sua fase mais elaborada e complexa, ao instituir-se como um espaço plurilinguístico, polifônico e plurivocal.

VI

A LEGITIMAÇÃO:
ESTRATÉGIAS
E PERSPECTIVAS

Comprovadamente, o discurso colonial é, na sua generalidade, um discurso autojustificativo. Partindo do princípio de que, em relação ao discurso literário, se trata, nesse caso, de universos ficcionais, portanto, de mundos possíveis, a questão que se coloca é: o que é aí legitimado participa, de modo indiferenciado, da autojustificação global da colonização? Se não, como é que se manifesta a sua especificidade?

Segundo Todorov (1989: 511):

> A política colonial está pronta a incendiar toda a floresta, ela se serve indiferentemente de todas as ideologias que se apresentam, tanto do universalismo como do relativismo, do cristianismo como do anticlericalismo, do nacionalismo como do racismo; neste plano, as ideologias não nos dão o móbil das acções, mas justificações *a posteriori*, isto é, discursos de autolegitimação que não é preciso tomar à letra.

Analisando atentamente este excerto onde se discute a questão da autolegitimação do sistema colonial com particular agudeza, podemos, desde já, alinhar algumas ideias que julgamos clarificadoras, por contraste ou por analogia, da já referida especificidade do texto literário.

Primeiro, tal como a literatura é o espaço da superação do contraditório e do lógico, afinal, os mundos ficcionais da literatura não são semanticamente homogêneos (Dolezel 1988:85), o discurso colonial, no seu esforço autolegitimador, não hesita, por seu lado, em conciliar alguns extremos, neste caso: universalismo e relativismo, cristianismo e anticlericalismo, nacionalismo e racismo.

Segundo, tanto num como noutro caso, todas as ações estão enquadradas por dispositivos ideológicos. Só que, de modo diferente do que refere Todorov, que analisa a situação colonial, no geral, a ideologia, entendida na acepção mais vasta, isto é, enquanto discurso certificador, é *concomitante*, no texto literário, com as ações desenvolvidas. Diríamos, mesmo, que, no romance colonial, cada ação prefigura um ideologema.

Terceiro, ao referir-se aos discursos legitimadores como algo que *não se deve tomar à letra*, Todorov, de forma involuntária, coloca o discurso colonial nos trilhos da ficcionalidade. Afinal, a literatura é o espaço do *double bind*, isto é, do literal e do metafórico, do manifesto e do latente, do real e do imaginário.

É, portanto, enquanto lugar do possível, que os discursos (político, religioso, ideológico, cultural, ético, etc.) que legitimam a colonização se enredam nas malhas do ficcional e acabam, assim por identificar-se com o discurso literário. E este, nessa mesma virtualidade, se, por um lado, reparte pontos comuns com todos os outros discursos, por outro, manifesta aspectos claramente distintivos, tanto em termos de intencionalidade e de composição como a nível da recepção, e que determinam a sua especificidade.

Será, pois, enquanto ficção e enquanto linguagem de sujeição – dada aprofunda identificação destes dois planos, a linguagem parece instituir-se como resistência a ela própria, ou ao que é obrigada a ser – que a literatura colonial, nas suas estratégias de legitimação, implícita e explícita, se institui como uma cosmogonia particular.

Contudo, falar dos fundamentos legitimadores da literatura implica conjugar tanto uma perspectiva histórica, que tem a ver com toda a sua trajetória desde as suas origens até aos nossos dias, como uma perspectiva sistêmica, que inclui a sua organização interna, as convenções que observa, as interacções, as instituições a que se liga, etc.

Se é verdade que as suas origens conhecidas, enquanto fenômeno de escrita, remontam à antiguidade greco-latina, em que os critérios de legitimação são, sobretudo, prescritivos e exógenos, caso das formulações platônico-aristotélicas e horacianas em defesa da representação mimética, será com o advento da Idade Moderna que a questão da legitimação literária adquire contornos problemáticos, visto que a própria ideia de modernidade e de literatura se institui sob o signo da crise.

Sabemos como foram abaladas ou subvertidas as referências tutelares e estabilizadoras da sociedade ocidental tanto do ponto de vista teológico e filosófico, como moral, político e estético, cujos epicentros foram as revoluções científica, industrial, a Revolução Francesa, o Iluminismo e o Romantismo. Por conseguinte, a modernidade, que representa o advento parricida e totalitário da subjetividade e da racionalidade no concerto do mundo, significa, pois, que ela "não pode e não quer continuar a ir colher em outras épocas os critérios para orientação, *ela tem de criar em si própria as normas por que rege*" (Aberramos, 1985: 18).

Daí que a autorreflexidade seja, no contexto romântico, o critério decisivo legitimador da literatura. Curiosamente, numa altura em que os universos de recepção se alargam e, ao mesmo tempo, se especializam e contribuem para a consagração e fixação dos códigos fundadores da literatura moderna, particularmente do romance.

Jacques Derrida, incontornável figura do pós-estruturalismo, cujos trabalhos têm exercido uma influência decisiva na reflexão contemporânea que questiona a hegemonia do racionalismo ocidental, considera, em *De la Grammatologie*, que a história do Ocidente é marcada por um etnocentrismo que, por toda a parte e sempre, comandou a escrita fonética (1967: 11-12). Este conceito, que é lato, cobre um vasto campo de inscrições: literal, pictográfico, ideográfico, musical, escultural, cinematográfico, coreográfico, militar, político, etc.

Por outro lado, implica não só as notações, do ponto de vista formal, mas também o conteúdo dessas mesmas atividades. Portanto, enquanto expressão do logocentrismo ocidental, a escrita fonética, além de instituir-se como ocultação, apresenta incontornáveis limitações:

> *L'écriture phonétique, milieu de la grande aventure métaphysique, scientifique, technique, économique de l'Occident, est limitée dans le temps et l'espace, se limite elle-même et est en train d'imposer sa loi aux seules aires culturelles qui lui échappaient encore* (p. 19).

E o etnocentrismo, traduzido no logocentrismo, impôs-se na ordem existencial do planeta, comandando numa única e mesma ordem: o conceito de escrita, a história da metafísica e o conceito de ciência ou de cientificidade da ciência. E essa "época logocêntrica" chegará ao fim com o processo de desconstrução, consequência do espírito autocrítico da modernidade. Processo, com a indelével marca da pós-modernidade, que terá como figuras determinantes Nietzsche, Freud, Heidegger, Lévi-Strauss, a etnologia, as práticas informacionais atuais que, além de recusarem a submissão da escrita à verdade, deslocam o centro gravitacional da episteme.

Este centro, na ótica de Derrida (1967a: 411), tem recebido sucessivamente e de maneira regrada, formas e nomes diferentes. A história da metafísica, como história do Ocidente, seria a história dessas metáforas e dessas metonímias. A forma matricial seria a determinação do ser como presença para todos os sentidos desta palavra. Todos os nomes do fundamento, do princípio, do centro haviam designado sempre a invariante de uma presença: essência, existência, transcendência, consciência, Deus, homem, etc.

O processo de desconstrução, o descentramento, portanto, é o momento em que a linguagem desestabiliza a usurpação realizada pela escrita enquanto metafísica do sujeito, enquanto racionalidade universalizante, totalizante. Devido à ausência do centro ou da origem, tudo se torna discurso, quer dizer, sistema, no qual o significado central, originário ou transcendental, não está mais absolutamente presente fora de um sistema de diferenças. A ausência do significado transcendental estende até ao infinito o campo e o jogo da significação.

E o conceito de jogo adquire, na reflexão desconstrutivista derrideriana, uma importância fulcral, pois, em contraponto com a totalização determinada pelo centro, a não totalização é assegurada pelo conceito de jogo. O movimento do jogo permitido pela ausência do centro e da origem surge da análise do processo que denomina, a partir da sua leitura de Rousseau, com o termo *suplementaridade* (Derrida 1967a: 423). Portanto, o signo que substitui o centro surge como *suplemento*. E é este jogo de descentramento que irá caracterizar o discurso da pós-modernidade (na confluência, afinal da própria modernidade) e que procura revitalizar as diferenças que a escrita logocêntrica "usurpou".

Nesta revisitação ao pensamento deste filósofo francês, queremos também destacar a importância dada à etnologia enquanto disciplina que concorre, se não para abalar o logocentrismo ocidental, de forma definitiva, pelo menos para epistemologicamente dar existência a outras culturas (Derrida 1967a: 414):

> Pode-se, com efeito, considerar que a etnologia só pôde nascer como ciência a partir do momento em que o descentramento se operou: momento em que a cultura europeia – e por consequência a história da metafísica e seus conceitos – foi deslocada, retirada do seu lugar, deixando então de se considerar como cultura de referência.

E a literatura, no caso particular, a literatura colonial, contemporânea da etnologia, partilha, de certo modo, deste processo de descentramento da cultura europeia como cultura de referência, pelo relativismo que desenvolve e que se traduz pela representação estética de outras culturas.

Porém, apesar da convicção de Derrida em relação ao papel da etnologia, ele próprio constata que esta (e a literatura colonial) desloca(m) completamente o centro, dele ficando reféns, dado serem ambas criações europeias. Daí que as contradições insanáveis que aí se reconhecem sejam inevitáveis. *Par conséquent, qu'il le veuille ou non, et cela ne dépend pas d'une décision de l'ethnologie, celui-ci accueille dans son discours les prémisses de l'ethnocentrisme au moment mêmme où il le dénonce* (p. 414).

Porquanto a etnologia represente a responsabilidade crítica do discurso, isto é, um discurso que, apesar de pôr em causa a própria herança que constitui o fundamento da sua existência como ciência, não realiza com plenitude, tal como a literatura colonial, o descentramento da metafísica da presença do sujeito ocidental, mesmo tendo em atenção o fato de focalizarem o *Outro*.

E o que acontece é que o etnocentrismo ocidental em muitos casos se exacerba, passando, todavia, a revelar as fissuras, as corrosões, as fragilidades e os paradoxos do próprio centro. Este, na tentativa desesperada de se equilibrar, pedidas que estavam as instâncias legitimadoras da sua própria existência, potencia a diferença, o *incomensurável*, que não escapa também ao jogo da substituição, aos movimentos discursivos da "ocultação/ desocultação" e à dicotomia atração/ repulsa.

E a deformação do *Outro* transforma-se, por um efeito especular e perverso, na deformação do *Mesmo*, isto é, do centro. É, porém, na hereditária tendência da ocultação ou anulação da diferença que, quer a etnologia quer a literatura colonial, participam, tal como a escrita logocêntrica, daquilo que Derrida designa de "monstruosidade".

Portanto, tanto a etnologia como a literatura colonial, enquanto realizações discursivas determinadas, emergem no contexto global de constituição de critérios próprios de legitimação, em que, por sinal, se dispensam as estruturas exteriores. Isto é, trata-se de discursos que se vão instituindo através de mecanismos intrínsecos, epistemológicos, para o caso da etnologia, estéticos, para o caso da literatura colonial[39]. Por outro lado, simultânea e fatalmente, reproduzem os sedimentos do logocentrismo europeu, o que revela que as interações com fatores extrínsecos fatalmente se mantiveram.

Entretanto, a historicidade imprimida pela produção e comunicação literárias, em interação com o processo evolutivo global das sociedades e em resposta aos desafios permanentemente colocados pelas suas realizações práticas e teóricas, irá despoletar novos critérios de certificação do fenômeno literário. Assim, e em função da ênfase dada, em determinado momento, a um dos componentes da comunicação literária (autor-texto--leitor), mesmo correndo o risco de alguma simplificação, identificamos a preponderância dos seguintes critérios de (auto)validação, instituídos

---

39   Apesar de em nenhum momento, Jacques DERRIDA se referir à literatura colonial, nós não hesitamos em colocá-la ao lado da etnologia dadas as convergências entre ambas.

tanto pela prática literária como pelos discursos que a acompanham e que correspondem, por conseguinte, ou a uma estratégia criativa, ou a um modelo interpretativo: realismo-naturalismo (anatomia moral e social), vanguardismo modernista (ruptura e vitalismo), formalismo russo (literariedade), *New Criticism* americano (*close reading*), estruturalismo (organização interna), desconstrutivismo (desocultação), etc.

Num estudo intitulado *A legitimação em literatura* (1994), Silvina Rodrigues Lopes rastreia o percurso construído pelos discursos legitimadores da literatura e que é marcado pela percepção de que essa legitimação acontece com base na relação dialética entre literatura e filosofia. E a teoria literária confronta-se assim com a marcada dificuldade de definir o seu próprio âmbito, o que torna problemática a legitimação da própria literatura. Tal dificuldade resulta da sua condição crítica enquanto produto da modernidade. Segundo esta estudiosa (p. 410), é, pois, na Idade Moderna que nasce:

> a disputa pela afirmação de um modo de relação privilegiada com a verdade, a qual tem originado diversas formulações e respostas teóricas que vão no sentido da afirmação de campos autónomos, o da filosofia e o da literatura, mas que no entanto não conseguem dissimular a disputa inicial, o que alerta para o facto de a teoria literária não se poder restringir a um dos campos e para a sua necessidade de, participando de ambos, interrogar a fronteira entre eles.

Analisando quer os particularismos inerentes a cada uma dessas disciplinas, quer as implicações decorrentes da mútua interpretação que entre elas se têm estabelecido, especialmente com o advento da modernidade, a autora persegue tanto os pontos que as unem como os que as distinguem. Sobreleva nesse percurso, pela sua condição intrínseca de retórica cognitiva, o discurso filosófico, ou o pendor filosofante do discurso interpretativo, e que se impõe como fator determinante da (des)construção dos processos legitimadores. Daí o apelo recorrente, entre outros, a Kant, Hegel, Nietzsche, Heidegger, Wittgenstein, Benjamin, Adorno, Derrida, Habermas, Lyotard e Rorty.

Por outro lado, metalinguagem crítica e teórica de que o desconstrutivismo é afirmação exponencial, enquanto expressão da crise da literatura e da sua legitimação, institui-se como o mecanismo que, conjugando a tradição problematizadora da filosofia com a natureza questionadora e institucional da reflexão literária, recoloca esta mesma reflexão na sua oscilante condição de perturbação e de estabilização do que é interior e exterior à obra literária.

Embora haja quem considere, como Mario Valdés (1989: 343), que a filosofia de Derrida "provocou a paralisia intelectual mais restritiva de que há memória desde os tempos da escolástica medieval" e que a desconstrução é "um convite a que nos calemos", um "convite à ausência total", julgamos, do nosso ponto de vista, que o contrário é que se verifica. O pessimismo de Valdés em relação ao pensamento derridiano talvez seja uma reação às aplicações extremadas da teoria desconstrucionista levadas a cabo pelas universidades norte-americanas, especialmente no âmbito dos chamados *cultural studies*, ou simplesmente *post-colonial studies*.

Na verdade, um dos aspectos mais marcantes e controversos dos estudos culturais é o fato de eles desafiarem o cânone literário, quer pela preocupação obsessiva com as vozes dos dominados e as culturas marginais, quer por alargarem o seu campo de análise aos textos não literários, sobrepondo o critério da representatividade dos textos ao da sua especificidade e qualidade estética. Fato que levará, por exemplo, Jonathan Culler (1997: 41) a questionar se os estudos culturais serão um projeto capaz dentro do qual os estudos literários ganham novo fôlego e visão, ou, pelo contrário, não só apagarão os estudos literários como também destruirão a literatura. Apesar de alguma reserva, Culler (p. 45) conclui que *so far, the growth of cultural studies has accompanied (though not caused) an expansion of the literary canon*.

Não tendo necessariamente de ser empurrado para os limites a que foi conduzido pelos estudos culturais na América do Norte, o desconstrucionismo tem funcionado como um revitalizador da *praxis* interpretativa dos textos literários ao questionar, entre outras coisas, o que neles há de autoritário e ao explorar o que a linguagem parece negar ou encobrir. Exercício que sem pôr em causa a literatura como instituição autônoma, mesmo quando toma como empréstimos conceitos e métodos de outras disciplinas, alarga e aprofunda o campo literário enquanto espaço de representação de imaginários.

O desconstrucionismo, que tem as suas raízes nas suspeitas epistemológicas de Marx, Nietzsche, Freud e Heidegger, ao expandir a sua reflexão para além do domínio do lógico, para além, portanto, da esfera totalizante da razão centrada no sujeito, concorre, segundo Habermas (1985: 181), para remover os andaimes ontológicos que a filosofia erigiu ao longo da sua história. Significa, por conseguinte, deslegitimar a modernidade enquanto certificação da hegemonia da racionalidade. Afinal, a pós-modernidade representa, acima de tudo, o processo de desacreditação das "grandes narrativas da modernidade", sejam elas especulativas ou de emancipação (Lyotard 1979: 63).

Tendo em conta que a colonialidade literária oscila entre a reafirmação de uma racionalidade etnocêntrica, por um lado, e a abertura a mundos "marginais", por outro, o desnudar da sua arquitetura autenticadora concorre, tal como o antilogocentrismo derridiano, iniludível sintoma da pós-modernidade, para tornar problemáticos os contextos de fundamentação e das relações de dominação que presidem à constituição dos mundos possíveis que perfazem a literatura colonial. Isto é, trata-se, neste caso, de deslegitimar, mesmo que involuntariamente, a hierarquização, dissimulada ou manifesta, dos princípios éticos, estéticos, ideológicos e filosóficos que regem o imaginário colonial, em particular, e os discursos hegemônicos, em geral.

Para todos os efeitos, o processo de legitimação da literatura colonial, tal como acontecerá com as grandes narrativas da modernidade, expressão triunfante (ou não será derrotista?) do sujeito e da razão ocidentais, produz no interior do seu próprio discurso os embriões, se não da sua desagregação, pelo menos da sua transfiguração. A prová-lo estão as estratégias que, na sua fase mais avançada, denunciam a orientação (re)legitimadora do romance colonial.

# 1. O romance colonial e as estratégias de (des)(re)legitimação

Enquanto gênero que emerge, em definitivo, com a modernidade, com a teoria literária e com as literaturas nacionais, o romance acaba por concentrar em si todas as tensões inerentes à problemática da legitimação. Já vimos que um dos traços definidores da modernidade é ela ser autorreflexiva, tribunal de si própria, instituindo do interior os fundamentos que a fazem existir e demarcar-se de outras épocas.

Assim, acontecerá com a literatura, em geral, e com o romance, em particular, que de gênero menor, se transforma, a partir do século XIX, na referência literária por excelência. Quer porque melhor se adequa a afirmação do sujeito em confronto com o turbilhão social, moral, filosófico, científico e político que aí se assiste, quer porque, como gênero emergente, coincide com a busca de coordenadas redefinidoras da natureza e dos destinos da condição humana, no Ocidente, o romance institui-se como um notável escultor dos "tempos modernos".

Refletindo sobre a relevância do romance neste contexto particular, Edward Said (1994: XII) afirma, de forma convicta:

> I have looked especially at cultural forms like the novel, which I believe were immensely important in the formation of imperial attitudes, references, and experiences. I do not mean that only the novel was important, but that I consider it the aesthetic object whose connection to the expanding societies of Britain and France is particularly interesting to study.

Se considerarmos a redefinição conceitual e vital desenvolvida pela Europa em relação a si própria, e que incluirá o reconhecido abalançamento para a subjugação do mundo dos outros, facilmente se perceberá que a literatura que acompanha esse movimento, mais propriamente o romance colonial, comportará uma dupla justificação simultânea e indissociável: do *mundo* que é tornado possível e do *modo* como ele se torna possível.

Sendo a colonização um fenômeno cuja motivação é reconhecidamente de natureza econômica, teria sido bastante redutor orientar a nossa análise – que obedece obviamente a outros critérios interpretativos – para esse fenômeno e de outros que com ele estão indissoluvelmente ligados, caso do discurso colonial, hipostasiando, por conseguinte, essa motivação.

Atendendo a que todas as formas do discurso colonial dissimulam os fatores mais óbvios do empreendedorismo que lhe deu origem, e que essa dissimulação atinge contornos subliminares no discurso estético, a literatura colonial proporciona-nos motivos acrescidos sobre a problemática da legitimação. Isto, atendendo à precariedade oscilante entre uma nova forma de recriar o mundo (o romance) e um mundo por recriar (os domínios coloniais).

O fato de termos deixado para o fim a reflexão sobre a legitimação pode aparentemente indicar que se trata de uma questão de algum modo secundária. Não é, porém, o caso. Tendo em conta que o discurso colonial é, na sua generalidade, e por natureza, um discurso dominantemente autojustificativo, a questão da legitimação está subjacente tanto nas próprias obras, como nas interpretações aqui explanadas. Acontece, simplesmente, que não gostaríamos de encerrar este trabalho sem avançarmos algumas linhas relevantes sobre esta questão.

## VI. A LEGITIMAÇÃO: ESTRATÉGIAS E PERSPECTIVAS

Conceder ou não legitimidade à literatura colonial – que não é manifestamente o objetivo deste trabalho – são possibilidades que se colocarão, de modo inevitável, como efeitos precisamente do processo de desconstrução a que submetemos o romance colonial enquanto espaço oscilante entre o descentramento e o recentramento da subjetividade e da racionalidade ocidental em confronto com outras culturas.

E o aspecto paradoxal e perverso desta literatura é que a sua valia estética passará, de certo modo, pela sua *imoralidade*, fazendo do leitor um leitor perverso. E as tentativas de a deslegitimar terão a ver necessariamente com motivações extraliterárias: éticas, políticas, ideológicas, etc.

O eurocentrismo que impregna, estrutural e tematicamente, a literatura colonial, assenta o logro da sua própria essência radicada num feroz umbilicalismo. E o relativismo que essa literatura instaura, apesar de precário e problemático, conduzirá a uma perturbação narcísica, embora inadvertida, e que decorre do confronto com o que surge como marginal, decorativo ou acessório. Ao gerar e processar um mundo que resiste aos códigos e sistemas representacionais normalizadores, a literatura colonial funciona como metáfora das limitações da cultura ocidental na sua interpretação do *Outro* que significa, para todos os efeitos, o devir, o eterno desconhecido, o imprevisível, o *terror* (Conrad).

Do que não duvidamos é que tanto os dispositivos textuais como todos os outros fatores que envolvem a produção, circulação e recepção da literatura colonial participaram direta ou indiretamente da sua certificação estético-literária, por um lado, e cultural, ideológica e institucional, por outro. É aí, na conjugação desses fatores, onde, com certeza, iremos encontrar os fatores (des)legitimadores dessa mesma literatura.

Em Palimpsestes, Gerard Genett (1982:7) identifica, além do próprio texto, uma dimensão transtextual que, sendo uma transcendência do próprio texto, o põe em relação, manifesta ou secreta, com outros textos. Segundo ele, existem cinco tipos de relações transtextuais:

- *intertextualidade*: relação de copresença entre dois ou mais textos;
- *hipertextualidade*: relação paródica ou mimética, entre um texto B (hipertexto), e um texto A (hipotexto);
- *paratextualidade*: os títulos, subtítulos, intertítulos, prefácios, posfácios, advertências, notas marginais, infrapaginais e terminais; epígrafes, ilustrações, legendas, etc., que procuram para o texto um ambiente e por vezes um comentário, oficial ou oficioso, que acaba por ter uma importância relevante;

- *metatextualidade*: comentário a um determinado texto. É, por excelência, uma relação crítica;
- *arquitextualidade*: relação que articula uma menção paratextual titular (o *Romance da Rosa, Poesias, Ensaios*) ou infratitular (*Romance, Narrativa, Poemas*) que acompanha o título na capa, de puras características taxinómicas.

Por participarem ativamente nas estratégias de legitimação da literatura colonial, como veremos de seguida, todas estas relações transtextuais, em conjunto ou individualmente, acabam por desempenhar uma função fundamental quer a nível dos próprios romances quer no estágio particular em que se encontra a nossa reflexão.

## 2. Autolegitimação: texto e paratexto

É centralmente enquanto texto que o romance colonial se autolegitima. Isto é, enquanto unidade discursiva estruturada, delimitada, constituindo uma atualização linguística, semiótica e estética, portanto, coabitação babélica de linguagens que trabalham lado a lado (Barthes 1973: 85). Aliás, são múltiplas e diversificadas as noções de texto, de que destacamos aqui algumas, para uma melhor percepção da sua especificidade.

Assim, para Genette (1969: 45), trata-se de uma *disposition atemporelle et réversible des signes, des mots, des phrases, du discours dans la simultanéité*. Por sua vez, Umberto Eco (1979: 27) vê-o como uma "máquina pressuposicional, máquina preguiçosa que requer do leitor um árduo trabalho cooperativo para preencher espaços do não-dito ou do já-dito". Para Wolfgang Iser (1989: 256), o texto é essencialmente um espaço onde se joga o imaginário. Iuri Lotman (1970: 414), por seu lado, concebe-o como "sequência de elementos funcionalmente heterogêneos". E, finalmente, para Cesare Segre (1985: 177), o texto é um mônada que reflete o modelo da própria cultura.

Apesar da sua diversidade, as noções de texto aqui escolhidas, tendo todas como horizonte o texto literário, fazem sobressair a sua estruturação, delimitação e expressividade, por um lado, e as suas interações (contexto, leitura), por outro.

E o romance colonial, enquanto texto, realiza de modo particular os aspectos acima mencionados: espaço do dito e do não dito, modelo cultural, discurso na simultaneidade, sequência heterogênea, espaço do imaginário. Por conseguinte, independentemente das motivações exteriores e dos discursos que a envolvem, esta literatura traduz o desejo do texto, isto e, o desejo de si própria.

Daí que a grande e manifesta preocupação do autor colonial seja textualizar, ficcionalizar as suas experiências, obedecendo às convenções do gênero, ou, então, assimilando alguma irreverência formal, própria da instituição romanesca, participar de jogos subversivos e inovadores. Como observa Michel Zéraffa (1971: 163) *le romanesque rationalise l'imaginaire, à moins qu'il n'affirme la primauté de celui-ci sur la logique. Il mythifie une situation historico-sociale, ou assume par contre un rôle démystificateur.*

São vários os autores que se destacam mais pela observância das convenções do gênero que por rasgos assinaláveis de criatividade. Tal é, por exemplo, o caso de Rodrigues Júnior.

Como dissemos antes, o naturalismo e o realismo são os modelos constituintes do romance nas suas fases exótica e doutrinária.

O alinhamento com as estéticas realista e naturalista, que caracterizou a produção literária destas duas fases, determinou em muito alguma rigidez formal que aí se verifica.

Por outro lado, em relação ao pendor transgressivo, coincidindo com uma maior maturidade estética, destacamos os nomes de Fernando Magalhães, Agostinho Caramelo e João Salva-Rey. Estamos, assim, perante três autores da fase cosmopolita que, além de porem em causa o doutrinarismo mistificador do discurso colonial, encetam, cada um e à sua maneira, um determinado experimentalismo concordante com as tradições vanguardistas do século XX.

Fernando Magalhães é o autor que conduz quase ao extremo o seu instinto transgressivo. Fragmentando o texto e, por consequência, ameaçando a sua integridade orgânica, multiplica não só as vozes e as perspectivas narrativas, como também as formas discursivas que incluem a narração, a descrição, a carta, a crônica, etc. Jogando com personagens irreverentes e em ruptura com as convenções da sociedade, o autor assume, de forma provocadora, um jogo intertextual. A prová-lo estão os inúmeros excertos, espalhados pela sua obra, *3x9=21*, retirados dos romances *A Oeste nada de novo, Tempo para amar e tempo para morrer*, do romancista Erich Maria Remarque.

Agostinho Caramelo, subvertendo o predomínio da voz totalitária e dominadora do narrador omnisciente, constrói um romance dialogal, em que estão em jogo vozes e visões do mundo distintas. Com uma percepção muito particular de realismo literário, devedor do romance psicológico do final do século XIX, chega a recorrer a um estranho aparato iconográfico representativo dos silêncios ou do estado de espírito das personagens.

Por sua vez, João Salva-Rey, além da figuração de um gigantesco caleidoscópio social, onde se cruzam vozes, sensibilidades e percepções mais díspares, perturba não somente a integridade da imagem do colono, como também os valores que a fazem subsistir enquanto sinônimo de estabilidade, racionalidade e elevado sentido moral e civilizacional. Por outro lado, é manifesta a intenção da obra em explorar o universo negro-africano, longe das emanações exóticas do passado, investindo nos seus aspectos místicos, simbólicos, linguísticos e culturais.

Portanto, é manifesto que o romance colonial, exprimindo o seu alinhamento com a modernidade de que ela é devedora enquanto literatura, tanto no respeito estrito pelas convenções, como nas transgressões que realiza, é autoconsciente em relação ao fazer literário. Se, por um lado, o valor das obras da modernidade advém da sua duplicidade, a autorreflexidade, outra característica inelutável da modernidade, representa a ordem interna da sua legitimação como literatura.

Ao introduzir-se num sistema literário que a olhava com estranheza, a literatura colonial teve de realizar uma espécie de pedagogia da sua própria condição. Referimo-nos mais propriamente, e uma vez mais, ao *verossímil artificial* identificado por Genette. Trata-se do acutilante *demônio explicativo* que tem a ver com uma espécie de metalinguagem da sua própria prática funcional, em que as explicações tão frequentes no romance colonial, partilhando o sentido etnográfico de revelar o desconhecido, funcionam como estratégias de legitimação da sua especificidade temática ou regional.

## 2.1. Os títulos e os subtítulos

Os títulos e os subtítulos constituem não só duas dimensões paratextuais relevantes, como também dois dos registros discursivos mais performativos do romance colonial. Falar em título implica pensar na relação catafórica que ele estabelece com o texto. Ele é, pois, indutor de uma leitura determinada, num sentido determinado. Há, segundo Austin (1962: 60), alguma coisa que é feita no momento da enunciação. No caso dos títulos e dos subtítulos do romance colonial, deparamo-nos, de modo pronunciado, com a conjugação tanto de uma força ilocutiva (fazer algo ao dizer) como a de uma dimensão perlocutiva (atingir um certo efeito por dizer alguma coisa).

Verifica-se, assim, que, no caso do romance colonial, onde a questão de legitimação estética e temática adquire, em diferentes momentos, contornos obsessivos, tanto o título como o subtítulo integram-se na classe dos *exercitives* (Austin 1962: 133) que traduzem uma emanação de um poder do autor: o de nomear. Emerge, por conseguinte, quer a observância de uma determinada convenção (que tem a ver com o fazer literário), quer uma intencionalidade implícita (que é a de conectar a obra à ideia que o autor construiu sobre ela e que, de certo modo, pretende que o leitor partilhe).

Existe, portanto, na atribuição dos títulos e dos subtítulos a preocupação tanto de legitimar uma determinada leitura, como, por extensão, um determinado gênero. Daí que subsista, nesse sentido, não só uma dimensão paratextual, mas também, e sobretudo, arquitextual. Trata-se, portanto, da articulação com a menção infratitular (*Romance*) que, segundo Genette, acompanha o título na capa, e com óbvias características taxinômicas. Veja-se, por exemplo: *Sinfonia bárbara* (Romance Africano); *Muende* (Romance); *Sehura* (Romance Moçambicano); *O branco da Motase* (Romance Colonial); *Tchova, Tchova!* (Romance), *Cacimbo* (Romance); *O mulungo* (Romance); *Ku-Femba* (Romance), etc.

A partir destes exemplos, podemos verificar que há casos em que o subtítulo, entre parênteses, redobra ou complementa o sentido sugerido pelo título. *Sinfonia bárbara*, por exemplo, remete o leitor pretendido para aquilo que supostamente o adjetivo "bárbara" sugere: África. Sugestão imediatamente confirmada pelo subtítulo: Romance Africano.

A adjetivação flutuante dos subtítulos temáticos (africano, colonial, moçambicano) é reveladora da intranquilidade que assalta os intentos legitimadores da escrita colonial no concernente à sua identificação com o universo que procura representar. E a superação da ambiguidade dá-se com o recurso ao subtítulo genológico (nos casos em que ainda persiste) que resume unicamente o gênero: romance.

As sugestões da "cor local", expressão do apelo incontornável do exótico, assentam também no recurso a referências inusitadas para o olhar, para os ouvidos e para a memória cultural do metropolitano, tanto de pessoas (*Motase, Sehura, Mulungo*), lugares (*Muende, Calanga*) como de eventos (*Tchova, Tchova!*[40], *Ku-Femba*).

Portanto, os títulos e os subtítulos, dado o seu valor semântico, performativo e pragmático – ao nomearem uma dada obra, fazem não só a sua síntese, como modelam o horizonte expectacional do leitor – consti-

---

40    Em Ronga: Empurra, empurra!

tuem, por isso, fundamentos intorneáveis da estratégia de autocertificação do romance colonial.

## 2.2. Os prefácios, os glossários e as ilustrações

Na mesma linha paratextual dos títulos e dos subtítulos, os prefácios, os glossários e as ilustrações impõem-se, também, como chaves para a descodificação da mensagem remetendo para a significação global do texto. Estas três unidades discursivas surgem, porém, como verdadeiros adjuvantes leiturais e são importantes tanto do ponto de vista da semiose textual como do ponto de vista macroestrutural do romance colonial.

Qualquer dessas unidades participa intensamente dos jogos de autocertificação instaurados e assumidos pela literatura colonial. No caso dos prefácios, essa certificação é assegurada por uma argumentação de caráter didático-explicativo ou metaliterário.

Por conseguinte, do ponto de vista didático-justificativo, temos, por um lado, explicações veiculadas pelo próprio autor intentando dar, por antecipação, um enquadramento histórico-cultural do que vai ser narrado, como no "Preâmbulo" de *Sinfonia bárbara*, de Eduardo Correia de Matos. Aqui, num arremedo de natureza etnoantropológica, diz-se, a propósito dos bosquímanos:

> Não está, por enquanto, convenientemente averiguada a origem daqueles povos e há dúvidas sobre se poderá vir a estar alguma vez: mas, os seus hábitos actuais, os mais primitivos que se possa imaginar, têm levado aqueles que os conhecem a considerá-los na Idade da Pedra, colocando-os na categoria ínfima dos habitantes das cavernas, nossos longínquos ascendentes.

Ou, então, surge-nos uma "Nota explicativa", como em *A neta de Jazira*, em que a autora, Maria da Beira, depois de negar tratar-se de um prefácio, acha-se no dever de explicar "àqueles que se não deixaram ainda contaminar pela corrente corrosiva e gélida do indiferentismo pelas letras" as razões "particularíssimas" que levaram a que em vez do título previamente anunciado, o seu romance ostentasse o título *A neta de Jazira*:

> Motivo desta nossa preferência? Apenas este: homenagear a humildade, a modéstia e a coragem da mulher africana, qualquer que seja a

sua origem ou condição. Qualidades, de que Jazira – essa extraordinária figura de mulher que sabemos ter existido – que foi a nossa grande inspiradora neste romance, tão bem sintetizou.

Tanto num como noutro caso, trata-se de credibilizar a ficção em função de um realismo etnográfico e histórico. Há, aqui, de forma nítida, a intenção de transferir a objetividade que preside à constituição destas duas disciplinas, para o campo literário, instituindo, por isso, um jogo legitimador com o real.

É exatamente como jogo, o jogo da subversão e da provocação, que é apresentada a "Advertência" de *3x9=21* de Fernando Magalhães. Contrariando a pretensão dos autores precedentes, aqui, o autor convida o leitor a fazer da transgressão e do subversivo os fundamentos credibilizadores da sua escrita:

> Nenhum livro de testemunho pode ser moral ou imoral.
> Os livros de testemunho são amorais.
> Este livro é de testemunho.
> A acção deste romance, crónica, ou lá o que lhe quiserem chamar, não se passou em Lourenço Marques. [...]
> A letra M que aparece a encimar os extractos de prosa acima citados é a abreviatura de merda ou morte. [...]
> Os Ms, não têm nada a ver com a crónica e estão misturados com ela porque me apeteceu misturá-los.

O autor acabaria por ser preso pela polícia política de Salazar. O que fica por esclarecer é se o terá sido pelo texto ou, simplesmente, pelo paratexto.

Numa dimensão metatextual, situam-se os prefácios de *O branco da Motase* de Rodrigues Júnior e *Fogo*, II, de Agostinho Caramelo. Enquanto o primeiro, intitulado "Palavras supérfluas" e assinado por Sousa Costa, é um panegírico da saga colonial, portanto um verdadeiro reduplicador da forma e do espírito doutrinário dos romances de Rodrigues Júnior, o segundo, da autoria de Joaquim de Montezuma de Carvalho, é um notável exercício ensaístico. Além de um enquadramento teórico do romance contemporâneo e gravitando à volta das teorias ficcionistas de Henry James, Montezuma de Carvalho concede uma atenção particular à obra e ao autor. O interesse que ambos lhe provocam, levam-no a concluir:

Se me decidi a prologar o novo livro de Agostinho Caramelo é porque o quero defender de muita incompreensão, senão mesmo de uma geral incompreensão. Reflectindo sobre os problemas da novela, situei a mais moderna corrente novelística – a do realismo objectivo (que talvez deva imenso ao cinema) – e nela integrei Agostinho Caramelo. Que este meu modesto esforço de compreensão torne menos dura a incompreensão de alguns, a de muitos ou mesmo a de todos.

Dois outros paratextos merecem, também, a nossa atenção. Trata-se de prólogos inseridos em reedições surgidas, curiosamente, depois de terminado o ciclo da presença colonial portuguesa em África. Interessante será notar aí a preocupação, tanto num caso como noutro, em fazer uma leitura, não propriamente das obras em si, mas de sublinhar o seu significado histórico-político.

Assim, no prefácio intitulado "Fogo cruzado", de Eduardo Paixão, à segunda edição de *Cacimbo*, em 1974 (a primeira foi em 1972), o autor começa por explicar-nos que a sua obra surgiu durante a "vigência do anterior regime, em que era precisa coragem para assumir a responsabilidade de determinadas afirmações", como seja, "condenar-se a guerra colonial" ou "atacar os fósseis da era colonialista". Invectivando o "rebotalho humano" aliado ao sistema, Eduardo Paixão assume-se, no essencial, como alguém cujas obras, além de porem em causa os "homúnculos" do regime recém-desaparecido, têm uma enorme aceitação entre o "povo humilde":

> Escrevo para o povo e o povo me compreendeu esgotando edições sucessivas. Não devo o relativo êxito alcançado a favores da crítica. As obras apareceram silenciosamente nas livrarias sem parangonas publicitárias ou críticas laudatórias. O povo humilde de Moçambique as descobriu, as levou consigo para as suas casas. E mais que as críticas lisonjeiras me desvanece, me recompensa, o ser procurado nos cafés, nas ruas da minha cidade, por homens, por mulheres, pelo bom povo desta terra, solicitando-me um autógrafo, trocando comigo impressões.

O outro prefácio encontramo-lo na reedição, em 1990, de *Raízes do ódio*, de Guilherme de Melo. No "Breve intróito", o autor, entre outras coisas, refere-se à ação decisiva de Urbano Tavares Rodrigues. Este tornou possível, como ali se pode ler, que o romance fosse lançado simultaneamente em

Lisboa e em Lourenço Marques, no distante ano de 1963. A obra, ainda segundo o autor, "abalou violentamente as estruturas do meio moçambicano e motivou a pronta intervenção da Polícia Internacional e da Defesa do Estado, que apreendeu o livro sob a acusação de subversivo".

Procurando certamente manter-se fiel ao espírito que envolveu a escrita do romance na época e que seria uma reação ao agudizar das tensões sociais e políticas em África, em geral, e em Moçambique, em particular, Guilherme de Melo afiança-nos: "Propositadamente, dessa longínqua edição para esta não se lhe alterou uma única palavra, não se lhe mexeu uma vírgula". Para que não surjam dúvidas sobre o real interesse que o autor de *Raízes de ódio* atribui à reedição do seu romance, eis a sua conclusão:

> Se outra valia não tiver a reedição desta obra, terá, pelo menos, a de, no entender dos editores e do autor, poder constituir um testemunho de uma época, de um tempo – do próprio percurso do Homem e do escritor.

Reconhece-se, nestes dois depoimentos, a reivindicação, *a posteriori*, de uma legitimidade não só histórico-política das obras em questão, mas sobretudo moral. Isto é, investindo-se no papel de juízes em causa própria, tanto Guilherme de Melo como Eduardo Paixão têm a percepção, confirmada pela recepção, ao mesmo tempo positiva e problemática, que as suas obras tiveram, de que elas transcenderam o âmbito estritamente estético e literário.

Portanto, mais uma vez fica demonstrado que a literatura colonial se manteve indissoluvelmente ligada ao sistema, quer defendendo-o e estimulando-o, por um lado, quer pondo-o em causa, por outro. Se a sua legitimação se deve a fatores intrínsecos à literatura, também se deve a fatores conjunturais que influenciavam e participavam dos mecanismos de produção e de recepção dos textos.

No intervalo entre fatores internos e externos, além dos prefácios, temos os glossários e as ilustrações. Os glossários cumprem, acima de tudo, uma função pragmática por permitirem uma decifração mais fluida do texto. Por outro lado, são um indicador relevante sobre os verdadeiros destinatários desta literatura que, produzida por europeus ou seus descendentes, debruçando-se sobre temáticas e motivos remotos, tinha no metropolitano, desconhecedor das realidades culturais, sociais, linguísticas e históricas moçambicanas, o leitor ideal.

Quanto às ilustrações, funcionam aparentemente como complementos do texto principal. Nalguns casos, como em *Terra conquistada*, aparecendo como simples e "anódinos" separadores de capítulos, as figuras apresentadas acabavam por ser reveladoras quanto à imagem que se pretendia associar ao universo narrado. Por conseguinte, além de representação de peças do artesanato africano, é notória a predominância de elementos do mundo rural (gente trabalhando a terra, animais selvagens, mulheres acarretando água, flora, etc.) o que visualmente contribuiria para que mais facilmente se instalasse no subconsciente do leitor o exotismo e o "retrocesso" civilizacional de África e dos africanos.

Mais complexo é o recurso a imagens em *Ku-Femba* de João Salva-Rey. Utilizando desenhos de artistas moçambicanos, caso de Malangatana, o autor explora o que há nessas figuras de mais intensamente dramático. Por outro lado, deparamo-nos aí com legendas retiradas do próprio texto. Registramos aqui um exercício de interdisciplinaridade (escrita e desenho) e de plurivocidade (além das vozes do texto temos as "vozes" dos que desenham e dos que são retratados). É o romance assumindo a sua vocação dialógica, espaço da diversidade e da multiplicidade onde, segundo Bakhtine, se confrontam vozes, imagens e ideologias.

Integrando-se na fase cosmopolita da literatura colonial, por sinal a sua fase mais tardia e irreverente, *Ku-Femba*, no hibridismo formal, temático e referencial que explora, participa da fragmentação (e da reescrita) dos critérios legitimadores da literatura colonial. Trata-se, portanto, não de reproduzir a lógica da supremacia cultural e civilizacional, a lógica da barbárie, como defenderia Montaigne, mas, sim, de questioná-la, de problematizá-la, de concorrer, por isso, para o descentramento do eurocentrismo e para a desocultação do *Outro* e de si próprio.

## 3. A legitimação exógena: estratégias metaextratextuais

A autorreflexividade, como já fizemos antes referência, é uma das condições fundamentais da modernidade, característica que será partilhada pela literatura, em geral, e pelo romance, em particular. Se os mecanismos legitimadores da literatura têm, por conseguinte, fundamentos internos, não deixam, por outro lado, de atender a movimentos colaterais responsáveis pela sua afirmação institucional. A este propósito, Jan Mukarowski (1975: 173) explica que a eficácia da obra não é condicionada apenas por si própria, mas também pela organização da sociedade sobre a qual ela atua, pela sua inclinação para reconhecer uma determinada esfera de valores e pela sua maneira de realizar a apreciação.

É, pois, neste último contexto que se enquadram não só os leitores, mas muito especialmente os críticos, a academia, os prêmios, os estudos literários, etc. Em suma, todos aqueles que no polo oposto, ou complementar da produção literária, leem, interpretam, explicam, divulgam, consagram e avaliam a obra literária.

Iremos, portanto, ocupar-nos, de seguida, sobre o duplo movimento da recepção, isto é, da crítica e da consagração do romance colonial, enquanto seus esteios legitimadores. Temos, naturalmente, como pano de fundo o período em que esse mesmo romance alcançou as suas dinâmica e visibilidade mais acentuadas em termos de produção, circulação e recepção.

## 3.1 A crítica: dos limites da criação à crise do comentário

Uma das condições constitutivas e definidoras da crítica literária é que ela seja sistemática. Segundo Enrique Anderson lmbert (1984: 8), em *La crítica literaria: sus métodos y problema*, o aspecto sistemático dessa crítica é "O rigor intelectual com que está fundamentada". Portanto, trata-se do esforço dos críticos que procuram "compreender tudo o que entra no processo da criação de uma obra literária". Se a isso acrescermos que essa sistematicidade decorre também de uma certa constância, tanto individual como coletiva, dificilmente encontraremos, nesse aspecto, uma crítica da literatura colonial sólida e consequente.

Mesmo que, num ou noutro caso, nos confrontemos com interpretações críticas esforçadas, o que, na generalidade, se encontra são atomizadas tentativas impressionistas e prescritivas, ou, então, construções com a confrangedora ambição de uma acutilância crítica que terão em Amândio César, neste particular, a figura de proa. Aliás, as suas obras *Parágrafos de literatura ultramarina* (1967), *Elementos para uma bibliografia da literatura e cultura portuguesa ultramarina contemporânea – Poesia – Ficção – Memorialismo – Ensaio* (1968), *Novos parágrafos da literatura ultramarina* (1970) são prova indesmentível desse esforço sistematizador.

Para a descontínua e precária produção crítica da literatura colonial contribuíram, entre outros fatores, tanto uma produção literária, em parte, esteticamente pouco atrativa (muitos dos seus autores eram escritores de circunstância participando da saga colonial), como o ostensivo alheamento, senão mesmo desprezo, por parte da letrada elite metropolitana em relação às produções estéticas relativas à África.

Num editorial da revista *Vértice*, n° 55, publicado em março de 1948, este último aspecto merece, aliás, um enfoque particular. Abrindo com a afirmação de que "não [se] pode considerar uma cultura portuguesa aquela que desconhece os problemas coloniais, de tal modo eles estão presentes e importam na vida do nosso povo" (p. 173), o autor, numa amarga autopenitência acrescenta:

> O alheamento em que deles geralmente se vive, a quase indiferença que por eles tem manifestado a nossa "inteligência", não pode deixar de tomar-se como uma prova de fraqueza e de insuficiência das nossas chamadas "élites". Na realidade poucos são aqueles que no nosso país estudam e tratam estes problemas e o lugar que ocupam nas nossas publicações é pouco mais do que nenhum.

Aponta, por outro lado, o editorialista, como principal razão, para esta situação, a "falta de conhecimento concreto" tanto no português de cultura média como no de cultura superior. Daí que esse conhecimento, quando existe, se reduz a geografia elementar nos primeiros anos de escolaridade, nomes de rios, montanhas e histórias do "heroísmo retrospectivo de 'descoberta e conquista'".

Partilhando as preocupações do editor da *Vértice*, Amândio César (1967: 192), paladino inveterado da literatura "ultramarina", não deixará, igualmente, de interpelar os críticos metropolitanos:

> Agarrados a uma mentalidade de literatos pequeno-burgueses e opinando para outros pequeno-burgueses que os lêem mas não os acreditam – os críticos metropolitanos têm vindo a desprezar, por sistema, todos aqueles que em África, na Ásia ou na Oceânia realizam a sua obra. E quando escrevo "desprezar" faço-o num sentido lato: desprezo, aqui, é sinónimo de ignorância, intencional" (p. 192).

Perante esta "situação pressupositiva complexa" (Schmidt 1973: 107-108), em que apesar do desprezo que era votado à África e aos africanos, esse mesmo universo alimentava contraditoriamente o egocentrismo nacional-imperialista lusitano, qual é, pois, a natureza do discurso crítico que tinha como objeto a literatura colonial? Tendo em conta a especificidade desta literatura, quais os critérios que orientavam a crítica produzida?

Antes de tudo, é preciso não esquecer o pressuposto de que se tratava de uma literatura que, voluntária ou involuntariamente, participava do agregado de discursos legitimadores da presença hegemónica do imaginário europeu em África. Ao fazer a crítica da obra *Negros e brancos*, de Rodrigues Júnior, na *Seara Nova* de outubro de 1958, alguém, assinando com as iniciais P. de S., define, de modo sumário, o romance colonial: "livro do europeu", isto é, de "alguém que ante África permaneceu europeu" (p. 417).

Por conseguinte, todas as interpretações que a literatura colonial despoletava acabavam ou por prolongar os seus intentos justificativos, ou, então, apesar de comungarem o espírito etnocêntrico dessa literatura, questionavam a sua legitimidade. Tanto o suporte legitimador como o sentido questionador da crítica em questão deslizavam para argumentos que confrontavam a dimensão estética da literatura colonial, por um lado, com a dimensão ética ou política, por outro.

Daí que, muitas vezes, encontremos casos em que o crítico, apesar de frontalmente pôr em causa a valia estética de uma determinada obra, não coloca em causa, no fundo, os valores que ela veicula. Valores esses que se inscreviam num lusocentrismo inabalável.

Tal é o exemplo de Paulo Braga, num artigo saído na revista *Seara Nova*, em 1937, e intitulado "Grandeza e humilhação da literatura colonial", onde o autor, depois de exprimir a sua desilusão e a sua tristeza perante o "conjunto de aspectos" patenteados pela literatura colonial portuguesa, duvida não só do seu valor, como também das suas virtudes. Assim, tendo adiantado que:

> Quatro séculos de incubação espiritual foram insuficientes para criar uma mentalidade. E hoje, aquilo a que damos o nome de literatura colonial nada mais parece ser do que uma série de notas oficiosas e tentativas literárias, uma pequena literatura regional, às vezes, e nunca um aspecto importante da literatura de um povo com projecção em todos os continentes (p. 304).

o articulista conclui, dando mostras de uma intensa frustração, que "literariamente, o valor desta literatura é somente fotográfico. Restringe-se a *mise-en-scène*. É um teatro sem personagens definidos: apenas com personagens vagos, com fantasmas, com visões a duas dimensões". Reconhece, contudo, que há exceções como Maria Archer ou Viana de Almeida que, tendo vivido nas colônias, "*têm as colónias no sangue*" (p. 305) (Itálicos nossos.)

Nesta reflexão, encontramos dois tópicos recorrentes no discurso metaliterário colonial: a frustração (afinal, a literatura colonial não consegue ser uma expressão à altura da grandeza de um povo com "projecção em todos os continentes") e a (in)sinceridade (a literatura colonial é "teatral", incapaz de representar enredos e personagens "verdadeiros").

Assim, se para o mesmo Paulo Braga a literatura colonial prima pela ausência de sensibilidade, imaginação, cultura, gramática, talento, gênio e *sinceridade* (p. 304), para Augusto dos Santos Abranches (1947: 2), o dístico de "literatura colonial" seria apropriado se "se apresentasse como um meio de expressionismo claro, *fiel*. Como um desabafo *sincero*..."

E é esta preocupação com a autenticidade do romance colonial que conduzirá não só os escritores (lembremo-nos que em muitos subtítulos encontramos as oscilantes designações de "romance colonial", "romance moçambicano", "romance africano"), como os próprios críticos a manifestarem alguma dificuldade na definição da especificidade temática desta literatura. Para todos os efeitos, existe uma certa unanimidade no sentido de que tinha de ser uma escrita que privilegiasse essencialmente a "selva":

> A literatura africana [colonial], a meu ver, será projectar o mundo *bárbaro*, tendo o seu ponto de referência na *selva*, sem a preponderância dos elementos etnográficos, que no entanto surgirão, acidentalmente, a seu tempo, como partículas daquela essência, para não se cair no regionalismo de minguada percussão universal (Fernandes 1943: 93). (Itálicos nossos.)

E para que a autenticidade fosse um fato, impunha-se um conhecimento profundo sobre África, daí que "a experiência era o primeiro degrau da sinceridade da escrita" (César 1970: 265). E se a venda dos livros é reduzida é porque lhes falta a "verdade", "essa verdade que nos dá a experiência" (Júnior 1968: 24).

Alexandre Lobato (1952: 69), por seu lado, considera o romance colonial "tipo prémio da Agência Geral das Colónias – puramente convencional, estruturalmente falso". Preocupado em demarcá-lo daquilo que ele considera virá a ser romance moçambicano, Lobato considera que nem um nem outro existem ainda.

A entrega aleatória de prêmios literários constitui, segundo alguns destes autores, uma das principais causas que concorria para a existência de uma literatura "fantasiosa" e "medíocre". O esforço promocional e propagandístico levado a cabo pelo Estado Novo, consagrava a "superficialidade e a banalidade" (Braga 1937: 304), projetando a literatura colonial "unicamente como concepção política", pois muitos dos seus autores "a ela se dedicam com o pensamento na efémera consagração dos prémios literários" (p. 305).

Este é, na generalidade, o quadro que a crítica da época, preocupada com a legitimação estética da literatura colonial, nos revelava. Portanto, era a constatação de que, nas fases que convencionamos apelidar de exótica e doutrinária, o romance colonial caracterizava-se por um excessivo artificialismo, pela falta de profundidade dos temas e das personagens, pela corrida aos prêmios e para a apressada consagração. Isto é, faltava a essa literatura a capacidade tão pessoana de *fingir tão completamente que era dor, a dor que deveras se* (não) *sentia.*

Curiosamente, o que se nota, apesar do reiterado apelo ao verossímil, confundido aqui com sinceridade, era, de forma programática, produzir algo diferente, em que a relação metonímica e metafórica com o "mato", por exemplo, fosse imprescindível como o provam estas palavras de Rodrigues Júnior (1962: 57):

> Para breve anuncia-se um romance que se passa na cidade. Não sabemos que poderá ter a cidade para se escrever um romance africano, onde os problemas são os de todas as cidades, de um interesse limitado para o que se pretende seja realizado, com o fim de oferecer, principalmente aos de fora, os aspectos de uma literatura de Moçambique, que urge criar.

Nestes momentos iniciais, encontramo-nos, portanto, perante exercícios críticos incipientes, impressionistas, prescritivos, traduzindo, no essencial as dificuldades, as ambiguidades e as perplexidades em relação à definição do próprio objeto sobre o qual se debruçavam. Objeto que, por sua vez, procurava também os trilhos temáticos e estruturais que assegurassem a sua legitimidade.

Também é verdade que a tendência generalista e o pessimismo crítico irão diminuir à medida que evolui a capacidade do fazer literário de que são exemplos Guilherme de Melo e Fernando Magalhães, que suscitam os seguintes comentários a propósito das suas obras *Os cães ladram lá fora* e *3x9=21*, respectivamente:

estamos perante um grande narrador, perante um grande contador de histórias vivas, de histórias humanas, em que o homem preto ou branco ou mestiço surge sempre na sua dimensão total, na sua corporação plena e inteira. [...] O que importa é o conteúdo do real neste volume que situa Guilherme de Melo entre os grandes contistas portugueses de hoje (César: 1967: 187).

[*3x9=21* é] uma sátira contra os defeitos da educação burguesa e contra a dissolução de costumes de certos meios, assim como uma visão desencantada da condição humana, a resvalar para um cinismo pessimista que encara o mundo como um absurdo, de que o título matematicamente errado do volume é expressão (Bacelar 1962: 658).

Uma das extrapolações mais elucidativas, mas ao mesmo tempo mais problemáticas que se podem fazer a partir da literatura colonial de origem portuguesa é que ela acabou por se quedar na mesma situação em que se encontram muitas das realidades sociais que ela própria representou. Isto é, situação de marginalidade, desumanidade, ilegitimidade.

Passar da leitura à crítica é, segundo Barthes, mudar de desejo, é deixar de desejar a obra para desejar a própria linguagem. É justamente neste desejo da linguagem como comentário, como reflexão, portanto, que a crítica colonial se confronta não só com as dificuldades inerentes ao domínio do discurso metaliterário, mas como modelo constitutivo do romance colonial. Independentemente das limitações estéticas com que essa crítica se confrontava, e que, na verdade, existiam, há a implícita percepção, mesmo que não assumida, de que se estava, efetivamente, perante *documentos de barbárie*. Barbárie alimentada por muitos dos seus autores e, por outros, tímida ou explicitamente questionada.

E a barbárie não residirá nos povos que se procurou representar, mas no próprio discurso que os sujeita e manieta nas amarras ostensivas ou dissimuladas do preconceito e do estereótipo. No discurso, portanto, dos mundos da incompreensão cultural e civilizacional. Como, a propósito, diria Montaigne (1972: 31 3), *nous les pouvons donc bien appeler barbares, eu égard aux règles de la raison, mais non pas eu égard à nous [os europeus], qui les surpassons en toute sorte de barbarie.*

Barbárie que é, segundo Walter Benjamin (1971: 187), apanágio de todos os documentos de cultura. Fato paradoxal este se tivermos em conta que é enquanto oposição à barbárie que a cultura se define. Dado que a cultura tem funcionado como valor distintivo (cultura inferior *vs.* cultura superior, ou ter *vs.* não ter cultura), impositivo e dominador (recordemos que as palavras cultura e colonização têm a mesma origem etimológica, *colere*, que significa ocupar), entende-se o alcance da afirmação do teórico alemão.

No caso da literatura colonial, com razão redobrada visto, por um lado, estar intrinsecamente ligada a um fenômeno histórico onde a barbárie foi evidente e, por outro, alicerçar-se na figuração hierarquizada de valores. E é a constatação, mesmo que não explicitamente assumida, de que se está perante textos que são, ao mesmo tempo, documentos de cultura e de barbárie, que a análise eurocêntrica do discurso colonial, em geral, e literário, em particular, traduz os escolhos dos discursos legitimadores. Trata-se de abismos que se abrem, segundo Barthes (1966: 76), entre o seu bordo significante e o seu bordo significado. Daí as angustiadas fragilidades, oscilações, indefinições e contradições.

E o exercício interpretativo, na sua dupla função medianeira entre o dito e o não dito, por um lado, entre a obra e o grande público, por outro, enreda-se nesse "bordo significado", cuja carga histórica, ideológica e cultural transita para o interior do discurso crítico, metaliterário, subvertendo-o, desestabilizando-o.

Se a linguagem literária resiste à teoria, como ensina Paul de Man, a linguagem da barbárie afronta-a. E ao crítico restam dois caminhos: ou evitar a afronta, silenciando a linguagem da barbárie, ocultando-a, reiterando-a e sublimando-a, isto é, legitimando-a, como fizeram, afinal, os críticos coloniais na sua generalidade, ou, então, aceitar a afronta, desocultando a barbárie, transtornando, desnudando e interrogando o discurso que a intenta justificar. E, é aqui, neste espaço embora serpenteante, que se quer situar o nosso trabalho.

## 3.2. Os concursos e os prêmios: a legitimação político-institucional

Os concursos literários, tal como os prêmios correspondentes, funcionaram não só como elementos determinantes de promoção e divulgação da ação colonial portuguesa, mas também como um dos mais incisivos instrumentos com que se procurou garantir a institucionalização da literatura colonial. Além do mais, se, por um lado, os concursos e os prêmios representaram o caráter programático assumido pelos poderes instituídos, por outro, e como consequência, acabaram, várias vezes, por justificar epítetos como "artificial", "inautêntica", "superficial", com que muitas obras foram catalogadas pela crítica da época.

A atribuição dos prêmios da literatura colonial foi uma prática que se enquadrou no movimento revitalizador da colonização levada a cabo pelo Estado Novo, o que, como sabemos, implicou, entre outras coisas, medidas intervencionistas não só a nível legislativo, político-administrativo e socioeconômico, como também a nível cultural e ideológico.

Na sequência da criação da *Agência-Geral das Colónias*, em 1924, (mais tarde, *Agência Geral do Ultramar*), foi promovido, dois anos depois, através de uma portaria governamental (n° 4565, publicada no *Diário do Governo*, I série, n° 10, do dia 12 de janeiro de 1926), o primeiro concurso de literatura colonial. Os concursos, que eram anuais, instituíam prêmios monetários inicialmente destinados aos dois primeiros classificados, passando, mais tarde, a ser atribuídos aos três primeiros. A partir do VI Concurso (1931) passaram, também, a ser concedidos "diplomas de honra". O júri, de sete elementos, era normalmente constituído por representantes de cada uma das seguintes instituições: *Serviços Centrais do Ministério das Colónias, Sociedade de Geografia, Ministério da Instrução, Academia das Ciências, Agência Geral das Colónias*. Havia também um representante dos subscritores para os prêmios.

Os concorrentes eram dominantemente oficiais do exército, funcionários da administração colonial, jornalistas ou historiadores. As figuras femininas, na maior parte dos casos consortes dos elementos antes referidos, marcavam uma presença não muito significativa, colocando, uma e outra vez, as suas obras nos primeiros lugares.

Segundo vinha consignado na portaria de 1926, os *Concursos de Literatura Colonial* tinham, entre outros objetivos, "intensificar por todos os meios a propaganda das nossas colónias e da obra colonial portuguesa" e, através do romance, novela, relatos de aventura, etc., despertarem, "sobretudo na mocidade, o gôsto pelas coisas coloniais". Interessante é sublinhar que a narrativa era o modo literário privilegiado e incentivado, o que demonstra que, contrariamente à propensão caracteristicamente lusitana de *sentir* (lirismo), se procurava vangloriar o *fazer*, isto é, a ação. A saga colonial musculava, por conseguinte, a veia contemplativa da alma portuguesa.

Apesar de o objetivo propalado ser o de incentivar a produção literária que tematizasse a ação colonizadora, sintomaticamente não eram só os critérios literários que determinavam que uma obra fosse premiada. A regulamentação dos Concursos de Literatura Colonial compunha-se de um conjunto de preceituados tais como: fazer *a propaganda do Império Colonial Português*, promover *o progresso da cultura colonial ou o desenvolvimento do interesse público pelos assuntos que respeitam as colónias*.

## VI. A LEGITIMAÇÃO: ESTRATÉGIAS E PERSPECTIVAS

Num texto publicado no *Boletim da Agência Geral das Colônias*, em agosto de 1926, por Armando Cortesão, durante muito tempo Agente Geral das Colónias, a propósito do primeiro lugar alcançado por Gastão de Sousa Dias, com a obra *África portentosa*, no primeiro concurso realizado, lê-se a dado passo:

> Na *África Portentosa*, elegantemente apresentada em edição da "Seara Nova", há páginas das mais belas da literatura portuguesa que qualquer consagrado escritor se honraria assinando, tal é a *excelência da prosa, a beleza da concepção, a elegância descritiva, a inspiração e o patriotismo* que as animam. (Itálicos nossos.)

Aquando da realização, em 1928, do terceiro concurso, por exemplo, a obra de Veva de Lima, intitulada *D'aquém e d'além-mar*, apesar de se reconhecer que se estava perante um texto "com páginas cheias de vida, de observação, de colorido, que nos fazem acompanhar o interessante périplo de África, que a sua autora realizou", mesmo assim, a obra foi recusada. A alegação evocada para o efeito foi de que, no dizer de Armando Cortesão, apesar "do sôpro de patriotismo que anima todo o livro, a sua autora não pôde deixar de tanger certa nota política, tão contundente para as instituições vigentes, que o júri, por coerência, se viu forçado a não o admitir a concurso".

O mesmo aconteceria com a obra *Almas negras*, de João de Lemos que, apresentando-se no XIII Concurso de Literatura Colonial, seria desclassificada. O júri, presidido por Hernâni Cidade, apesar de reconhecer as "qualidades literárias que põem nas suas [*Almas negras*] páginas um tão impressionante frémito da vida africana", lamenta "que tais qualidades não tenham sido utilizadas na pintura daqueles outros aspectos em que se manifesta, com não menos impressionante verdade, os benéficos esforços civilizadores do branco" (in *Boletim da Agência Geral das Colónias*, n. 151, janeiro, 1938, p. 94).

Reconhecem-se, nos dois exemplos acima expostos, motivações de ordem político-ideológica, quer na atribuição, ou não, dos prêmios, quer, simplesmente, na recusa de uma obra a concurso. Daí que, devido tanto ao caráter impositivo destes critérios, como a outros fatores inerentes à própria qualidade das obras e a sensibilidade estética dos universos metropolitanos de recepção, os prêmios da literatura colonial acabaram por ser objeto de polêmica e contestação.

Além do mais, por várias vezes não foram atribuídas classificações nem prêmios às obras em concurso alegando-se, para o efeito, a sua fraca qualidade, ou por não corresponderem aos objetivos preconizados. Tratar-se-á, portanto, de uma legitimação que, de forma indiscriminada, privilegia critérios tanto de ordem literária como extraliterária, fato que irá estigmatizar sobremaneira quase toda a literatura colonial, logo à partida. O que devia funcionar como esforço certificador (os prêmios) acabou, ironicamente, por se impor como um caudilho de descrédito, pelo menos em termos estritamente literários.

Apresentamos, de seguida, o quadro completo dos premiados nos concursos da literatura colonial. Este é um plano geral que nos pode ajudar a avaliar algumas das dinâmicas que caracterizam esses mesmos concursos, como, por exemplo, o universo referencial das obras, os gêneros dominantes, os prêmios não atribuídos, a desproporção entre autores masculinos e femininos, etc. É também um elemento auxiliar, acreditamos, para quem se interessar em alargar e aprofundar a reflexão sobre a literatura colonial.

## QUADRO II – CONCURSOS E PREMIADOS DA LITERATURA COLONIAL

| Concurso | Premiados | Ano |
|---|---|---|
| Nº 1 | 1º Gastão de Sousa Dias, *África portentosa*<br>2º Brito Camacho, *Pretos e brancos* | 1926 |
| Nº 2 | 1º Não atribuído.<br>2º Emílio de San Bruno, *Zambeziana* (Moçambique)<br>3º Mário Costa, *Como fizeram os portugueses em Moçambique* (Moçambique) | 1927 |
| Nº 3 | 1º Não atribuído.<br>2º Emílio de San Bruno, *O caso da Rua Volong*<br>3º Julião Quintinha, *África misteriosa* | 1928 |
| Nº 4 | 1º Não atribuído.<br>2º Augusto Casimiro, *Nova largada* (Angola); Julião Quintinha, *Oiro africano* (Moçambique) | 1929 |
| Nº 5 | 1º Julião Quintinha e Francisco Toscano, *A Derrocada do Império Vátua* (Moçambique)<br>2º Carlos Roma Machado de Faria e Maia, *Recordações de África*<br>3º José Ferreira Martins, *Fulgores do Oriente* | 1930 |
| Nº 6 | 1º Não atribuído.<br>2º José Ferreira Martins, *Poetas e prosadores*; Jaime do Inso, *O caminho do Oriente*; Henrique Galvão (Angola), *O vélo d'oiro*. | 1931 |
| Nº 7 | (1ª categoria)<br>1º Henrique Galvão, *O vélo d'oiro* (Angola)<br>2º Campos Monteiro Filho, *Céus de fogo*<br>(2ª categoria)<br>1º Alfredo Albuquerque Felner, *Angola*<br>2º Propércia Correia Afonso de Figueiredo, *A Mulher na Índia Portuguesa*<br>(3ª categoria)<br>Prémios não atribuídos. | (*)<br>1933 |

(*) Segundo o artigo 50º do Decreto nº 21.988, de 1932, são estabelecidas três categorias para os concursos: 1ª categoria (romance, novela, conto, narrativa, relato de aventuras ou obras de natureza semelhante); 2ª categoria (História, viagens, biografia e etnografia); 3ª categoria (monografias coloniais).

| | | |
|---|---|---|
| Nº 8 | (1ª categoria)<br>  1º  Fausto Duarte, *Auá*<br>  2º  Henrique Galvão, *Terras do feitiço* (Angola)<br>(2ª categoria)<br>  1º  José de Almeida Sá, *A abolição da escravatura e a ocupação do Ambriz*<br>  2º  Henrique Galvão, T. Cabral, Abel Pratas, *Da vida e da morte do bichos*. | 1934 |
| Nº 9 | (1ª categoria)<br>  1º  Não atribuído.<br>  2º  Guilhermina de Azeredo, *Feitiços*<br>  3º  António de Aguilar, *Aventuras de caça*<br>(2ª categoria)<br>  1º  Armando Pinto Correia, *Gentio de Timor*<br>  2º  Quirino da Fonseca, *Viagens maravilhosas*<br>(3ª categoria)<br>  1º  Alberto Almeida Teixeira, *Angola intangível*<br>  2º  José L. Quintão, *Gramática de Quimbundo* | 1935 |
| Nº 10 | (1ª categoria)<br>  1º  João Augusto Silva, *África – Da vida e do amor na selva*<br>  2º  Não atribuído.<br>(2ª categoria)<br>  1º  Luís Vieira de Castro, *D. Carlos I*<br>  2º  Henrique Quirino da Fonseca, *Um drama no sertão* | 1936 |
| Nº 11 | (1ª categoria)<br>  1º  Não atribuído.<br>  2º  Henrique Galvão, *Sol dos trópicos*<br>(2ª categoria)<br>  1º  Não atribuído.<br>  2º  Luiz de Pina, *A ciência na história do império colonial português* | 1937 |

| | |
|---|---|
| Nº 12 | 1938<br>(1ª e 2ª categorias)<br>  1º Não atribuído.<br>  2º José Ferreira Martins, *Fernão de Magalhães* |
| Nº 13 | 1939<br>(1ª categoria)<br>  1º Não atribuído.<br>  2º Castro Soromenho, *Nhári – Drama da gente negra*<br>(2ª categoria)<br>  1º João Barreto, *História da Guiné* |
| Nº 14 | 1940<br>(1ª categoria)<br>  1º Não atribuído.<br>  2º Emílio Castelo Branco, *Terra de esperança*<br>(2ª categoria)<br>  1º Não atribuído.<br>  2º Gaspar do Couto Ribeiro Vilas, *História colonial* |
| Nº 15 | 1941<br>(1ª categoria)<br>  1º Não atribuído.<br>  2º Augusto Casimiro, *Portugal crioulo*<br>(2ª categoria)<br>  1º Não atribuído.<br>  2º José Ribeiro da Cruz, *Notas de etnografia angolana* |
| Nº 16 | 1942<br>(1ª categoria)<br>  1º Castro Soromenho, *Homens sem caminho*<br>  2º Fausto Duarte, *A revolta*<br>(3ª categoria)<br>  1º Luís Feliciano dos Santos, *Gramática de língua Chope* (Moçambique) |

| | | |
|---|---|---|
| Nº 17 | (1ª categoria)<br>1º  Não atribuído.<br>2º  Castro Soromenho, *Rajada*<br>(2ª categoria)<br>1º  Não atribuído.<br>2º  José S. Martinho, *Timor, quatro séculos de colonização portuguesa* | 1943 |
| Nº 18 | (1ª categoria)<br>1º  Artur Ferreira da Costa, *Na pista do marfim e da morte*<br>(2ª categoria)<br>2º  Idalino Ferreira da Costa Brochardo, *Afonso de Albuquerque* | 1944 |
| Nº 19 | (1ª categoria)<br>1º  E. Correia d Matos, *Terra conquistada* (Moçambique)<br>2º  Ferreira da Costa, *Pedra de feitiço*<br>(2ª categoria)<br>1º  Serra Frazão, *Associações secretas entre os indígenas de Angola*<br>2º  G. Sousa Dias, *Como Serpa Pinto atravessou a África* | 1945 |
| Nº 20 | (1ª categoria)<br>1º  Não atribuído.<br>2º  Rafael Ávila de Azevedo, *A grande travessia africana de Capelo e Ivens*<br>(2ª categoria)<br>1º  Francisco de Oliveira Martins, *O Ultimatum visto por António Enes*<br>2º  Ralph Delgado, *O Reino de Benguela* | 1947 |
| Nº 21 | (1ª categoria)<br>1º  António Pires, *Sangue Cuanhama*<br>2º  Luis Silveira, *De bem com o mundo*<br>(2ª categoria)<br>1º  Ralph Delgado, *História de Angola*<br>2º  Norberto Lopes, *Terra ardente* | 1948 |

| | | |
|---|---|---|
| N° 22 | (1ª categoria)<br>　1°　Gastão Sousa Dias, *Julgareis qual é mais excelente*<br>　2°　António Pires, *Luiana*<br>(2ª categoria)<br>　1°　Não atribuído.<br>　2°　Jorge Vellez Caroço, *Monjur – Gabu e a sua história* | 1949 |
| N° 23 | (1ª categoria)<br>　1°　Luís Teixeira, *Alvorada de agosto*<br>　2°　Rodrigues Júnior, *África terra de promissão* (Moçambique)<br>(2ª categoria)<br>　1°　Alexandre Lobato, *História do Presídio de Lourenço Marques* (Moçambique)<br>　2°　Gustavo de Freitas, *A Companhia Geral do Comércio do Brasil*<br>(3ª categoria)<br>　1°　Luís Feliciano dos Santos, *Dicionário Português-Chope e Chope-Português* (Moçambique) | 1950 |
| N° 24 | (1ª categoria)<br>　1°　Márcia Ivens Ferraz, *Sòzinho no mato*<br>(2ª categoria)<br>　1°　Pe. António L. Farinha, *São Francisco Xavier e o seu labor no Padroado Português do Oriente*<br>　2°　Manuel Mendonça Torres, *O Distrito de Moçâmedes*<br>(3ª categoria)<br>　1°　João Tendeiro, *Estudos sobre tifo na Guiné Portuguesa* | 1951 |
| N° 25 | (Prémio Camilo Pessanha)<br>　Augusto Casimiro, *Portugal Atlântico*<br>(Prémio João de Barros)<br>　Alexandre Lobato, *Evolução administrativa e económica de Moçambique (1753-1763)* | (**)<br>1954 |

(**) A partir de 1954, os prémios passam a deter nomes de patronos como Camilo Pessanha (poesia), Fernão Mendes Pinto (novelística), João de Barros (História) e Frei João dos Santos (ensaio).

| | | |
|---|---|---|
| Nº 26 | (Prémio Camilo Pessanha)<br>Jorge Barbosa, *Caderno de um ilhéu*<br>(Prémio Fernão Mendes Pinto)<br>Guilhermina de Azeredo, *Brancos e negros* | 1955 |
| Nº 27 | (Prémio Camilo Pessanha)<br>Raymundo Soares, *A ilha e a solidão*<br>(Prémio Fernão Mendes Pinto)<br>Manuel Lopes, *Chuva braba*<br>(Prémio Frei João dos Santos)<br>José Redinha, *Etnossociologia do Norteste de Angola* | 1956 |
| Nº 28 | (Prémio Camilo Pessanha)<br>Geraldo Bessa Victor, *Cubata abandonada*<br>(Prémio João de Barros)<br>Luís Ferdinand de Almeida, *A diplomacia portuguesa nos limites meridionais do Brasil*<br>(Prémio Fernão Mendes Pinto)<br>Manuel Ferreira, *Morabeza*<br>(Prémio Frei João dos Santos)<br>Luís Silveira, *Ensaio de iconografia das cidades portuguesas do Ultramar* | 1957 |
| Nº 29 | (Prémio Camilo Pessanha)<br>António de Sousa Freitas, *África e outros poemas*<br>(Prémio Frei João dos Santos)<br>Artur Augusto Silva, *Usos e costumes jurídicos dos Fulas na Guiné Portuguesa* | 1958 |
| Nº 30 | (Prémio Frei João dos Santos)<br>Manuel Martins, *Contactos de cultura no Congo Português*<br>(Prémio Fernão Mendes Pinto)<br>Manuel Lopes, *O galo cantou na baía* | 1959 |

## VI. A LEGITIMAÇÃO: ESTRATÉGIAS E PERSPECTIVAS

| | | |
|---|---|---|
| Nº 31 | (Prémio Camilo Pessanha) Nuno Miranda, *Cais de Ver Partir* (Prémio Fernão Mendes Pinto) Rodrigues Júnior, *Muende* (Moçambique) (Prémio João de Barros) Alexandre Lobato, *A expansão portuguesa em Moçambique de 1498 a 1530* (Prémio Frei João dos Santos) Mário Murteira, *Sindicalismo e evolução social na África ao sul do Sara* | 1960 |
| Nº 32 | (Prémio Camilo Pessanha) Mário António, *Chingufo. Poemas angolanos* (Prémio João de Barros) Joffre do Amaral Nogueira, *Angola na Época Pombalina – o governo de Sousa Coutinho* | 1961 |
| Nº 33 | (Prémio Camilo Pessanha) Glória de Sant'Ana, *Livro d'Água* (Prémio Frei João dos Santos) Eduardo dos Santos, *Da religião dos Quiocos* | 1962 |
| Nº 34 | (Prémio Camilo Pessanha) Nuno Miranda, *Cancioneiro da Ilha* (Prémio Fernão Mendes Pinto) Alexandre Barbosa, *Guinéus* (Prémio João de Barros) José Hermano Saraiva, *Formação do espaço português* | 1963 |
| Nº 35 | | 1964 |
| Nº 36 | | 1965 |
| Nº 37 | | 1966 |

| | | |
|---|---|---|
| Nº 38 | (Prémio Camilo Pessanha)<br>Maria Teresa Galveias, *Uevu (Oiçam)*<br>(Prémio Frei João dos Santos)<br>Amândio César, *Parágrafos de Literatura Ultramarina*<br>(Prémio Fernão Mendes Pinto)<br>Orlando de Albuquerque, *O homem que tinha a chuva* | 1967 |
| Nº 39 | (Prémio Camilo Pessanha)<br>Ruy Cinatti, *Um cancioneiro para Timor*<br>(Prémio Frei João dos Santos)<br>António Carreira, *O infanticídio ritual em África*<br>(Prémio Fernão Mendes Pinto)<br>Ferreira da Costa, *As chaves do inferno*<br>(Prémio João de Barros)<br>Manuel A. S. Rebelo, *Relações entre Angola e o Brasil* | 1968 |
| Nº 40 | (Prémio Camilo Pessanha)<br>Jorge Ferreira, *Saudade Macua (Moçambique)*<br>(Prémio Frei João dos Santos)<br>Fernando Reis, *Povô Flogá*<br>(Prémio João de Barros)<br>António Carreira, *Panaria cabo-verdiana Guineense*<br>(Prémio Pêro Vaz de Caminha)<br>Guilherme de Melo, *Moçambique, Norte – Guerra e paz* | 1969 |

# CONCLUSÃO

Uma antiga lição aristotélica ensina que todas as questões para as quais a resposta é dada logo que se abrem os olhos devem ser excluídas da discussão. Isto é, trata-se de evidências que não merecem, por isso, mais do que uma atenção circunstancial.

Surpreenderá, por conseguinte, que uma escrita tida por muitos como uma evidência de "pseudoliteratura", de literatura "imoral" e de outros epítetos afins, nos tenha conduzido tão longe. Num percurso que, apesar de pejado de escolhos, nos permitiu, não necessariamente reabilitar ou legitimar a literatura colonial – não era esse o nosso objetivo –, mas tão somente compreender, problematizando, a especificidade de um modo de (re)inventar mundos, segundo uma lógica alicerçada numa pretensa supremacia cultural, ética e civilizacional.

Tributária de toda uma tradição que, de um modo mais ou menos marcado, se institui em função dessa lógica que tem, no essencial, regido as principais redes das relações de identidade e de alteridade ao longo da história da humanidade – os helênicos e os "bárbaros", os cristãos e os "pagãos", os muçulmanos e os "infiéis", os civilizados e os "primitivos" ou "selvagens", os desenvolvidos e os "subdesenvolvidos" –, a literatura colonial, como vimos, adquire uma dupla importância: estético-literária e cultural.

Por conseguinte, do ponto de vista estético-literário, temos em conta quer a forma como ela constrói, potencia, mitifica ou sublima as interações entre seres, representações e visões de mundo distintas – vimos, aí, como a representação do espaço, do tempo, das personagens e da linguagem participam de uma arquitetura que legitima e extravasa o plano eminentemente literário –, quer o modo como persegue, subverte ou alarga o cânone literário do Ocidente.

E é nesta triangulação particular onde situamos uma das principais linhas de força do nosso estudo: a literatura colonial através do romance, por exemplo, procurou não só ater-se às convenções do gênero como também seguir as principais tendências da literatura ocidental. Mas, ao mesmo tempo, ao fazer de África e do negro motivo, cenário e tema literário, colocando-se, por isso, no centro de um relativismo quase sempre precário, a literatura colonial ameaçou a estabilidade e a coesão da ordem estético-literária dominante, distendendo, apesar de tudo, os seus limites.

## CONCLUSÃO

Daí os seus contornos contraditórios: tanto nos aparece como a expressão enfática do etnocentrismo europeu como seu fator de questionamento. Com a historicidade por si desenvolvida, passando do exotismo ao cosmopolitismo, do monovocalismo ao plurivocalismo, da afirmação categórica à expressão oblíqua, do estereótipo à valorização do Outro, das certezas às ambiguidades, do mito à utopia, a literatura colonial não só perturbou o cânone, como, por tudo isso, estabeleceu a ponte para a emergência de uma literatura nacional moçambicana.

Podemos não ter correspondido a todas as expectativas criadas, mas parece-nos quase líquido que sacudimos o manto que fazia desta literatura um tabu ou uma evidência de não arte. Para todos os efeitos, analisada seja de que ângulo for, o que a literatura colonial não deixa de ser é representação de um imaginário determinado, naquilo que o diminui, ou eventualmente enobrece, mas acima de tudo naquilo que o singulariza. E é neste sentido que a literatura colonial revela o outro lado da sua importância: precisamente o de ser produto e trabalho cultural.

Considerando que a cultura, no sentido lato, é um agregado de formas de existência, comportamentos, costumes, ideias, bens e de todas as realizações que, transmitidas de geração para geração, ajudam a identificar e a perpetuar uma determinada sociedade, podemos daí deduzir que, se certos aspectos tendem a dissolver-se com o tempo, outros mais enraizados irão permanecer, desafiando o progresso e o desenvolvimento da humanidade. Além do mais, irão determinar a idiossincrasia, mesmo que perversa, de toda a sociedade.

São, pois, esses aspectos que, instituindo-se como fundamento do imaginário dominantemente representado pela literatura colonial, ainda subsistem e que nos levaram a falar numa colonialidade intemporal e proteica, em exercícios permanentes de travestimento representacional seja ele literário ou extraliterário. O presente e o futuro que hoje vivemos, nesta globalidade difusa, desequilibrada e inquietante, não fazem mais do que confirmá-lo.

Um dos maiores depositários das vivências privadas ou coletivas, das tensões, contradições, aspirações, frustrações e das tendências mais profundas de uma sociedade é o imaginário. A literatura é a sua expressão mais dinâmica. E a literatura colonial, independentemente de todas as suas contingências, cumpriu essa vocação.

Para todos os efeitos, mesmo tendo a consciência de não termos esgotado a questão – afinal, só estamos no limiar desta discussão, pelo menos no espaço de língua portuguesa – outras linhas se abriram, acreditamos, para que essa reflexão prossiga. Desapaixonada, sobretudo.

# BIBLIOGRAFIA

## 1. ATIVA

BEIRA, Maria da
1957 *A neta de Jazira*. Romance. Porto: Tipografia do Carvalhido.
CARAMELO, Agostinho
1961 *Fogo. Romance, Tempo Primeiro: Desespero*. Lourenço Marques.
1962 *Fogo. Romance, Tempo Segundo: Angústia*. Lourenço Marques.
1964 *Fogo. Romance, Tempo Terceiro: Incerteza*. Lourenço Marques.
JÚNIOR, Manuel Rodrigues
1944 *Sehura. Romance moçambicano*. Lisboa.
1952 *O branco da Motase. Romance colonial*. Lisboa.
1955 *Calanga. Romance*. Lourenço Marques.
1960 *Muende. Romance*. Lourenço Marques: África Editora.
1975 *Omar Áli*. Lourenço Marques.
MAGALHÃES, M. Fernando
1959 *3x9=21. Crónica*. Coimbra: Atlântida.
MATOS, Eduardo Correia de
1935 *Sinfonia bárbara. Romance africano*. Lourenço Marques: Livraria Académica.
1946 *Terra conquistada*. Lisboa: Editorial Gleba, Lda.
MELO, Guilherme de
1963 *Raízes do ódio*. 2. ed., Lisboa: Editorial Notícias, 1990.
NEVES, Francisco de Sousa
1956 *Tarantela*. Lourenço Marques.
PAIXÃO, Eduardo
1972 *Cacimbo. Romance*. 2. ed., Lourenço Marques, 1974.
1974 *O mulungo*. Lourenço Marques.
1975 *Tchova, Tchova!*. Lourenço Marques.
SALVA-REY, João
1973 *Ku-Femba*. 2. ed., Lisboa: Vento-Sul, 1986.

### 1.1 Outros textos

CAMINHA, Pêro Vaz de
*Carta a el-rei dom Manuel sobre o achamento do Brasil*. M. Viegas Guerreiro [Introdução, actualização do texto e notas]. Lisboa: Imprensa Nacional – Casa da Moeda, 1974.

CONRAD, Joseph
   1902 *Heart of darkness*. Londres: Penguin, 1995.
DEFOE, Daniel
   *Robinson Crusoe (The life and strange surprising adventures of Robinson Crusoe, of York, Mariner)*. Londres: Everyman, 1996.
LOTI, Pierre
   1879 *Aziyadé*. Paris: Calmann-Lévy, 1969.
MENDES, Orlando
   1966 *Portagem*. Beira.
SAN BRUNO, Emílio de
   1927 *Zambeziana. Cenas da vida colonial*. 2. ed., Maputo: Arquivo Histórico de Moçambique, 1999.
SOROMENHO, Castro
   1957 *Viragem*. 3. ed., Lisboa: Livraria Sá da Costa Editora, 1979.
   1970 *A chaga*. 2. ed., Lisboa: Livraria Sá da Costa Editora, 1979.

## 2. PASSIVA

### 2.1 Específica

ABRANCHES, Augusto Santos
   1947 "Sobre-'Literatura Colonial'". In Sociedade de Estudos da Colónia de Moçambique, *Teses do 1º Congresso*. 8-13 set. 1947, v. 1, Lourenço Marques: Minerva Central.
AGUIAR, Armando de
   1951 *O Mundo que os portugueses criaram*. Lisboa: Empresa Nacional de Publicidade.
ARAÚJO, G.
   1963 "Problems of the novel under Salazar". In *Portuguese and Colonial Bulletin*. v. 2, n. 5, jan.-fev., 1963, p. 116-118.
BACELAR, Armando
   1962 "Nota de leitura: *3x9=21* de Fernando de Magalhães". In *Vértice – Revista de Cultura e Arte*. n. 231, dez., Coimbra, p. 658.
BRAGA, Paulo
   1942 "Grandeza e humilhação da literatura colonial". In *Seara Nova*. n. 797, 21 nov., Lisboa, p. 304-306.
CARVALHO, Joaquim de Montezuma de
   1962 "Agostinho Caramelo e a nova concepção da novela", Prólogo. In *Fogo*, II. Lourenço Marques, p. v-xxv.
CÉSAR, Amândio
   1967 *Parágrafos de literatura ultramarina*. Lisboa: Sociedade de Expansão Cultural.

CESAR, Amândio; MOUTINHO, Mário
    1968 *Elementos para uma bibliografia da literatura e cultura portuguesa ultramarina contemporânea – Poesia – Ficção – Memorialismo – Ensaio.* Lisboa: Agência-Geral do Ultramar.
CÉSAR, Amândio
    1970 "Breve introdução a uma temática africana na moderna literatura portuguesa". Separata da *Revista Ultramar.* n. 39, v. X (n. 3).
    1971 *Novos parágrafos de literatura ultramarina.* [s.l], Sociedade de Expansão Cultural.
    1972 *Literatura ultramarina. Os prosadores.* Lisboa: Sociedade de Geografia de Lisboa.
FERNANDES, João
    1943 "Literatura colonial". In *Seara Nova.* n. 842, 21 out., Lisboa, p. 92-93.
FERREIRA, Manuel
    1989 "Uma perspectiva do romance colonial vs. literaturas africanas". In *O discurso no percurso africano I.* Lisboa: Plátano Editora.
GOMES, Raul
    1945 "Sehura. Romance moçambicano". In *Seara Nova.* 27 jan., Lisboa, p. 63-64.
JÚNIOR, Rodrigues
    1953 *Literatura colonial.* Lourenço Marques: Académica.
    1962 *Literatura ultramarina.* Lourenço Marques: África Editora.
LARANJEIRA, Pires
    1999 "La Littérature Coloniale Portugaise". In Jéan Sévry [ed.], *Regards sur les littératures coloniales. Afrique anglophone et lusophone, III.* Paris: L'Harmattan, p. 231-258.
MOSER, Gerard; FERREIRA, Manuel
    1984 *Bibliografia das literaturas africanas de Língua Portuguesa.* Lisboa: Instituto Nacional – Casa da Moeda.
OLIVEIRA, José Osório de
    1931 "Literatura colonial". In *Geografia literária.* Coimbra: Imprensa da Universidade, p. 77-112.
SÈVRY, Jean
    1999 "Les littératures coloniales et les réactions africaines". In AAVV, *Regards sur les littératures coloniales. Afrique anglophone et lusophone.* Tome III, Paris: L'Harmattan, p. 205-227.
TRIGO, Salvato
    1987 "Literatura colonial/Literaturas africanas". In AAVV, *Literaturas africanas de Língua Portuguesa – Colóquio sobre literaturas dos países africanos de Língua Portuguesa.* Lisboa: Fundação Calouste Gulbenkian, 1987, p. 139-157.
TRIGUEIROS, Luís Forjaz
    1964 "A literatura de ficção no ultramar português". In *Espiral.* ano I, n. 1; 2, Lisboa.

## 2.2 Geral

ACHEBE, Chinua
   2000 *Home and exile*. Oxford: University Press.
ALBERTO, Manuel Simões
   1947 "Contribuição para o estudo da mestiçagem moçambicana". In Sociedade de Estudos da Colónia de Moçambique. *Teses do 1º Congresso, 8-13 set.*, v. 1 n. 20, Lourenço Marques, p. 1-39.
ALBUQUERQUE, Luís [dir.]
   1989 "Introdução". In *Portugal no mundo*. Lisboa: Publicações Alfa, p. 7-11.
ALEXANDRE, Valentim
   1993 "Portugal em África (1825-1974): Uma perspectiva global", In *Penélope*, (Fazer e desfazer a História). n. 11, p. 53-66.
ÁLVAREZ-URIA, Fernando
   1998 "A conquista do Outro. Da destruição das Índias ao descobrimento do gênero humano". In AAVV. *Imagens do Outro*. Petrópolis: Vozes, p. 97-114.
ANDRADE. Mário Pinto de
   1978 Prefácio à edição portuguesa, de Aimé Cesaire, *Discurso sobre o colonialismo*. Lisboa: Livraria Sá da Costa Editora.
ARISTÓTELES
   *Poética*. 2. ed., Eudoro de Sousa (tradução, prefácio, introdução, comentário, apêndices). Lisboa: Imprensa Nacional – Casa da Moeda, 1990.
AUERBACH, Erich
   1946 *Mimemis - A representação da realidade na literatura ocidental*. 4. ed., São Paulo: Perspectiva, 1998.
AUSTIN, J. L.
   1962 *How to do things with words?*. 2. ed., Oxford: Oxford University Press.
BACELAR. José
   1939 *Da viabilidade do romance português de interêsse universal*. Lisboa: Seara Nova.
BACHELARD, Gaston
   1957 *La poétique de l'espace*. 9. éd., Paris: Presses Universitaires de France. 1978.
BAKHTINE, Mikhail
   1975 *Esthétique et théorie du roman*. Paris: Gallimard, 1978.
BALIBAR, Étienne; MACHEREY, Pierre
   1974 "Sobre a literatura como forma ideológica". In *Literatura, significação e ideologia*. Lisboa: Arcádia, 1979, p. 19-52.
BANTON, Michael
   1945 *A ideia de raça*. Lisboa: Edições 70, 1979.
BAPTISTA, Abel Barros
   1998 *Autobibliografias*. Lisboa: Relógio d'Água Editores.
BARATA, Óscar Soares
   1963 *A cultura portuguesa e os fenômenos de contacto das raças*. Lisboa:

Agência-Geral do Ultramar.
1966 "Os movimentos populacionais entre a metrópole e o ultramar português". Separata de *Estudos políticos e sociais*. v. IV, n. 3, Lisboa: ISCCPU. p. 1009-1013.
1969 "A questão racial e a tradição Portuguesa". Separata do *Boletim da Academia Internacional da Cultura Portuguesa*. n. 5, p. 123-138.

BARRETO, Luís Filipe
1982 *Descobrimentos e Renascimento. Formas de ser e pensar nos séculos XV e XVI.* Lisboa: Imprensa Nacional – Casa da Moeda.

BARTHES, Roland
1966 "lntroduction à l'analyse structurale des récits". In AAVV, *Poétique du récit*. Paris: Éditions du Seuil, 1977, p. 7-57.
1973 *Le plaisir du texte précédé de variations sur l'Écriture*. Paris: Éditions du Seuil, 2000.
1978 *Leçon*. Paris: Éditions du Seuil.

BEGLEY, Adam
1993 "O Novo Historicismo". In *Diálogo*. n. 2, v. 27, Rio de Janeiro, 1994. p. 60-64.

BELCHIOR, Manuel Dias
1951 *Compreendamos os negros!*. Lisboa: Agência Geral das Colónias.
1965 *Fundamentos para uma política multicultural em África*. Lisboa, ISCSPU.

BENJAMIN, Walter
1971 "Theses sur la Philosophie de l'Histoire". In *L'homme, le langage et la culture, Essais.* Paris: Denoel/Gonthier, p. 183-196.

BENVENISTE, Émile
1966 *Problèmes de Linguistique Générale*. Paris, Gallimard.

BERNARDI, Bernardo
1985 *Antropologia*. Lisboa: Editorial Teorema, 1989.

BERSANI, Leo
1982 "Le réalisme et la peur du désir". In AAYV, *Littérature et réalité*. Paris: Éditions du Seuil, p. 47-80.

BESSIÈRE, Jean
1995 "Literatura e representação", in AAVY, *Teoria literária*. Publicações Dom Quixote, p. 376-396.

BHABHA, Homi K.
1995 *The location of culture*. Londres: Routledge.
1995a "Introduction: narrating the Nation"; "DissemiNation: time, narrative, and the margins of the modern nation". In AAVV, *Nation and narration*. Londres: Routledge, 1999, p. 1-7; p. 291-322.

BOOTH, Wayne C.
1961 *Retórica da ficção*. Lisboa: Arcádia, 1980.
1961a "Distance et point de vue". In *Poétique du récit*. Paris: Éditions du

Seuil, 1977, p. 85-111.
BOURNEUF, Roland; OUELLET, Réal
1976 *O universo do romance*. Coimbra: Livraria Almedina.
BREMOND, Claude
1966 "A lógica dos possíveis narrativos". In AAVV, *Análise estrutural da narrativa*. 4. ed., Rio de Janeiro: Editora Vozes Limitada, 1976, p. 110-135.
BRENNAN, Thimothy
1990 "The national longing for form". In AAVV, *Nation and narration*. Londres: Routledge, 1999, p. 44-70.
BRUNSCHWIG, Henri
1970 *A Partilha da África*. Lisboa: Publicações Dom Quixote, 1972.
BUESCU, Helena Carvalhão
1990 *Incidências do olhar: percepção e representação*. Lisboa: Caminho.
BUHLER, Charlotte
1962 *A Psicologia na vida do nosso tempo*. Lisboa: Fundação Calouste Gulbenkian, 5. ed., 1990.
BUTOR, Michel
1960 "Le roman comme recherche". In *Essais sur le roman*. Paris: Gallimard, 1975, p. 7-14.
CAILLORS, Roger
1938 *O mito e o homem*. Lisboa: Edições 70.
CARMO, José Palla e
1971 *Do livro à crítica*. Lisboa: Publicações Europa-América.
CASTELO, Cláudia Orvalho
1996 "*O modo português de estar no mundo*". *O luso-tropicalismo e a ideologia colonial portuguesa (1933-1961)*. Texto policopiado, Lisboa: Universidade Nova de Lisboa (FCSH).
CÉSAIRE, Aimé
1955 *Discurso sobre o colonialismo*. Lisboa: Livraria Sá da Costa Editora, 1978.
CHKLOVSKI, V.
1917 "L'Art comme Procédé". In Todorov, T., *Theorie de la littérature*. Paris: Éditions du Seuil, 1965, p. 76-97.
CIDADE, Hernani
1933 *Lições de cultura e literatura portuguesas, sécs. XV, XVI, XVII*, v.1,. 7. ed., Coimbra: Coimbra Editora, Lda., 1984.
1944 *A expansão ultramarina e a literatura portuguesa*. Lisboa: Agência Geral das Colónias.
CIOREN, E. M.
1956 *A tentação de existir*. Lisboa: Relógio d'Água, 1988.
1960 *História e utopia*. Lisboa: Bertrand Editora, 1994.
CORREIA, Mendes
1945 "Política da população nas colónias". In *Boletim da Sociedade de Geografia de Lisboa*, n. 7;8, jan.-fev., p. 275-300.

CULLER, Jonathan
    1989 "La littérarité". In *Théorie littéraiie*. Paris: PUF, p. 31-43.
    1997 *Literary theory. A very short introduction*. Oxford: University Press.
CUNHA, Eneida Leal
    1999 "As comemorações dos descobrimentos: figurações e reconfigurações de estados nacionais". In *Via Atlântica*, n. 3, São Paulo, p. 170-181.
CUNHA, Silva
    1955 "O caso português e a crise da colonização". In *Boletim da Sociedade de Geografia de Lisboa*, n. 6;7, abr.-jun., p. 148-168.
DERRIDA, Jacques
    1967 *De la Grammatologie*. Paris: Les Éditions de Minuit.
    1967a *L'écriture et la différence*. Paris: Éditions du Seuil.
DIAS, A. Jorge
    1965 "Contribuição para o estudo da questão racial e da miscigenação". Separata do *Boletim da Sociedade de Geografia de Lisboa*. jan.-jun., Lisboa: Sociedade de Geografia, p. 61-72.
    1966 "Estruturas sócio-económicas em Moçambique". *Separata de Moçambique – Curso de extensão universitária*. Lisboa: ISCCPU, p. 1-22.
DOLEZEL, Lubomir
    1980 "Verdad y autenticidad en la narrativa". In AAVV, *Teorías de la ficción literaria*. Madri, 1997, 95-122.
    1988 "Mímesis y Mundos Possibles", in AAYV, *Teorías de la ficción literaria*. Madri, 1997, 69-94.
ECO, Umberto
    1979 *Leitura do texto literário: lector in fábula: a cooperação interpretativa nos textos literários*. Lisboa: Editorial Presença, 1993.
EIKHENBAUN, Boris
    1925 "La théorie de Ia 'Méthode Formelle'". In Todorov, T., *Théorie de la littérature*. Paris: Éditions du Seuil, 1965, p. 31-75.
ELIADE, Mircea
    1963 *Myth and reality*. Nova York: Harper & Row, Publishers, Inc.
FABIAN, Johannes
    1983 *Time and the Other. How anthropology makes its object*. Nova York: Columbia University Press.
FANON, Frantz
    1952 *Pele negra, máscaras brancas*. Porto: Paisagem, 2. ed., 1975.
    1961 *Os condenados da terra*: Lisboa, Ulmeiro, [s.d.].
FERREIRA, Eduardo de Sousa
    1977 *O fim de uma era: o colonialismo português em África*. Lisboa: Livraria Sá da Costa.
FIGUEIREDO, Maria Vitória S. G.
    1992 *A imagem da África Negra nas literaturas portuguesa e francesa da segunda metade do século XIX*. Texto policopiado, Lisboa: Universidade

Nova de Lisboa (FCSH).
FOKEMA, Douwe
    2000 "The politics of multiculturalism and the art of Code Switching". In AAYV, *Literatura e pluralidade cultural*. Actas do III Congresso da Associação Portuguesa de Literatura Comparada. Lisboa: Edições Colibri, p. 561-571.
FORSTER., E. M.
    1927 *Aspects of novel*. Londres: Penguin Books, 1990.
FOUCAULT, Michel
    1966 *Les motes et les choses*. Paris: Éditions Gallimard, 1993.
FREYRE, Gilberto
    1933 *Casa Grande e Senzala. Formação da família brasileira sob o regime de economia patriarcal*. 10. ed., Lisboa: Livros do Brasil. [s.d.].
FRIEDMAN, Yona
    1975 *Utopies réalisables*. Paris: Union Générale d'Éditions.
GALLOWAY, David (Edit.)
    1967 "The philosophy of composition»". In *Selected writings of Edgar Allan Poe. Poems, tales, essays and reviews*. England: Penguin Books, 1982.
GEERTZ, Clifford
    1973 *The interpretation of culture. Selected Essays*. Londres: Fontana Press, 1993.
    1982 *Local knowledge. Further essays in Interpretive Anthropology*. Basic Books.
GENETTE, Gérard
    1966 *Figures, I*. Paris: Éditions du Seuil.
    1966a "Fronteiras da Narrativa". In AAYV, *Análise estrutural da narrativa*. 4. ed., Rio de Janeiro: Editora Vozes Limitada, 1976, p. 255-274.
    1969 *Figures, II*. Paris: Éditions du Seuil.
    1972 *Figures, III*. Paris: Éditions du Seuil.
    1982 *Palimpsestes. La littérature au second degré*. Paris: Éditions du Seuil.
    1991 *Fiction et diction*. Paris: Éditions du Seuil.
GOODMAN, Nelson
    1978 *Modos de fazer mundos*. Lisboa: Edições ASA, 1995.
GRAMSCI, António
    1945 *Obras escolhidas*, II. Lisboa: Editorial Estampa, 1974.
GRANGER, Gilles-Gaston
    1976 *Pensamento formal e ciências do homem, I*. Lisboa: Editorial Presença.
GREIMAS, A. J.
    1966 *Semântica estrutural*. São Paulo: Editora Cultrix/USP, 1977.
    1971 "Elementos para uma teoria de Intepretação da narrativa mítica". In AAYV, *Análise estrutural da narrativa*. 4. ed., Rio de Janeiro: Editora Vozes Limitada, 1976. p. 61-109.
GUERREIRO, Jerónimo de Alcântara, Cónego,

1947 "Fórmula camoniana de colonização – fórmula viva". In *Sociedade de Estudos da Colónia de Moçambique. Teses do 1º Congresso, 8-13 set.*, v. 1., n. 12, Lourenço Marques, p. 1 -5.
GUILLÉN, Claudio
1985 *Entre lo uno y lo diverso. Introducción a la literatura comparada*. Barcelona: Editorial Crítica.
HABERMAS, Jurgen
1985 *O Discurso filosófico da modernidade*. Lisboa: Publicações Dom Quixote, Lda., 1990.
HALL, Edward T.
1959 *A linguagem silenciosa*. Lisboa: Relógio d'Água Editores, 1994.
1983 *A dança da vida. A outra dimensão do tempo*. Lisboa: Relógio d'Água Editores, 1996.
HAMBURGUER, Kate
1977 *A lógica da criação literária*. 2. ed., São Paulo: Editora Perspectiva, 1986.
HAMON, Philippe
1972a "O que é uma descrição". In AAVV, *Categorias da narrativa*. Lisboa: Vega, p. 55-76.
1972b "Pour un statut sémiologique du personnage". In AAVV, *Poétique du récit*. Paris: Éditions du Seuil, 1977, p. 115-180.
1973 "Un discours contraint". In AAVV, *Littérature et realité*. Paris: Éditions du Seuil, 1982, p. 119-181.
HAMPSON, Robert
1995 "Introduction to Joseph Conrad, *Heart of Darkness*". England: Penguin Book, p. IX-XLIV.
HARSHAW, Benjamin
1884 "Ficcionalidad y campos de referencia". In AAVV, *Teorías de la ficción literaria*. 1997, p. 123-157.
INGARDEN, Roman
1965 *A obra de arte literária*. Lisboa: Fundação Calouste Gulbenkian, 2. ed., 1979.
ISER, Wolfang
1989 *Prospecting: from reader response to literary anthropology*. Baltimore/Londres:The John Hopkins University Press.
1990 "La ficcionalización: dimensión antropológica de las ficciones literarias". In AAVV, *Teorías de la ficción literaria*. Madri, 1997, p. 43-65.
1993 *The fictive and the imaginary. Charting literary anthropololy*. Baltimore/Londres: The John Hopkins University Press.
JAKOBSON, Roman
1921 "Du réalisme artistique". In T. Todorov, *Théorie de la littérature*. Paris: Éditions du Seuil, 1965, p. 98-108.
1965 "Vers une science de l'art poétique" (Préface). In T. Todorov, *Théorie de la littérature*. Paris: Éditions du Seuil, 1965, p. 9-13.

JAMESON, Fredric
1981 *The political unconscious – Narrative as a socially simholic act*. Ithaca: Nova York, Comell University Press, 1986.
JAMMER, Max
1954 *Conceptos de espacio*. Mexico: Editorial Grijalbo, 1970.
JASPERS, Karl
1964 *A situação espiritual do nosso tempo*. Lisboa: Moraes Editores, 1968.
JOÃO, Maria Isabel
1989 "Ideologia e políticas coloniais na segunda metade do século XIX". In ALBUQUERQUE, Luís [dir.], *Portugal no mundo*, v. VI, Lisboa: Publicações Alfa, p. 198-209.
JÚDICE, Nuno
1996 "A ideia nacional no período modernista português". In *Revista da Faculdade de Ciências Sociais e Humanas (UNL)*. n. 9, Lisboa, p 323-333.
1997 "Representação na Construção Ficcional". In *Revista da Faculdade de Ciências Sociais e Humanas (UNL)*. n. 10, Lisboa, p. 91-96.
KAES, René *et al.*
1998 *Différence culturelle et souffrances de l'identité*. Paris: Dunod.
KANT, Immanuel
*Crítica da razão pura*. 4. ed., Lisboa: Fundação Calouste Gulbenkian, 1997.
KAYSER, Wolfgang
1958 "Qui raconte le roman?". In AAVV, *Poétique du récit*. Paris: Éditions du Seuil, 1977, p. 59-84.
KERMODE, Frank
1966 *A sensibilidade apocalíptica*. Lisboa: Século XXI, 1997.
KRISTEVA, Julia
1970 *Le texte du roman. Approche sémiologique d'une structure discursive transformationnelle*. Paris / Nova Iorque: Mouton Publishers / The Haguc, 1979.
KUNDERA, Milan
1986 *L'art du roman*. Paris: Éditions Gallimard.
LACEY, Hugh
1972 *A linguagem do espaço e do tempo*. São Paulo.
LANGER, Susanne K.
1953 *Feeling and form: a theory of art developed from Philosophy in a new key*. Nova York: Charles Scribner's Sons.
LARANJEIRA, Pires
1995 *A negritude africana de Língua Portuguesa*. Porto: Afrontamento.
1995a *Literaturas africanas de expressão portuguesa*. Lisboa: Universidade Aberta.
LARROSA, Jorge; LARA, Nuria Pérez de
1998 *Imagens do Outro*. Petrópolis: Editora Vozes.
LEFEBVRE, Maurice-Jean

1971 *Estrutura do discurso da poesia e da narrativa*. Lisboa: Almedina, 1980.
LEITE, Ana Mafalda
 1992 "As narrativas de viagem de exploração africana do fim do século XIX: herança e antecipação de modelos". In *Mare Liberum*. n. 4, dez., Lisboa, p. 77-85.
 1995 *Modalização épica nas literaturas africanas*. Lisboa: Vega.
LEVINAS, Emmanuel
 1980 *Totalidade e infinito*. Lisboa: Edições 70, 1988.
LEVI-STRAUSS, Claude
 1952 *Raça e História*. Lisboa: Editorial Presença, 3. ed., 1980.
LOOMBA, Ania
 1998 *Colonialism/ Postcolonialism*. Londres/Nova York: Routledge.
LOPES, Silvina Rodrigues
 1994 *A legitimação em literatura*. Lisboa: Edições Cosmos.
LOTMAN, Iuri
 1970 *Estrutura do texto artístico*. Lisboa: Editorial Estampa, 1978.
LOURENÇO, Eduardo
 1976 *Situação africana e consciência nacional*. Amadora: Publicações Génese.
 1978 *O labirinto da saudade*, 3. ed., Lisboa: Publicações Dom Quixote, 1988.
LUKÁCS, Georg
 1920 *La théorie du roman*. Paris: Denoel, 1968.
LYOTARD, Jean-François
 1979 *La condition postmoderne. Rapport sur le savoir*. Paris: Les Editions de Minuit.
MAALOUF, Amin
 1998 *As identidades assassinas*. Lisboa: Difel, 1999.
MAGALHÃES, Isabel Allegro de
 1987 *O tempo das mulheres. A dimensão temporal na escrita contemporânea*. Lisboa: Imprensa Nacional – Casa da Moeda.
MALINOWSKI, Bronislaw
 1944 *Uma teoria científica da cultura*. Lisboa: Edições 70, 1997.
MARCUSE, Herbert
 1977 *A dimensão estética*. Lisboa: Edições 70, 1999.
MARGARIDO, Alfredo
 2000 *A lusofonia e os lusófonos: novos mitos portugueses*. Lisboa: Edições Universitárias Lusófonas.
MARTINS, José Albino Lomba
 1998 "Sistemas de colonização e conceitos de desenvolvimento. I. Parte: do Pacto Colonial às Independências". In *Africana*. n. 19, XII Ano, mar. (Porto), p. 21-69.
MARTINS, Oliveira
 1880 *O Brasil e as colónias portuguesas*. 7. ed., Lisboa: Guimarães e C$^a$

Editores, 1978.
1891 *Portugal em África: a questão colonial e o conflito anglo-português*. 2. ed., Lisboa: Guimarães e Cª Editores, 1953.
MATA, Inocência
1992 *Emergência e existência de uma literatura. O caso santomense*. 1. ed., Lisboa: ALAC.
MATOS, Eduardo Correia de
1947 "A Colonização de Moçambique perante o Interesse Social" In Sociedade de Estudos da Colónia de Moçambique. *Teses do 1º Congresso. 8-13 Set.*. v. 2, n. 20, Lourenço Marques: Tipografia Minerva Central, p. 3-45.
MCCLINTOCH, Anne
1995 *Imperial leather. Race, gender and sexuality in the colonial contest*. Nova York / Londres, Routledge, 450 p.
MEMMI, Albert
1966 *Retrato do colonizado*. Lisboa: Mondar Editores, 1974.
1982 *Racismo*. Lisboa: Editorial Caminho, 1993.
MERLEAU-PONTY, Maurice
1945 *Phénoménologie de la perception*. Paris: Gallimard.
MEYER, Michel
1986 *De la problématologie. Philosophie, science et langage*. Bruxelas: Pierre Mardaga Editeur.
1993 *Questions de Rhétorique: langage, raison et séduction*. [s.l.]. Librarie Générale Française.
MOLES, Abraham A.; ROHMER, Élisabeth
1978 *Psychologie de l'espace*. Tourai: Casterman.
MONDLANE, Eduardo
1969 *Lutar por Moçambique*. Maputo: Centro de Estudos Africanos, 1995.
MONTAIGNE, Michel de
"Des cannibales". In *Essais, I*. Paris: Librairie Générale Française, 1972.
MONTEIRO, Adolfo Casais
1940 *Sobre o romance contemporâneo*. Lisboa: Editorial Inquérito.
MOURALIS, Bernard
1975 *Les contre-littératures*. Paris: Presses Universitaires de France.
MOUTINHO, Abel de Sousa
1934 "Colonização indígena". In *Boletim da Sociedade de Geografia de Lisboa*. n. 13/24, jan. p. 15-16.
MUKAROVSKY, Jan
1975 *Escritos de Estética e Semiótica da Arte*. 2. ed., Lisboa: Editorial Estampa, 1990.
NEUSUSS, Amhelm
1968 *Utopía*. Barcelona: Barral Editores, 1971.
NEWITT, Malyn
1995 *História de Moçambique*. Mem Martins. Publicações Europa-América.

Lda, 1997.
NOA, Francisco
1998 *Escrita Infinita*. Maputo: Universidade Eduardo Mondlane.
NUNES, Benedito
1988 *O tempo na narrativa*. São Paulo.
ORTIGÃO, Ramalho
1883 "A questão africana". In *As Farpas* - IV, Lisboa: Clássica Editora, 1989. p. 207-221
PAQUOT, Thierry
1997 *A Utopia*. Mem Martins. Publicações Europa-América.
PENVENNE, Jeanne
1995 *African Workers and colonial racism*. Londres: James Currey, Ltd.
PINTO, José Madureira
1977 *Ideologias: inventário crítico de um conceito*. Lisboa: Editorial Presença.
PLATÃO
*A República*. 6. ed., Maria Helena da Rocha Pereira (Intr., trad., notas), Lisboa: Fundação Calouste Gulbenkian, 1990.
PRÉVOST, Claude
1973 *Literatura, política e ideologia*. Lisboa: Moraes Editores, 1976.
PROPP, Vladimir
1928 *Morfologie du conte*. Paris: Gallimard, 1970.
REIS, António (dir.)
1989 *Portugal contemporâneo*, IV, Lisboa: Publicações Alfa.
REIS, Carlos
1981 *Técnicas de análise textual*. Coimbra: Livraria Almedina.
REIS, Carlos; LOPES, Ana Cristina
1998 *Dicionário de Narratologia*. 6. ed., Coimbra: Almedina.
REUTER, Yves
1991 *Introdução à análise do romance*. São Paulo: Martins Fontes, 1995.
RICHARD, René
1999 "Conrad et l'Afrique: un malentendu?". In Jean Sevry, *Regards sur les littératures coloniales. Afrique anglophone et lusophone*, Tome III. Paris: L'Harmattan, p. 173-202.
RICOEUR, Paul
1983 *Temps et récit*. Paris: Éditions du Seuil.
RIFATERRI, Michael
1982 "L'illusion référentielle". In AAVV, *Littérature et réalité*. Paris: Éditions du Seuil, p. 91-118.
RISCO, Antonio
1982 *Literatura y figuración*, Madri: Editorial Credos.
ROBERT, Marthe
1972 *Roman des origines et origines du roman*. Paris: Éditions Bernard Grasset.

ROCHA, Clara Crabbé
1985 *Revistas literárias do século XX em Portugal*. Lisboa: Imprensa Nacional – Casa da Moeda.
1989 "Os novos caminhos da literatura". In António Reis. *Portugal contemporâneo*, IV, p. 259-278.
RONNING, Helge
1997 "Eu sou o outro. Reflexões sobre identidades, modos de comunicação e história da literatura". Texto policopiado. Oslo: Universidade de Oslo. Instituto de Media e Comunicação Social.
ROSARIO, Lourenço do
1989 *A narrativa africana de expressão oral*. Lisboa/Luanda: ICALP/ Angolê-Artes e Letras.
ROSAS, Fernando
1995 "Estado Novo, império e ideologia". In *Revista de história das ideias*. v. 17, Lisboa: FCSH, p. 19-32.
1998 "Mitos e realidades na história portuguesa do século XX". In *Portugal na transição do milénio*. Lisboa. p. 69-79.
ROSSI-LANDI, Ferruccio
1978 *Ideología*. Barcelona: Editorial Labor.
ROSSUM-GUYON, Françoise Van
1976 "Ponto de vista ou perspectiva narrativa. Teorias e conceitos críticos". In AAVV, *Categorias da narrativa*. Lisboa: Vega, p. 19-43.
ROWLAND, Robert
1983 *Antropologia, história e diferença: alguns aspectos*. Porto: Edições Afrontamento, 1987.
SAID, Edward
1978 *Orientalismo*. São Paulo: Companhia das Letras, 1996.
1994 *Culture and Imperialism*. Nova York: Vintage Books.
SAMI-ALI
1974 *L'espace imaginaire*. Paris: Gallimard, 1982.
SARAIVA, Arnaldo
1975 *Literatura marginalizada*. Porto.
SARTRE, Jean-Paul
1948 *Qu'est-ce que la littérature?*. Paris: Éditions Gallimard, 1993.
SCHMIDT, Siegfried J.
1984 "La auténtica ficción es que la realidad existe. Modelo constructivista de la realidad, la ficción y la literatura", in AAVV, *Teorías de la ficción literaria*, Madri, 1997, p. 206-238.
SCHOLES, Robert; KELLOG, Robert
1966 *The nature of narrative*. Oxford: University Press.
SEARLE, John R.
1969 *Les actes de langage*. Paris, Hermann, 1972.
1979 *Expression and meaning. Studies in the Theory of Speech Acts*. Cambridge:

University Press, 1981.
1983 *Intentionality.* Cambridge: Cambridge University Press.
SEGRE, Cesare
1985 *Introdução à análise do texto literário.* Lisboa: Editorial Estampa, 1999.
SÉRGIO, António
1930 "Portugal colonial e Portugal metropolitano". In *Seara Nova.* n. 12, 24 jun., Lisboa, p. 339-340.
SHARPE, Jenny
1993 *Allegories of empire. The figure of woman in the colonial text.* Minneapolis/Londres: University of Minesota Press.
SILVA, Rui Ferreira da
1989 "O advento do Estado Novo e o Acto Colonial". In António Reis. *Portugal contemporâneo, IV.* Lisboa: Publicações Alfa, p. 308-319.
SILVA, V. M. Aguiar e
1981 *Teoria da literatura.* 7. ed., v. 1, Coimbra: Livraria Almedina, 1986.
SPIVAK, Gayatri Ch.
1988 "Can the subaltem speak?". In Patrick Williams & Laura Chrisman [Edit.],
*Colonial discourse and post-colonial theory, a reader.* London: Harvester/Wheatsheaf, p. 66-111.
1999 *A critique of postcolonial reason. Toward a theory of the vanishing present.* London: Harvard University Press.
SZEGEDY-MASZÁK, Mihály
1995 "O texto como estrutura e construção". In AAVV, *Teoria literária.* Lisboa: Publicações Dom Quixote, p. 223-265.
TACCA, Oscar
1978 *As vozes do romance.* Coimbra: Almedina, 1983.
TEIXEIRA, Rui de Azevedo
1998 *A guerra colonial e o romance português.* Lisboa: Editorial Notícias.
TENREIRO, Francisco José
1959 *Acerca do diálogo entre a Europa e a África Negra.* Coimbra. 20 p.
TITIEV, Misha
1959 *Introdução à antropologia cultural.* 7. ed., Lisboa: Fundação Calouste Gulbenkian, 1991.
TODOROV, Tzvetan (ed.)
1966 *Théorie de la littérature.* Paris: Éditions du Seuil.
1966b "As categorias da narrativa literária". In AAVV, *Análise estrutural da narrativa.* 4. ed., Rio de Janeiro: Editora Vozes. Lda., 1976. p. 209-254.
1970 *Introdução à literatura fantástica.* Lisboa: Moraes Editores, 1977.
1971 *Poétique de la prose.* Éditions du Seuil.
1973 *Poética.* Lisboa: Teorema, 1986.
1989 *Nous et les autres. La refléxion française sur la diversité humaine.* Paris: Éditions du Seuil.

TOMACHEVSKI, B.
  1925 "Thématique". In T. Todorov. *Théorie de la littérature*. Paris. Éditions du Seuil, 1965, p. 263-367.
TORRES, Alexandre Pinheiro
  1970 "A nossa ficção e o realismo possível". In *Ensaios Escolhidos, I.* Lisboa: Caminho, 1989, p. 21 29.
TYNIANOV, J.
  1923 "La notion de construction". In Todorov, T. *Théorie de la littérature*. Paris: Éditions du Seuil, 1965, p. 114-119.
VATTIMO, Gianni
  1989 *A Sociedade transparente*. Lisboa: Edições 70, 1991.
VOVELLE, Michel
  1982 *Idéologies et mentalités*. Paris: François Maspero.
WATT, Ian
  1957 "Réalisme et forme romanesque". in AAVV, *Littérature et réalité*. Paris: Éditions du Seuil, 1982, p. 11-46.
WEINRICH, Harald
  1964 *Le Temps – le Récit et le Commentaire*. Paris: Éditions du Seuil, 1973.

| | |
|---|---|
| fontes | Andada (Huerta Tipográfica) |
| | Open Sans (Ascender Fonts) |
| papel | Pólen Soft 80 g/m² |
| impressão | Prol Gráfica e Editora |